Bettina Beer (Hg.)

Methoden und Techniken der Feldforschung

Dietrich Reimer Verlag

Bibliografische Information Der Deutschen Bibliothek
Die Deutsche Bibliothek verzeichnet diese Publikation in der
Deutschen Nationalbibliografie; detaillierte bibliografische Daten
sind im Internet über http://dnb.ddb.de abrufbar.

©   2003 by Dietrich Reimer Verlag GmbH
      Zimmerstraße 26–27
      10969 Berlin
      www.dietrichreimerverlag.de

Umschlaggestaltung: Nicola Willam, Berlin

Alle Rechte vorbehalten
Printed in Germany

ISBN 3-496-02754-1

Inhalt

Vorwort
7

Bettina Beer
1. Einleitung: Feldforschungsmethoden
9

Brigitta Hauser-Schäublin
2. Teilnehmende Beobachtung
33

Gunter Senft
3. Zur Bedeutung der Sprache für die Feldforschung
55

Judith Schlehe
4. Formen qualitativer ethnografischer Interviews
71

Martin Sökefeld
5. Strukturierte Interviews und Fragebögen
95

Bettina Beer
6. Systematische Beobachtung
119

Martin Rössler
7. Die Extended-Case Methode
143

Jürg Wassmann
8. Kognitive Methoden
161

Julia Pauli
9. Ethnodemografische Methoden
183

Verena Keck
10. Interdisziplinäre Projekte und Teamarbeit
203

Jan Lederbogen
11. Fotografie
225

Barbara Keifenheim
12. Der Einsatz von Film und Video
249

Hans Fischer
13. Dokumentation
265

Zu den Autoren
295

Register
297

Vorwort

Methoden ethnologischer Feldforschung richtet sich an Studierende, die sich in ihrer Ausbildung Grundkenntnisse empirischer Datenerhebung aneignen müssen und an diejenigen, die ein studienbegleitendes Feldforschungspraktikum durchführen oder im Rahmen der Promotion eine erste Feldforschung planen. Der Band soll bei der allgemeinen Vorbereitung helfen, eine Übersicht geben, aber auch den Einstieg in die Auseinandersetzung mit einzelnen Verfahren erleichtern. Im Feld kann er Anregung sein, verschiedene Methoden auszuprobieren, und zum Nachschlagen dienen, wenn Unklarheiten bestehen oder unvorhergesehene Probleme auftreten.

Die Beiträge sind von Lehrenden der Ethnologie geschrieben, die in unterschiedlichen Regionen Erfahrungen mit verschiedenen Verfahren der Datengewinnung gesammelt haben. Ihnen sei an dieser Stelle dafür gedankt, dass sie trotz des geringen zeitlichen Spielraums, den die Lehre an deutschen Universitäten übrig lässt, anregende, lebendige und praktisch-anleitende Beiträge geschrieben haben. Gedankt sei auch allen Kollegen, die mir Hinweise und Ratschläge aus ihren Erfahrungen mit Methodenkursen gegeben und das Gesamtkonzept mit mir diskutiert haben.

Ein Ziel dieses Bandes ist es, deutschsprachiges, leicht verfügbares Lehrmaterial bereitzustellen, das im Unterricht von Nutzen ist. Auch für eine Veranstaltung zur Einführung in die Methoden der ethnologischen Feldforschung können die einzelnen Kapitel verwendet werden, um Verfahren und Techniken einzuüben und in den Beiträgen angesprochene Fragen zu diskutieren. Insofern kann der Band sowohl für Lehrende als auch für Studierende im Unterricht und bei der Betreuung von Feldforschungsvorhaben von Nutzen sein.

Bettina Beer

1. Einleitung: Feldforschungsmethoden

1.1 Vorbemerkungen 9
1.2 Feldforschung: Verfahren, Methoden, Techniken 11
1.3 Vor der Feldforschung, 13
1.4 ... im Feld ... 22
1.5 ... und danach. 27
1.6 Literatur 30

1.1 Vorbemerkungen

Erst seit den sechziger Jahren des zwanzigsten Jahrhunderts gibt es eine systematische Ausbildung in Feldforschungstechniken und eine seither ständig wachsende Anzahl von Publikationen über Methoden der Feldforschung. Feldforscher früherer Generationen mussten sich noch mit wohlgemeinten Ratschlägen ihrer Lehrer begnügen. Dennoch kamen dabei gute Ethnographien heraus. Warum also noch ein weiteres Lehrbuch zu Methoden der Feldforschung? Aus Erfahrungen im Unterricht wissen die meisten Lehrenden und Studierenden, dass neben den guten, aber teuren englischsprachigen (etwa Atkinson, Coffey, Delamont et al. [Hg.] 2001; Bernard [Hg.] 1998) ein einführendes und übersichtliches deutschsprachiges Lehrbuch der Methoden ethnologischer Feldforschung bislang fehlt. Es fehlt als Grundlage der Quellenkritik im Fach, bei Feldforschungspraktika und ersten Feldforschungen. Warum zur Quellenkritik? Nur wer versteht, wie Ethnologen ihre Daten gewinnen, kann die Ergebnisse beurteilen, einordnen und kritisieren. Dieser Band soll ein Handbuch im eigentlichen Sinne sein, erschwinglich und als Paperback so leicht, dass man es zur Feldforschung mitnehmen kann.

Die Verfasserinnen und Verfasser aller Beiträge haben Verfahren und Aspekte betont, die spezifisch ethnologisch sind und sich von der empirischen Sozialforschung unterscheiden. Herausgearbeitet haben sie spezielle Probleme bzw. Vorteile des jeweiligen Verfahrens bei ethnologischen Forschungen. Alle Beiträge enthalten Angaben

– zur bisherigen Verwendung des Verfahrens/Vorgehens im Fach,
– darüber, für welche Fragestellungen und Probleme die Methode
  geeignet ist,
– zu den wichtigsten Voraussetzungen zur Durchführung,
– zur Durchführung selbst,
– zu Problemen, Vor- und Nachteilen,
– und zu weiterführender Literatur.

Nicht enthalten sind in diesem Band persönliche Erfahrungsberichte, die sich
auf die Umstände der Feldforschung, auf persönliche Befindlichkeiten, die
Zusammenarbeit mit Informanten und Informantinnen und den berüchtigten
„Kulturschock" des Feldforschers[1] beziehen. Ausgespart wurde dieser Aspekt
deshalb, weil solche persönlichen Erfahrungsberichte bereits publiziert sind
(auf Englisch: Powdermaker 1966; deutschsprachig etwa: Bowen 1984; Fischer [Hg.] 2002).

Nicht berücksichtigt wurden auch Langzeitstudien (siehe dazu Foster et al.
[Hg.] 1979) oder so genannte „Restudies", Wiederholungsuntersuchungen,
in denen derselbe oder verschiedene Forscher dieselbe Einheit erneut untersuchen. Ein klassisches Beispiel für eine Restudy sind die Feldforschungen
von Robert Redfield und Oscar Lewis in Tepoztlán. Langzeit- und Wiederholungsuntersuchungen sind heute in der Ethnologie gängig. Sie sind jedoch
bei studentischen Forschungen relativ unüblich. *Teamwork* dagegen kommt
häufiger vor. Gemeinsame bzw. gleichzeitige Feldforschungen mit all ihren
Vor- und Nachteilen werden deshalb in diesem Band ausführlicher behandelt
(siehe dazu den Beitrag von Verena Keck).

Im Mittelpunkt stehen Verfahren der *Datenerhebung* und deren *Dokumen-
tation*, auf die sich alle Beiträge konzentrieren. Komplexe Techniken der
Datenauswertung wurden dagegen nicht aufgenommen. Solche Auswertungsverfahren sind etwa die Inhaltsanalyse von Interviews (Lissmann 2001), die
Domänenanalyse zur Auswertung kognitiver Daten (Borgatti 1994) oder die
Netzwerkanalyse. Zur Netzwerkanalyse gibt es bereits eine deutschsprachige
Anleitung, die aus dem Internet erhältlich ist (Schnegg und Lang 2001). Nicht
dargestellt ist auch das Vorgehen der Ethnopsychoanalyse, weil sie eine eige-
ne Ausbildung (eine „Lehranalyse" und Supervision) erfordert und für die
meisten Studierenden und Ethnologen bei einer ersten Feldforschung keine
Rolle spielt.

1.2 Feldforschung: Verfahren, Methoden, Techniken

Über die Feldforschung wird geschrieben, sie sei Charakteristikum, Paradigma, Ideologie, Markenzeichen und zentrale Methode der Ethnologie (Fischer 2002 a, Illius im Druck, Stagl 2002). Die Feldforschung ist das empirische Vorgehen der Ethnologen und die zentrale Methode des Faches. Gleichzeitig besteht sie wiederum aus vielen Einzelmethoden, Verfahren oder Techniken. Verwirrend ist, dass *Methoden*, *Verfahren* und *Techniken* in der sozialwissenschaftlichen Literatur häufig synonym benutzt werden. Gemeint ist in allen Fällen ein geplantes Vorgehen mit dem Ziel der Erhebung von Daten.

Ein erstes Merkmal ethnologischer Forschungen ist, dass Ethnologen ihre Daten *im Feld* erheben, also in der Lebenswelt der Untersuchten, und nicht wie andere Wissenschaftler im Labor, am heimischen Schreibtisch oder in der Bibliothek. Die Lebenswelt der Untersuchten hat sich in den letzten Jahrzehnten stark verändert, was wiederum Einfluss auf ethnologische Feldforschungen hatte. So wird heute unter anderem in der Großstadt oder in internationalen Organisationen geforscht. Aber zentral ist nach wie vor, dass es sich um einen nach räumlichen und zeitlichen Kriterien definierten Ausschnitt der Alltagspraxis handelt, der – wie Martin Rössler in seinem Beitrag betont – nicht als geschlossene Einheit, sondern als eine Vielzahl von sozialen Beziehungen und Prozessen innerhalb eines offenen analytischen Feldes verstanden wird.

Das zweite Merkmal, dass nämlich im Rahmen der Feldforschung verschiedene Verfahren und Techniken entsprechend der verfolgten Fragestellung miteinander kombiniert werden, wurde schon angesprochen. Diese *Methoden-Vielfalt* ist ein weiteres wesentliches Merkmal ethnologischer Feldforschungen. Ein solches Vorgehen hat den großen Vorteil, dass sich die verschiedenen Verfahren, Informationsquellen und Daten gegenseitig ergänzen und kontrollieren. Alle angewandten Methoden erfordern bestimmte Fertigkeiten und Kenntnisse. Sie sind das empirische Handwerkszeug der Ethnologen.

Bei der Nutzung verschiedener Techniken machen Ethnologen heutzutage aus guten Gründen keine prinzipielle Unterscheidung zwischen *qualitativen* und *quantitativen* Datenerhebungsverfahren (siehe dazu Schweizer 1998). *Qualitativ* bezeichnet alle Arten von Daten und Auswertungsverfahren, bei denen nicht die Anzahl (*Quantität*) von Informationen im Vordergrund steht, sondern die inhaltliche Interpretation komplexer Informationen. Das können beispielsweise während der teilnehmenden Beobachtung gewonnene Daten, ein Interview oder die systematische Beobachtung eines Rituals sein. Genau genommen sind es nicht nur die Daten selbst, sondern vor allem deren Auswertung, die als *quantitativ* oder *qualitativ* bezeichnet wird. Ein Interview kann beispielsweise daraufhin interpretiert werden, wie ein bestimmtes Thema eingeführt und behandelt wird. Es könnte aber auch ausgezählt werden, wie häufig der Informant ganz bestimmte Wörter verwendet hat. Um es noch komplizierter zu machen, kann die Anzahl von Wörtern später wiederum interpretiert werden. Man kann sich etwa fragen, ob sie etwas über die soziale Zugehörigkeit des Sprechers aussagt. *Quantitativ* und *qualitativ* sind also weniger leicht voneinander abzugrenzen als es zunächst scheint, und häufig werden diese Wörter auch nicht sehr präzise verwendet.

In ethnologischen Feldforschungen hat sich eine Mischung aus Erhebungen von quantitativen und qualitativen Daten durchgesetzt, die pragmatisch an der Fragestellung orientiert ist, wie etwa auch Martin Sökefeld in seinem Beitrag zur systematischen Befragung deutlich macht. Wissenschaftler benutzen im Idealfall jeweils die Methoden, die mit dem geringsten Aufwand die besten Ergebnisse erzielen. Entscheidender als das Bekenntnis zu bestimmten Positionen ist, wie Illius (im Druck) betont, dass man deutlich macht, wie die Daten erhoben wurden, wie man diese später aufbereitet hat und aus welchen Gründen ein bestimmtes Erhebungs- oder Auswertungsverfahren einem anderen vorgezogen wurde.

Ein drittes Merkmal ethnologischer Feldforschungen erschließt sich aus dem vorigen: Methoden werden genutzt, um Daten als Grundlage für eine Beschreibung zu erheben, um eine Fragestellung zu beantworten oder ein Problem zu lösen. Sie sind nicht Selbstzweck. Feldforschung ist also, abgesehen von einer anfänglichen explorativen Phase im Feld, im wesentlichen *zielgerichtet*. Sie ist nicht bloße Anwesenheit, sondern ein gut vorbereitetes, bewusst geplantes, theoriegeleitetes und begründetes Vorgehen. Sich über die Ziele vor der Forschung so weit wie möglich klar zu werden, ist für Auswahl und Erlernen von Methoden von großer Bedeutung. Dazu mehr im Abschnitt *Vor der Feldforschung*.

In der besonderen Beziehung von Fragestellung und Gesamtzusammenhang besteht das dritte Merkmal ethnologischer Feldforschungen. Trotz der Fokussierung auf Einzelprobleme und bestimmte Fragestellungen haben Ethnologen den Anspruch, ganzheitlich zu arbeiten, das heißt: die Gesamtzusammenhänge zu erfassen. Ethnologen schreiben von dem Ideal der *holistischen Forschung*: jede Fragestellung soll – soweit möglich – in den weiteren kulturellen Kontext eingebettet werden. Das heißt, auch wer eine Untersuchung über die in einer Sprache vorkommenden Farbkategorien durchführt, wird sich über materielle Kultur, die Beziehung der Geschlechter, Arbeitsteilung, Religion usw. informieren müssen.

Das Verhältnis von Theoriebildung und Beobachtungsdaten betreffend gehen Ethnologen in ihren Forschungen im allgemeinen *induktiv* vor. Das heißt, sie schließen vom Besonderen, von erfahrbaren Einzelfällen, auf das Allgemeine. Aus Beobachtungen werden also Theorien abgeleitet. Ein reiner *Induktivismus* wurde stark kritisiert, wird mittlerweile abgelehnt und ist auch in der Wirklichkeit kaum vorzufinden. Immer fließen theoretische Überlegungen und Vorentscheidungen in die Datengewinnung ein, selbst wenn sie nur auf Alltagstheorien beruhen. Genauso fruchtlos wie ein rein induktives Vorgehen ist auch ausschließliche Deduktion. Hier geht es nicht darum, für oder gegen eine Vorgehensweise zu argumentieren, sondern darum, den Schwerpunkt bisheriger ethnologischer Forschungen deutlich zu machen und auch zu zeigen, dass die Beziehung zwischen Daten und Theorie keine „natürliche" ist, sondern auf Vorentscheidungen beruht, über die man sich Gedanken machen sollte (siehe dazu auch Lang 1994).

1.3 Vor der Feldforschung

Die wichtigste und erste Voraussetzung zur Durchführung einer Feldforschung oder eines Feldforschungspraktikums ist die entsprechende *Ausbildung*. Wie oben erwähnt, unterscheidet sich eine Feldforschung von einer Urlaubsreise in ein exotisches Land u.a. dadurch, dass man sie zielgerichtet und gut vorbereitet durchführt. Das bedeutet im Allgemeinen im Rahmen des Ethnologiestudiums die Teilnahme an Veranstaltungen zu bestimmten Verfahren und eine gute allgemeine Kenntnis ethnologischer Theorien und Methoden sowie das Erlernen von Grundkenntnissen der im Untersuchungsgebiet gesprochenen Sprache. Die Studienpläne mancher Institute sehen für studentische Feldforschungspraktika oder „Lehrforschungen" bestimmte Voraussetzungen vor, wie etwa den Abschluss des Grundstudiums oder den Besuch bestimmter Lehrveranstaltungen. Darüber sollte man sich zuerst informieren.

Aber auch der *Erwerb der Sprache* und/oder der regionalen Verkehrssprache (etwa Spanisch, Französisch, Portugiesisch, *Tok Pisin* oder *Bahasa Indonesia*) ist unerlässlich (siehe zur Bedeutung der Sprache bei der Feldforschung den Beitrag von Gunter Senft in diesem Band). Selbst über ausgefallene Sprachen, die an Universitäten nicht unterrichtet werden, kann man sich auch mit Hilfe von MigrantInnen aus der betreffenden Region, die eventuell am eigenen Ort leben, vor dem Aufenthalt Kenntnisse aneignen. Bei der Planung einer Feldforschung sollte für den vorbereitenden Erwerb von Sprachkenntnissen ausreichend Zeit berücksichtigt werden.

Es gibt „Spezialisten" unter Studierenden, die, von ihrer Sprachbegabung überzeugt, davon schwärmen, es sei doch viel „natürlicher", mit den Menschen im Feld die Sprache zu lernen und nicht „künstlich" und langweilig am heimischen Schreibtisch Vokabeln zu pauken. Ganz „natürlich" wird man ohnehin im Feld noch viel dazu lernen müssen. Je besser man jedoch vorbereitet ist, desto besser auch die zu erwartenden Ergebnisse. Außerdem ist es eine Verpflichtung gegenüber den Untersuchten und den Geldgebern – egal

ob es sich dabei um die eigenen Eltern oder die Deutsche Forschungs-
gesellschaft handelt – die knappe Zeit so gut wie möglich zu nutzen.

Das Erlernen der Sprache(n) setzt jedoch voraus, dass man sich bereits für
eine Region entschieden hat, in der die geplante Feldforschung stattfinden
soll. Es gibt zwei Möglichkeiten für die *Auswahl der Feldforschungsregion*:
Entweder man hat gute und pragmatische Gründe, in einer bestimmten Gegend zu forschen, man kann etwa die (Verkehrs)Sprache schon, hat dort bereits früher gearbeitet, kann vorhandenes Material nutzen oder hat persönliche Beziehungen dorthin. Aus diesen Gründen wählt man dann ein Thema,
das an jenem Ort besonders gut zu untersuchen und im theoretischen Rahmen
sinnvoll ist. Eine zweite Möglichkeit ist, dass sich aus der Lektüre und theoretischen Zusammenhängen, mit denen man sich beschäftig hat, Fragestellungen ergeben, die durch eine empirische Untersuchung geklärt werden sollen. Die Region wählt man dann danach aus, wo eine solche Fragestellung
besonders gut zu untersuchen ist. Häufig ist die Entscheidung für eine bestimmte Region und eine Fragestellung tatsächlich ein schwer zu entwirrender
Prozess, in dem persönliche Neigungen, praktische Überlegungen und auch
Zufälle eine Rolle spielen.

Weder die *Auswahl der* lokalen *Untersuchungseinheit* noch die Festlegung
einer bestimmten Fragestellung müssen endgültig sein. Die Planung ist vor-
läufig, vieles entscheidet sich erst vor Ort, muss dort den Bedingungen
angepasst und revidiert werden. Forschungen sind in der Ethnologie schwerer endgültig planbar als etwa eine physikalische Versuchsanordnung. Ethnologen lassen sich im Feld von den Menschen, mit denen sie zusammenleben,
in ihren Untersuchungsinteressen beeinflussen. Dies allerdings als Argument
dafür zu verwenden, ohne jeden Forschungsplan eine Feldforschung zu beginnen, wäre verantwortungslos und naiv. Der Glaube, alles genau so umsetzen zu können, wie man sich das vorher vorgestellt hat, wäre ebenso falsch.
Auch wenn für viele Gebiete, in denen Ethnologen arbeiten, eine Vielzahl
von Publikationen vorliegt, kann man nicht vorhersehen, ob während der Feldforschung an einem ganz bestimmten Ort das Thema modifiziert oder eventuell ganz aufgegeben werden muss (siehe zu diesem Problem auch Hauser-
Schäublin 2002: 95). Die einzige Möglichkeit besteht also darin, sich so gut
es geht vorzubereiten, eine begründete Wahl von Ort und Thema zu treffen,
aber gleichzeitig darauf gefasst zu sein, später eventuell davon abzuweichen.
Auf der Basis einer präzisen Beschreibung des ursprünglichen Plans und der
Dokumentation der Gründe für Abweichungen im Feld kann man später Geldgebern oder Betreuern gegenüber rechtfertigen, warum etwa das Thema verändert wurde.

Der Prozess der Themenfindung und der Wahl des Ortes wird wesentlich
auch durch die Lektüre beeinflusst. Nur durch Lesen kann man sich vorab ein
Bild von den in der Region bereits untersuchten Themen, von speziellen Pro-

blemen, vom kulturellen Kontext und von lokalen Gegebenheiten machen. Lesen ist unerlässlich, andererseits wird aber häufig die Bedeutung von Gesprächen unterbetont. Gespräche mit Kommilitonen bzw. Kollegen, die regional oder thematisch vergleichbare Interessen haben, können häufig Informationen beisteuern, die für eine spätere Entscheidung Ausschlag gebend sind. Es kann auch sinnvoll sein, sich mit spezifischen Fragen an so genannte E-mail-Listen zu wenden, die es sowohl mit regionaler als auch thematischer Ausrichtung gibt. Für Ozeanisten bietet zum Beispiel die *Association for Social Anthropologists in Oceania (ASAO)* eine solche Liste an. Wie man sich einträgt und eine Frage an alle verschickt, ist auf der ASAO-Homepage erklärt (www.soc.hawaii.edu/asao/pacific/hawaiki.html). Diese E-mail-Liste stellt ein Forum dar, in dem sehr offen, hilfsbereit und kompetent auf Fragen und Probleme eingegangen wird. Auch Nicht-Mitglieder können hier mitdiskutieren. Am besten liest man jedoch, bevor man sich beteiligt oder eine Frage stellt, eine Weile mit, um den spezifischen „Stil" der Kommunikation kennen zu lernen.

Am Anfang steht also auf jeden Fall die *Formulierung der Zielsetzung*: Was soll bei der Untersuchung herausgefunden werden? Was will ich wissen? Anregungen für Fragestellungen können sein: (1.) theoretische Auseinandersetzungen in der Fachliteratur, (2.) die Feststellung, dass ein bestimmter Themenbereich bislang empirisch nicht untersucht wurde oder (3.) dass eine Untersuchung dazu beitragen soll, ein gesellschaftlich relevantes Problem zu beschreiben und damit zur Lösung beizutragen. Eine solche an gesellschaftlich relevanten Fragen orientierte Forschung würde etwa untersuchen, wie Aids-Prävention in einer bestimmten Region sinnvoll betrieben werden könnte. Nach eingehender Literaturrecherche müsste diese Zielsetzung in Untersuchungsfragen zerlegt werden, deren Beantwortung zur Problemlösung beitragen könnte. Immer ist die Zielsetzung der Forschung auch durch persönlich bestimmte Werturteile beeinflusst.

Für Studierende und Doktoranden ist bei der Formulierung der Zielsetzung und der Suche nach einer zu bewältigenden Fragestellung neben Gesprächen mit Kommilitonen und erfahrenen Ethnologen die Auseinandersetzung mit dem Betreuer entscheidend. Ähnlich wie Lektüre durch Exzerpte nachbereitet werden muss (siehe dazu Beer und Fischer 2000), sollten auch Gespräche vor- und nachbereitet werden, alles andere ist Zeitverschwendung. In der Sprechstunde zu sagen: „Ich möchte was über Tätowierungen machen, weil ich hab' mir auch gerade eine machen lassen und irgendwie finde ich das total spannend", ist ein Gesprächseinstieg, der für eine erste Annäherung an ein Thema wenig bringt. Gegen einen persönlichen Bezug ist nichts einzuwenden, aber besser wäre es, für Thema, Region, Zeitplan und Vorgehen bereits konkretere Vorschläge zu erarbeiten, sie für sich selbst zu begründen und einen ersten Blick in die Literatur geworfen zu haben. Zu den möglichen

Themen sollte man sich schon vorher Notizen machen. In einem ersten Gespräch kann man dann abwägen, was für das eine und was für das andere
Thema spricht. Das häufigste Problem bei der Formulierung von Themen für
Feldforschungen sind viel zu weit gefasste Fragestellungen, die man gemeinsam eingrenzen und in Teilprobleme zerlegen muss.

Diese ersten Klärungen müssen nachbereitet werden. Wenn sich Studierende in einem einstündigen Gespräch über eine anstehende Feldforschung, bei
dem zahlreiche Aspekte zur Sprache kommen, keine Notizen machen, dann
ist fraglich, was am Ende überhaupt erinnert wird. So wie man sich in der
Feldforschung auf keinen Fall auf sein Gedächtnis verlassen darf, sollte man
es auch zu Hause nicht tun. Also muss man bei Gesprächen auf jeden Fall
Stichwörter notieren und sich hinterher ein Fazit aufschreiben, zu welcher
Übereinkunft man gekommen ist, etwa: Thema muss eingegrenzt und ein
Zeitplan erstellt werden, oder: jemand, der die Gegend gut kennt, sollte gefragt werden, was er von einem längeren Aufenthalt im Dorf XY hält. Bei
einem zweiten Gespräch kann dann genau an dieser Stelle angeknüpft werden, und man fängt nicht wieder von vorne an.

Sind diese ersten Schritte getan, wird es Zeit, ein *Exposé* zu schreiben.[2] Ein
Exposé dient dazu, Vorgehen und Fragestellung zu fixieren und zu verdeutlichen. Es hilft, sich selbst über das Vorhaben klarer zu werden und ist für den
Betreuer oder eventuell für Geldgeber notwendig. Stellt der Betreuer beispielsweise bei der Deutschen Forschungsgemeinschaft (www.dfg.de) einen
Antrag, oder es wird beim Deutschen Akademischen Austauschdienst
(www.daad.de) innerhalb eines bestimmten Programms ein Antrag auf Finanzierung des Vorhabens gestellt, kann das Exposé als Grundlage dienen.
Ein Exposé muss Zielsetzung und Organisation des Praktikums knapp, über-
sichtlich und präzise darstellen. Es sollte rechtzeitig vor der geplanten Feldforschung abgegeben werden, damit eventuelle Probleme noch geklärt werden können. Es muss auch für Leser, die mit Region und Thematik nicht vertraut sind, verständlich sein. Das Exposé sollte in jedem Fall neben allgemeinen Angaben zur Person, die folgenden Punkten enthalten:

– Begründung der Wahl des Themas: Wie zu dem Thema gekommen? Anlässe? Worin liegt die Relevanz des Themas?
– *Vorarbeiten und Vorkenntnisse:* Welche Vorkenntnisse (etwa Sprachkenntnisse, besuchte Lehrveranstaltungen) sind vorhanden? Welche Vorarbeiten
  wurden geleistet (etwa Anfragen bei Personen im Forschungsgebiet, Spracherwerb, Kontaktaufnahme)?
– *Zielsetzung, Untersuchungsschwerpunkt und Fragestellung(en):* Die Fragestellung sollte präzise formuliert werden und das Thema nicht zu umfangreich sein.

– *Literaturlage zum Thema:* Regional und themenbezogen ein knapper Abriss, was zur Vorbereitung gelesen wurde.
– *Methoden:* Beschreibung der anzuwendenden Verfahren und Techniken
– *Arbeits- und Zeitplan:* Knappe Beschreibung der Arbeitsschritte und des Zeitplans von der Vorbereitung über die Ankunft im „Feld" bis zur Auswertung.

Für alle Vorentscheidungen, warum und wie ein Thema in einer Feldforschung untersucht werden soll, müssen Argumente angeführt werden. Jeder Schritt muss *begründet* sein. Das bedeutet sorgfältiges Nachdenken und Auseinandersetzung mit Fragestellung und Methoden schon vor der eigentlichen Feldforschung. Leider gibt es Argumente, die immer wieder genannt werden, aber keine ausreichende Begründung geben. Ein geplantes Vorgehen sollte auf keinen Fall mit einem der drei folgenden Arten von Argumenten vertreten werden: 1. Neu versus Alt: „Das war schon immer so..." – oder „Das ist das Allerneueste!" 2. Personenbezogen: „Das machen alle so", „das hat bisher noch keiner gemacht" oder „XY hat das auch gemacht" und 3. Gefühlsbekundungen: „Das ist unheimlich interessant!" Diese Arten von Argumenten werden hier angeführt, weil sie häufig sind – und wahrscheinlich auch tatsächlich einen Anstoß zu erstem Interesse geben. Aber sie sind hier auch deshalb wiedergegeben, weil man versuchen muss, durch Nachdenken und intensivere Beschäftigung mit dem Gegenstand über sie hinaus zu kommen und dazu zu lernen.

Erst wenn das Ziel festgelegt ist, ist auch die *Formulierung* aller *Argumente* für oder gegen bestimmte Teilfragen, die Anwendung bestimmter Methoden auf dieses Ziel hin möglich. Das gilt für viele Arbeiten und Lebensbereiche, wenn man den Anspruch hat, „vernünftig" und systematisch vorzugehen. Allerdings ist es in der Wissenschaft unumgänglich, so vorzugehen – und es gibt keine andere Option. Das ist anstrengend, aber notwendig und auch gerechtfertigt, denn für eine Feldforschung nimmt man Hilfe und Zeit vieler anderer Menschen in Anspruch und geht damit auch eine moralische Verpflichtung ein, sein Tun angemessen zu begründen.

Selbst wenn die Fragestellung festgelegt ist, besteht häufig noch ein Problem darin herauszufinden, mit welchen Methoden man sich dem Thema am sinnvollsten annähert. Grundsätzlich gibt es zwei Vorgehensweisen, die in ethnologischen Forschungen häufig miteinander kombiniert sind: beschreibende, *deskriptive* und problemorientierte, *hypothesenprüfende Untersuchungen.* Die Lebensweise einer Gruppe erstmalig in ihrem Gesamtzusammenhang zu beschreiben, ist heute nur noch selten Ziel einer Feldforschung. Es gibt jedoch Teilbereiche, die nicht oder bislang zu wenig untersucht worden sind und erstmals beschrieben werden müssen. Etwa die Fragen: Welche Bedeutung haben Gerüche im Alltagsleben? Oder: Wie verbringen Kinder einer bestimmten ethnischen Gruppe ihren Alltag? Aber auch bei solchen Beschreibungen spielen häufig Vorannahmen und damit Hypothesen eine Rolle. Über die Beschreibung eines kulturellen Teilbereichs hinaus arbeiten Ethnologen heutzutage verstärkt problemorientiert, auch wenn sie ihre Hypothesen nicht so explizit formulieren wie das in anderen Sozialwissenschaften üblich ist (ein exzellentes Beispiel für ein hypothesenprüfendes Forschungsdesign gibt Diekmann 2001: 174 ff.). Bei deskriptiven Untersuchungen sind präzise Angaben, *welche Merkmale* bei welcher Bevölkerung beschrieben werden sollen und bei problemorientierten eine *präzise formulierte Hypothese* wichtigste Voraussetzung. In ethnologischen Feldforschungen spielen meist beide Voraussetzungen eine Rolle und werden in der explorativen und der problemorientierten Phase des Feldaufenthaltes unterschiedlich gewichtet.

Ist die Zielsetzung klar, können die angemessenen Methoden ausgewählt werden. Zum einen muss man dazu mehr über Voraussetzungen, Vor- und Nachteile einzelner Methoden wissen, wozu dieser Band beitragen soll. Zum anderen ist es meist notwendig, das Thema in weitere der Untersuchung zugängliche *Teilfragen* zu zerlegen. Dabei muss man darauf achten, dass diese sich tatsächlich auf Aspekte beziehen, die sich entweder in eindeutigen Verhaltensweisen ausdrücken und/oder sich direkt befragen lassen. Das heißt, die verwendeten Begriffe müssen definiert und operationalisiert werden. *Operationalisierung* bedeutet, den gewählten Begriff der Messung, der Beobachtung, bzw. Befragung zugänglich zu machen (siehe dazu auch Lang 1994: 19 ff.). Es gibt sehr abstrakte Begriffe, die schwer operationalisierbar sind. Leider haben Studierende häufig gerade für solche eine besondere Vorliebe: da soll beispielsweise „Identität" oder „Ethnizität" bei den XY untersucht werden. Andere Fragestellungen dagegen, wie beispielsweise: „Die Weitergabe von Land bei den XY" sind weniger beliebt. „Weitergabe" wäre genauer zu definieren, etwa als die Übertragung von Rechten an Land (gibt es verschiedene Besitz-, Eigentums-, Nutzungsrechte?) von einer Person an eine andere. Land könnte verschenkt, vererbt, verkauft, verpachtet etc. werden. Mit Kartierungen und ethnographischem Zensus kann man Besitzverhältnisse für einen bestimmten Ausschnitt der Bevölkerung festhalten. Beim Erfragen von Genealogien könnte auf die Frage eingegangen werden, wer von wem welches Landstück geerbt hat, und man könnte Gerichtsverhandlungen um Landkonflikte systematisch beobachten, Erzählungen über Konflikte, Schenkungen oder Verkauf von Landstücken aufnehmen etc. Wenn es dagegen um „Identität" geht, ist es schon schwer zu sagen, was das ist, und häufig noch schwerer zu beschreiben, wie sie sich ausdrückt. Nutzt man etwa das Tragen bestimmter Kleidungsstücke oder die Zubereitung spezieller Mahlzeiten als beobachtbare bzw. erfragbare Merkmale „ethnischer Identität", baut man bereits auf die Hypothese auf, dass sie tatsächlich eine solche Bedeutung haben und nicht bloße Gewohnheiten sind. Das soll nicht heißen, dass Untersuchungen über „Identität" unmöglich sind. Es geht darum zu zeigen, wie sich die Wahl von Fragestellungen und Begriffen auf Probleme bei der empirischen Umsetzung auswirkt.

Ein weiteres Kriterium für die Wahl der Methoden ist deren *Eignung* im gewählten *ethnographischen Kontext*, für die spezifischen Bedingungen in der untersuchten Gesellschaft. Bei einer Forschung in modernen Industriegesellschaften oder in Städten kann etwa die Teilnahme weit schwieriger sein als in einem Dorf in den Tropen, wo sich ein Großteil des alltäglichen Lebens ohnehin für alle sichtbar außerhalb des Hauses vollzieht (siehe zu diesem Problem den Beitrag zur Teilnehmenden Beobachtung in diesem Band). Insgesamt muss man versuchen, durch Kenntnis bestimmter Methoden und teilweise mit gesundem Menschenverstand die Angemessenheit ihrer Anwendung abzuschätzen. Meist hilft auch ein Vorversuch (*Pretest*) zu Beginn der problemorientierten Phase der Feldforschung. So kann festgestellt werden, ob Aufwand und Nutzen eines bestimmten Verfahrens in einem akzeptablen Verhältnis zueinander stehen.

Um sich alle Argumente für und gegen die gewählte Region, Fragestellung, Teilfragen und Methoden klar zu machen, sind immer wieder Gespräche und Diskussionen mit Kollegen, erfahrenen Feldforschern und Kennern der Region notwendig. Auch die Vorstellung des eigenen Feldforschungsvorhabens in einem Seminar bzw. Kolloquium oder bei einer Tagung kann in der Diskussion zu neuen Anregungen, Ideen und eventuell zur Revidierung von Teilaspekten führen.

Es gibt neben den dargestellten inhaltlichen auch eine Reihe *praktischer Vorbereitungen*, die getroffen werden müssen. Einige unterscheiden sich nicht wesentlich von Vorbereitungen für andere längere Auslandsreisen, allerdings hängt im Fall einer Feldforschung deren Ergebnis ganz wesentlich davon ab. Abbruch, Aufschub oder längere Unterbrechung könnten die Finanzierung und das ganze Unternehmen in Frage stellen.

1. Finanzierung: Zur Einschätzung der entstehenden Kosten oder für die Beantragung von Forschungsgeldern ist es notwendig, rechtzeitig Kostenvoranschläge für Flüge und die notwendigen technischen Hilfsmittel einzuholen. Zur Frage, mit welchen Ausgaben vor Ort zu rechnen ist, sollte man sich bei Kollegen erkundigen, die schon in der Region gearbeitet haben. Auch die Entlohnung der Familie, bei der man lebt, und einzelner Informanten, die viel Zeit aufwenden, sollte man einplanen. Heutzutage haben die meisten Menschen, selbst in abgelegenen Gebieten, ein Einkommen, und mindestens den Verdienstausfall sollte man ersetzen. Nicht immer muss Entlohnung sich an einzelne richten, häufig kann sich auch ein Beitrag ergeben, welcher der ganzen Gemeinschaft zugute kommt. Etwa ein Zuschuss zum Bau einer Schule, zur Befestigung eines Weges, zum Bau einer Pumpe oder ähnliches. Es muss auch nicht immer Bargeld sein. Häufig sind zusätzlich mitgebrachte Dinge aus der nächsten Stadt, Fahrdienste, Hilfe bei Behördengängen, Krankentransporte oder Unterstützung bei Schriftverkehr und Übersetzungen Dienste des Ethnologen, die sehr geschätzt werden.

2. *Visum, Pass und Forschungsgenehmigung:* Notwendige Voraussetzung jeder Forschung ist heutzutage in den meisten Gebieten eine Forschungsgenehmigung. Eine solche zu beantragen, kann viel Zeit in Anspruch nehmen. Ein gültiger Pass ist Voraussetzung. In manchen Ländern ist kein Visum erforderlich, manchmal reicht auch ein einfaches Touristenvisum. Zuverlässige Informationen bekommt man bei den Auslandsvertretungen des jeweiligen Landes.

3. *Kontaktaufnahme* zu Universitäten, Bibliotheken, Museen, Kirchen, Kollegen oder Entwicklungshelfern im Land ist unbedingt ratsam. Man sollte bei den genannten Institutionen oder Personen schon vorher sein Kommen ankündigen. So erfährt man beispielsweise, ob eventuell Kollegen in der Nähe arbeiten, man erfährt, ob die Materialien in Archiven und Bibliotheken zugänglich sind, und ob man bestimmte Bescheinigungen zu deren Benutzung braucht.

4. *Krankenversicherung, Impfungen und Malaria-Prophylaxe:* Ist man länger als drei Monate unterwegs, sind die gesundheitlichen Risiken während des Aufenthalts meist nicht durch eine herkömmliche Kranken- oder Urlaubskrankenversicherung abgedeckt. Der DAAD bietet für solche Fälle eine spezielle Auslandskrankenversicherung an, aber auch bei Versicherungen sollte man sich rechtzeitig erkundigen. Bei einem Tropen-Institut, bei den Impfberatungen in Krankenhäusern oder bei Tropenärzten (und auch im Internet, etwa www.fit-for-travel.de) bekommt man die neuesten Informationen über notwendige Impfungen und die derzeit empfohlene Malaria-Prophylaxe für die jeweilige Region. Manche Impfungen (etwa Hepatitis A und B) müssen schon mehrere Wochen vor der Reise durchgeführt werden. Auch das ist bei der Zeitplanung zu beachten. Bei den genannten Stellen bekommt man außerdem Hinweise auf mitzunehmende Medikamente und Tipps für die Zusammenstellung einer sinnvollen Reiseapotheke.

5. *Geräte und Ausrüstung:* Auch die Anschaffung von Ausrüstung und Geräten (Computer, Software, Kamera, Tonaufnahmegerät, Videokamera, Kompass) sollte nicht im letzten Moment geschehen. Denn grundsätzlich gilt, dass man sich mit allen Geräten vor der Reise vertraut machen muss. Nur so bemerkt man, ob es bei der Bedienung größere Probleme als erwartet gibt, und kann einschätzen, wie die Resultate sein werden. Zu Hause ist dann noch Gelegenheit, ein Gerät umzutauschen oder sich Rat von erfahrenen Benutzern zu holen. In der Feldforschung hat man anfänglich mit so vielen äußeren Problemen und ungewohnten Bedingungen zu kämpfen, dass die Sicherheit in der Bedienung aller Geräte eine erhebliche Entlastung bedeutet.

Abbildung 1: Das Gepäck des Ethnologen wird ins Dorf gebracht, Watut, Neuguinea 1958 (Foto: H. Fischer).

Vor allem bei Reisen in die Tropen können Wasserfilter, mit spezifischen Mitteln behandelte Moskitonetze oder ähnliches notwendig werden. Was davon vor Ort oder was schon zu Hause angeschafft werden muss, erfährt man von Kollegen, die in der Region gearbeitet haben.

6. *Kenntnisse und Fähigkeiten*: Je nach Forschungsgebiet und Fragestellung können spezifische Fähigkeiten von Bedeutung sein. Eine Heidelberger Studentin bereitete sich etwa auf ihre Feldforschung in einem bergigen Gebiet von Papua-Neuguinea dadurch vor, dass sie an den Wochenenden Bergwanderungen unternahm. Wer bei Seezigeunern Südostasiens (Badjao) eine Feldforschung plant und nicht schwimmen kann, sollte es spätestens jetzt lernen. Wer zur Anlage von Feldern oder über Landbesitz arbeiten will, sollte rechtzeitig lernen, wie man einen Kompass zur Vermessung und Kartierung von Landstücken benutzt.

7. *Mitbringsel und Gastgeschenke*: Ethnologen mit Erfahrung in der jeweiligen Region können am besten Auskunft darüber geben, womit man vor Ort Freude macht. Sehr zu empfehlen ist es, einige Dinge aus dem eigenen Umfeld mitzunehmen: Fotos von der eigenen Familie und Freunden, von der Wohnung, vom Arbeitsplatz und der Umgebung, eine Kassette mit verschiedenen Sorten „deutscher Musik", und eventuell eine Videokassette über Deutschland. Der Unterhaltungswert des Ethnologen ist ohnehin groß, und Erzählungen an langen Abenden über „das Leben zu Hause" werden mit Freude aufgenommen und sind gut mit Bildern zu illustrieren. So wird deutlich, dass auch der Ethnologe kein unsozialer Mensch ist und ebenfalls Verwandtschaft und ein soziales Netzwerk hat.

1.4 ... im Feld ...

Erste Kontakte zu Kollegen, die in der Region gearbeitet haben, zu Institutionen (etwa Universitäten, Behörden oder Bibliotheken) im Land haben im Allgemeinen bereits stattgefunden, bevor man im Feld ankommt. Am gewählten Ort der Forschung finden nun aber die ersten Begegnungen mit den Menschen statt, um die es eigentlich geht. Es sind diejenigen, mit denen der Ethnologe die nächsten Monate zusammenleben wird. Dieser Augenblick der ersten Begegnung ist häufig für beide Seiten aufregend und ein ganz besonderer Moment (dazu auch Fischer 2002 b). In beiden Regionen, in denen ich gearbeitet habe, erinnern einige Menschen vor Ort das erste Kennenlernen sehr gut, wenn auch aus einer ganz anderen Perspektive als ich. Viele spätere Gespräche begannen dann mit: „Weißt Du noch damals, als Du das erste Mal hier warst, und ..." und dann folgen Beschreibungen von gegenseitigen Missverständnissen, Missgeschicken und schönen Erlebnissen, die einen im Lauf der Zeit immer stärker miteinander verbunden haben und in der Erinnerung verklärt werden. Erste Begegnungen und die gemeinsame Geschichte mittlerweile zahlreicher Aufenthalte werden wieder und wieder erzählt – in oral orientierten Kulturen eine Gedächtnisstütze und eine häufige Form der Unterhaltung. In der Feldforschungssituation bedeutet es auch ein Anknüpfen und die Wiederaufnahme der durch die längere Abwesenheit unterbrochenen Beziehungen. In der Feldforschungsliteratur werden die ersten Begegnungen meist etwas steif als *Kontaktaufnahme* bezeichnet. Bei diesem Einstieg möchte man nichts falsch machen, ein Rezept dafür gibt es allerdings nicht: „Es gibt keine universellen Verhaltensregeln – aber die Wahrscheinlichkeit, dass Freundlichkeit, Bescheidenheit, Zurückhaltung und Höflichkeit honoriert werden, ist groß." (Illius: im Druck).

Meistens ist es notwendig, bestehende Hierarchien zu respektieren und sich gleich zu Beginn der Feldforschung lokalen Autoritätspersonen vorzustellen, etwa dem Bürgermeister, Dorfältesten oder Sprecher einer bestimmten Gruppe. Sie müssen über das Forschungsvorhaben informiert werden und dürfen keinesfalls umgangen werden, auch wenn von „höherer" Stelle eine Forschungsgenehmigung vorliegt.

Wichtig ist es in dieser Phase, genau zu notieren, was vor sich geht. Man muss sich gut überlegen, welche Auswirkungen es haben könnte, wenn man sich zu eng an bestimmte Personen anschließt. Man muss vorsichtig sein, sich nicht von einer Seite vereinnahmen zu lassen und etwaige Eifersüchteleien zwischen Einzelpersonen oder Familien dadurch vermeiden, dass man ganz deutlich macht, dass es neben Spaß, Freundschaft und gemeinsamen Erlebnissen um die Arbeit geht. Deutliche Hinweise darauf, dass die ethnologische Arbeit Gespräche mit *allen* Personen, aber auch vertrauliche Behand-

Abbildung 2: Die Verfasserin bei Zensusaufnahmen, Gabsongkeg, Papua-Neuguinea 1999.

lung von Informationen bedeutet, sind ganz besonders wichtig. Das eigene
Forschungsprojekt muss, so gut es geht, auch den Einheimischen gegenüber
erläutert, „übersetzt" und begründet werden. Für spezifische Fragestellungen
wird man später dann *Spezialisten* oder *Hauptinformanten* auswählen. Für
manche Verfahren (etwa bei der systematischen Beobachtung) wird man nach
dem *Zufallsprinzip* Informanten aus einer Gesamtheit der Untersuchten auswählen oder versuchen, sich nach dem *Schneeballsystem* von einer Person
jeweils die nächsten Informanten nennen zu lassen, die einem weiterhelfen
können.

Den viel beschriebenen *Kulturschock* habe ich weder im Feld noch bei
meiner Rückkehr nach Deutschland erlebt. Das mag an langen Vorbereitungs-
phasen gelegen haben, in denen bereits Kontakt zu Angehörigen der untersuchten Kulturen bestanden, vermutlich aber vor allem daran, dass ich bei
sehr herzlichen, einfühlsamen Gastgebern mit natürlicher Begabung zur interkulturellen Kommunikation lebte. Schwerer war während der Feldforschung
die später eintretende Langeweile zu verkraften: wenn es zu heiß war, um zu
arbeiten, für ein ruhiges Gespräch niemand im Dorf war, alle sich in den
Gärten ausruhten, und das letzte Buch ausgelesen war. Aber auch damit lernt
man umzugehen, und leichter ist es, wenn man weiß, dass es anderen ähnlich
ergangen ist. Solche persönlichen Eindrücke sind sehr gut dargestellt in ein-
gangs bereits genannten Erfahrungsberichten (siehe dazu auch Malinowskis
[1985] umstrittenes Tagebuch).

Unterschieden wird meist in eine *explorative* und eine stärker *problemorientierte Phase* der Feldforschung. „Explorativ" bedeutet nichts anderes als „entdeckend" oder „erforschend". In dieser Phase nimmt man zunächst viele verschiedene Informationen ganz unterschiedlicher Qualität auf, um sich im Alltag der untersuchten Gruppe zurechtzufinden. Man lernt die Namen der wichtigsten Bezugspersonen, lernt Gesichter zu unterscheiden, vertieft die Sprachkenntnisse und lernt sich in der Umgebung zu orientieren. Man richtet sich in seinem neuen Alltag ein und findet angepasst an die Gruppe, bei der man lebt, einen eigenen Lebensrhythmus im Feld. Die teilnehmende Beobachtung, das „Mitmachen", Zuhören und Lernen spielt zu Beginn der Feldforschung eine besonders große Rolle (siehe dazu den Beitrag von Brigitta Hauser-Schäublin in diesem Band). In dieser ersten Phase ist ausgiebiges Tagebuchschreiben ausgesprochen wichtig, denn gerade jetzt kann der Neuankömmling oft noch gar nicht beurteilen, welche Informationen später von Bedeutung sein werden. Auch für die spätere Einschätzung der eigenen Beziehung zu bestimmten Personen kann es beispielsweise nützlich sein, zurückzublättern und nachzulesen, unter welchen Umständen der Kontakt zustande kam und von wem die Initiative ausging.

Nach den ersten Wochen bzw. Monaten (das hängt von Dauer und Umständen der Feldforschung ab) fühlt man sich in seiner neuen Umwelt „zu Hause", hat viel gelernt und eine große Menge an Informationen erhalten. Auch die Gastgeber verstehen zu diesem Zeitpunkt besser, warum man bei ihnen ist, sie haben den Ethnologen inzwischen kennen gelernt, und es haben sich engere und vertrauensvolle Beziehungen zu Einzelpersonen entwickelt. Spätestens jetzt wird man damit beginnen, einen Zeitplan zu erstellen bzw. den im Exposé vorgesehenen zu überdenken. Nun beginnt man in der *problemorientierten Phase* mit der Anwendung spezifischer Verfahren. Einige muss man eventuell vorher erst mit einzelnen Informanten ausprobieren, man muss wissen, ob sie akzeptiert werden, ob das Vorgehen verstanden wird und mit wem man es am besten durchführt. In dieser Phase werden neben alltäglichen Gesprächen, die eine Fülle an Informationen bringen, gezielte Interviews wichtiger (siehe dazu die Beiträge von Judith Schlehe und Martin Sökefeld). Neben der teilnehmenden kann nun auch die systematische Beobachtung eingesetzt werden.

Das Feld der Ethnologen hat sich in den letzten Jahrzehnten erheblich gewandelt. Zum einen haben Ethnologen sich zunehmend *modernen* Lebensräumen zugewandt zum anderen haben sich aber auch *traditionellere* Gebiete verändert. Das hat zur Folge, dass Ethnologen heute während der Feldforschung stärker als früher ihr Augenmerk auf bereits vorhandene *schriftliche Dokumente* (siehe etwa Fischer 1998) und *Archive* lenken, die es mittlerweile in vielen Untersuchungsgebieten gibt. Im Archiv kopierte Dokumente oder

Abbildung 3: Der Arbeitsplatz im Feld, Gabsongkeg, Papua-Neuguinea 2000.

auch Unterlagen, die man von Informanten bekommt, sollte man auf jeden Fall in Listen festhalten, mit Herkunft, Datum, Ort und stichwortartigem Inhalt der Dokumente, um nach längerer Feldforschung den Überblick zu behalten, welche Informationen zur Verfügung stehen.

Vor der ersten Feldforschung stellen sich viele vor, dass sie den ganzen Tag Abenteuer bestehen, mit den Menschen vor Ort unterwegs sind und neue Dinge kennen lernen. Etwas ernüchternd ist es, wenn man dann feststellt, wie viele Stunden *Schreibarbeit* „ein Abenteuer" kostet. Man erlebt viel und vor allem in der explorativen Phase ist auch vieles völlig neu. Um so länger braucht man dafür, alles zu dokumentieren und festzuhalten (zur Dokumentation siehe den Beitrag von Hans Fischer). Der wichtigste Arbeitsplatz im Feld ist also – nicht anders als zu Hause auch – der, wenn auch vielleicht provisorisch selbstgebaute, Schreibtisch. Nur mit dem Unterschied, dass man sich oft nicht aussuchen kann, wann man daran arbeitet, dass man auf die Zeiten angewiesen ist, an denen die anderen sich ausruhen oder mit ihren eigenen Dingen beschäftigt sind. Gerade in den Tropen sind das häufig die heißen Mittagsstunden. Wenn die Temperaturen am Abend dann angenehm sind, stehen wieder alle Informanten zur Verfügung, und das soziale Leben ist so intensiv, dass man sich kaum an den Schreibtisch zurückziehen kann.

Das Zusammenleben von Menschen ist immer durch unterschiedliche Interessen charakterisiert, die hin und wieder auch aufeinander stoßen. Nicht anders ist es während der Feldforschung. Das heißt, zwischen Feldforscher und Informanten, aber auch unter den Untersuchten, kommt es mit ziemlicher Sicherheit zu *Konflikten*. Bei Konflikten im Untersuchungsgebiet kann man davon ausgehen, dass eine der Parteien versucht, sich die Unterstützung des Ethnologen zu sichern. Auch so gerät man ungewollt „zwischen die Fronten". Wichtig ist es, sich klar zu machen, dass das „normal" ist und nicht (unbedingt) auf eigenes Verschulden zurück geht. Häufig muss man bei Konflikten dem eigenen Menschenverstand gehorchend reagieren – Patentrezepte gibt es nicht. Besonders wichtig ist gerade in heiklen Situationen die oben bereits erwähnte Sprachkompetenz. Man kann die Situation nur dann richtig einschätzen, wenn man auch Bemerkungen versteht, die nicht an einen selbst gerichtet oder nicht für einen bestimmt sind. Nur so können Konflikte rechtzeitig bemerkt werden, und man kann versuchen, offen damit umzugehen, sie zur Sprache zu bringen und zu lösen.

Gerade bei lang dauernden Feldforschungen kann es auch notwendig sein, eine *Pause* einzulegen und etwa für einige Tage in die nächste Stadt zu fahren. Verbinden kann man das damit, die Nahrungsmittelvorräte zu ergänzen, nach Post zu schauen, zu telefonieren oder E-mails zu versenden. Das heißt nicht, dass man seinen Stützpunkt auf Dauer in einem feinen Hotel mit TV, Wäscherei und Telefon einrichtet. Wichtig ist vielmehr, dass man von Zeit zu Zeit Distanz gewinnt, und aus diesem Abstand heraus sowohl über die Beziehungen vor Ort als auch über das eigene Vorgehen, den Fortgang der Forschung und eventuelle Veränderungen in der Planung nachdenkt. Dazu könnte man auch einen Kollegen in einem Nachbargebiet besuchen oder allein einen Ausflug unternehmen. Ein wenig Distanz kann helfen, Probleme in einem neuen Licht zu sehen und auf neue Ideen zu kommen. Letztlich ist Forschung auch ein kreativer Prozess, der durch zu viel Routine und Überdruss behindert wird.

Während der Feldforschung stellen sich auch *ethische Probleme*, über die man bereits vorher nachdenken sollte (siehe dazu ausführlicher Amborn [Hg] 1993; Fluehr-Lobban 1998; Rynkiewich und Spradley [Hg.] 1976). Eines davon, das meines Erachtens häufig unterbewertet wird, besteht darin, dass eine Feldforschung Geld und viel Zeit kostet, und durch Trennungen oder unbequeme Aufenthalte im Feld unter Umständen auch die Nerven von Familienangehörigen strapaziert werden. Meist erfährt man viel Unterstützung durch Freunde, Verwandte, Kollegen, durch Organisationen, die Forschungen fördern, und vor allem durch die Menschen vor Ort. Das legt Ethnologen eine große Verpflichtung und Verantwortung auf, dass sich das Vorhaben nicht nur für sie selbst, sondern auch für die Untersuchten bzw. für die Allgemeinheit lohnt. Zum einen ist das bereits eine Frage der Themenwahl, ob die Untersuchung eines bestimmten Aspektes tatsächlich zu einem besseren Verständnis wichtiger Zusammenhänge und eventuell zur Lösung praktischer Probleme der Untersuchten beiträgt. Zum anderen hängt der Erfolg jedoch auch von den eigenen Bemühungen ab. Deshalb sollte man so gut wie möglich vorbereitet sein, um der eigenen Verantwortung bei der Feldforschung gerecht zu werden.

Ethische Probleme bestehen aber auch in der Frage, ob Informanten angemessen für Arbeits- und Zeitaufwand entschädigt werden. Oder in der Frage, wie ich mich verhalte, wenn sie im Begriff sind, Unrecht zu tun: Soll ich eingreifen? Inwieweit verändert der Feldforscher das Forschungsfeld? Wie gehe ich mit vertraulichen Informationen um? Aber auch die Frage, inwieweit man bei systematischen Beobachtungen „verdeckt" vorgehen darf (siehe meinen Beitrag in diesem Band) ist ein ethisches Problem. Das führt weiter zur Frage, inwieweit allen Informantinnen und Informanten verständlich gemacht werden kann, was man möchte und warum man sich bei ihnen aufhält. Gelingt das nicht, werden eventuell falsche Hoffnungen und Erwartungen geweckt. Vollständig wird es nie gelingen, deutlich zu machen, welche Ziele hinter der Feldforschung stehen. Als Ideal sollte aus ethischen Gründen jedoch angestrebt werden, die Menschen, mit denen man während der Feldforschung zusammenlebt, so weit wie möglich über die eigenen Motive und Absichten aufzuklären.

1.5 ... und danach

Zusammengenommen dauern Feldforschungsvorbereitungen und die spätere Auswertung der Daten meist länger als die eigentliche Feldforschung, vom Transkribieren der Interviews über das Ordnen von Informationen und das Auswerten von quantitativen Daten mit computergestützten Verfahren bis hin zum Schreiben eines Berichts oder Artikels. Wie schon erwähnt, sind Auswertungsverfahren nicht Gegenstand dieses Sammelbandes. Hier nur einige Hinweise zur späteren Darstellung der Forschungsergebnisse.

Bei der Darstellung der Ergebnisse besteht immer ein Konflikt. Einerseits müssen Daten überprüfbar sein, andererseits stellt der Schutz der Persönlichkeitsrechte eine entscheidende ethische Forderung dar. Durch Anonymisierung können zwar Einzelpersonen geschützt werden, für die Untersuchten selbst ist es jedoch meist kein Problem, durch den beschriebenen Kontext die Anonymisierung schnell zu entschlüsseln. Man muss sich also genau überlegen, wer die Ergebnisse lesen wird. Schickt man diese Version an die Untersuchten? Ist es ein Feldforschungsbericht, der in der Schublade des Professors verstauben wird? Oder plant man, den Bericht im Internet zu veröffentli-

chen? Für die Abfassung eines Berichts und die Zusammenfassung von Er-
gebnissen ist es grundsätzlich entscheidend, vorher zu klären, an wen sich der
Text richtet und mit welchem Interesse er gelesen wird (ausführlicher zum
Schreiben wissenschaftlicher Texte in der Ethnologie siehe auch Beer und
Fischer 2000).

Bei der Darstellung von Feldforschungsergebnissen sollte immer der Vorgehensweise, der *Darstellung der Datengewinnung,* ausreichend Raum
gegeben werden. Es muss so genau wie möglich beschrieben werden, wie
Informanten ausgewählt, Daten erhoben und Informationen später ausgewertet wurden. Auch Veränderungen des Forschungsvorhabens aufgrund lokaler
Gegebenheiten, Probleme in der Interaktion mit den Untersuchten sowie eine
Beschreibung der Rolle des Ethnologen im Feld gehören dazu. Das muss nicht
in eine große „Nabelschau" ausarten. Entscheidend ist, dass Leser genügend
Hintergrundinformationen erhalten, um die vorgelegten Ergebnisse einordnen und bewerten zu können. Ohne eine Darstellung der Methode ist Quellenkritik kaum möglich. Bei der späteren Abfassung eines Berichts kann das
Exposé hilfreich sein. Wie war der Aufenthalt ursprünglich geplant? In welchen Punkten gab es Abweichungen? Welche Methoden sollten versucht werden? Welche haben sich ganz besonders bewährt und warum? Diese Informationen spielen auch für andere Ethnologen eine Rolle, die zu einer ähnlichen
Thematik oder in demselben Gebiet forschen wollen.

Um den Zusammenhang der verschiedenen Phasen der Feldforschung, die
notwendigen Tätigkeiten und die Fragen, die man sich jeweils stellen sollte
deutlich zu machen, abschließend eine zusammenfassende Übersicht in Tabelle 1.

Phase	Tätigkeiten	wichtige Fragen
Vorbereitung inhaltlich	Lektüre der regionalen u. thematischen Fachliteratur Zielformulierung Wahl der Region, Spracherwerb Schreiben des Exposés Gespräche mit Fachleuten/Vorstellen +Diskussion des Vorhabens	Warum Feldforschung? Was will ich wissen? Mit welchen Methoden kann ich das Thema untersuchen?
praktisch	Visum beantragen, Forschungs- genehmigung einholen Flug buchen Arztbesuch/Impfungen Kauf der Ausrüstung Ausprobieren von Geräten	Welche Geräte brauche ich? Beherrsche ich deren Bedienung?
Feldforschung		
Anreise über eine dem Ort nahe gelegene Stadt	Kontaktaufnahme zu KollegInnen im Land, Entwicklungsorganisationen, Kir- chen, Besuch v. Archiven, Bibliotheken, Museen	Wo und bei wem finde ich im jeweiligen Land zusätzliche Informationen?
Explorative Phase	Kontaktaufnahme beschreiben Alltag festhalten Spracherwerb Beginn der Datenerhebung	Lässt sich das Thema wie geplant bearbeiten? Welche Informanten kommen wofür in Frage? Sind die Methoden
Problem-orientierte Phase	Auswahl von Informanten Erhebung spezifischer Daten Eventuell Neuformulierung der Fragestellung	angemessen?
Datenbearbeitung	Transkription von Interviews Eingabe der Daten in Computerprogramme	Wie können Daten zugäng- lich gemacht werden? Wie werden sie am besten zur Auswertung aufbereitet?
Datenauswertung	Nutzung spezieller Analyseverfahren	
Niederschrift	Abfassung eines Berichts, der Magister- arbeit oder Dissertation	Für welchen Leserkreis ist der Bericht bestimmt?

Tabelle 1: Phasen der Feldforschung

1.6 Literatur

Amborn, Hermann (Hg.)
1993   Unbequeme Ethik. Überlegungen zu einer verantwortlichen Ethnologie. Berlin.

Atkinson, Paul; Amanda Coffey; Sara Delamont et al. (Hg.)
2001   Handbook of Ethnography. London, Thousand Oaks, New Delhi.

Beer, Bettina
2002   Zusammenarbeit mit einer Hauptinformantin: Feldforschung, Freundschaft und
            die Entgrenzung des „Feldes". In: Hans Fischer (Hg.), Feldforschungen. Erfah-
            rungsberichte zur Einführung, 153–171. Berlin.

Beer, Bettina und Hans Fischer
2000   Wissenschaftliche Arbeitstechniken in der Ethnologie. Eine Einführung für Stu-
            dierende. Berlin.

Bernard, H. Russel (Hg.)
1998   Handbook of Methods in Cultural Anthropology. Walnut Creek, London, New
            Delhi.

Borgatti, Stephen P.
1994   Cultural Domain Analysis. In: Journal of Quantitative Anthropology 4: 267–
            278.

Bowen, Elenore Smith
1984   Rückkehr zum Lachen: ein ethnologischer Roman. Berlin. [Original: Return to
            Laughter. 1954]

Diekmann, Andreas
2001   Empirische Sozialforschung. Grundlagen, Methoden, Anwendungen. Reinbek
            bei Hamburg.

Ember, Carol R. und Melvin Ember
2001   Cross-Cultural Research Methods. Walnut Creek, London, New Delhi.

Fischer, Hans
1998   Protokolle, Plakate und Comics. Feldforschung und Schriftdokumente. (Mate-
            rialien zur Kultur der Wampar, Papua New Guinea, Bd. 5). Berlin.
2002 a   Einleitung: Über Feldforschungen. In: ders. (Hg.), Feldforschungen, 9–24.
2002 b   Erste Kontakte – Neuguinea 1958. In: ders. (Hg.), Feldforschungen, 25–51.

Fischer, Hans (Hg.)
2002   Feldforschungen. Erfahrungsberichte zur Einführung. (Neufassung). Berlin.

Fischer, Hans und Bettina Beer (Hg.)
im Druck   Ethnologie. Einführung und Überblick. Berlin.

Fluehr-Lobban, Carolyn
1998   Ethics. In: H. R. Bernard (Hg.), Handbook of Methods in Cultural Anthropology,
            173–202. Walnut Creek.

Foster, George M. et al. (Hg.)
1979   Long-Term Field Resesarch in Social Anthropology. New York, San Francisco,
            London.

Hauser-Schäublin, Brigitta
2002   Gender: Verkörperte Feldforschung. In: H. Fischer (Hg.), Feldforschungen, 73–99. Berlin.

Illius, Bruno
im Druck Feldforschung. In: H. Fischer u. B. Beer (Hg.), Ethnologie. Einführung und Überblick. Berlin

Lang, Hartmut
1994   Wissenschaftstheorie für die ethnologische Praxis. (Zweite, vollständig überarbeitete und erweiterte Neuauflage). Berlin.

Lissman, Urban
2001   Inhaltsanalyse von Texten: Ein Lehrbuch zur computerunterstützten und konventionellen Inhaltsanalyse. Landau.

Malinowski, Bronislaw
1985   Tagebuch im strikten Sinn des Wortes. Neuguinea 1914–1918. Frankfurt a. M.

Powdermaker, Hortense
1966   Stranger and Friend. New York.

Rynkiewich, Michael A. und James P. Spradley (Hg.)
1976   Ethics and Anthropology. New York.

Schnegg, Michael und Hartmut Lang
2001   Netzwerkanalyse. Eine praxisorientierte Einführung. <http://www.methoden-der-ethnographie.de/>

Schweizer, Thomas
1998   Epistemology. The Nature and Validation of Anthropological Knowledge. In: H. R. Bernard (Hg.), Handbook of Methods in Cultural Anthropology, 39–89. Walnut Creek.

Stagl, Justin
2002   Feldforschungsideologie. In: H. Fischer (Hg.), Feldforschungen, 267–291. Berlin.

Anmerkungen

1 In der Einleitung wie auch in den folgenden Beiträgen wird hauptsächlich das grammatische männliche Geschlecht verwendet, um die Lesbarkeit der Texte zu erleichtern. Dies wird als sprachliche Konvention und nicht als Klassifikation der Geschlechter verstanden.

2 Ausführlichere Anregungen und Anleitungen zur Recherche, zur Gliederung, Formulierung und Fertigstellung wissenschaftlicher Texte finden sich in *Wissenschaftliche Arbeitstechniken in der Ethnologie* (Beer und Fischer 2000).

Brigitta Hauser-Schäublin

2. Teilnehmende Beobachtung

2.1   *Einleitung* 33
2.2   *Wie alles begann* 35
2.3   *Der Spagat zwischen Nähe und Distanz* 37
2.4   *Umkämpfte Teilnahme* 42
2.5   *Teilnahme zwischen Notlösung und Methode* 43
2.6   *Verschriftlichte Teilnahme* 48
2.7   *Die Person des Ethnologen, Forschungsfragen
      und das Untersuchungsfeld* 50
2.8   *Und die Anwendung?* 53
2.9   *Literatur* 53

2.1 Einleitung

Die *Teilnehmende Beobachtung*, so lernen Studierende der Ethnologie schon in der Einführungsveranstaltung, ist die methodische Besonderheit ethnologischer Feldarbeit. Oft wird ethnologische Feldforschung mit Teilnehmender Beobachtung gleichgesetzt, denn beides impliziert, dass der Forscher sich längerfristig bei einer Gruppe einen Platz sucht und mit den Menschen hautnah zusammenlebt, um auf diese Weise möglichst viel über ihr Leben zu erfahren. Wenn diese allgemeine Aussage auch nicht falsch ist, so ist sie zumindest unpräzis. Was es mit Teilnahme genauer auf sich hat, ist Gegenstand dieses Beitrags. Am Ende jedes thematischen Abschnitts sind Fragen angefügt, die zum eigenen Weiterdenken bzw. als Ausgangspunkt für eine Diskussion dienen können.

Eine erste Annäherung an ‚Teilnahme' zeigt, dass sich darunter, zumindest in der Alltagssprache, Verschiedenes verstehen lässt: Wenn mir jemand erzählt, er hätte an einem Weltcup-Fußballspiel teilgenommen, dann nehme ich an, dass er als Zuschauer mit dabei war. Wenn mir die gleiche Person berichtet, sie hätte am letzten New Yorker Marathonlauf teilgenommen, dann bin ich beeindruckt von ihrer Sportlichkeit, weil mir mein Gesprächspartner zu Verstehen gegeben hat, dass er einer der Läufer gewesen ist. Der Unterschied zwischen dem ersten und dem zweiten Beispiel besteht darin, dass es sich im ersten Fall um passive, im zweiten um aktive Teilnahme gehandelt hat. In beiden Fällen ging es jedoch um ein Mit-Dabei-Sein – eben ein „Teil" von etwas sein –, einmal als Zuschauer oder Fan, der ‚seine' Mannschaft angefeuert hat, einmal als Sportler, der mit vielen Hunderten von Läufern den langen Weg in Angriff genommen hat. Aktivität im Zusammenhang mit anderen Menschen, die das Gleiche tun, ist also in beiden Fällen wichtig; jedoch ist die Rolle des Handelnden verschieden. Die Bezeichnung *Teilnehmer* dient in der Regel nicht dazu, die Rolle eines Anführers, Initianten oder gar eines Organisators von Handlungen zu bezeichnen; vielmehr dient sie zu Kennzeichnung von Inhabern eher unauffälliger Rollen. Dabei liegt die Entscheidung, wie aktiv bzw. passiv jemand sein muss um als Teilnehmer zu gelten – etwa im Zusammenhang mit unseren Sportbeispielen – nicht nur bei der individuellen Person. Vielmehr gibt es für jede Teilnahme Bedingungen der Zulassung und der Ausgrenzungen, über die andere Menschen (mit-) entscheiden.

Und wie steht es mit ‚Teilnahme', wenn ich jemandem anlässlich eines Todesfalls meine Teilnahme oder Anteilnahme ausspreche? Auch damit drükke ich eine Aktivität im Zusammenhang mit anderen Menschen aus, aber es handelt sich nicht in erster Linie um eine physische, sondern um eine psychische: Mitfühlen, mittrauern, mitleiden – ein Mit-Dabei-Sein auf emotionaler Ebene also.

Teilnahme kann bei ethnologischer Feldforschung ein ganzes Spektrum unterschiedlichsten Engagiert-Seins des Forschers mit den Menschen, die er untersuchen möchte, umfassen. Physische Nähe – das ist wohl die allgemeinste Voraussetzung überhaupt für Teilnehmende Beobachtung. Was EthnologInnen von ihrer eigenen Teilnahme in den verschiedensten Situationen selber halten, wie sie – etwa im Nachhinein – darüber denken und inwieweit sie auch emotional mit den Stimmungen und Gefühlen der Menschen, die sie untersuchen, gleich geschaltet sind, ist eine ganz andere Frage. Teilnehmende Beobachtung basiert in jedem Fall auf sozialen Beziehungen zwischen ForscherIn und den zu untersuchenden Menschen. Sie ist – als Methode – das Gegenteil von Untersuchungen im Labor, bei denen möglichst Dinge und Sachverhalte untersucht werden, auf die der Beobachter gar nicht oder nur gering einwirkt. Laborexperimente lassen sich – unabhängig von der Person des Forschers – nahezu beliebig wiederholen; die Resultate gelten deshalb als intersubjektiv überprüfbar und objektiv. Teilnehmende Beobachtung ist von jeder Situation vor Ort, von den Menschen, die gerade daran teilhaben und wie sie miteinander interagieren, abhängig; sie lässt sich deshalb auch nie genau gleich wiederholen. Die mittels Teilnehmender Beobachtung gewonnenen Daten sind immer von den Interaktionen des Forschers mit seinem Untersuchungsfeld geprägt (s. auch S. 51).

2.2 Wie alles begann

Die Ethnologie hatte sich in ihren Anfängen – als sie im Gefolge von Koloni-alherren und Missionen auszog, um fremde Kontinente und Länder zu erfor-schen – als Wissenschaft verstanden, die in erster Linie schriftlose Kulturen untersuchte. Indigene Archive, alltägliche Aufzeichnungen oder auch solche von Spezialisten, die es ermöglicht hätten, Kenntnis über eine Gesellschaft und deren Geschichte zu erlangen, fehlten deshalb weitgehend. Da sich die Menschen weit ab von Europa auch in Sprachen unterhielten, die den reisen-den Wissenschaftlern nicht vertraut waren, war es nur beschränkt möglich, Näheres über diese Menschen, ihr Leben, Denken, Handeln und Fühlen zu erfahren. Bekanntlich hat Rivers, der an der Torres-Strait-Expedition von 1889/ 99 teilgenommen hatte, dieses Manko erkannt und 1913 gefordert, dass künf-tig für ethnologische Untersuchungen stationäre Feldforschung notwendig sei, um die Menschen dieser Gesellschaften und ihre Kultur näher kennen zu lernen bzw. zu erforschen (Kohl 1990: 231–232). Bronislaw Malinowski hat als erster diese Forderung ernst genommen und sie theoretisch und praktisch umgesetzt. Mit der ersten stationären Feldforschung 1915 bis 1918 auf den Trobriand-Inseln im Südosten der Insel Neuguinea hat er die Teilnehmende Beobachtung geschaffen. Seither gilt sie als Standardmethode der Feldfor-schung überhaupt. Er hat sie ausführlich in seinem Buch *Argonauts of the Western Pacific* (1922) dargelegt. Dewalt und Dewalt (2002: 5) weisen dar-auf hin, dass eigentlich bereits Frank Hamilton Cushing, der im Auftrag des Smithsonian Institution's Bureau of Ethnology in den 1870er Jahren zu den Zuni Pueblo in Südwesten der U.S.A. ausreiste und dort dann viereinhalb Jahre verbrachte, die Methode der Teilnehmenden Beobachtung 40 Jahre vor Malinowski gelebt und beschrieben hat. Wie Spittler bemerkt (2001: 2), stammt der Begriff der Teilnehmenden Beobachtung nicht von Malinowski, sondern tauchte erst fast 20 Jahre später erstmals in der Ethnologie auf (bei der Ethno-login Florence Kluckhohn 1940); Dewalt und Dewalt (2002: 7–8) nennen Eduard C. Lindemann den ersten Sozialwissenschaftler, der diesen Begriff 1924 zur Bezeichnung einer besonderen Methode geprägt hat (vgl. dazu auch Spittler 2001: 2).

Malinowskis Beschreibung, wie er sich im Trobriand-Dorf Omarakana in-stallierte und seine Feldarbeit begann, also genau das, was erst später in der Ethnologie als Teilnehmende Beobachtung bezeichnet wurde, lautet folgen-dermaßen:

„Bald schon, nachdem ich mich in Omarakana (Trobriand-Inseln) niederge-lassen hatte, nahm ich auf bestimmte Weise am Dorfleben teil, indem ich erwartungsvoll den wichtigsten der festlichen Ereignissen entgegensah, am Klatsch und an der Entwicklung der kleinen Dorfbegebenheiten persönlich

Anteil nahm und jeden Morgen zu einem Tag erwachte, der sich mir mehr oder weniger so darstellte wie den Eingeborenen. Ich komme unter dem Moskitonetz hervor und finde um mich herum das Dorfleben, wie es sich zu regen beginnt oder wie die Leute in ihrer Arbeit schon fortgeschritten sind, je nach Tages- und auch Jahreszeit, denn sie stehen auf und beginnen ihre Arbeit früh oder spät, wie die Arbeit dies erfordert. Wenn ich meinen Morgenspaziergang durch das Dorf machte, konnte ich intime Details des Familienlebens sehen, Toilettemachen, Kochen, Essen. Ich konnte die Erledigungen der Tagesarbeit beobachten, Leute, die mit ihren Besorgungen begannen oder Gruppen von Männern und Frauen, die mit irgendwelchen Handarbeiten beschäftigt waren […]. Streitigkeiten, Scherze, Familienszenen – Ereignisse, die gewöhnlich trivial, manchmal dramatisch, aber immer bedeutsam waren, bildeten die Atmosphäre meines täglichen Lebens wie auch des ihren. Es muss daran erinnert werden, dass die Eingeborenen, weil sie mich jeden Tag sahen, aufhörten, aufgrund meiner Gegenwart interessiert oder beunruhigt zu sein oder sich ihrer selbst bewusst zu werden. Ich war nun nicht länger ein Störfaktor in dem Stammesleben, das ich studieren wollte und das sich durch meine bloße Ankunft zu verändern begann, wie es bei einem Neuankömmling in jeder unzivilisierten Gemeinschaft [im Original: savage community, was heute eher mit „indigener Gemeinschaft" übersetzt werden würde] geschieht. Als sie wussten, dass ich meine Nase in alles stecken würde, sogar in Dinge, bei denen ein wohlerzogener Eingeborener nicht im Traum auf die Idee käme zu stören, kamen sie schließlich dahin, mich als Bestandteil ihres Lebens zu betrachten, als ein notwendiges, durch Tabakschenkungen gemildertes Übel oder Ärgernis.

Im weiteren Tagesverlauf spielte sich alles, was geschah, in meiner unmittelbaren Nähe ab; es war unmöglich, dass etwas meiner Aufmerksamkeit entging. Aufregung wegen der Ankunft des Zauberers am Abend, ein oder zwei wirklich ernste Streitigkeiten und Spaltungen innerhalb der Gemeinschaft, Krankheitsfälle, Heilungsversuche und Todesfälle, magische Riten, die notwendig wurden, auf all dies musste ich nicht aus Angst, etwas zu versäumen, Jagd machen, denn es fand direkt vor meinen Augen statt, sozusagen vor meiner eigenen Türschwelle [...]. Es muss nachdrücklich darauf hingewiesen werden, dass es, wenn etwas Dramatisches oder Bedeutsames vorfällt, darauf ankommt, dies unmittelbar in der Zeit des Geschehens zu untersuchen, weil die Eingeborenen dann nicht umhin können, darüber zu reden; sie sind zu aufgeregt, um sich zurückzuhalten, aber auch zu interessiert, um in aller Ruhe Einzelheiten berichten zu können. Ich verletzte auch immer wieder die guten Sitten, worauf mich die Eingeborenen, die mit mir vertraut waren, schnell hinwiesen. Ich musste lernen, wie ich mich zu verhalten hatte, und erwarb mir bis zu einem gewissen Grad ein ‚Gefühl' für die guten und schlechten Sitten der Eingeborenen. Hierdurch und durch die Fähigkeit, mich ihrer Gastfreundschaft zu erfreuen und an einigen ihrer Spiele und Vergnügungen teil-

zunehmen, begann ich zu spüren, dass ich tatsächlich Kontakt zu den Eingeborenen hatte, und dies ist gewiss die Vorbedingung, um eine erfolgreiche
Arbeit im Feld betreiben zu können" (Malinowski 1984: 28–29).

Was Malinowski schildert, klingt in mehrfacher Hinsicht paradiesisch: Ein
offensichtlich in sich geschlossenes Dorf, in dem sich bilderbuchartig das
Leben der Menschen vor dem Auge des Ethnologen entfaltet und das er deshalb aus nächster Nähe beobachten kann: Der Ethnologe, der sich jeden Morgen von seinem Zelt am Dorfende aufmacht, um das Dorfleben zu erkunden;
der zuerst Fremder ist und mit der Zeit den Leuten nicht mehr weiter auffällt,
weil er lernt, sich in der Trobriand-Gesellschaft konform zu verhalten. Er
nimmt am Leben der Menschen teil und steckt seine Nase in alles hinein.
Insgesamt klingt Malinowskis Schilderung überzeugend und auch begeisternd:
Die Teilnahme am Leben mit Zauberern, arbeitenden Menschen, mit Streitigkeiten und Festlichkeiten scheint ein Kinderspiel zu sein, bei dem der Forscher immer live mit dabei war. Und ärgerten sich die Leute einmal über ihn,
so steckte er ihnen besänftigend Tabak zu.

*Frage: Omarakana war in dieser Hinsicht tatsächlich ein Bilderbuch, in wel-
chem Malinowski nach Belieben blättern konnte. Eine ethnologische Idylle
also?*

2.3 Der Spagat zwischen Nähe und Distanz

Wir alle sind den größten Teil unseres Alltags zu Hause einfach Teilnehmer,
d. h. die meisten von uns haben ihren typischen Tagesablauf, der vielleicht
mit wohligem Räkeln im Bett, mit muffeligem Aufstehen oder mit sportli-
chem Joggen beginnt ... und so weiter, bis man abends wieder ins Bett zu-
rückfindet. Wir produzieren unseren Alltag in Interaktion mit unserer sozialen und physischen Umwelt, ohne viel darüber nachzudenken, wie wir was
tun und wir stellen uns in der Regel kaum Fragen dazu: alles ist selbstverständlich, eingespielt, alltäglich eben. Teilnahme als wissenschaftliche Methode aber setzt bewusste Aufmerksamkeit all den Dingen gegenüber voraus,
die den ‚normalen' Teilnehmern gar nicht auffallen, weil sie mitten drin sind.
Teilnehmende Beobachtung verlangt vom Ethnologen, dass er seine Aufmerksamkeit schärft, sozusagen alle seine Sinne ausführt, um auch Dinge wahrzu-
nehmen, die sonst nicht wahrgenommen werden (vgl. dazu auch Spradley
1980: 54–56). Bekanntlich ist es einfacher für einen Außenstehenden, das
Selbstverständliche und deshalb nahezu unsichtbar Gewordene des alltäglichen Lebens von ‚normalen' Teilnehmern zu sehen. Die kulturelle Distanz ist
über weite Strecken eine Voraussetzung für das ‚Sehen' von nahezu Ausge-

blendetem, aber auch von routinisierten Abläufen, von standardisiertem Verhalten und als normal geltenden Ansichten und Gefühlen. Bei der Teilnehmenden Beobachtung versucht der Ethnologe – wie dies Malinowski auch beschrieben hat – sich selbst situationsgerecht und möglichst so wie die Menschen um ihn herum zu *verhalten*, da er das *beobachtete* Soziale für sich selber als Richtlinie des Verhaltens übernimmt. Er möchte ein normaler Teilnehmer werden und vor allen Dingen auch bei seinem sozialen Umfeld als „einer von ihnen" gelten. Gleichzeitig ist aber damit der Prozess des Beobachtens, wie dieser eigentlich typisch für einen Außenstehenden und nicht für einen gewöhnlichen Teilnehmer ist, keineswegs abgeschlossen. *Teilnahme bedeutet Nähe, Beobachten Distanz*: Teilnehmende Beobachtung setzt sich deshalb aus widersprüchlichem Verhalten zusammen, nämlich so zu sein, wie einer, der dazu gehört und gleichzeitig mit einer Wahrnehmung wie einer, der außerhalb steht. Nicht immer ist es einfach, diese gegensätzlichen Ansprüche unter einen Hut zu bringen. Wer nur noch „Nähe" lebt, wird früher oder später *going native*. Das ist nicht an sich schlecht und dient vielleicht sogar eher der praktischen Völkerverständigung, vor allem, wenn es sich nicht nur um eine Episode kulturellen Abtauchens, sondern um eine auf Dauer angelegte Lebensform handelt, die sich den Gegebenheiten vor Ort anpasst (vgl. zu erfolgreichem *going native* Tedlock 1991: 70–72). Wer nur Distanz lebt, wird ein Besucher bleiben, der die Alltäglichkeiten und Vertraulichkeiten des Zusammenlebens nie erfahren wird. Er wird auch kaum Gelegenheit haben, die kleinen, für das ethnologische Verstehen so wichtigen Alltäglichkeiten menschlicher Interaktionen, die oft nur bei nahem Dabei-Sein wahrgenommen werden können, zu beobachten.

Wie wir bei der Auslotung des Begriffs der Teilnahme in der deutschen Sprache gesehen haben, ist Teilnahme keineswegs auf physische Präsenz oder auf mehr oder weniger aktive oder passive Handlungen beschränkt. Spittler (2001: 19) spricht von „dichter Teilnahme" und versteht darunter „[...] nicht nur die interpretative im Gegensatz zur rein physischen Teilnahme, sondern auch die soziale *Nähe* [...]. Zu diesem *Erleben* gehören alle Sinne, nicht nur das Sehen und Hören, sondern auch das körperliche und seelische Fühlen." Teilnahme beinhaltet deshalb – sofern sie nicht einfach als methodischer Trick eingesetzt wird, um möglichst viel Informationen von dem zu untersuchenden sozialen Umfeld zu erfahren – immer auch Empathie, Einfühlen und Mitfühlen. Und diese Fähigkeiten oder die Bereitschaft, sich auch innerlich auf die Menschen einzulassen, untersteht nicht einfach dem Willen (wie etwa der Wille, Forschung betreiben zu wollen).

Frage: Zu den Widersprüchen von physischer Nähe bei gleichzeitiger Distanz kommt also noch etwas Drittes dazu: das gefühlsmäßige Oszillieren zwischen Beidem, sozusagen berufshalber – und eigentlich geht das gar nicht, oder?

Spittler plädiert vehement für Teilnehmende Beobachtung als eine „dichte Teilnahme", weil eine solche Voraussetzung für ein vertieftes Verstehen ist; dichte Teilnahme ist an Langfristigkeit gebunden. Inzwischen haben EthnologInnen jedoch auch begonnen, Migrationsphänomene zu untersuchen. Menschen in Bewegung zu studieren, schließt meistens einen langfristigen Aufenthalt an einem einzigen Ort aus und „erfordert eine *multilokale* Forschung, die verschiedene Orte, Länder, häufig sogar Kontinente einbezieht." Spittler vergleicht solche Forschungen mit denjenigen der Reisesituationen früherer Jahrhunderte (2001: 3); dichte Teilnahme ist dabei nicht möglich.

Dichte Teilnahme hat jedoch auch schillernde Seiten. Erst in jüngerer Zeit wird davon gesprochen. Verwoben in die Methode der Teilnehmenden Beobachtung sind Emotionen verschiedenster Art. Und dazu gehören auch solche, die zu sexuellen Beziehungen führen können. Über Liebes- und andere Verhältnisse von feldforschenden EthnologInnen gibt es in der Zwischenzeit eine ansehnliche Menge an Literatur (vgl. beispielsweise Kulick und Willson 1995). Dewalt, Dewalt und Wayland (1998: 282–284) weisen auf die Bedeutung des „*sexually situated observer*" und auf „*sexual exploitation of research participants*" (1998: 283, Hervorhebung B. H.-S.) und die damit verbundenen ethischen Aspekte hin. In sexuellen Beziehungen können sich auch Machtbeziehungen manifestieren und kulminieren. EthnologInnen sind in der Regel Gäste, deren Aufenthalt auf Zeit ist. Nach Ablauf ihres „Auftrags" kehren die meisten zu ihrem gewohnten Alltag in dem Land zurück, aus dem sie gekommen sind. Mobilität ist das Privileg der Ethnologen, nicht das der Gastgeber in einem Land des Südens. Umgekehrt hängen Länder des Nordens in der Regel die Latte für jene hoch, die aus Ländern des Südens einreisen möchten. Sexuelle Teilnahme ist deshalb eine Verkörperung von Ungleichheiten der Chancen.

Dichte Teilnahme kann jedoch eine Bedrohung und Gefährdung der Forschenden bedeuten, besonders dann, wenn sie einen Rückzug in die beobachtende Distanz auch als Selbstschutz zu verhindern droht. Ich habe mich mit Vera Kalitzkus, die Organtransplantation aus der Sicht von Betroffenen und Angehörigen in Deutschland untersucht hat (vgl. dazu Hauser-Schäublin et al. 2001, Kalitzkus 2003), darüber unterhalten, was Teilnehmende Beobachtung für sie bedeutete; sie beantwortete die Frage folgendermaßen:

K.: „Teilnahme bedeutete für mich in diesem Kontext die Konfrontation mit Krankheit und Tod. Da es sich um ein gesellschaftlich stark umstrittenes Thema handelt, das ich beforschte, wurde ich zudem immer wieder von meinen GesprächspartnerInnen vor das Problem gestellt, Position zu beziehen. Ich denke, es ist in einer fremden Gesellschaft einfacher, sich vorzubehalten, eine eigenen Position zu beziehen. In der eigenen Gesellschaft ist die Frage nach der eigenen Verortung sehr viel schwieriger. [...] Ich habe gemerkt, wie schwer es ist, die Schicksale der Menschen, mit denen ich sprach, mir vom eigenen Leib zu halten, mir nicht zu sehr unter die Haut gehen zu lassen – gerade, weil es meine Aufgabe war, direkt einzutauchen in die Lebenswelt der Betroffenen. Mir fiel die Distanzierung von den Schicksalen der Betroffenen sehr schwer."

H.-S.: „Welche Konsequenz hatte dies für Sie und Ihre Forschung?"

K.: „Ich habe mich zum einen dazu entschieden, den ganzen Forschungs-verlauf durch Supervision absichern zu lassen, d.h. ich habe mich mit einer Supervisorin auf die Gespräche vorbereitet, um mögliche Konflikte und emo-tionale Ausnahmezustände der Betroffenen auffangen zu können oder es gar nicht so weit kommen zu lassen. [...]

Ich habe mich zum andern auch für eine Beschränkung auf Erstgespräche entschieden, weil ich befürchtete, dass es durch Zweit- oder Drittgespräche mit den Betroffenen, also durch tiefer gehende Interviews, zu einem Aufbre-chen latenter Konflikte kommen könnte."

H.-S.: „War dies für Sie eine Grenze der Teilnehmenden Beobachtung?"

K.: „Ja, für mich war es eine Grenze. Ich könnte mir vorstellen, es anders gemacht zu haben, beispielsweise, wenn ich eine Zusatzausbildung gehabt hätte, die es mir ermöglicht hätte schwierige Situationen und die Situation der Betroffenen besser einschätzen zu können."

Frage: Wie sehen und beurteilen Sie persönlich die Möglichkeiten und Ge-fahren einer dichten Teilnahme?

Was Malinowski als geschlossenes, exemplarisches Dorf, in welchem er sich sukzessive zurecht ruckelt, beschrieben hat, ist ein Idealfall (oder hat seine Beschreibung erst einen Idealfall erschaffen?). Nicht nur bezüglich der Idyl-le, die für den heutigen Leser aus seiner Beschreibung durchschimmert, son-dern auch bezüglich der Rolle des Teilnehmers, wie sie Malinowski schildert. Die Nase in Dingen hinein zu stecken und darüber zu schreiben, die in der betreffenden Kultur als privat gelten, ist heute ethisch nur schwer vertretbar. Auch würden Angehörige von Gemeinschaften, die der Ethnologe untersucht, heute vermutlich solchen Absichten Widerstand entgegensetzen – mit Recht! Dies können wir leichter verstehen, wenn wir uns vorstellen, dass ein fremder Ethnologe zu uns käme und sozusagen zu jeder Tages- und Nachtzeit unsere Wohnungstüre aufmachen würde, um nachzuschauen, was wir gerade so trei-ben. Ein solches Gegenbeispiel mag irreal erscheinen. Ich möchte deshalb kurz ein weiteres Beispiel schildern, das aus dem Forschungsprojekt stammt, das ich zwischen 1996 und 2001 zusammen mit drei Doktorandinnen durch-führte. Es hatte die ethnologische Erforschung der kulturellen Dimension, vor allem den kulturellen Umgang, und die Bedeutungen, von Reproduktions-medizin und Organtransplantation (s. o. das Gespräch mit Vera Kalitzkus) in Deutschland zum Gegenstand. Vorgesehen waren längere Feldforschungs-phasen mit Teilnehmender Beobachtung in Arztpraxen und Kliniken. Dies war zwar nicht einfach, aber es war möglich. Was sich dort jedoch in aller Schärfe zeigte, war, dass diese Methode nur auf den professionalisierten Umgang – die alltägliche Praxis von Ärzten und Krankenschwestern/Pflegern – in der Arztpraxis/der Klinik angewendet werden konnte. Uns hätte eigentlich auch interessiert, wie Ärzte und Pflegepersonal jenseits ihres Arbeitsortes und ihrer Berufsaufgaben leben, was sie denken und wie sie handeln – und wie diese private Praxis mit der beruflichen zusammenpasst. Es war unmöglich, dieses Vorhaben zu verwirklichen! Nicht einmal gesprächsweise ließ sich der private Bereich thematisieren; die Türen zu den Kliniken und Praxen wären wohl vor unserer Nase zugeschlagen worden. Was damit deutlich wurde (und was wir eigentlich schon vorher gewusst hatten), war, dass Menschen in unserer Gesellschaft zwischen Berufsleben und Privatleben radikal trennen (mit wenigen Ausnahmen, z. B. bei bäuerlichen Lebensweisen). Dies hatte zur Folge, dass der mit der Teilnehmenden Beobachtung verbundene holistische Ansatz der Ethnologie – nämlich Menschen als soziale Akteure schlechthin, und nicht nur Teilaspekte ihres alltäglichen Handelns, in den Mittelpunkt der Untersuchung zu stellen – gar nicht anwendbar war und ist.

Frage: Welche Konsequenzen hat diese strikte Auftrennung von privatem und beruflichem Leben für die mittels Teilnehmender Beobachtung gewonnenen Daten?

All das, was im Zusammenhang über kulturelles Lernen durch Teilnehmende Beobachtung in anderen Gesellschaften – meist in solchen mit vergleichsweise geringer sozialer Differenzierung – geschrieben wurde und wird, also die Transformation vom Außenstehenden, der durch Beobachten sowie durch *trial and error* zum gewöhnlichen Teilnehmer wird, fällt unter solchen Bedingungen in sich zusammen. Tatsächlich schlug uns vielerorts auch Misstrauen (im Sinne von „wie kommen Ethnologen dazu, sich mit einem hochkomplexen medizinischen Thema zu befassen, von dem sie keine Ahnung haben?") entgegen und Teilnahme wurde uns mehrfach verweigert. Alles andere also als ein Bilderbuch des Lebens, das der Ethnologe nur aufzuschlagen braucht. Erst bei solchen Forschungen in der eigenen Gesellschaft wird einem in aller Schärfe vor Augen geführt, dass die Gewährung von Teilnahme – Teilnahme in einem zeitlich und räumlich beschränkten Bereich – auch Loyalität gegenüber den Untersuchten impliziert, entweder als konkrete Erwartung oder als diesbezügliche Skepsis. Die Gewährung von Teilnahme beruht auf Vertrauen, Vertrauen in den Forscher.

Frage: Bedeutet dies, dass ein Ethnologe sich zwingend auf die Wiedergabe der Sichtweisen der Menschen, die er untersucht hat, beschränken muss, da er sich sonst als Spion und Verräter zu erkennen gibt?

2.4 Umkämpfte Teilnahme

In der ethnologischen Praxis der Feldforschung ist Teilnahme oft umkämpft. Denn Teilnahme ist auch in „anderen" Gesellschaften nicht mit allen Menschen, deren Leben man gerne studieren möchte, gleichermaßen möglich. Oft gibt der Ort, an welchem dem Ethnologen Unterkunft gewährt wird, die engste Beziehung vor, die oft auch eine Verpflichtung ist: das Haus und die Familie des Gastgebers, seine Anverwandten. Die Gegenwart eines Fremden, vor allem, wenn er besonderes Interesse an der Kultur zeigt, bedeutet in vielen Gemeinschaften Prestigegewinn. Er verkörpert auch wertvolle Außenbeziehungen, etwa zu verschiedenen Ebenen des Staates und seiner Beamtenschaft, zu ausländischen – internationalen – Bildungsanstalten, zur westlichen Konsumgesellschaft und deren begehrten Gütern sowie selbstverständlich auch zu Geld und zu vielem anderem mehr. Die Kriterien für die Entscheidung, wo der Gast wohnen soll, darf oder muss, bleiben einem Neuankömmling oftmals verborgen; nur in seltenen Fällen ist er es, der seinen künftigen Wohnort und seine künftige Gastfamilie frei wählen kann. Dadurch sind auch Differenzierungen und Nuancierungen von Teilnahme vorbestimmt. Gerade eine fremde Ethnologin wird während der ersten Wochen ihres Aufenthaltes in der Regel auf Schritt und Tritt von einem Mitglied der Gastfamilie begleitet.

Teilnahme – Manifestationen von Nähe – lässt sich nicht nach dem Gießkannenprinzip gleichmäßig verteilen. Manche Menschen, mit denen man in Interaktion tritt, erwarten manchmal einfach mehr Teilnahme von ‚ihrem' Ethnologen als andere, seien dies Mitglieder der Gastfamilie, der lokalen Prominenz, der Behördenvertreter vor Ort, der gleichen Altersgruppen oder des gleichen Geschlechts. Diese Erwartungen zu erfüllen, zumindest teilweise, und sich dennoch Freiräume für Teilnehmende Begegnungen, Nähe auch mit anderen Menschen, zu schaffen und diese zu bewahren, ist nicht immer eine leichte Aufgabe. Das Prinzip der gegenseitigen Verpflichtung steht dahinter, ein Prinzip, das die Teilnehmende Beobachtung oft zu einem Politikum werden lässt. Viele Ethnologen und Ethnologinnen haben immer wieder davon berichtet, dass sie in die Gesellschaft, die sie untersuchten, „adoptiert" wurden. Sie schreiben davon auch in ihren wissenschaftlichen Arbeiten, um den Leser davon zu überzeugen, dass er/sie ein integriertes Mitglied dieser Gemeinschaft war (und vielleicht noch ist), es sich also bei seiner kulturellen Beschreibung um die eines Insiders (also eines ‚normalen' Teilnehmers) handelt. Hinter jeder Adoption stehen – aus der Perspektive der Untersuchten – Prozesse auch der Teilnahme und Teilhabe am Ethnologen, die dazu dienen, ihm einen festen Platz zu geben – für beide Seiten notabene. Meine (und die meines Mannes) erste ‚Adoption' bei den Iatmul in Papua-Neuguinea erfolgte durch Vertreter eines Clanes, der bei der lokalen „Cargo-Bewegung" eine führende Rolle spielte. Mit dieser öffentlich bekannt gegebenen Absicht waren auch Erwartungen verbunden: wir galten als Besitzer geheimen Wissens über die Wunder der Geldvermehrung, als potentielle Horter weißer Güter und auch als Besitzer unermesslicher Schätze, die wir – so wurde gehofft – nur mit engsten Angehörigen (dem Clan, der uns adoptiert hatte) teilen würden. Dass wir über eine solche Teilnahme und „Integration" nicht glücklich waren, ja unsere ganz anders gerichteten Forschungen alles andere als erleichterten, ist vermutlich leicht nachvollziehbar.

Und dort, wo ein Ethnologe nicht bei allen Mitgliedern der Gesellschaft ein willkommener Gast ist, wo ihm manche Teile der Gruppe mit Misstrauen begegnen – etwa in kulturell gemischten Gruppen, in altersmäßig oder hierarchisch polarisierten Gesellschaften oder gar in politisch unterschiedlich ausgerichteten Bevölkerungen – ist Teilnahme gerade durch ein ständiges Neuaushandeln von Distanz und Nähe notwendig. Oft ein schwieriges Unterfangen! Denn Teilnahme kann in solchen Fällen als Parteinahme verstanden werden. Gerade unter solchen Bedingungen ist es besonders wichtig, den Wohnort mit besonderer Umsicht zu wählen, da er den ersten und entscheidenden Schritt zur Teilnahme – für einen selbst, aber, mehr noch, für die zu untersuchende Gruppe – darstellt und eine solche signalisiert. Hier werden Mechanismen des erleichterten bzw. erschwerten Zugangs zu bestimmten Gruppen wirksam, die über Teilnahme bzw. Nicht-Teilnahme entscheiden! Davon ist der weitere Verlauf der Feldforschung sowohl in formaler wie auch in inhaltlicher Hinsicht abhängig: Keine Untersuchungsfrage, keine Gruppe kann untersucht werden, wenn Teilnahme zur entsprechenden sozialen Einheit so gut wie unmöglich ist.

Frage: Wie könnten Sie sich konkret im Hinblick auf eine von Ihnen geplante Forschung auf das Thema Teilnahme, Parteinahme, möglicherweise erschwerten Zugang zu der von Ihnen ausgewählten Untersuchungsgruppe vorbereiten?

2.5 Teilnahme zwischen Notlösung und Methode

Teilnehmende Beobachtung ist, wie bereits dargestellt wurde, in einem ersten Schritt eine Methode, mit der sich der Ethnologe den Menschen, deren kulturelles Verhalten er untersuchen möchte, anzupassen versucht. Sie dient also dazu, sich dem Untersuchungsfeld anzunähern und zwar so, dass der Forscher sich nicht mehr a priori als Fremdkörper versteht (und hofft, auch nicht mehr als ein solcher verstanden zu werden). Als Angepasster soll er sich in einem sozialen Umfeld bewegen können, das er aus der Perspektive eines

Teilnehmers auch untersuchen möchte. Oft, besonders wenn sich der Forscher eher radebrechend als fließend mit den Menschen unterhalten kann, ist nicht-verbale Kommunikation als Teilnahme – dabei sein und das gleiche tun – eine willkommene Abwechslung. Teilnahme ist, und das wäre der zweite Schritt, primär eine Interessensbekundung am Leben der Menschen. In einer Zeit da den Menschen in allen Teilen der Welt Traumfabrik-Lebensstile medial vorgegaukelt bzw. -geflimmert werden, stufen viele Gruppen ihr Leben alles andere als ideal und begeisternd ein. Dass sich VertreterInnen aus dem als unermesslich reich gewähnten Teil der Welt ihnen, den Marginalisierten, zuwenden, trägt oft zur Steigerung des Selbstwertgefühls der Angehörigen dieser Gruppe bei. Mehrfach wurde ich bei Feldforschungen gefragt, warum ich denn gerade zu ihnen gekommen sei, ich stamme doch aus einem Land, das alles biete, um dort glücklich zu sein; warum also so weit und erst noch in ein armes Land reisen?

Teilnahme hat für die Menschen vor Ort mehr symbolische Bedeutung. Das ist nicht als eine Herabminderung gemeint, sondern als eine realistische Einschätzung. Bei meinen ersten Feldforschungen bei den Iatmul und Abelam hatte ich Teilnahme immer wieder als konkrete Mitarbeit aufgefasst. Wenn ich aber ganz simple Dinge in Angriff nehmen wollte (denn ich hatte ja meine Absicht zur aktiven Teilnahme verkündet), die bei den Abelam schon siebenjährige Mädchen ausführen, stieß ich oft an meine Grenzen, etwa, wenn es darum ging, einen Eimer Wasser von der Quelle in der Talsohle hinauf auf den Hügel, wo sich die Siedlung befand, so hinaufzutragen, dass kaum ein Tropfen vergossen wurde (Näheres bei Hauser-Schäublin 2002). Was ich damit ansprechen will, ist, dass bei Teilnehmender Beobachtung nicht zwingend die Betonung auf dem konkreten Mitarbeiten liegen muss, sondern sinnvollerweise in der gelebten Praxis, aus einer jeweils neu zu bestimmenden Mischung von Teilnahme und Beobachtung besteht; auch hier ist ein Abwägen wichtig.

Teilnahme ist des Weiteren eine – methodisch vertretbare – Notlösung gerade am Anfang einer Feldforschung, wenn man noch kaum weiß, wie etwa das, was man eigentlich untersuchen möchte – in meinem Fall: ein Tempelfest in Bali – konkret abläuft. Da bleibt gar nichts anderes übrig, als mit auf Empfang eingestellten Sinnen möglichst nahe dabei zu sein, von Anfang an bis zum Ende. Meistens macht man sich dabei Notizen und andere Aufzeichnungen, um das, was stattfindet, irgendwie festzuhalten – und sei es nur als Gedankenstütze. Vermutlich aber geht es jedem Ethnologen gleich, wenn er seine Aufzeichnungen von einem Anlass, den er zum ersten Mal miterlebt hat, nach Monaten der Feldforschung hervor holt: er wundert sich über die Aneinanderreihung von fragmentierten Notizen, Konsternierung über „Daten", die einfach nicht „stimmen" können – oder lächelt selbstironisch über die sich immer aufs neue wiederholende Schwierigkeit, ein kultureller Anfänger zu sein. Aber gerade diese Anfänge sind unerlässlich, denn eine solch offene Methode dient der Exploration. Sie ist eine Vorstufe zu systematischeren Untersuchungen. Statt mit vorformulierten Untersuchungsparametern gezielte Einzeluntersuchungen ‚durchzuziehen', ermöglicht die Exploration mittels Teilnehmender Beobachtung relevante Forschungsfragen zu finden. Sie ist auch ein dringendst zu empfehlendes Mittel, das zur Evaluierung von Forschungsfragen dient, die man sich aufgrund von Literaturstudien zu Hause überlegt hat: Sind sie überhaupt relevant und lassen sie sich durchführen; wie können/müssen sie gegebenenfalls modifiziert werden? Die Offenheit der Teilnehmenden Beobachtung (kombiniert mit der Offenheit des Forschers!) kann auch zu einer völligen Neuorientierung führen, wenn man mit Sachverhalten konfrontiert wird, die einen plötzlich sehr viel wichtiger erscheinen als das, als was man ursprünglich im Kopf gehabt hat. Teilnehmende Beobachtung als Exploration ist deshalb in mehrfacher Hinsicht ein Instrument, dessen Bedeutung und Tragweite nicht unterschätzt werden darf.

Der eigentliche Einsatz der Teilnehmenden Beobachtung als gezielte Methode schließt an explorative Phasen an, von denen man im Verlauf der Feldforschung von Zeit zu Zeit immer wieder eine einschalten sollte; sie dienen der Überprüfung und Reformulierung von Forschungsfrage und Forschungsziel. Wenn die Methode der Teilnehmenden Beobachtung gezielt eingesetzt wird, gehört sie in ein breites Spektrum weiterer Methoden. An erster Stelle sind Gespräche zu nennen; ohne verbale Kommunikation gibt es im Prinzip keine Teilnehmende Beobachtung. Der Ethnologe setzt sich in der Regel nicht einsam in eine Ecke, wenn z. B. ein bestimmtes Ritual stattfindet, sondern kommuniziert – sofern dies beim zu dokumentierenden Ereignis kulturell vorgesehen ist – mit den Teilnehmern. Vorbereitende und vor allem auch nachbereitende offene und strukturierte Gespräche, auch Interviews gehören dazu. Die Nachbereitung des Beobachteten, an dem der Ethnologe teilgenommen hat, ist ein wichtiger Prozess, der dazu dient, das Gesehene, Gehörte, Gerochene und Gefühlte – kurz das subjektiv Erlebte – mit dem Erlebten der Menschen abzugleichen und mit deren Wissen/Erklärungen zu ergänzen. Gezielte Teilnehmende Beobachtung kann aber auch dazu verwendet werden, um alltägliche soziale Abläufe, Interaktionen und das Verhalten von Menschen bei der Arbeit, in der Familie oder bei Versammlungen zu verfolgen und zwar nicht in einem Einzelfall, sondern immer und immer wieder von neuem. Teilnahme heißt in diesem Fall, langfristig dabei sein, um auch abschätzen zu können, wie routinisierte Praxis aussieht, wie Akteure sich gleich oder unterschiedlich verhalten und ob dies situationsbedingt oder -unabhängig ist, etc. Erst durch langfristig und wiederholt durchgeführte Teilnahme wird deutlich, wodurch sich beispielsweise Tempelrituale, die alle von Gewährsleuten als identisch bezeichnet worden waren, voneinander unterscheiden und worin Gemeinsamkeiten, die in den verbalen Erklärungen so stark betont worden waren, bestehen. Die Langfristigkeit der Teilnahme ist also unerlässlich, selbst dann, wenn die Untersuchung längst nicht mehr auf (unstrukturiertes) Beobachten beschränkt ist.

Teilnehmende Beobachtung ist äußerst zeitaufwändig. Aus diesem Grund ist es wichtig, dass man sie im Verlauf der Feldforschung gezielt einsetzt und auswählt, wo man tatsächlich dabei sein möchte und wo nicht. Das heißt: Teilnahme macht, wenn einmal die explorative Phase abgeschlossen ist, nur dann und dort Sinn, wenn der Anlass, den man dokumentieren möchte, für die Forschungsfragen relevant ist. Ansonsten lässt sich ein Jahr Feldforschung verbringen, indem man einfach all das miterlebt hat, was vor Ort „stattfand". Dies ist jedoch keine Forschung, sondern ein angenehmer und interessanter Zeitvertreib.

Zu bedenken ist auch, dass es gar nicht möglich ist, an allem, was sich tagtäglich abspielt, teilzunehmen. Eine Auswahl findet also immer statt; man sollte sie aber nicht ständig dem Zufall oder der Bequemlichkeit überlassen! Spittler (2001: 11) wirft das Problem der Auswahl und des Ziels ethnographischer Feldarbeit auf. Im Hinblick auf Teilnehmende Beobachtung erwähnt er drei verschiedene Ausrichtungsmöglichkeiten: sammelzentrierte Ethnographie (d. h. es wird mehr oder weniger alles gesammelt, was möglich ist; dahinter steht die – längst entkräftete – Annahme, dass es möglich ist „alles" zu sammeln), theorienzentrierte Ethnographie und problemzentrierte Ethnographie. Tatsächlich ist mit der Teilnehmenden Beobachtung als Methode immer eine Fragestellung zu verbinden, die in ethnologische Diskussionen eingebettet ist (Theorie) und die meistens gleichzeitig mit einem bestimmten Thema (Problem) verbunden ist. Wenn die Fragestellung klar ist, dann lässt sich auch leichter eine Auswahl der Situationen und Abläufe bestimmen, an denen man teilnehmend beobachten bzw. diese erforschen möchte. Es ist deshalb zu empfehlen, sobald eine erste Eingewöhnungs- und Explorationsphase vorbei ist, für sich selbst einen Kriterienkatalog zurecht zu legen, aufgrund dessen man dann systematisch das Spektrum der Situationen und Handlungen bestimmt, denen man beiwohnen muss oder sollte. Dies ist Teil eines inhaltlichen und zeitlichen Forschungsplans.

Frage: Stellen Sie sich vor, sie würden eine studentische Wohngemeinschaft untersuchen. Überlegen Sie sich eine Fragestellung und entwerfen Sie einen Plan, wie Sie diese mittels Teilnehmender Beobachtung untersuchen könnten. Listen Sie die Handlungen, Abläufe und Situationen auf, an den sie teilzunehmen gedenken.

Teilnahme an Ereignissen und außeralltäglichen Handlungen hängt oft von Informationen ab, die zuvor erhältlich sind – oder eben nicht. In allen meinen Feldforschungen in drei verschiedenen Gesellschaften traten in diesem Zusammenhang immer wieder die gleichen Probleme auf, die ich kurz darstellen möchte: Der Zeitpunkt, die Dauer, die Beteiligten, der Ablauf. Wie oft ließ sich der ungefähre Zeitpunkt des Beginns einer Handlung nicht eruieren! Unsere Uhr-Orientiertheit stellt Fallen, in die wir zwangsläufig immer wieder hineinfallen. Da ich einmal die rituelle Waschung (im Rahmen einer Weihe) eines Brahmanenpriesters in Bali, zu der mich der Novize mit dem Hinweis („das Ritual findet vor Tagesanbruch statt") selbst eingeladen hatte, versuchte ich diese ungenaue Bestimmung des Zeitpunktes näher einzugrenzen. Es war einfach unmöglich. Schließlich trat ich kurz nach vier Uhr morgens ins unverschlossene Brahmanengehöft ein. Im offenen Innenhof, wo das Ritual beginnen sollte, lagen Dutzende von Angehörigen des Clans schlafend auf Matten. Da stand ich, völlig deplaziert. Ein Zurück war unmöglich, denn mein Eintritt war nicht geräuschlos erfolgt. Schon öffnete auch einer der Schläfer kurz die Augen und verkündete schlaftrunken: „Du meine Güte, die ersten Weißen sind schon da!"

Bleibt noch nachzuschieben, dass ich das Ritual überhaupt nicht sah. Denn als ich mich, nach Stunden des Herumsitzens und Plauderns mit anderen geladenen Gästen – die Sonne war schon längst aufgegangen – erkundigte, wann es denn eigentlich los gehe, hieß es, es habe schon stattgefunden, im Innern des Hauses! Bis auf den heutigen Tag hatte ich keine Gelegenheit mehr, ein solches Ritual zu sehen. Hätte ich gewusst, dass … dann hätte ich vermutlich die Unannehmlichkeit des Übernachtens in einer langärmligen Festbluse und mit einem breiten Gummigurt, der das Hüfttuch zusammenhielt und mir die Luft abschnürte, inmitten von anderen Menschen auf einer Pritsche liegend, auf mich genommen.

Informationen sammeln gehört deshalb zu den Vorbedingungen erfolgreicher Teilnehmender Beobachtung. Am besten ist es eigentlich, einen Begleiter bzw. eine Begleiterin zu haben, die ohnehin am Ereignis, für das Teilnahme geplant ist, partizipiert. Dies bedeutet: Teilnehmende Beobachtung kommt ohne Informanten nicht aus, nicht nur für die Erörterung des Ereignisses und Rückfragen dazu im Nachhinein – das ist ein ganz anderes Kapitel (vgl. S. 48) –, sondern im Vornherein, um Gewissheit über Zeitpunkt, den Ort, die Dauer, den Kreis der Handelnden und die Berechtigung des Ethnologen zur Teilnahme zu erhalten. In Neuguinea nahm die Bestimmung des Zeitpunktes etwa eines Yamsfestes oder einer Initiation, die in einem anderen Dorf durchgeführt wurden, noch ganz andere Dimensionen an: mehrfach liefen wir stundenlang bergauf, bergab und durchwateten Bäche, um schließlich verschwitzt und ausgepumpt am Ort des Geschehens zu erfahren, dass das Fest ein paar Tage, vielleicht auch erst ein paar Wochen später, stattfinden werde.

Selbst wenn feststeht, an welchen Ereignissen und Handlungen der Ethnologe sinnvollerweise teilnimmt, sind weitere Überlegungen notwendig, die im Vorhinein getroffen werden sollten: Teilnahme auch an einem einzelnen Ereignis, an dem mehrere Menschen (oder gar eine kaum überschaubare Menge) beteiligt sind, ist in jedem Fall beschränkt. Man kann nicht gleichzeitig an mehreren Orten des Geschehens sein, nicht gleichzeitig mit mehreren Menschen sprechen und nicht gleichzeitig unterschiedliche Handlungen verfolgen. Eine Entscheidung ist deshalb zu treffen, wen oder was man bei einer konkreten Situation oder einem Ereignis ins Zentrum seiner Beobachtungen rückt, wem man sich anschließt und welchen räumlichen Standort man bezieht. Auch ist mit zu bedenken, welche Rolle die Menschen dem Ethnologen zugedacht haben, ob man etwa einfach in die Rolle des Beobachters rutschen darf, oder ob (und wie) aktive Teilnahme vorgesehen ist. Bei den meisten außeralltäglichen Handlungen ist es deshalb von Vorteil, wenn man schon einmal daran teilgenommen hat. Erst aufgrund der Kenntnis, wie etwa ein solches Ereignis abläuft, ist es möglich, gezielte und geplante Teilnehmende Beobachtung durchzuführen. In der Regel reichen Vorgespräche mit Informanten nicht aus. Die Schilderungen, die meine Gewährsleute teilweise abgaben, bevor etwa ein Tempelfest oder auch eine Heiratszeremonie stattfand, waren – da sie andere Dinge beschrieben (und vor allem eine Vielzahl von Einzelschritten ausließen) als mir wichtig waren –, entsprachen nie meinen Erwartungen in dem Sinn, dass ich Schritt für Schritt hätte planen können, wo ich zu welchem Zeitpunkt des Geschehens mich am besten (d. h. für ein optimales Beobachten) aufhalte. Und wie oft kam bei Nachgesprächen heraus, was ich alles nicht gesehen hatte. Wie oft äußerten meine Gewährsleute ihr Erstaunen darüber, was mir alles entgangen war. Und umgekehrt: Manchmal hatte ich Handlungen wahrgenommen, die ich für höchst bedeutungsvoll hielt. Als ich danach mit meinen Gewährsleuten sprach und ihnen Fotos davon vorlegte, kam es immer wieder vor, dass sie das, was mir als besonders wichtig erschienen war und ich deshalb in meinen Notizen ausführlich beschrieben hatte, als nebensächlich und unwichtig taxierten. Gerade dieses Beispiel zeigt, wie Teilnehmende Beobachtung und Gespräche (verschiedenster Art) darüber einen kontinuierlichen, sich ergänzenden Prozess bilden.

2.6 Verschriftlichte Teilnahme

Damit sind wir an einem weiteren Punkt im Zusammenhang mit Malinowskis Schilderung von seiner Form der Teilnehmenden Beobachtung angelangt. Beim Zitat handelt sich um eine *Beschreibung* aus der Feder Malinowskis. Und wie bei allen Beschreibungen stehen dahinter Prozesse des Auswählens von (subjektiv gesammelten) Informationen, vom Zurechtrücken einzelner Informationen zu ganzen Informationsketten, auch auf dem Hintergrund dessen, welchen Eindruck der Leser aufgrund dieses Textes von seiner Teilnehmenden Beobachtung erhalten soll. Wie sehr an eine Leserschaft gerichtete

Beschreibung vom tatsächlich Erfühlten und Erlebten abweichen kann, verdeutlicht – um bei Malinowski zu bleiben – sein Tagebuch (1967) im Unterschied zu seinem Einführungskapitel der *Argonauten* (1922). Ich habe dieses Problem der impliziten oder expliziten Selbstdarstellung, das der Postmodernismus zu einem Hauptanliegen ethnologischer Wissensproduktion gemacht hat, schon im Zusammenhang mit den viel gerühmten Adoptionen der Ethnologen und Ethnologinnen angeschnitten. Der Postmodernismus hat die Betonung von der Teilnehmenden Beobachtung auf den Prozess der Verschriftlichung der Feldforschung – die Konstruktion des wissenschaftlichen Berichtes – verschoben.

Aufzeichnungen – Notizen und visuelle Dokumentationsmöglichkeiten – sind, wie gerade das Beispiel der Nachbefragung aufgrund von Notizen und Fotos gezeigt hat, ein wichtiger Bestandteil der Teilnehmender Beobachtung. Zwei Dinge sind dabei zu bedenken: Der Wert der Aufzeichnung und die Bedeutung des Aufschreibens für die „Beobachteten". Gerade, wenn man komplexen Situationen oder Handlungen beiwohnt, an denen viele Menschen beteiligt sind, ist es unzureichend, erst im Nachhinein ein Gedächtnisprotokoll anzufertigen. Das mag für Explorationen gehen, aber nicht, wenn während der Teilnehmenden Beobachtung etwa der Fokus auf einzelne Akteure (wie heißen sie, wann treten sie auf, was tun sie) oder Handlungen (Spektrum der Handlungen, Ablauf, wie oft, zu welchem Zeitpunkt) gelegt wird. Dies bedeutet, dass Aufzeichnungen auch während der Teilnahme unverzichtbar sind. Wenn Beobachten während der Teilnahme schon immer selektiv ist (absichtliche und unabsichtliche Auswahl), dann stellt das Notieren von Gesehenem, Gehörtem und Gesagtem nochmals eine Auswahl aus der Summe der Sinneseindrücke dar: Manche werden festgehalten, andere – und in den meisten Fällen: die Fülle der Eindrücke – werden nicht aufgezeichnet. Vieles bleibt als Eindruck und Stimmung irgendwo im Kopf – und beginnt, sich im Lauf der Zeit als Erinnerung zu verändern. Auch ist die Verschriftlichung (in der Sprache der Menschen vor Ort, in der eigenen Muttersprache, in einer Mischung von beidem?) eine bestimmte Form der Memorierung und unterliegt den Gesetzen der Sprache und der Schrift. Das heißt: alle Sinneseindrücke werden in einen einheitliche Code – Sprache und Schrift – gepresst. Feldnotizen, die während des Anlasses gemacht werden, dem man gerade beiwohnt, sind oft Stenogramme, Kürzel, die dazu dienen, das Wichtigste festzuhalten. Denn Zeit zum Schreiben gibt es während der Teilnehmenden Beobachtung meistens ungenügend. Feldnotizen geben deshalb niemals die Authentizität einer Situation oder einer Handlung wieder, sondern sind Abbildungen – Repräsentationen – davon, die mehrfach „gefiltert" wurden. Dewalt, Dewalt und Wayland (1998) nennen deshalb die Teilnehmende Beobachtung und währenddessen angefertigten Feldnotizen eine Form der Datengewinnung und Datenanalyse. Emerson, Fretz und Shaw (2001: 352–353) sagen deshalb

mit Recht, dass mit dem Anfertigen von Feldnotizen während der Teilnehmenden Beobachtung bereits die Grundlagen zur ethnographischer Repräsentation gelegt werden und dies also nicht erst mit dem Schreiben eines Artikels oder eines Buches geschieht.

*Frage: In wie weit ermöglichen Notizen, die während einer Teilnehmenden
Beobachtung angefertigt wurden, eine authentische Wiedergabe von Situa-
tionen oder Handlungen?*
Sind Fotos/Videos authentischer?

Das Anfertigen von Feldnotizen ist aus wissenschaftlicher Sicht also ein wichtiges Instrument nicht nur der Forschung im Allgemeinen, sondern auch der
Teilnehmenden Beobachtung. Gleichzeitig ist das Aufschreiben von Dingen,
die man soeben zusammen mit anderen erlebt hat, ein Prozess der Distanzierung. Oft wird dies von den Menschen, mit denen man möglichst hautnah
zusammenlebt, so aufgefasst. Vor allem am Anfang der Feldforschung wird
vermutlich jeder Ethnologe darauf angesprochen, warum er ständig sein Notizheft hervorhole und was er nun genau hinein schreibe und wozu. Dies und
jenes solle er bitte nicht aufschreiben, oder umgekehrt, er müsse dringend
aufschreiben, dass... Schon mehrfach wurde ich aufgefordert vorzulesen, was
genau ich aufgeschrieben hätte.

Das Aufschreiben von Erlebtem aktualisiert immer wieder von neuem das
Problem von Nähe und Distanz; es bringt den Ethnologen immer wieder in
die Zwickmühle, denn er möchte gleichzeitig Insider und Outsider sein. Es
zeigt den Januskopf des Ethnologen. Der Akt des Festhaltens von Erlebtem
symbolisiert deshalb auch die Vergänglichkeit seiner „Nähe"; eine „Nähe",
deren Dauer durch das Forschungsvorhaben begrenzt ist.

2.7 Die Person des Ethnologen, Forschungsfragen,
und das Untersuchungsfeld

Bis jetzt war hauptsächlich von EthnologInnen die Rede. Im Zusammenhang
von dichter Teilnahme war von Geschlechtlichkeit und Nationalität nur kurz
die Rede. In welchem Verhältnis steht die Person des Ethnologen zur Teilnehmenden Beobachtung und damit zu seiner Forschungsfrage und zum
Untersuchungsfeld? Es gibt *den* Ethnologen so wenig wie es *die* Teilnehmende Beobachtung gibt. Vielmehr steht beides in enger Wechselwirkung zu einander. Alter, Geschlecht, Zivilstand, Hautfarbe, Staatszugehörigkeit, Religions-
zugehörigkeit, Beruf/sozialer Status (sowie weitere, je nach Kultur als wichtig formulierte Möglichkeiten soziokultureller Differenzierung) beeinflussen
den Einsatz der Teilnehmenden Beobachtung als Methode; auch haben diese

Faktoren unterschiedliche Bedeutung je nach der Gruppe, die untersucht werden soll. Gerade das Thema Geschlecht ist ein gutes Beispiel dafür, wie einseitig die frühen Ethnographien ausfielen, welch Männer-bezogenes Bild sie von anderen Gesellschaften entworfen haben, gerade weil männliche Ethnologen fast nur an der Welt der Männer teilnehmen konnten. Von den 1970er-Jahren an, als vermehrt Ethnologinnen zur Feldforschung ausreisten, nutzten sie gerade die Zugehörigkeit zum weiblichen Geschlecht dazu, vor allem mit Frauen in anderen Gesellschaften zusammen zu leben und deren Weltsicht darzustellen. Neuerdings haben auch Ethnologen und Ethnologinnen, die sich als Schwule bzw. Lesben verstehen, mit solchen gender-Konstruktionen und Akteuren in anderen Gesellschaften befasst. Ethnologinnen, ihre soziale Zu- und Einordnungen (eigene und fremde), Forschungsfragen und Untersuchungsfeld stehen in kontinuierlicher Interaktion miteinander. Auch unsere Untersuchungsfragen und die Intensität, mit der wir diese verfolgen, wirken direkt auf das Feld, das wir erforschen, ein und verändern es. Dies wurde mir deutlich, als eine Mitarbeiterin sich intensiv um weibliche spirituelle Medien in einem Dorf in Bali kümmerte; diese Frauen spielten in der sozialen Struktur der Gemeinschaft eine marginale Rolle. Eine Tages begannen diese Frauen bei öffentlichen Ritualen aufzutreten. Als ich das Thema in einer Gesprächsrunden mit Ritualleitern anschnitt und fragte, seit wann es solche Frauen gebe, antwortete einer von ihnen spontan: „Das gibt es erst, seit Cynthia – da ist!" Im Nachhinein ist es selbstverständlich schwierig abzuklären, „wie es wohl wirklich war". Immerhin zeigt das Beispiel, dass in der Wahrnehmung der Menschen das Auftreten dieser Frauen direkt und kausal mit der Ethnologin und ihren Forschungsfragen korreliert wurde.

Abgesehen von der verändernden Macht der Forschungsfragen an sich können soziale Zuordnungen und Einschätzungen für EthnologInnen ungeahnte Konsequenzen haben. Nachdem im Gefolge des Afghanistan-Kriegszugs der USA gegen „die Achse des Bösen" (als Reaktion auf die Terroranschläge des 11. September 2001 auf das World Trade Center in New York und das Pentagon) islamistische Kreise auch in Indonesien zum heiligen Krieg gegen die USA aufgerufen hatten, fanden in manchen größeren und kleineren Städten Hatzen nach amerikanischen Staatsbürgern statt. In einer solchen Situation einer solchen Staatsbürgerschaft zugeordnet zu werden, kann Feldforschung lebensgefährlich werden lassen oder zumindest die Gewährung von Teilnahme verhindern.

Bei dem erwähnten Forschungsprojekt zu Reproduktionsmedizin und Organtransplantation war der EthnologInnen-Beruf ein Hindernis, um auch in allen von mir angestrebten medizinischen Kreisen Zugang zu erhalten.

Auch Alter – weniger so, wie sich der Ethnologe selber sieht, als vielmehr wie er vor Ort wahrgenommen wird – bestimmt den Zugang zu sozialen Gruppen und teilweise auch zu Fragestellungen. Insgesamt kann man sagen, dass sich Ethnologen und Ethnologinnen Identitäten schaffen und während der Feldforschung solche immer wieder neu aushandeln und ihnen auch Identitäten zugeschrieben werden (vgl. dazu Hauser-Schäublin 2002). Beides braucht nicht miteinander deckungsgleich zu sein. Vor allem wird immer unterschätzt, wie sehr auch der Ethnologe Objekt Teilnehmender Beobachtung seitens der Menschen, deren Leben er untersuchen möchte, ist. Meines Wissens fehlt bis heute eine Beschreibung des Lebens und des Verhalten eines Ethnologen während der Feldforschung aus der Sicht und der Feder von Menschen vor Ort. In Bali, wo die Ethnologendichte sicher weltweit am höchsten ist, lief mir ein kalter Schauer den Rücken hinunter, als mir in einem Dorf, in welchem ich über Jahre arbeitete, die Eigenarten eines anderen Ethnologen, der auch dort tätig war, geschildert wurden. Nicht dass er sich irgendwelche Dinge hätte zu Schulden kommen lassen, sondern die Schilderung enthüllte schärfste Beobachtungsgabe und Interpretationsfähigkeit derjenigen Menschen, die er untersucht hatte. Ich wagte nicht daran zu denken, wie eine ähnliche Beschreibung über mich und meine Eigenheiten ausfallen würde …

Das Verhältnis zwischen Forscher und Erforschten ist zweifellos zentral bei der Teilnehmenden Beobachtung. Wie bereits im Zusammenhang mit Fragen der Gewährung von Zugang bzw. Ausschluss zur Teilnehmenden Beobachtung indirekt erwähnt wurde, ist das Verhältnis zwischen beiden auch immer durch Macht und Machtgefälle gekennzeichnet. Dabei kann Macht in ganz verschiedenen Dingen lokalisiert sein, in Geld, in Kontrolle von Zugängen zu sozialen Beziehungen, Informationen und Ämtern der staatlichen Bürokratie (also etwa gate keeper), Mobilität (etwa aus einem Land ausreisen, um in ein anderes einzureisen zu können) Status, Wissen, Ausbildung und vieles andere mehr. Davon sind die direkten Beziehungen zwischen Feldforscher und Erforschten geprägt. Nicht immer werden sie virulent. Geld ist ein wichtiger Faktor, der in zahlreichen Feldforschungssituationen immer wieder auftaucht. Nicht selten wird Teilnahme an die Zahlung von Geld gebunden, manchmal sind es Gaben im Sinne reziproken Handelns, die erwartet werden. Viele Ethnologen brüsten sich selbst heute, dass sie während ihrer Feldforschung nie Geld gezahlt hätten, so als gehöre es zum Ethos eines richtigen Ethnologen, sich auf bloßem Subsistenzniveau (also Tabakschenkungen im Sinne der Beschreibung Malinowskis) zu bewegen. Es gibt meiner Meinung nach verschiedene Formen von Ausbeutung; das Sammeln von Informationen und Daten ohne Gegengabe, das immer auch persönlichen Zielen dient (für den Studienabschluss, die akademische Laufbahn etc.), gehört meiner Meinung dazu. Bereits vor 30 Jahren wurde ich in Neuguinea aufgefordert, Geld dafür zu bezahlen, wenn ich an einem Yamsfest teilnehmen wollte. Im Verlauf der Jahre bin ich dazu übergegangen, vor besonderen Anlässen, an denen ich teilnehmen wollte, um sie zu studieren, von Anfang an klar zu machen bzw. auszuhandeln, was sinnvollerweise mein Beitrag zu diesem Anlass bzw. der für sie verantwortlichen Gemeinschaft sein solle, sei dies nun in Form von Geld oder von Naturalien (etwa Reis, Kaffee und Zucker, Zigaretten, Stoff etc.). Ich halte Forderungen nach Geld oder anderen Gaben für legitim. Den ideellen Wert einer Feldforschung bei der gastgebenden Gemeinschaft herauszustreichen, wie dies viele Ethnologen tun, halte ich, wie gesagt, auch für eine Form der Ausbeutung. Bei unserem Projekt zur Reproduktionsmedizin und Organtransplantation wurden wir übrigens ebenfalls mit Anfragen bzw. Forderungen konfrontiert. Als wir in einer Universitätsklinik darum baten, dass ein kurzer Fragebogen, den eine Doktorandin vorbereitet hatte, an Patientinnen, die sich sehnlichst ein Kind wünschten, abzugeben bzw. diesen zu verschicken (in Umschlägen, die wir bereits mit Porto versehen hatten), wurden wir angefragt, ob wir den Aufwand der Sekretärin entschädigen könnten.

Frage: Gibt es Kriterien für Leistungen/Gewährung von Zugang zu Handlungen oder Ereignissen, die EthnologInnen in anderen Gesellschaften gewährt werden und für die sie keine Abgeltung leisten sollen?

2.8 Und die Anwendung?

Teilnehmende Beobachtung als Theorie und Methode klingt insgesamt viel einfacher als sie tatsächlich ist. Aus diesem Grund ist es wichtig, dass man sich mit dieser Methode auch praktisch vertraut macht, bevor man eine „richtige" Forschung unternimmt. Eine Übung in Teilnehmender Beobachtung ist angezeigt:

Frage: Überlegen Sie sich eine Frage, die Sie in ihrem weiteren sozialen Umfeld untersuchen möchten; bestimmen Sie die Gruppe näher und beginnen Sie mit der Erprobung der Möglichkeiten und Grenzen dieser Methode.

2.9 Literatur

Dewalt, Kathleen M. und Billie R. Dewalt
2002   Participant Observation. A Guide for Fieldworkers. Walnut Creek.

Dewalt, Kathleen M., Dewalt, Billie R. und Coral B. Wayland
1998   Participant Observation. In: Handbook of Methods in Cultural Anthropology. H. Russel Bernard (Hg.), 259–299. Walnut Creek.

Emerson, Robert M,. Fretz, Rachel I. und Linda L. Shaw
2001   Participant Observation and Fieldnotes. In: Handbook of Ethnography, Atkinson, P., Coffey, A., Delamont, S., Lofland, J. and Lyn Lofland (Hg.), 352–368. London.

Greverus, Ina-Maria
2002   Anthropologisch reisen. Münster.

Hauser-Schäublin, Brigitta
2002   *Gender*: verkörperte Feldforschung. In: Fischer, Hans (Hg.): Feldforschun-
            gen. Erfahrungsberichte zur Einführung, 73–99. Berlin.

Hauser-Schäublin, Brigitta, Kalitzkus, Vera, Petersen, Imme und Iris Schröder
2001   Der geteilte Leib. Die kulturelle Dimension von Organtransplantation und
            Reproduktionsmedizin in Deutschland. Frankfurt a.M.

Joergensen, Danny L.
1989   Participant Observation. A Methodology for Human Studies. Applied Social
            Research Methods Series vol. 15. Newbury Park.

Kalitzkus, Vera
2003   Leben durch den Tod. Die zwei Seiten der Organtransplantation. Eine medizin-
            ethnologische Studie. Kultur der Medizin Bd. 6. Frankfurt.

Kohl, Karl-Heinz
1990   Bronislaw Kaspar Malinowski (1884–1942). In: Marschall, Wolfgang (Hg.):
            Klassiker der Kulturanthropologie, 227–247. München.

Kulick, Don und Margaret Willson (Hg.)
1995   Taboo. Sex, Identity and erotic Subjectivity in Anthropological Fieldwork. Lon-
            don and New York.

Malinowski, Bronislaw
[1922] 1984 Die Argonauten des westlichen Pazifik. Frankfurt a. M.
1967   A Diary in the strict Sense of the Term. London.

Spittler, Gerd
2001   Teilnehmende Beobachtung als Dichte Teilnahme. Zeitschrift für Ethnologie
            126,1: 1–25.

Spradley, James P.
1980   Participant Observation. New York.

Tedlock, Barbara
1991   From Participant Observation to the Observation of Participation: the
            Emergence of Narrative Ethnography. In: Journal of Anthropological Research,
            47: 69–95.

Gunter Senft

3. Zur Bedeutung der Sprache für die Feldforschung

3.1   Einleitung 55
3.2   Zur Rolle der Sprache bei der Feldforschung 57
3.3   Sprachkenntnisse und Spracherwerb der Feldforscher 59
3.4   Linguistische Datenerhebung und Aufbereitung der Daten zur Analyse 62
3.5   Daten-Nutzung 64
3.6   Veränderungen des Feldes aufgrund linguistischer Aktivitäten 67
3.7   Literatur 68

3.1 Einleitung

1797 stellt Joseph-Marie Degérando, ein Mitglied der *Société des Observateurs de l'homme*, in seinen „Erwägungen über die verschiedenen Methoden der Beobachtung der wilden Völker" eine Frage, mit der er die Bedeutung der Sprache für jede Art von Feldforschung pointiert herausstellt. Diese Frage lautet: „Wie dürfen wir uns einbilden, ein Volk wirklich zu beobachten, das wir nicht verstehen und mit dem wir uns nicht unterhalten können?" Eigentlich sollte man meinen, dass diese Frage für alle Disziplinen, die Feldforschung zur Untersuchung von Menschen in verschiedenen Kulturen und Subkulturen durchführen, genauso rhetorisch ist wie sie das schon zur Zeit der Aufklärung war. Dem ist aber leider nicht so. Nicht alle Völkerkundler verstehen Sprache auch und vor allem als Ausdruck und Manifestation der Kultur einer Sprachgemeinschaft, und nicht alle Ethnologen haben das Verständnis von Ethnographie, das Michael Agar (1996a: 13) – fast genau 200 Jahre später als Degérando – mit der Aussage auf den Punkt bringt: „I'm teaching ethnography – which, for me, means linguistic anthropology." Noch 1994 werden linguistische Anthropologen von Allessandro Duranti als „lonely rangers" bezeichnet (Monaghan, Wilce 1998: 52). Dass dem so ist, kann ich mir neben dem Kommen und Gehen verschiedener modischer Theorien eigentlich nur mit der allgemein menschlichen Trägheit erklären, der es neben all den anderen wichtigen Aufgaben von ethnologischen Feldforschern einfach zu viel und zu anstrengend ist, auch noch eine fremde Sprache zu lernen und Materialien dieser Sprache gemäß der Malinowski'schen Forderung nach einem *corpus inscriptionum* zu dokumentieren (Malinowski 1922: 24f.). Dass Völkerkundler neben entscheidenden Beiträgen zu ihrer Disziplin auch noch Grammatiken und Wörterbücher veröffentlichen, ist wohl immer noch die große Ausnahme. Die viele sicherlich erschreckende Maximalforderung, dass gute Ethnologen auch eine Grammatik und ein Wörterbuch der Sprache schreiben (können) soll(t)en, die in der jeweils von ihnen untersuchten Ethnie gesprochen wird, soll hier aber in den Hintergrund treten – auch wenn ich hoffe, dass sie sich im Unterbewusstsein der Leser dieses Beitrags einprägen möge. Allen Ethnologen und Linguisten sollte es aber bewusst sein, dass Sprachwissenschaft und Völkerkunde letztlich ein gemeinsames Ziel haben, nämlich das Verstehen von *Bedeutung* (vgl. Silverstein 1973: 194, Duranti 1997: 1, Foley 1997: 5, 81). Damit sind beide Disziplinen in einer Art symbiotischem Verhältnis miteinander verwoben. Michael Silverstein hat diese Tatsache in seinem Essay über *Linguistik und Anthropologie* folgendermaßen auf den Punkt gebracht:

„Um gesellschaftliches Verhalten zu erklären, sprechen Anthropologen in Ausdrücken eines Begriffssystems, das ‚Kultur' genannt wird; um insbesondere sprachliches Verhalten zu erklären, sprechen Linguisten in Ausdrücken eines Begriffssystems, das ‚Grammatik' genannt wird. Hieraus folgt, dass eine Grammatik ein Teil einer Kultur ist… [S]owohl Grammatik als auch Kultur [sind] nur in der Gesellschaft manifestiert…, d. h. nur da, wo wir organisierte Gruppen von Menschen finden.

Einerseits ist … das Betreiben anthropologischer Studien ohne die Verwendung und die Untersuchung der Eigensprache der Bevölkerungsgruppen, die studiert werden, in der Theorie undenkbar, obgleich das in der Praxis allzu oft der Fall ist. Andererseits ist das Betreiben grammatischer Studien ohne das Verstehen der Funktion der studierten Sprechformen in der Theorie wirklich unmöglich, obgleich wiederum Linguisten einfach angenommen haben, dass dies der richtige und notwendige Zugang sei." (Silverstein 1973: 193f.)

Vor dem Hintergrund dieses Plädoyers für interdisziplinäre Kooperation zwischen Ethnologie und Linguistik will ich im Folgenden zunächst die generelle Frage aufgreifen, welche Rolle die Sprache der zu untersuchenden Ethnie für die Feldforschung spielt. Danach gehe ich kurz darauf ein, welche Sprachkenntnisse für eine Feldforschung notwenig sind und wie man sie (vor allem in anderen Sprachgemeinschaften) erwerben kann. Damit verbunden ist die Frage, ob man für die Arbeit mit Informanten die lokale Sprache so gut lernen sollte, dass man selbst in dieser Sprache – und nicht (nur) mithilfe einer Verkehrssprache – Daten erheben kann. Dabei muss man sich natürlich darüber im Klaren sein, wie man welche sprachlichen Daten mit welchen Informanten erheben und aufzeichnen kann und wozu man solche Daten dann nutzen will. Zum Schluss gehe ich darauf ein, wie sich das Feld durch die linguistischen Aktivitäten der Forscher verändert.

3.2 Zur Rolle der Sprache bei der Feldforschung

Wenn man akzeptiert, was Malinowski (1922: 24f.) als Ziel jeglicher Feldforschung herausgestellt hat, dass es nämlich darum geht, „to grasp the native's point of view, his relation to life, to realise his vision of his world", dann ist klar, dass man sich dazu in einer zu untersuchenden (Sub)-Kultur einleben muss. Bei der ersten Untersuchung einer fremden Ethnie ist dieses Problem evident – Feldforscher sind zunächst einmal für die Sprach- und Kulturgemeinschaften, die ihnen Gastfreundschaft gewähren, mehr oder minder seltsame Fremde, die zwar manchmal stören und sich auch öfter mal daneben benehmen (vgl. Senft 1995a), aber ansonsten in aller Regel als Leute mit Interesse an den Gastgebern gelten können. Im Verlauf ihrer Feldforschung müssen sich die Forscher dann in die gastgebende Gesellschaft eingliedern. Das kann zwar letztlich nichts an ihrem Status als Fremde, als „professional strangers" (Agar 1996b) ändern, aber nur so kann es ihnen gelingen, sich mit ihren Gastgebern immer vertrauter zu machen und immer mehr von ihren Sitten, Gebräuchen und Denkweisen zu erfahren. Feldforscher müssen von der Gemeinschaft akzeptiert werden. Deshalb müssen sie aufmerksam beobachten, wie sich die von ihnen zu untersuchenden Menschen verhalten, welche Regeln ihr Miteinander bestimmen und was sie als Gemeinschaft auszeichnet. Nur so können sich Feldforscher in der zu untersuchenden Gruppe etablieren. Dass man dabei auch die Sprache dieser Gemeinschaft lernen muss, dass ein anthropologisch-linguistischer Ansatz zum Verständnis einer für den Feldforscher unbekannten Kultur- und Sprachgemeinschaft unabdingbar ist, sollte selbstverständlich sein. Man kann eben eine zu untersuchende Ethnie nur dann adäquat beschreiben, wenn man auch ihre Sprache spricht. Hans Fischer (2000: 8) weist in diesem Zusammenhang mit Recht darauf hin, „dass das Erlernen der Sprache und die Arbeit in der Sprache der Untersuchten nicht nur für [die] Extremsituation eines Erstkontaktes gilt" sondern „dass der Zugang in und über die Sprache selbst bei Untersuchungen in der eigenen Gesellschaft notwendig ist." Er zitiert James Spradley, der mit den folgenden Ausführungen betont, „dass auch bei Untersuchungen in einer Industriegesellschaft, in der Stadt, in der eigenen Gesellschaft ein Lernen der jeweiligen Sprache (oder eines bestimmten Vokabulars) notwendig ist" (Fischer: 2000: 9). Spradley konstatiert:

"…as ethnographers have increasingly undertaken research in our society, the necessity of studying the native language is frequently ignored. In part, this neglect occurs because informants appear to use a language identical to that spoken by the ethnographer. But such is not the case; semantic differences exist and they have a profound influence on ethnographic research." (Spradley 1979: 17f.)

Es ist unbedingt nötig, auch bei Untersuchungen von Sprechergruppen aus der eigenen Kultur etwas von deren Alltagshintergrund zu wissen, um nicht nur die unterschiedlichen Wortbedeutungen – also die semantischen Unterschiede, sondern auch die Unterschiede in der Art und Weise des aktuellen Sprachgebrauchs in der verbalen Interaktion – also die pragmatischen Unterschiede im Sprachverhalten einzelner Sprechergruppen zu erkennen. Das habe ich zum Beispiel im Rahmen meiner Feldforschung in einer Nähmaschinenfabrik in meiner Heimatstadt zeigen können. Ziel dieser Untersuchung war, die Sprache Kaiserslauterer Arbeiter, ihr Sprachverhalten und ihre Spracheinstellungen zu beschreiben. Um das zu tun, musste ich natürlich adäquat mit meinen Informanten kommunizieren können. Dazu gehört, dass man einen Satz wie „Das Werkstück musst du vor dem Schlichten erst schruppen, sonst kommst du nie auf das Nennmaß" ohne Probleme versteht, und dass man weiß, ob, wann, wie und über was man sich mit seinen Kollegen während und nach der Arbeitszeit unterhalten kann. Dieses Wissen ist nur im Rahmen einer Feldforschung zu erwerben (vgl. Senft 2002). Mit ihm kann man Informanten aus allen Sprechergruppen zeigen, dass sie von Feldforschern nicht nur als nützliche Material-Lieferanten für die Forschung betrachtet werden, sondern dass man ihnen mehr als nur ein wissenschaftliches Interesse entgegenbringt. Dieses ‚Mehr' an Interesse trägt entscheidend zum Gelingen einer Untersuchung bei. William Labov hat sich in seinem Aufsatz *Some principles of linguistic methodology* sehr klar zu dieser Frage geäußert:

"A field worker who stays outside his subject, and deals with it as a mere excuse for eliciting language, will get very little for his pains. Almost any question can be answered with no more information than was contained in it. When the speaker does give more, it is a gift, drawn from some general fund of good will that is held in trust by himself and the field worker. A deep knowledge implies a deep interest, and in payment for the interest the speaker may give more than anyone has a right to expect. Thus the field worker who can tap the full linguistic competence of his subjects must acquire a detailed understanding of what he is asking about, as well as broad knowledge of the general forms of human behavior." (Labov 1972a: 114f)

Das hier Gesagte gilt gleichermaßen für Ethnologen und natürlich auch für alle anderen Sozialwissenschaftler, die Feldforschung betreiben. Bei der Feldforschung nehmen Forscher immer Dinge wahr, die ihnen fremd erscheinen – sei es, dass sie morgens beim Gang zum Badeplatz mit der Frage „Wohin?" und nicht mit einem ebenso möglichen „Guten Morgen" begrüßt werden, sei es, dass sie beobachten, dass sich Kinder und Jugendliche klein machen und gebückt gehen, wenn sie den Weg des *chief* im Dorf kreuzen (vgl. Senft 1987: 107f.), oder sei es, dass ihnen auffällt, dass sowohl beim Erntefest als auch bei Trauerfeiern von einigen, meist älteren Leuten ein und dieselben Lieder gesungen werden (dazu mehr weiter unten). Solche Beobachtungen lassen sich nur dadurch verstehen, indem man Informanten findet, mit denen man über das Beobachtete reden kann. Das bedeutet aber, dass Feldforscher für das Gelingen ihrer Projekte, vor allem für das Verständnis der dabei erhobenen Daten und der so gewonnenen Einsichten zunächst einmal das Problem „Sprache" lösen müssen.

3.3 Sprachkenntnisse und Spracherwerb der Feldforscher

Wie schnell Feldforscher in der Lage sind, die Sprache ihrer gastgebenden Ethnie zu erlernen, variiert natürlich von Forscher zu Forscher, von Sprache zu Sprache und von Feldsituation und Feldtyp zu Feldsituation und Feldtyp. Dabei spielt es eine große Rolle, ob bereits Materialien über die zu erlernende Sprache vorliegen, ob Feldforscher bereits über Kenntnisse in einer anderen verwandten Sprache verfügen, ob es Angehörige der Sprachgemeinschaft gibt, die eine Verkehrssprache beherrschen, und ob sich in der zu untersuchenden Sprachgemeinschaft Leute finden, die ein Interesse daran haben, den Feldforschern ihre Sprache zu vermitteln. Schöne Zusammenstellungen von Aussagen einzelner Feldforscher über ihre jeweilige Sprachkompetenz geben Fischer (2000: 5–12), Franklin (1992) und Werner (1994: 79–86). Die Aussagen von Feldforschern zu ihren Sprachkenntnissen variieren sehr stark: So berichtet Raymond Firth (1957: 6), dass er schon nach drei Wochen während seines Aufenthaltes bei den Tikopia nur in ihrer Sprache gearbeitet hat; Hortense Powdermaker (1966: 66) dagegen bekennt ganz offen, dass sie die Sprache der Lesu in Neu-Irland eigentlich nie wirklich richtig gelernt hat. Und Malinowski (1935: xi) erklärt: "It took me about a year to speak easily, and I acquired full proficiency only after some eighteen months of practice, that is, towards the middle of my second expedition." Ich selbst habe zu Anfang meiner Feldforschung auf den Trobriand-Inseln die Kilivila-Fragewörter für „wer, was, wo", die Frage „Was ist das?" und den Satz „Ich möchte Kilivila lernen" auf der Insel Kiriwina von einer Schülerin der Kiriwina High School in Losuia und von dem Missionar Bill Cunningham erhalten. Damit habe ich vom ersten Tag meiner Feldforschung in dem Dorf Tauwema auf der

Insel Kaile'una Daten zum Kilivila erhoben. Während der ersten beiden Wochen meines Aufenthaltes in Tauwema konnte ich täglich etwa eine halbe Stunde mit Uveaka arbeiten, der über gute Englischkenntnisse verfügte. Er verließ aber dann das Dorf, um in einem Hotel in Madang zu arbeiten. Danach arbeitete ich mit einer Reihe von Informanten, vor allem aber mit Nusai, Pulia, und Weyei. Pulia, der Sohn Nusais, besuchte die Schule im Nachbardorf Kaduwaga und lernte dort auch Englisch. In unserer Interaktion lehrte er mich mit seinem Vater und mit Weyei Kilivila – und ich lehrte ihn Englisch. Nach den ersten 4 Monaten konnte ich eine erste, sehr unvollständige Basisgrammatik schreiben. Nach etwa 8 Monaten war es mir möglich, Unterhaltungen zu folgen und normale Alltagsgespräche zu führen. Gegen Ende meines ersten Feldaufenthaltes – etwa nach 14 Monaten – ging mir das Kilivila flüssig über die Lippen. Nach inzwischen insgesamt fast drei Jahren Feldforschung in Tauwema verfüge ich über eine gute Kompetenz im Kilivila; allerdings publiziere ich nach wie vor nur Daten, die ich mit Informanten transkribiert habe, um sicherzugehen, dass ich selbst nicht etwas in die Daten hineinhöre, was gar nicht gesagt wurde.

Eine starke Motivation zum Erlernen der Sprache ergibt sich aus Situationen, bei denen den Feldforschern ihre Unfähigkeit zu kommunizieren deutlich bewusst wird. So ist es zum Beispiel ausgesprochen unangenehm, abends beim Schein einer Coleman-Lampe mit einer Reihe von sich allmählich einfindenden Gästen in seinem Haus zu sitzen und dann zu erkennen, dass man nach einigen wenigen Einwort-Äußerungen nur noch ab und an freundlich in die Runde lächeln kann und sich ansonsten hinter seinem Tagebuch oder einem Roman „verstecken" muss. Auch die Tatsache, dass man zum Beispiel beim Gang über den Dorfplatz von einer Horde von Kindern verfolgt wird, die unter lautem Gelächter ein Lied singen, von dem man nur eine lokale Variante des eigenen Namens versteht, kann ungemein zum Sprachlernen motivieren. Eine besonders wichtige Motivation zum Lernen der Sprache ergibt sich aber auch aus dem Verhältnis, das Feldforscher mit ihren Hauptinformanten eingehen. Häufig haben sich diese Hauptinformanten öffentlich dazu bereit erklärt, den Feldforschern ihre Sprache beizubringen. Und wenn man als Feldforscher zunächst einmal große Schwierigkeiten beim Sprachlernen hat, dann muss man sich darüber im Klaren sein, dass ein Scheitern beim Lernen nicht nur den eigenen Gesichtsverlust in der Gemeinschaft implizieren würde, sondern dass dieses Scheitern auch zurückwirken könnte auf die einheimischen Sprachlehrer. Die Erkenntnis dieser Verantwortung führt in den meisten Fällen zu einem (Wieder-) Erstarken der Sprachlern-Motivation. Wie fängt man es nun aber in der Praxis an, eine fremde Sprache zu lernen?

Wenn es schon eine Grammatik und ein Wörterbuch der Sprache der zu untersuchenden Ethnie gibt, dann sollte man schon in der Vorbereitungsphase der Feldforschung damit beginnen, auf der Basis dieser linguistischen Beschreibungen die Sprache zu lernen. Wenn man weiß, dass die Sprecher der zu erforschenden Ethnie eine Verkehrssprache – wie zum Beispiel das Tok Pisin (Melanesisches Pidgin) oder das Hiri Motu in Papua-Neuguinea – sprechen, dann ist es sinnvoll, eine solche Sprache ebenfalls vor dem Feldaufenthalt zu lernen – denn dann kann man am Anfang der Feldforschung über diese Verkehrssprache mit einem lokalen „Dolmetscher" arbeiten. In jedem Falle aber sollte es das Ziel von Feldforschern sein, im Feld die Sprache der zu untersuchenden Ethnie so zu erlernen, dass sie diese Sprache verstehen und auch in dieser Sprache mit ihren Informanten und Gastgebern kommunizieren und arbeiten können. Um dieses Ziel zu erreichen, sollte man gleich zu Beginn der Feldforschung versuchen, Sprachdaten aufzunehmen. Dabei ist es vor allem wichtig, zunächst die entsprechenden Fragewörter zu kennen, mit denen man nach Bedeutungen von Objekten, nach Namen und nach Personen fragen kann. Je schneller Feldforscher in der Sprache der zu untersuchenden Gemeinschaft Fragen wie „Wer ist das? Wie heißt Du/er/sie? Was ist das? Wo ist das?" stellen können, desto schneller können sie sich ein erstes Wortverzeichnis anlegen. Man kann solche Bezeichnungen ganz einfach in der alltäglichen Umgebung mit Mitgliedern der Gemeinschaft erfragen, man kann aber auch zum Beispiel mit Hilfe eines Bildwörterbuches (vgl. z. B.: Pheby, Scholze 1979) recht schnell und effizient Bezeichnungen für dort abgebildeten Dinge erheben (oder *elizitieren* – wie Linguisten diese Form der Datenerhebung bezeichnen). Dass man dabei natürlich auch manche Fehler macht, die man mit fortschreitenden Sprachkenntnissen erkennen und korrigieren kann, versteht sich von selbst (vgl. Senft 1995a). Solche Datenelizitierungshilfen und weitere Anleitungen zur Strukturierung des Sprachenlernens und der Datendokumentation finden sich auch in einigen wenigen Lehrbüchern wie z. B. in Bouquiaux und Thomas (1992). Diese so elizitierten Bezeichnungen ermöglichen es auch, schon so früh wie möglich im Feld Vokabeln zu lernen. Dabei sollte man es sich zum Ziel setzen, jeden Tag 10 neue Wörter der zu erlernenden Sprache einzuprägen. Wenn man an dieser Zielsetzung konsequent bis zum Ende des Feldaufenthalts festhält, baut sich das lexikalische Wissen über die zu erlernende Sprache verblüffend schnell und im für die sprachliche Interaktion notwendigen Umfang auf. Man sollte sich auch nicht scheuen, schon von Anfang an zu versuchen, Sprachdaten der unterschiedlichsten Art mit dem Tonband aufzunehmen, um sich mithilfe der Tonbandaufnahmen langsam in die zu lernende Sprache einzuhören und um sich daran zu erproben, Teile dieser Daten in Lautschrift zu transkribieren - vor allem, wenn es sich um eine noch unbeschriebene Sprache handelt (ich werde darauf gleich noch einmal zurückkommen). Dabei stellt man erste Hypothesen über Wortgrenzen auf, die man dann möglicherweise im Rückgriff auf schon in der oben erwähnten Art elizitierten Wortlisten falsifizieren oder verifizieren kann. Beim Abhören der Tonbänder werden sich immer auch Leute einfinden, die daran interessiert sind, was die Feldforscher eigentlich so tun – dabei ergeben sich erste Kontakte mit potentiellen späteren Informanten. Im weiteren Verlauf der Feldforschung arbeitet man dann meist vor allem mit Hauptinformanten und Sprachlehrern. In aller Regel sind gute Informanten selbst daran interessiert, dem Feldforscher ihre Sprache und ihre Kultur nahezubringen. Das Ziel der gemeinsamen Arbeit von Feldforscher und Informanten sollte darin liegen, saubere, valide und absolut akkurate Daten über Sprache und Kultur der untersuchten Ethnie zu erhalten. Je länger Forscher im Feld arbeiten, desto weniger abhängig werden sie von ihren Hauptinformanten. Die linguistische und anthropologische Information, die Feldforscher dann auch von anderen Mitgliedern der zu untersuchenden Gemeinschaft erhalten können, bauen allmählich ein für die Interessen des Forschers immer repräsentativer werdendes Corpus von Daten auf (vgl. Senft 1995b). Welche Daten sollte man nun aber im Feld mit welchen Informanten und im Hinblick auf welche Ziele erheben – und wie sollte man diese Daten aufzeichnen und zur Analyse vorbereiten? Im Folgenden will ich versuchen, diese Fragen zu beantworten.

3.4 Linguistische Datenerhebung und Aufbereitung der Daten zur Analyse

Es versteht sich natürlich von selbst, dass die Frage, welche Daten man im Feld erheben sollte, absolut vom Erkenntnisinteresse des jeweiligen Forschungsprojekts abhängt. Wenn es darum geht, eine allgemeine Ethnographie der untersuchten Gruppe zu erstellen, dann sollte man sich an der folgenden Maxime Malinowskis ausrichten:

"... A collection of ethnographic statements, characteristic narratives, typical utterances, items of folk-lore and magical formulae has to be given as a *corpus inscriptionum*, as documents of native mentality." Malinowskis (1922: 24f.)

Das bedeutet, dass man so viele unterschiedlichen Textsorten wie möglich sammeln, dokumentieren und für die Analyse aufbereiten sollte. Das kann man natürlich nur mithilfe von mehreren Informanten tun. Die erhobenen Daten sollten auch immer das natürliche Sprachverhalten der jeweiligen Sprecher dokumentieren. Bei der Sprachdatenerhebung sieht man sich dann aber mit dem so genannten *Beobachter-Paradox* (Labov 1972b: 209) konfrontiert: Um die Daten zu erhalten, die für die humanwissenschaftliche Forschung am wichtigsten sind, müssen wir beobachten, wie Leute sprechen, wenn sie nicht beobachtet werden. Dieses Paradox gilt es zu überwinden – und das ist im Feld nur dann möglich, wenn sich Forscher als teilnehmende Beobachter so etabliert haben, dass sich der technische Aufwand, der zur Sprachdokumentation notwenig ist, nicht mehr (allzu) störend auf das Verhalten der Sprecher als Datenproduzenten auswirkt (vgl. Senft 2002).

Die Minimalausrüstung zur Sprachdatenerhebung besteht nach wie vor aus einem Tonbandgerät mit einem guten externen Mikrophon und einer ausreichenden Menge an Tonbändern. Im Idealfall werden Sprachdaten nicht nur mit Audio- sondern auch mit Videogeräten erhoben und dokumentiert. Die Bandbreite der verschiedenen Geräte mit unterschiedlichen qualitativen Merkmalen und Formaten ist ungeheuer groß; deshalb sollte man sich vor jeder Feldforschung über die vielseitigen Möglichkeiten der Datendokumentation sowohl mit Audio- als auch mit Videodatenträgern informieren. Zur Zeit und in absehbarer Zukunft bietet die Web-Site des Max-Planck-Instituts für Psycholinguistik im Zusammenhang mit dem von der Volkswagenstiftung geförderten Projekt zur Dokumentation bedrohter Sprachen (DOBES) eine hervorragende und immer wieder aktualisierte Übersicht über solche technischen Fragen. Die URL für diese Web-Site lautet: http://www.mpi.nl/DOBES/links-gathered.html

Die mit Audio- oder Videogeräten erhobenen Sprachdaten müssen dann natürlich transkribiert werden – denn erst in transkribierter Form sind sie für weitere Analysen aufbereitet. Wenn es für die Sprache der untersuchten Ethnie schon eine Orthographie gibt, dann kann man bei der Transkription auf diese standardisierte Form der Verschriftlichung der Sprache zurückgreifen. Handelt es sich aber um eine bisher nur gesprochene Sprache, dann müssen die Feldforscher zunächst auf das standardisierte *Internationale Phonetische Alphabet (IPA)* zurückgreifen, so wie es im Handbuch der *International Phonetic Association* (1999) dokumentiert ist. Mit diesem Alphabet kann man alle Laute der Sprachen dieser Welt auf standardisierte Weise transkribieren. Ist man mit diesem Alphabet nicht vertraut, kann man zum Beispiel über die Web-Site des *Summer Institute of Linguistics* (URL: http://www.sil.org/) einen *IPA Tutor* bestellen und das Alphabet damit zum adäquaten Transkribieren der Sprachdaten lernen. Aufgrund einer phonetisch/phonologischen Analyse kann man auf der Grundlage dieser Transkriptionen eine Orthographie für die Sprache entwickeln (vgl. z. B. Senft 1986: 11–16). Die Entwicklung einer Orthographie erfordert äußerste Sorgfält, denn sie markiert einen vielleicht für Jahre geltenden Standard zur Verschriftlichung der Sprache! Wenn die erhobenen Sprachdaten in transkribierter Form – in einer IPA- oder in einer orthographischen Umschrift – vorliegen und wenn sie mit den jeweils notwendigen Anmerkungen und Kommentaren in den Kontext ihrer aktuellen Produktion zurückgeführt werden können, sind sie für weitere Analysen aufbereitet. Wozu kann man aber nun diese Daten nutzen?

3.5 Daten-Nutzung

Für primär ethnologische Forschungsinteressen liefern solche aufbereiteten Sprachdaten die Basis dafür, dass Völkerkundler neben ihrer eigenen, *etischen* Perspektive bei der Analyse bestimmter Phänomene, die sie in einer Ethnie beobachten, auch die *emische* Sichtweise berücksichtigen können, mit der die Angehörigen dieser Ethnie selbst eben diese Phänomene betrachten. Es mag zwar sein, dass in manchen Bereichen die Devise gilt „actions speak louder than words" (Wassmann 1993) – aber im Allgemeinen bietet die Sprache immer noch den besten Zugang dazu, bestimmte Probleme, auf die Ethnologen bei ihren Forschungen stoßen, zu klären. Und Sprachdaten eignen sich darüber hinaus hervorragend dazu, solche Problemlösungen überprüfbar zu machen, sie zu belegen und zu rechtfertigen. Mit Berücksichtigung der emische Perspektiven gewinnt jede Ethnographie an Qualität und Aussagekraft.

Ich will das eben Gesagte an einem Beispiel aus meiner eigenen Forschung illustrieren (vgl. Senft 1996; Eibl-Eibesfeldt, Senft 1991): Während meines ersten längeren Aufenthalts auf den Trobriand-Inseln 1982 bis 1983 fiel mir auf, dass dieselben Lieder sowohl anlässlich der Erntefeiern als auch während Trauerfeiern gesungen wurden. Ich war natürlich daran interessiert, was es damit auf sich hatte: Wo war das die beiden Anlässe zum Singen dieser Lieder Verbindende zu suchen?

Das bedeutendste Ereignis im Jahresverlauf der Trobriand-Insulaner sind die Erntefeiern. Zur Eröffnung und im Verlauf dieser Feste des *milamala*, der Zeit des Überflusses und des Feierns der Früchte anstrengender Gartenarbeit, werden von den Trobriandern immer wieder Lieder gesungen. Diese Erntefest- (*milamala-*) Lieder (*wosi*) bestehen aus einer zwei- bis neunzeiligen Strophe, die nach Belieben der Sänger beim Vortrag wiederholt wird; sie haben eine charakteristische Melodie und werden auf besondere Weise angestimmt und beendet. Mit dem *milamala*-Fest stehen fast drei Monate an, in denen man sich von den Mühen der Gartenarbeit erholen kann. Diese Zeit ist geprägt von allgemeiner Freude, Geselligkeit, gegenseitigen Besuchen von Dorfgemeinschaften, Tanz und amourösen Abenteuern der Jugendlichen. Am Ende eines jeden Tages während dieser Fest-Zeit werden von einigen Dorfbewohnern die Erntelieder angestimmt und manchmal noch bis in die frühen Morgenstunden des neuen Tages gesungen. Ich konnte diese Lieder ohne Probleme aufnehmen, aber bei der Transkription der erhobenen Daten und beim Versuch, die Lieder zu übersetzen, ergaben sich große Schwierigkeiten. Es stellte sich heraus, dass die Lieder eine eigenständige Sprach-Variante des Kilivila repräsentieren, die die Trobriander als *biga baloma*, als „Sprache der Totengeister" oder als *biga tommwaya*, als „Sprache der Altvordern" bezeichnen (Senft 1986: 126); es handelt sich dabei um eine archaische Varietät dieser austronesischen Sprache, in der dem Glauben der Trobriander gemäß zwar die Totengeister in ihrem unterirdischen Paradies bei der Insel Tuma miteinander reden, die aber nur noch von ganz wenigen älteren Leuten verstanden wird. Im Verlauf meiner Arbeit an diesen Liedern stellte sich heraus, dass sie Manifestationen des Glaubens der Trobriander an einen unsterblichen „Geist" sind. Dieser „Geist" wird *baloma* genannt – er kann wiedergeboren werden, er kann aber auch als „Totengeist" unsichtbar in sein Dorf, in dem er vor dem Tod seiner „menschlichen Hülle" gelebt hat, zurückkehren. Die Totengeister leben nach der Vorstellung der Trobriander auf der Insel Tuma in einem unterirdischen Totenreich in ewiger Jugend, im Überfluss bei immerwährenden Festlichkeiten (vgl. Malinowski 1916). Einer der Anlässe, zu denen alle Totengeister in ihre alten Dörfer als unsichtbare Gäste zurückkehren, um mit ihren Verwandten und Freunden gemeinsame Wochen ausgelassener Freuden zu feiern, bietet die Zeit des *milamala*. Mit dem Singen der *milamala* Lieder werden die Totengeister bei der Eröffnung der Erntefeiern begrüßt; sie sind Zeichen der Ehrerbietung vor den *baloma*. Ordnet man die den benannten Liederzyklen zugewiesenen Einzellieder, dann zeigt sich, dass die Weisen entweder Geschichten von Liebe und Tod von jetzt als Totengeistern „lebenden" Personen erzählen oder dass sie Mitteilungen über besondere Ereignisse im Leben der Trobriander an die *baloma* darstellen. Dass diese *philologische* Ordnungsarbeit legitim ist, bestätigten mir meine Informanten. Im Folgenden möchte ich exemplarisch den Lied-Zyklus *wosi pilugwana* vorstellen (die Bedeutung von *pilugwana* war meinen Informanten nicht mehr bekannt):

vadenisa Bwiyariga	Sie geh'n mit Bwiyariga,
yakayobu yamvedoku	Yakayobu-Kräuter duften – und man summt.
kapisina Kwe'ineoli	Leid bringt Kwe'ineoli, die Liebes magie
gidiviligu	Leid – und Wandel im Laufe der Dinge
ne'oli	die Liebesmagie Ne'oli.
kumidorigu mweyuva	Mein scharfes Gewürz –
namidorim mweyuva	wie gut das tut, scharfes Gewürz –
vana simgeori	und wohlriechend Kraut ganz frisch.
sogu Yaurivori	Geliebte Yaurivori
ka'uvamapu	wir treffen uns –
maka'i	Worte der Liebe,
kakamapu mabwita	wir tauschen Blumen im Haar.

Dieser Liedzyklus ist typisch für eine Reihe von erotischen Versen, die Liebesverhältnisse im Totenreich der *baloma* thematisieren. Ich möchte auf dieses Liebeslied hier nicht näher eingehen, sondern festhalten, dass sich dem Außenstehenden erst in der ethnolinguistischen Rekonstruktion des in einer besonderen Sprachvarietät „Erzählten" das von den Trobrindern kollektiv geteilte, religiös-weltanschauliche „Wissen" erschließt. Trobriandische Eschatologie ist also in einer speziellen Sprachvarietät – in der *biga baloma* – kodifiziert.

Soweit zur Bedeutung dieser Lieder. Aber welche Funktion kommt ihnen in der trobriandischen Gesellschaft zu? Die *milamala*-Zeit ist – wie gesagt – geprägt von Geselligkeit, Besuchen, Tanz und amourösen Abenteuern der Jugendlichen. In einer relativ lang andauernden Zeit ausgelassener Freude ist ein lockerer Umgang mit sonst gültigen sozialen Normen zu erwarten. Dass diese Lockerung der Sitten und Normen gerade in einer Zeit erhöhter Sensualität trotzdem nicht dazu führen kann, die Gemeinschaft durch dabei unvermeidliche Eifersüchteleien zu gefährden, ist in den *wosi milamala* begründet. Als Form ritueller Kommunikation (Senft 1987) erinnern die Lieder an die auch für das unbeschwerte, „süße" Leben der *baloma* im Totenreich auf Tuma geltenden Normen des sozialen Miteinanders und an die - wenn auch unsichtbare - Präsenz der Ahnen, die nicht durch unziemliches Verhalten beleidigt werden dürfen. Im Bewusstsein dieser Tatsache muss jeder einzelne sein Verhalten ausrichten. Da niemand wagen würde, die Totengeister durch schlechtes Benehmen – und dazu gehört auf Trobriand Eifersucht bei Unverheirateten – zu verärgern, kann es auch während des *milamala*-Festes nicht soweit kommen, dass die Gemeinschaft wirklich gefährdet wird. Die bis in die frühen Morgenstunden gesungenen *milamala*-Lieder erinnern jede Nacht aufs neue an die Präsenz der *baloma*; sie versichern damit die Gemeinschaft eines transzendenten Regulativs für das Verhalten ihrer Mitglieder.

Es gibt nun aber – wie gesagt – auf den Trobriands noch einen anderen Anlass, zu dem die *milamala*-Lieder – allerdings ohne Tanz und Trommel-Begleitung – gesungen werden, nämlich anlässlich eines Trauerfalls. Stirbt ein Trobriander, dann bleibt sein Totengeist noch einige Tage unsichtbar bei seinen Verwandten, bevor er in das Totenreich in Tuma eingeht – diese „Glaubens-Tatsache" ist übrigens das einzige Bindeglied zwischen Trauerfeier und Erntefest! Vor diesem religiös-weltanschaulichen Hintergrund erklärt sich die Funktion der *wosi milamala* folgendermaßen: Die Lieder sollen mit ihrer Beschreibung des unbeschwerten Lebens der *baloma* dem Totengeist des Verstorbenen den Abschied aus der Gruppe seiner Verwandten und Freunde erleichtern; sie sollen aber auch die Hinterbliebenen trösten, ist der Tod des Betrauerten doch nur ein Übergang von einer Existenzform in eine andere. Der rituell-kommunikative Verweis im Lied auf dieses religiös-weltanschauliche „Wissen" als konstitutives Element der trobriandischen Wirklichkeit trägt dann mit dazu bei, die bei einem Trauerfall unausbleiblichen Emotionen zu kanalisieren und zu kontrollieren; er trägt damit auch dazu bei, dass der Zusammenhalt einer Gruppe und ihre Existenz im sozialen Geflecht der Ethnie gesichert bleibt.

Die *wosi milamala* werden also nicht nur zu außergewöhnlichen Anlässen gesungen, sondern sie sind selbst eine außergewöhnliche Form ritueller Kommunikation, die mit ihren Funktionen der Normenkontrolle und der Bindung die Konstruktion der sozialen Realität des Gemeinwesens sichert und darüber hinaus in eigener und einmaliger Form in diesem Gemeinwesen tradierte Kultur wahrt – zumindest aber kodifiziert.

Ich hoffe, dass dieses Beispiel verdeutlicht, wieviel man an Hintergrundwissen über bestimmte Phänomene mit und durch Sprache erschließen kann. Ich möchte hier aber betonen, dass auch Sprachdaten, die in primär ethnologisch orientierten Forschungsprojekten erhoben wurden, dazu genutzt werden können – wenn das erhobene Datencorpus umfangreich genug ist, versteht sich – um zumindest Wortlisten der dokumentierten Sprache für weitere linguistische Analysen zusammenzustellen. Vielleicht sind die erhobenen Corpora sogar so umfangreich, dass man damit ein Wörterbuch und eine mehr oder minder ausführliche grammatische Beschreibung dieser Sprache erstellen kann – möglicherweise sogar mit einer Laut- und Phonemanalyse, auf deren Grundlage man eine Orthographie für eine bisher nur gesprochene Sprache erstellen kann. Völkerkundler haben Sprachwissenschaftlern schon immer mit solchen, für sie selbst möglicherweise nur Randergebnissen ihrer Forschungen zuarbeiten können – und, wie gesagt, manche Ethnologen – wie zum Beispiel Roger Keesing – haben sogar selbst hervorragende Grammatiken und Wörterbücher über die Sprache der von ihnen untersuchten Ethnien publiziert.

Welche Auswirkungen können solche linguistische Aktivitäten auf das Feld und auf alle Beteiligten einer Feldforschung haben? Auf diese Frage will ich zum Schluss dieses Beitrages noch kurz eingehen.

3.6 Veränderungen des Feldes
aufgrund linguistischer Aktivitäten

Linguistische Forschung im Feld wirkt immer auf alle Beteiligten. Der Wille zum Lernen der lokalen Sprache und das Bemühen, diese Sprache auch zu sprechen, erleichtert es allen Forschern, sich in ihrem Feld zu etablieren. Mit stetig wachsenden Sprachkenntnissen können sie sich Wissen erschließen, das für sie sonst nicht – oder zumindest nicht so einfach – zugänglich wäre. Wenn eines der Hauptziele sowohl der Ethnologie als auch der Linguistik darin besteht, *Bedeutung* zu verstehen, dann ist es offensichtlich, dass der Königsweg zu diesem Ziel nur über Sprache, über Kommunikation, über sprachliche Interaktion führen kann. Und das hat eben schon Joseph-Marie Degérando allen Humanwissenschaftlern ins Stammbuch geschrieben.

Linguistische Forschung hat aber auch wichtige Auswirkungen auf die untersuchte Ethnie und ihre Sprache, vor allem dann, wenn diese Sprache noch nicht verschriftlicht und/oder akut bedroht ist. Die Tatsache, dass sich Forscher die Mühe machen, ihre Sprache zu lernen, zu untersuchen und zu dokumentieren, zeigt den Angehörigen einer Sprachgemeinschaft, wie wichtig ihre Sprache nicht nur für sie, sondern auch für andere ist. Und wenn Forscher dann auch noch einer Ethnie, deren Sprache bisher noch nicht beschrieben und geschrieben war, eine Grammatik und ein Wörterbuch ihrer Sprache als Dank für die gewährte Gastfreundschaft zurückgeben können, dann trägt das erheblich dazu bei, dass eine solche Sprache entscheidend an Prestige gewinnt – und das verhindert möglicherweise, dass diese Sprache dann von anderen dominanteren Sprachen verdrängt wird. Wenn wir davon ausgehen, dass bis zum Ende des 21. Jahrhunderts von den derzeit etwa 6000 Sprachen nur 600 Sprachen nicht in ihrer Existenz bedroht sein werden, und wenn wir davon überzeugt sind, dass Sprache das Medium ist, in und mit dem eine Sprachgemeinschaft den Großteil ihrer Kultur überliefert und dass sich in den verschiedenen Sprache die Diversität des menschlichen Denkens ausdrückt, dann hat diese mögliche Folge linguistischer Feldforschung von Ethnologen und Linguisten entscheidende Bedeutung für uns alle!

3.7 Literatur

Agar, Michael
1996a   Commentary: Schon wieder? Science in Linguistic Anthropology. In: Anthropology Newsletter, January 1996: 13.
1996b   The Professional Stranger. An Informal Introduction to Ethnography (2. Auflage). San Diego.

Bouquiaux, Luc und Jacqueline M. C. Thomas
1992   Studying and Describing Unwritten Languages. Dallas.

Degérando, Joseph-Marie
1797   Erwägungen über die verschiedenen Methoden der Beobachtung der „wilden Völker". In: Moravia, Sergio. 1977. Beobachtende Vernunft. Philosophie und Anthropologie in der Aufklärung. 219–251. Frankfurt am Main.

Duranti, Allessandro
1997   Linguistic Anthropology. Cambridge.

Eibl-Eibesfeldt, Irenäus und Gunter Senft
1991   Trobriander (Papua-Neuguinea, Trobriand-Inseln, Kaile' una) – Tänze zur Ein-
            leitung des Erntefeier-Rituals (Film E 3129). Trobriander (Papua-Neuguinea,
            Trobriand-Inseln, Kaile' una) – Ausschnitte aus einem Erntefesttanz (Film E
            3130). In: Publikationen zu Wissenschaftlichen Filmen (Sektion Ethnologie) 17;
            1–17. IWF Göttingen.

Firth, J. Raymond (Hg.)
1957   Man and Culture – An Evaluation of the Work of Bronislaw Malinowski. Lon-
            don.

Fischer, Hans
2000   Wörter und Wandel. Ethnographische Zugänge über die Sprache. Berlin.

Foley, William A.
1997   Anthropological Linguistics. An Introduction. Oxford.

Franklin, Karl
1992   On Language Learning Claims of Ethnographers. In: Dutton, Tom, Ross, Malcolm
            und Tryon, Darrell (Hg.), The Language Game: Papers in Memory of Donald C.
            Laycock. 589–597. Canberra.

International Phonetic Association
1999   Handbook of the International Phonetic Association: a Guide to the Use of the
            International Phonetic Alphabet. Cambridge.

Labov, William
1972a   Some principles of Linguistic Methodology. In: Language in Society 1: 97–120.
1972b   Sociolinguistic Patterns. Philadelphia.

Malinowski, Bronislaw
1916   Baloma: The Spirits of the Dead in the Trobriand Islands. In: The Journal of the
            Royal Anthropological Institute of Great Britain and Ireland 46: 353–430.
1922   Argonauts of the Western Pacific. London.
1935   Coral Gardens and Their Magic. 2 Bände. London.

Monaghan, Leila und Jim Wilce
1998   Society for Linguistic Anthropology: SLA Sessions at the 1998 AAA. In:
            Anthropology Newsletter November 1998: 52.

Pheby, John und Werner Scholze (Hg.)
1979   Oxford Duden Bildwörterbuch Deutsch und Englisch. Mannheim.

Powdermaker, Hortense
1966   Stranger and Friend. The Way of an Anthropologist. New York.

Senft, Gunter
1986   Kilivila – The Language of the Trobriand Islanders. Berlin, New York.
1987   Rituelle Kommunikation auf den Trobriand-Inseln. In: Zeitschrift für Literatur-
            wissenschaft und Linguistik 65: 105–130.
1995a   Ain't Misbehavin'? Trobriand Pragmatics and the Field Researcher's Opportunity
            to Put His (or Her) Foot in It. In: Oceanic Linguistics 34: 211–226.
1995b   Fieldwork. In: Verschueren, Jef, Östman, Jan-Ola und Blommaert, Jan (Hg.),
            Handbook of Pragmatics, Manual. 595–601. Amsterdam.

1996   Past is Present – Present is Past. Time and the Harvest Rituals on the Trobriand
         Islands. In: Anthropos 91: 381–389.
2002   Feldforschung in einer deutschen Fabrik – oder: Trobriand ist überall! In: Fi-
         scher, Hans (Hg.), Feldforschungen. 207–226. Berlin.

Silverstein, Michael
1973   Linguistik und Anthropologie. In: Bartsch, Renate und Vennemann, Theo (Hg.),
         Linguistik und Nachbarwissenschaften. 193–210. Kronberg.

Spradley, James P.
1979   The Ethnographic Interview. New York.

Wassmann, Jürg
1993   When Actions Speak Louder than Words: The Classification of Food among the
         Yupno of Papua New Guinea. In: Quarterly Newsletter of the Laboratory of
         Comparative Human Cognition 15: 30–40.

Werner, Oswald
1994   Ethnography and Translation – Issues and Challenges. In: Sartoniana 7: 59–135.

Judith Schlehe

4. Formen qualitativer ethnographischer Interviews

4.1   *Einleitung* 71
4.2   *Absichten und Einsichten* 73
4.3   *Form und Ablauf* 76
4.4   *Praktische Aspekte der Interviewführung* 83
4.5   *Beziehungsaspekte* 88
4.6   *Aus- und Rückblick* 90
4.7   *Literatur* 92

4.1 Einleitung

Bei jedem offenen, ethnographischen Interview lernen (mindestens) zwei Menschen einander kennen. Es findet ein interkultureller Interaktions- und Kommunikationsprozess statt. Qualitative ethnographische Interviews – auch als Tiefeninterviews bezeichnet – beruhen nicht nur auf beidseitiger Gesprächsbereitschaft und Offenheit, sondern auch auf Verständigung zwischen den beteiligten Personen und darauf, dass sie in der jeweiligen, spezifischen Interviewsituation ihre immer wieder neu gemischte Gesprächskultur gemeinsam herstellen. Dabei spielt, mehr oder weniger deutlich, eine unsichtbare dritte Partei ebenfalls eine Rolle: Das Publikum, die anvisierte Leserschaft, der die gewonnenen Erkenntnisse schließlich vermittelt werden sollen.

Nicht nur für Ethnologinnen und Ethnologen, sondern in einem breiten interkulturellen Anwendungsfeld ist ethnographische Interviewerfahrung nützlich und notwendig. Viele Fertigkeiten lassen sich erlernen und üben, manches lässt sich durch Selbstreflexion und Erfahrungsaustausch oder durch Supervision verbessern, – aber zugleich handelt es sich hier um einen grundsätzlich unabschließbaren Komplex. Jedes nicht standardisierte Interview ist eigen und neu, und es wird sowohl geprägt von der Konstellation als auch von der Beziehung der Beteiligten und vom Kontext der Begegnung. Es erfordert hohe Aufmerksamkeit und Offenheit für Unerwartetes (*serendipity*-Prinzip). Das macht die Methode zur immer währenden Herausforderung, nicht nur für die fachlichen Fähigkeiten der Interviewenden, sondern ebenso für die soziale

und interkulturelle kommunikative Kompetenz aller Gesprächspartner und –
partnerinnen. Es ist eine aufregende Methode, im besten Sinne des Wortes,
weil nicht klar und routiniert abgefragt wird, sondern weil sich Menschen in
nicht vorab planbarer Weise aufeinander einlassen sollen und dabei mancher-
lei Ambivalenzen ausbalancieren müssen:

– Das ethnographische Interview soll einen Gesprächscharakter haben, aber
   es beinhaltet keine wirkliche Reziprozität, keinen gleichberechtigten Dialog, sondern eine Person soll von der anderen möglichst viel erfahren;
– es wird eine vertrauensvolle Atmosphäre hergestellt, aber der Beziehung
   werden Grenzen gesetzt, sowohl was ihre Dauer als auch was die Intensität
   betrifft;
– die Machtverhältnisse sind oft nicht ausgeglichen, sei es, dass die Forscherin oder der Forscher aus einer politisch und wirtschaftlich dominanten
   Gesellschaft kommt, wie es früher in der Ethnologie meist der Fall war,
   oder sei es, dass der oder die Interviewte sich in einer hierarchisch übergeordneten Position befindet, wie es bei neueren *studying up* Untersuchungen häufiger vorkommt.

Im ethnographischen Interview wird deutlich, was die Ethnologie generell
auszeichnet, ihr besonderes Potenzial und dabei ihr großes methodisches Problem ausmacht: die Gleichzeitigkeit von Nähe und Distanz, Einlassen und
Rückzug, Spontaneität und Reflexion. Die Personen der Forscher und Informanten interagieren, aber das Ziel ist kein persönliches, sondern ein profes-
sionelles.

Das ethnographische Interview steht – aus der Sicht der Forschenden –
grundsätzlich in Zusammenhang mit einem längerfristigen, methodisch vielseitigen Sich-Einlassen auf ein soziales *setting*. Es ist eingebettet in teilnehmende Beobachtung, in deren Rahmen unterschiedlichste Beziehungen eingegangen und auch vielerlei nicht-sprachlich gefasste Wissensbestände er-
kundet werden. Außerdem gehen, je nach Forschungsthema, sowohl offene
als auch standardisierte ethnographische Interviews mit anderen Erhebungsmethoden einher, wie Konstruktion von Diagrammen, Karten, Zeittafeln,
Modellen sowie mit visuellen Methoden, mit der Sammlung von Dokumenten usw. Dies ist bei den folgenden Ausführungen zur Theorie und Praxis
offener, ethnographischer Interviews immer mit zu denken.

Neben einer detaillierten Auseinandersetzung mit praktischen Fragen der
Interviewführung soll in diesem Beitrag insbesondere auf die intersubjektive
Praxis der Feldforschung eingegangen werden. Ich werde die in Forschungen
entstehenden Beziehungen besprechen und durch meine eigenen Forschungs-
erfahrungen illustrieren, um davon ausgehend nach den Möglichkeiten und
Grenzen von dialogischer Wissenschaftspraxis zu fragen.

4.2 Absichten und Einsichten

Eine Kulturanalyse, die von den sozialen Subjekten – d.h. von den Akteuren – ausgehen möchte, muss darauf ausgerichtet sein, deren Perspektiven in Erfahrung zu bringen. Ziel ethnographischer Interviews ist es deshalb, alltägliche Erfahrung und lokales Wissen bzw. kulturelle Gewissheiten aufzunehmen und sich zugleich dem Verständnis von Subjekten, kulturellen Deutungsmustern und Handlungspraxen anzunähern. Das Interview soll den Zugang zur emischen Perspektive eröffnen, zur Konstruktion von Realität aus der Sicht der Akteure, und zu subjektiver Sinngebung. Zugleich möchte es auch Einsichten in die jeweilige Gestaltung von Einteilungen und in die spezifischen Arten der Strukturierung von größeren Zusammenhängen liefern. Ein offenes Interview bietet die Chance, Dinge zu erfahren, nach denen man nicht gefragt hätte, weil sie jenseits des eigenen Horizontes liegen. Das Grundprinzip ist, dass Themen und Fragen sich aus dem Gesprächsverlauf heraus entwickeln bzw. weiter entwickeln. Dabei gilt es nicht nur aufmerksam zuzuhören, sondern auch auf das zu achten, was nicht zur Sprache kommt. Die im Forschungsprozess nachfolgenden, umfassenden ethnographischen Beschreibungen und Erklärungen bzw. die Einbettung in strukturelle Kontexte und die Theoriebildung sollten in solcherart gewonnenen, auf die Erfahrungen konkreter Menschen bezogenen, empirischen Daten begründet sein.

Da sich die Ethnologie früher überwiegend mit kleinen, relativ homogenen Gemeinschaften beschäftigte, waren auch ihre Forschungsmethoden auf diese ausgerichtet. Interviews und Gespräche – meistens mit wenigen Männern, welche als Experten betrachtet wurden – sollten in diesem Kontext repräsentativ für die Mitglieder der jeweils untersuchten Gesellschaft sein. Das hat sich geändert: Komplexe Gesellschaften und translokale Kulturphänomene gehören heute ebenfalls zu den Gegenstandsbereichen des Faches, für das nun alle Geschlechter (Frauen, Männer, Transsexuelle usw.), sämtliche sozialen Akteure, von Interesse sind. Somit sind heute auch Ethnographien gefragt, die spezifische kulturelle Szenen als Teilkulturen beschreiben bzw. welche die Dynamik kultureller Globalisierungs- und (Re-)Lokalisierungsprozesse darstellen. Dies kann weiterhin, wie in der traditionellen Ethnologie, auf eine indigene ethnische Minderheit bezogen sein – wobei allerdings deren transkulturellen Verflechtungen mehr Aufmerksamkeit gewidmet wird – es kann aber auch beispielsweise eine neue, transnationale Diasporakultur betreffen oder den Umgang mit globalen Einflüssen in diversen lokalen Kontexten.

Auch in fachübergreifenden Forschungsprojekten sehe ich den wichtigsten Beitrag der Ethnologie darin, dass sie komplexe kulturelle Bedeutungen (inter- wie intrakulturelle Vielfalt) anhand der Sichtweisen und Erfahrungen der

Akteure anschaulich und verständlich zu machen versteht, indem sie diese – im wahrsten Sinne des Wortes – zur Sprache kommen lässt. Dies geschieht zunächst im Interview, in dem den Erfahrungen konkreter Individuen Aufmerksamkeit gezollt, ihre spezifischen Sichtweisen und Interpretationen erfasst werden, und später in einer Ethnographie, die diese darlegt, nachvollziehbar macht und von ihnen ausgehende Theorien entwickelt.

Im Interview selbst, darauf wurde einleitend bereits hingewiesen, spricht, interagiert und konstruiert nicht nur der Informant oder die Informantin, sondern auch die Person, welche das Interview führt. Was heißt das: ein offenes Interview führen? Die Grenzen zum Gespräch sind oftmals fließend, und statt immer zu führen, muss der oder die Interviewende sich gleichfalls darauf einlassen können, den Angeboten des Gegenübers und der Dynamik der jeweiligen Interaktion zu folgen. Auch die interviewende Person muss Erklärungen abgeben, Fragen beantworten und einige Aspekte ihres Selbst preisgeben. Sie ist das Forschungsinstrument und nur, wenn ihr Vertrauen und Interesse entgegengebracht wird, wird man ihr etwas mitteilen. Offenheit, größte Aufmerksamkeit, Flexibilität und Sensibilität sind gefordert, die Subjektivitäten und persönlichen Fähigkeiten der Gesprächsteilnehmer. Aber es geht eben nicht um Ausgewogenheit und gleichen Austausch, sondern darum, dass primär eine Person von der anderen etwas erfahren möchte. Deshalb ist es von entscheidender Wichtigkeit, dass die Verhältnisse und Absichten so klar wie möglich sind. Das ist das Erste, worüber bei einem Interview gesprochen werden sollte.

Damit ist nicht nur ein praktisches, sondern auch ein ethisches Prinzip ethnographischer Interviews angeschnitten. Unerfahrenen Interviewenden mag es zwar vielleicht einfacher scheinen, Daten verdeckt, d. h. in normalen Gesprächen, zu erheben. Das beruht aber oft nur auf einer Projektion der eigenen Scheu vor der ungewohnten Rolle auf das Gegenüber. Tatsächlich ist es in den meisten Fällen so, dass die Interviewten es durchaus schätzen, wenn man ihnen Kompetenz und wissenschaftliche Bedeutsamkeit zuspricht und sich für ihr Wissen und ihre Erfahrungen interessiert, sie wichtig und ernst nimmt. Dies sollte nicht nur aus forschungsstrategischen Gründen geschehen, sondern aus zwischenmenschlichem Respekt. Dazu gehört auch die Offenlegung der Situation und die aufrichtige und verständliche Darlegung der eigenen wissenschaftlichen Interessen. Konkret: Wir sollten von vornherein erklären wer wir sind, was das Ziel der Forschung ist, wie wir uns ein Interview vorstellen und wie wir mit den gewonnenen Daten umgehen wollen (dazu gehört auch die verlässliche Zusicherung von Anonymität).

Das ist nicht immer so leicht wie es sich anhört, denn nicht überall kann man mit den *labels* „ethnologische Forschung" oder „Interview" etwas anfangen. Ich habe vielfach erlebt, dass Interviews ergiebig wurden, sowie die Gesprächspartner mir als Person etwas vermitteln oder beibringen wollten.

Im Hintergrund steht zwar „berichte den Leuten in deinem Land davon" oder „erkläre es denen, die sich dafür interessieren", aber in erster Linie bin ich angesprochen, ich soll etwas verstehen, lernen, eine Erfahrung machen. Oder, in anderen Fällen, lösen meine interessierten, anteilnehmenden Fragen und Kommentare den Eindruck von bzw. den Wunsch nach einer Freundschaftsbeziehung aus. Und es gilt dann damit fertig zu werden, dass man manchmal Erwartungen auslöst, die man nicht in der Lage ist, zu erfüllen. Es nützte mir nicht viel, wenn ich meinen Informanten auf Java erklärte, dass ich nicht über ihre Meeresgöttin forschen wollte, sondern über die Bedeutung, die diese für die Menschen hat. Denn nach deren Konzept lässt sich das nicht trennen. Folglich wollten sie, dass ich selbst die Geisterkönigin (Meeresgöttin) sehen sollte, was mir in der von ihnen intendierten, direkten Weise niemals gelang. Das enttäuschte sicherlich manch einen. Ich habe es auch nicht vorgetäuscht, sondern immer wieder versucht zu erklären, dass ich den Reichtum ihres Wissens und ihrer Erfahrungen dokumentieren möchte.

Aber auch die Interviews selbst – d. h. die Rede über transzendente Wesen in diesem Rahmen – hatten für viele Informanten und Informantinnen eine andere Bedeutung als für mich. Bevor man mir bestimmte Dinge aus der Welt der Geister erzählte und erklärte, waren diesen Opfergaben zu bringen und Rituale durchzuführen, mit denen ihr Einverständnis erzielt wurde. Opferrituale für ein Interview, einmal auch für das Aufnahmegerät, welches den Geistwesen „vorzustellen" war, – auf solche Erwartungen ging ich mit Freuden ein, boten sie doch Gelegenheit, sowohl meinen Respekt zu zeigen als auch in dichter Teilnahme Beobachtungen zu machen. Auf diese Weise kann das gemeinsame Aushandeln der Interviewsituation mit in den Forschungs- und Erkenntnisprozess einbezogen werden.

Nicht immer geht es derart „exotisch" zu, aber in jedem Fall ergibt sich ein beträchtlicher Teil ethnographischer Informationen auch aus den in die teilnehmende Beobachtung eingebetteten informellen Gesprächen, in denen Kontextwissen, kulturelle Codes, neue Fragestellungen usw. erlernt und entwickelt werden. Den meisten Interviews gehen nicht Opferrituale, sehr wohl aber Begegnungen und Gespräche voraus, in denen oftmals bereits wichtige Informationen ausgetauscht und spezifische Umgangsweisen entwickelt werden. Ebenso geht es nach den Interviews weiter. Ein wesentliches methodologisches Prinzip ethnologischer Feldforschung ist, dass wir nicht nur erfragen und erfahren, was eine bestimmte Person in einer bestimmten Situation uns mitteilen möchte, sondern dass wir, wenn wir zusammen leben und wiederholte Interviews machen und Gespräche führen, auch die multiplen Aspekte erfassen können, die damit zusammenhängen, dass die Interviewpartner sich in verschiedenen Kontexten bewegen und verorten. Damit unterscheidet sich ethnographisches Interviewen grundlegend von dem von Kaufmann (1999) vertretenen Ansatz des *verstehenden Interviews* in der Soziologie, für das empfohlen wird, die Informanten nach den Interviews nie wiederzusehen, weil sie dann am freiesten seien. Allerdings ist es auch in der ethnologischen Feldarbeit oftmals von Vorteil, dass die Forschenden so weit als Außenseiter wahrgenommen werden, dass ihnen manches anvertraut wird, was gegenüber einem Angehörigen der eigenen Gemeinschaft nicht geäußert würde. Dass es sich dabei nicht immer um „Wahrheit" handeln muss, liegt auf der Hand. Aber auch in Konstruktionen und „Lügen" kommt eine erwünschte Realität zum Ausdruck, sofern wir ihren Grund zu erkennen vermögen.

4.3 Form und Ablauf

Viele Aspekte des Hergangs und der Formen von Interviews können wir aus der empirischen Sozialforschung übertragen, aber zugleich ist es wichtig, dass wir uns die spezifischen Bedingungen ethnographischer Interviews vor Augen halten. Im Kontext einer Feldforschung stehen sie meist in Zusammenhang mit kultureller Fremderfahrung, anderen Sprachen, kulturellen Codes, zu erlernenden Konventionen und Höflichkeitsformen.

Wie sieht nun der Ablauf und die Form ethnographischer Interviews konkret aus? Angesichts der Zentralität der Methode, ist die Literatur direkt zum Thema überraschend spärlich. Spradley (1979) ist noch immer der Klassiker, daneben finden sich Kapitel zum Thema Interview in allgemeinen Methodenwerken wie Bernard (2001) oder Davies (1999), und darüber hinaus müssen Ethnologen auf Ansätze aus dem Bereich der qualitativen empirischen Sozialforschung zurückgreifen, wie z.B. Mayring (2002), Flick (2000), Bryman/ Burgess (1999, v. a. Bd. II) oder das Forum qualitative Sozialforschung im Internet (http://www.qualitative-research.net/fqs/fqs.htm). In diesen Werken wird, ebenso wie in vielen Einzelschilderungen von Feldforschungen, der Zugang zum Feld und die erste Kontaktaufnahme zu Informanten relativ ausführlich dargestellt. Wobei natürlich nicht viel mehr gesagt werden kann, als dass sich der Zugang je nach Fragestellung, Situation und Forschungsfeld unterschiedlich gestaltet und dass wir sorgsam und bewusst damit umzugehen haben. Ich werde darauf an späterer Stelle im Kontext der Beziehungsdynamiken noch einmal kurz zurückkommen. Wie die eigentliche Datensammlung vonstatten geht, welche Interview- und Gesprächsformen praktiziert werden, wird in der ethnologischen Literatur – abgesehen von den genannten, wenigen Methodenwerken – sehr selten systematisch besprochen. Deshalb seien hier die wichtigsten Erhebungstechniken qualitativer, nichtstandardisierter Interviews kurz wiedergegeben. Vorauszuschicken ist freilich gleich wieder eine Einschränkung, denn in der ethnologischen Praxis werden wesentlich häufiger Mischformen verschiedener Interviewstile und -techniken je nach Thema, Situation und Person verwendet als konsequente, strikte Beschränkungen auf die folgenden Strategien der Gesprächsführung.

4.3.1 Unstrukturierte Interviews

Im Gegensatz zu informellen, „freien" Interviews – Gesprächen während einer Feldforschung, die im Nachhinein schriftlich festgehalten werden – zeichnen sich die eigentlichen Interviews dadurch aus, dass die Gesprächspartner sie auch als solche verstehen. Sie setzen sich an einem bestimmten Ort für eine begrenzte Zeit zusammen, befinden sich also außerhalb des gewöhnlichen Rahmens, und die zu interviewende Person wird in eine reflexive Haltung gegenüber sich selbst und dem Gegenstand gelenkt. Beim nicht-standardisierten Interview gibt es aber kein festes Frage-Antwort-Schema, sondern die Interviewten sollen sich in ihrer Weise ausdrücken, sollen das zum Ausdruck bringen, was ihnen wichtig erscheint. Dabei spielt zum einen eine Rolle, was sie der interviewenden Person mitteilen möchten – bzw. was sie ihr zutrauen zu verstehen – und zum anderen, welches Publikum bzw. welche Leserschaft für die Forschung anvisiert ist (vgl. Kohl 1998). Narrativ-biographische und problem- oder themenzentrierte Interviews stellen die Hauptformen unstrukturierter Interviews dar.

Narrative Interviews
In dieser Interviewform wird den Interviewten besonders viel Raum gegeben, damit sie ihre eigene Erzählweise entfalten können. Insbesondere in der narrativ-biographischen Variante werden sie dazu angehalten, über Ereignisse, Erfahrungen und Deutungsmuster lebensgeschichtlicher Prozesse zu erzählen und diese nach ihrer Sichtweise zu strukturieren. In der Eröffnungsphase wird eine Erzählaufforderung gegeben, die zu einer umfassenden, freien Stegreiferzählung führen soll. Diese ist von Seiten der interviewenden Person durch bekräftigendes Nicken, durch „hm" – oder was auch immer in der jeweiligen Kultur und Sprache Verstehen signalisiert – zu verstärken. Im anschließenden, nicht-narrativen Nachfrageteil werden Fragen gestellt, um weitere Erzählanstöße zu geben, und in der abschließenden Bilanzierung wird nach Erklärungen der Informanten gefragt. Nach diesem eher traditionellen Methodenansatz haben sich die Interviewenden, um nicht zu beeinflussen, äußerste Zurückhaltung aufzuerlegen, sie sollen beispielsweise keinesfalls eigene Ansichten oder Interpretationsansätze zum Thema äußern, sondern in allererster Linie zuhören.
In dieser methodisch strengen Weise verfahre ich selbst fast nie. Das narrative Element ist zwar in vielen meiner Interviews zentral, aber nur dann, wenn die

interviewte Person absolut kein Interesse an Gegenfragen oder an meiner Person und Meinung hat, halte ich mich so distanziert wie es der „Reinform" eines narrativen Interviews entspricht.

Problem- bzw. themenzentrierte Interviews
Die in der qualitativen Sozialforschung gängigere Bezeichnung für diese Interviewform ist *problemzentriert*, da es aber tatsächlich, im Gegensatz zu den genannten offeneren Formen, darum geht, auf einen thematischen Fokus (der nicht unbedingt ein *Problem* darstellen muss) zu verweisen, ziehe ich den Begriff *themenzentriert* vor. Die formale und inhaltliche Ausgestaltung wird den Interviewten überlassen bzw. von der Situationsdynamik zwischen Befragten und Interviewenden bestimmt. Abschweifungen sind möglich und erwünscht, sollen aber nicht uferlos sein, vielmehr hat der oder die Interviewende ggf. immer wieder zum Thema zurückzuführen.

Nach der Gesprächseröffnung durch eine Einstiegsfrage werden detailfördernde, sich aus dem Interviewkontext ergebende Nachfragen, z. B. „wie war das genau?", nicht (wie beim narrativen Interview) als Störung des Erzählflusses, sondern im Wechselspiel zwischen den Gesprächsteilnehmern eher als Verstärkung begriffen. Bilanzierende Zurückspiegelung, Verständnisfragen und Konfrontation mit widersprüchlichen Aussagen gehören ebenso zu dieser Interviewform wie Leitfadenfragen, die vor dem Interview skizziert wurden. Die Interviewenden bringen hier ihre ersten Interpretationsansätze zur Sprache und geben den Interviewpartnern und -partnerinnen die Möglichkeit, sich dazu zu äußern.

Diese Art der Interviewführung habe ich immer als sehr lebendig, effektiv und zugleich aufrichtig erlebt. Ich gehe häufig noch darüber hinaus, indem ich, wenn ich meine vorläufigen Interpretationsansätze zur Diskussion stelle, dies sowohl mit Eindrücken aus vorangegangenen Interviews als auch mit Erfahrungen aus meinem eigenen Leben verbinde. Dies allerdings in Maßen, denn mein Gegenüber, nicht ich selbst, soll im Zentrum der Aufmerksamkeit stehen.

4.3.2 Halbstrukturierte Interviews

Leitfadeninterviews
Wenn eine direkte Vergleichbarkeit bezüglich einer großen Zahl von Interviews sichergestellt werden soll, oder wenn mit einer Person nur ein einziges Mal die Gelegenheit zu einem Interview besteht (in diesem Fall wird eher von *Respondenten* als von *Informanten* gesprochen – wobei insbesondere der erstere Begriff die Interviewten deutlich in eine passive Rolle verweist), oder auch wenn der oder die Interviewende noch unerfahren und relativ unsicher ist, dann bietet es sich an, vorab einen schriftlichen Leitfaden zu erstellen.

Dieser erleichtert die Vorbereitung auf ein Interview, er kann der interviewenden Person Sicherheit verleihen, besonders wenn sie befürchtet, um Fragen verlegen zu sein, und er kann dem oder der Interviewten Kompetenz bzgl. des fokussierten Themenbereiches beweisen. Der Leitfaden enthält die wichtigsten Aspekte, die im Interview zur Sprache kommen sollen, sowie konkrete Fragen, die sämtlichen der weiter unten dargestellten Typen entsprechen können. Er wird möglichst nicht nur auf der Basis von Literaturstudien und eigenen Fragen erstellt, sondern auch aufgrund der Daten aus informellen, unstrukturierten Interviews gewonnen. Damit wird wahrscheinlicher, dass er diejenigen Bereiche aufgreift, die für die Befragten relevant sind.

Ein wichtiges Prinzip ist der flexible Umgang mit dem Leitfaden. Er muss keineswegs stur abgearbeitet werden, vielmehr ist auch hier die situative Kompetenz der interviewenden Person gefragt, insofern als sie je nach Gesprächsverlauf nicht nur die Reihenfolge, sondern auch die Themen ändern bzw. dem oder der Interviewten die Möglichkeit geben darf, eigene Themen neu einzuführen. Außerdem gibt es auch in dieser Interviewform die Möglichkeit, vertiefend nachzufragen, bevor man zur nächsten Frage übergeht: Neben den Leitfadenfragen können immer auch ad hoc-Fragen gestellt werden.

Meines Erachtens ist es, v. a. in den oben genannten Fällen, sinnvoll, einen Leitfaden zu erstellen, um ihn sich dann einzuprägen, damit man ihn während des Interviews nicht auszupacken braucht. Besonders in Methoden-Übungen mit Studierenden fällt uns nämlich immer wieder auf, wie viel Druck für alle Beteiligten produziert werden kann, wenn zwischen dem Interviewer und seinem Gegenüber eine Fragenliste liegt. Insbesondere dann, wenn die Reihenfolge der Fragen nicht strikt eingehalten werden soll, blättert der Interviewer in seinen Papieren, um zu prüfen, ob nichts Wichtiges ausgelassen wurde, der Blickkontakt zwischen den Gesprächspartnern reißt ab, und die Aufmerksamkeit wird auf die Liste gelenkt, der sich beide gewissermaßen verpflichtet fühlen. Dem Interviewer kann es dann kaum noch gelingen, die Gesprächsdynamik in offener und flexibler Weise aufzunehmen.

Biographische Interviews

Lebensgeschichten werden meist in einer Abfolge von mehreren Interviews aufgezeichnet. Diese können jeweils durch Fragen nach Lebensabschnitten oder nach Themen eingeleitet werden, denn das Konzept einer chronologisch wiederzugebenden Biographie stößt keineswegs überall auf Verständnis (Spülbeck 1997). Auch hier geht es natürlich nicht in erster Linie um Fakten und nüchterne Beschreibung, sondern um Bewusstsein, Erinnerung, Interpretation, Strukturierung und Konzepte von Identität. Lebensgeschichten können ihren Beitrag zur Erfassung von *oral history* leisten, sie vermögen aber zugleich auch besondere Nähe zu erzeugen, indem detaillierte und elaborierte Geschichten erzählt werden, die das Leben ganz bestimmter Individuen in Zeit und Raum verankern und so „ein Gefühl des Wiedererkennens statt der Distanz" schaffen (Abu-Lughod 1996: 40).

Ein Schwachpunkt der biographischen Methode liegt, wie bereits angedeutet, darin, dass Interviewpartner unter Umständen dazu getrieben werden, ihr Leben zu einem linear fortlaufenden, „erzählbaren Ganzen" zu stilisieren, was nicht unbedingt ihrem Konzept entspricht. Dem kann begegnet werden, indem die Erzählaufforderungen eher auf Lebensperioden und Situationen abzielen, welche der interviewten Person selbst für die Fragestellung der Untersuchung relevant erscheinen. Damit ist der Vorteil dieser Interviewform, nämlich die Kontextualisierung im individuellen Lebenszusammenhang, beibehalten, wobei dann allerdings die Grenze zwischen biographischen und so genannten episodischen Interviews verschwimmen kann.

Schlüsselinformanten- und Experteninterviews
Meist spricht man im Laufe einer Feldforschung mit vielen Personen, die jeweils für gewisse Aspekte des Themas stehen. Konzentriert man sich aber auf einen Menschen, der als repräsentativ gelten soll, oder der über besonders tief gehendes Wissen zum Thema verfügt und dies auch zu vermitteln versteht, so wird diese Person als Schlüsselinformant oder -informantin bezeichnet. Sie soll in umfassender Weise für ihre Kultur und Gemeinschaft sprechen. Auf diese Weise erlangten die Gewährsleute mancher Ethnologen Berühmtheit im Fach (etwa Baldambe, Nisa oder Ogotemmeli). Sie wurden im Laufe wiederholter Feldaufenthalte über viele Jahre hinweg befragt. Im Fall von Baldambe (Hamar, Äthiopien) kam es auch zu einer Einladung nach Deutschland, in deren Rahmen der Ethnologe Ivo Strecker Baldambes Eindrücke in einem Radiointerview festhielt (und damit dem Publikum auch akustisch in Originalsprache und -stimme mit Übersetzung vermittelte, eine Möglichkeit, die künftig über das Internet vielleicht mehr Verbreitung finden wird).

Was am Konzept von Schlüsselinformanten in erster Linie zu kritisieren ist, leitet sich aus dem Begriff *Schlüssel* ab: Die Vorstellung, dass einzelne Personen – oftmals gesellschaftliche Außenseiter und meistens Männer, welche sich Ethnologen als Lehrer anbieten – als Quellen der Authentizität einen Zugang zum Verständnis einer Gesamtkultur liefern könnten.

So genannte Experteninterviews werden mit Personen durchgeführt, die für bestimmte Kategorien oder Probleme als besonders kompetent gelten, oftmals eher in einem unmittelbar praktischen Sinn, etwa wenn es darum geht, bestimmte Handhabungen oder Arbeitsabläufe bzw. organisatorische oder institutionelle Zusammenhänge zu erklären. Hier besteht nicht wie beim Begriff Schlüsselinformant der Anspruch umfassender Repräsentativität und die

Vorstellung, sich über bestimmte Gewährsleute Zugang zu einer Gesamtkultur zu erschließen. Vielmehr beschränkt sich das Erkenntnisinteresse bei Experteninterviews im Allgemeinen auf Partikulares.

E-Interviews

Eine neue Form von Interviews, die meines Wissens bisher noch keine Aufnahme in den Methodenkanon der Ethnologie gefunden hat, sind Interviews per E-Mail. Dies bietet insbesondere auch Chancen für Studierende und Forschende, welchen keine Reisemittel zur Verfügung stehen. Man kann, unabhängig von Raum und Zeit, so genannte schriftliche Interviews – auch qualitativer Art – mit Partnern aus aller Welt durchführen; selbstverständlich nur mit solchen, die ihrerseits Zugang zum Internet haben. Natürlich wird die Kommunikation anders und reduziert, wenn Körpersprache, Stimme und unmittelbare Reaktionsmöglichkeiten fehlen, aber dafür bietet, nach Bampton/Cowton (2002), ein E-Interview auch Vorteile: Sensitive Themen werden von manchen Menschen lieber im virtuellen Raum als in einer direkten Begegnung besprochen. Außerdem können die Befragten sich mit ihrer Antwort Zeit lassen, und auch die Interviewenden stehen nicht unter dem Druck, die nächste Frage immer gleich stellen zu müssen.

Ich selbst kann von keinen Erfahrungen mit reinen E-Interviews berichten. Dennoch ist die Kommunikation per E-Mail zu einem wichtigen Bestandteil meiner Forschungspraxis geworden. In etlichen Fällen konnte ich bereits vor einer Feldforschung Kontakte herstellen und Verabredungen treffen. Ein Beispiel dafür ist die amerikanisch-burjatische Schamanin, deren E-Mail-Adresse ich auf der *homepage* einer Vereinigung mongolischer Schamanen gefunden habe. Sie erklärte mir, die ich zu der Zeit in Ulaanbaatar (Mongolei) war, per mail aus den USA die Grundprinzipien ihrer (neo)schamanistischen Praktiken. Ein paar Wochen später kam sie in die Mongolei, ich konnte dort *face-to-face* Interviews mit ihr machen und sie bei verschiedenen Zeremonien begleiten. Ohne den vorangegangenen Kontakt wäre das nicht zustande gekommen. In anderen Fällen – und das waren die häufigeren – konnte ich nach Interviews, nach einem Feldaufenthalt noch einmal gezielte Nachfragen stellen oder auch einfach den Kontakt halten, um zu erfahren, wie eine Geschichte weiter ging. Es kam aber auch vor, dass Informanten mir E-Mails schickten, weil sie selbst im Anschluss an ein Interview noch etwas anfügen, ergänzen, berichtigen oder weiter erzählen wollten. Insofern kann das Internet, sofern die Interviewten Zugang dazu haben, eine wichtige Ergänzung darstellen, die die Forschung nicht nur effektiver macht, sondern die vor allem die Einschränkungen durch Distanzen und Zeitlimits abmildert. Ich vermute, dass E-Interviews künftig als Ergänzung von *face-to-face* Interviews zu den gängigen ethnologischen Methoden dazu kommen werden, sie werden diese aber niemals ersetzen können.

Gruppeninterview und Gruppendiskussion

Eine Erweiterung und Kontextualisierung der Erhebungssituation über die
bisher besprochenen Einzelinterviews hinaus, stellen Gruppen als Untersuchungseinheiten dar. Gruppeninterviews und -diskussionen können mit systematisch, nach bestimmten Kriterien ausgewählten bzw. zusammengestell-
ten (so genannten Fokus-) Gruppen oder mit zufällig angetroffenen, „natürlichen" (auch im Alltag bestehenden) Gruppen durchgeführt werden. Durch
die alltagsnähere Interaktionssituation in einer Gruppe ist es manchmal leichter, die Sichtweisen von Einzelpersonen zu erfassen und Strukturen offen zu
legen, die in soziale Zusammenhänge eingebunden sind. Dazu werden v. a.
Gruppeninterviews eingesetzt. Die interviewende Person muss hierbei darauf
achten, dass sie Antworten von der gesamten Gruppe erhält. In Gruppendiskussionen werden individuelle Meinungen ebenfalls deutlich, überdies
können aber auch gruppenspezifische Meinungsbildungs- und Aushandlungsprozesse studiert werden, da sie Einblick in die Beziehungsdynamik und
Kommunikationsmodalitäten der Akteure bieten.

Meine eigene Forschungspraxis machte mir die Unterschiede zwischen
Gruppeninterviews und Gruppendiskussionen sehr deutlich. Wenn ich Personen – oftmals welche, mit denen ich zuvor Einzelinterviews durchgeführt
hatte – zu einem gemeinsamen Interview bat und sich die hier erläuterte Form
des Gruppeninterviews entwickelte, dann kam es zwar zuweilen zu einer inhaltlichen Bezugnahme der Teilnehmenden untereinander, aber im Grunde
war das Gesagte doch immer an mich gerichtet, und es konnte sogar in einer
gewissen „Konkurrenz ums Wort" unterschwelliger Unmut entstehen. Ähnliche Erfahrungen machte ich auch bei Paar-Interviews.

Anders stellte sich die Situation bei Gruppendiskussionen in natürlichen Gruppen dar, die sich immer als sehr ergiebig erwiesen. Im Rahmen von teilnehmender Beobachtung nehmen wir ohnehin an Gruppenaktivitäten und -gesprächen
teil und bemühen uns darum, die kollektiven Diskurse zu erfassen. Wenn ich
in solchen Zusammenhängen lediglich den thematischen Anstoß gab, die Teilnehmenden sich dann aber primär untereinander besprachen, dann waren die
entstehenden Diskussionen von einer – im Vergleich zum Einzelinterview –
wesentlich erweiterten Interaktionsdynamik geprägt. Die Leute stellten sich
gegenseitig, und auch mir, Fragen, tauschten Erfahrungen aus, verglichen,
korrigierten einander oder suchten gemeinsam nach Erklärungen (sie fielen
dem anderen auch ins Wort, was das Transkribieren besonders erschwert),
und ich moderierte mehr als dass ich befragte. Solche Diskussionen waren
nicht immer geplant, zuweilen kamen sie auch zufällig zustande, etwa wenn
während eines Einzelinterviews andere Leute dazu kamen. Dies geschieht in
Südostasien sehr häufig, und man kann, wenn man sich nicht rigide an die
vorgesehenen Interviewformen hält, Neuankömmlinge oft in sehr produkti-
ver Weise integrieren.

Eine neue Möglichkeit, über das Medium der Gruppendiskussionen zu forschen, ist durch die synchrone, computervermittelte *Chat*-Kommunikation entstanden. Dies wird aber meines Wissens in der Ethnologie bislang noch nicht genutzt.

4.4 Praktische Aspekte der Interviewführung

4.4.1. Auswahl, Sprache, Ort

Um innerhalb eines Untersuchungsfeldes Vergleiche und Kontrastierungen vornehmen zu können, ist es wichtig, dass die Auswahl der Informanten (*sampling*) nicht nur zufällig zustande kommt, sondern dass die für die Fragestellung relevanten Personen berücksichtigt werden und dass eine Variationsbreite abgebildet wird: Verschiedene soziale Positionen, Geschlechter, Alter, Klassen, Berufe usw. sollten erfasst werden. Dabei geht es nicht um statistische Repräsentativität, sondern darum, die Heterogenität des Untersuchungsfeldes in den Blick zu bekommen. Darüber hinaus spielt der Zufall dann aber sehr wohl eine wichtige Rolle, und man sollte sich unbedingt offen halten für unerwartete Möglichkeiten, neue Interviewpartner und erweiterte Fragestellungen.

Dabei besteht der prinzipielle Anspruch an eine ethnologische Feldforschung, dass sie in der Sprache der Untersuchten durchgeführt wird. Das heißt, dass es für Ethnologinnen und Ethnologen gilt, Sprachen zu erlernen, wobei allerdings der Schwerpunkt weniger auf der Linguistik, sondern mehr auf der Entwicklung kommunikativer Kompetenzen liegen sollte. In vielen Fällen begnügt man sich mit der jeweiligen Verkehrssprache. Ich lernte beispielsweise nur Indonesisch, nicht Javanisch, Balinesisch und Sasak (die Lokalsprachen der Regionen, in denen ich in Indonesien forschte). Und ich habe notgedrungen auch Interviews mit in Indonesien lebenden Japanerinnen auf Indonesisch und mit Italienerinnen auf Englisch durchgeführt.

Leider ist es nicht in jeder Forschung möglich, dem o. g. Anspruch nachzukommen oder überhaupt eine gemeinsame Sprache zu finden. Deshalb sind nicht selten auch Übersetzer beteiligt, deren Einfluss in den Forschungsberichten jedoch häufig unterschlagen wird. Bei den Interviews, die ich in der Mongolei durchführte, war ich ganz auf Übersetzer angewiesen, und ich habe erlebt, wie groß die Unterschiede waren, je nach dem, wer mich begleitet hat. Da war ein akademisch gebildeter Stadt-Mongole, der unsere Interviewpartnerin, Angehörige einer in großer Höhe lebenden ethnischen Minderheit (Tsaatan/ Dukha), als Erstes fragte, wie viele Male sie in ihrem Leben bereits ein Bad genommen habe. Es erübrigt sich zu erklären, dass er damit eine

Distanz schuf, die einen denkbar schlechten Einstieg in ein Interview bedeutet. Da war aber auch ein anderer, der mich zu einer Schamanin führte, die sein Kind geheilt hatte und dem sehr daran gelegen war, dass wir uns nicht nur verständigen konnten, sondern dass wir uns auch verstanden. Und da war eine junge Frau als Übersetzerin ins Deutsche, die großen Spaß daran entwickelte, alte Leute nach den Ursprungslegenden bestimmter ritueller Plätze zu fragen, nicht zuletzt, weil sie sich ausmalte, dass sie nach unserer Forschung Touristen dort hinführen und mit den alten Geschichten unterhalten könnte.

Auch der Ort, an dem Interviews stattfinden, ist nicht unerheblich. Wenn ich, im Rahmen einer Forschung über „gemischte" Ehen in Indonesien ein Paar zu Hause besuchte und im Verlauf eines gemeinsam verbrachten Tages ein Interview mit ihnen machte, konnte es vorkommen, dass der balinesische Mann nach einer Weile ging und die australische Frau und mich unter vier Augen weiter über die transkulturellen Aushandlungsprozesse in ihrer Beziehung reden ließ. Dennoch erzählte sie mir erst bei einem nächsten Treffen in einem Café von bestimmten Dingen, von denen er auf keinen Fall etwas erfahren sollte. Im anonymeren, öffentlichen Raum war ihr das angenehmer. Deshalb ist es empfehlenswert, wiederholte Interviews und Gespräche an unterschiedlichen Orten und in unterschiedlichen Teilnehmer-Konstellationen durchzuführen. Bei der oben erwähnten Forschung über die javanische Meeres- und Geisterkönigin wurde dies von den Interviewpartnern selbst massiv eingefordert: Über gewisse, die Geisterwelt betreffende Dinge spricht man nur an bestimmten Plätzen und zu bestimmten Zeiten. Das bedeutete oftmals ungeplante Reisen und durchwachte Nächte.

Ein weiteres, praktisches Problem im Vorfeld eines Interviews ist die Frage nach einer angemessenen Gegenleistung. Sofern eine Bezahlung oder anderweitige direkte Vergütung vorgesehen ist, sollte dies unbedingt vorab geklärt sein. In den meisten Fällen wird man sich aber, um eine Kommerzialisierung zu vermeiden, eher auf das zuweilen sehr komplizierte, kulturelle System von Gastgeschenken einlassen. Dies erfordert einiges an Sorgfalt, denn je nach sozialer Schicht, Geschlecht, Wohlstand, Alter und persönlicher Beziehung ist fein abzustimmen, was mitzubringen ist. Tee, Zucker und – für Männer – Zigaretten, für einen Besuch im ländlichen Bereich Javas angemessen, würden z. B. für wohlhabende Städter eine Beleidigung bedeuten. Aber auch ihnen kann man nur beim ersten Besuch die obligatorische Keksdose mitbringen, später sollte es persönlicher werden. Wenn es zu wenig ist, heißt das, dass einem die Person nicht wichtig ist, bringt man aber ein teures Geschenk, so verpflichtet man die Empfänger u. U. zu Gegengeschenken, die für sie eine erhebliche Belastung darstellen können. Leichter wird dieses Problem, wenn man länger an einem Ort lebt und dadurch die Möglichkeit hat, auch anderweitige Gegenleistungen zu erbringen, z. B. bei manchen Arbeiten zu helfen oder bestimmte Verpflichtungen (wie etwa Patenschaften, Arztkosten o. ä.) zu übernehmen.

4.4.2 Fragen und Verhalten

Die verwendeten Fragetechniken müssen immer den Gepflogenheiten der untersuchten Kultur und dem spezifischen Gegenüber angepasst werden. Wenn das Interview eher einen Gesprächs- als einen Befragungscharakter haben soll, dürfen die Fragen nicht zu dicht und keinesfalls bedrängend sein. Generell ist darauf zu achten, dass Fragen verständlich – beispielsweise nicht zu abstrakt – sind. Anfänger neigen zuweilen dazu, Konzepte abzufragen, um sicher zu gehen, dass das Interview themenrelevant bleibt. Suggestivfragen sind zu vermeiden, statt „glaubst du nicht, das ist so und so …", ist es besser, zu fragen: „was denkst du über das und das …". Aber auch die Gegenstände selbst sollten nicht als selbstverständlich genommen werden, vielmehr ist immer wieder nach den Bedeutungen und nach allen damit verbundenen Details, Bezügen, Handhabungen usw. zu fragen. Dabei kann man gar nicht gründlich genug sein. Am Anfang fällt es deshalb oftmals am leichtesten, mit Interviewpartnern und -partnerinnen zu arbeiten, die tatsächlich einer fremden Kultur oder Szene angehören. Ein Zurückgehen hinter kulturelle Gewissheiten, ein systematisches Befremden ist aber immer beizubehalten, v. a. bei Forschungen in der eigenen Gesellschaft, sowie auch bei einem längeren Feldforschungsaufenthalt, wenn wir vielleicht versucht sind, unsere erlernten Kenntnisse und Kompetenzen unter Beweis zu stellen und deshalb auf Fragen verzichten mögen.

Die in der Literatur vorgenommenen und im Folgenden wiedergegebenen Einteilungen in Fragetypen, werden in der ethnographischen Interviewpraxis gemischt. Fragen nach Alter, Familienstand, Schulbildung usw. (zum Genre der *Zensusfragen* gehörig) entfallen häufig, wenn Interviews in längere Forschungsaufenthalte eingebettet und die Partner einander bereits bekannt sind. *Deskriptive Fragen* allgemeiner Art – wer, was, wo, wann, wie, warum? – zur Beschreibung von Orten, Zeitabläufen, Ereignissen, Personen(gruppen), Aktivitäten oder Gegenständen, sind immer wesentlich. „Könnten Sie mir bitte beschreiben, wie es dort und dort aussieht …", „… welche Arbeitsschritte Sie in der und der Zeit durchführen …", „… welche Verwandten Sie haben …" usw. sind geeignete Einstiegsfragen. Diese führen dann zu *Sondierungsfragen*, zu Nachfragen nach Beispielen, Erklärungen, Erfahrungen, Bezeichnungen und, nicht zuletzt, nach Bedeutungen. Hierdurch zeigt sich auch, ob das Thema für den Interviewpartner überhaupt wichtig ist (vgl. Mayring 2002: 70). Davon unterscheidet Spradley (1979: 120ff) die *strukturellen Fragen*, die sich auf die von den Interviewpartnern selbst vorgenommenen Einteilungen beziehen. Und schließlich gibt es noch so genannte *Kontrast- und Konfrontationsfragen*, in denen z. B. konkurrierende Alternativen vorgelegt werden. Diese sollten m. E. eher sparsam eingesetzt werden, da sie am wenigsten offen sind.

Um möglichst viel von einem Interviewpartner zu erfahren und um einen Gedankengang bzw. einen Erzählfluss nicht zu unterbrechen, oder um ein Thema nicht aus seinem Zusammenhang zu reißen, ist es zuweilen besser, statt vorschnelle und übereifrige Fragen zu stellen, erst einmal zu schweigen und abzuwarten. Oder man kann, statt gleich weiter zu fragen, zunächst lediglich bestätigend reagieren, indem man z.b. Interesse, Begreifen oder Akzeptanz ausdrückt. Bernard (2001) bezeichnet es als *echo probe*, wenn man zeigt, dass man verstanden hat, was der Informant oder die Informantin meinte, indem man das zuletzt Gesagte noch einmal aufnimmt und zum Fortfahren auffordert. Verstärkende und bestätigende Bemerkungen können auch „sehr interessant", „hm", „ah ja" oder dergleichen sein, wobei auch hierbei wieder auf das kulturell Übliche zu achten ist. Beispielsweise wäre ein deutscher Interviewpartner vermutlich in höchstem Maße irritiert, wenn eine Interviewerin das tun würde, was im Javanischen ein unabdingbares Gebot der Höflichkeit ist, nämlich nach jedem einzelnen Satz ein lang gezogenes „jaaaa" (javanisch: „enggeh") einstreuen.

Ebenso wirksam, wichtig und aussagekräftig kann die entsprechende Körpersprache sein. Generell prägen ja nicht nur Worte die (inter)kulturelle Kommunikation in einer ethnologischen Forschung, sondern auch eigene und gegenseitige Körperwahrnehmungen (Schlehe 1996). Mimik und Gestik wie Kopfnicken, Blickkontakt, interessiertes Aufleuchten der Augen, Stirnrunzeln usw. können ein Interview, ebenso wie jedes andere Gespräch, enorm beeinflussen. Um sich darüber klar zu werden, kann es hilfreich sein, beim Interviewen einmal gefilmt zu werden oder zuweilen zu zweit zu interviewen und sich anschließend darüber auszutauschen.

4.4.3 Dokumentieren

Eine gewisse Kontrolle des eigenen Verhaltens – selbstverständlich nur des sprachlichen – und eine Reflexionsmöglichkeit bzgl. der Einflussnahme von Mitarbeitern, Übersetzern und anderen Gesprächsteilnehmern, liegt in den Aufnahmen (auf Kassette oder Minidisc), die nach Möglichkeit von jedem Interview gemacht werden sollten. Sie sind ungemein wichtig für die Erinnerung des Gesagten und stellen die Grundlage für Transkriptionen dar. Selbstverständlich dürfen sie nur mit ausdrücklichem Einverständnis aller Gesprächsteilnehmer gemacht werden. Dazu gehört auch eine Erklärung, wofür die Aufnahme gebraucht wird, nämlich im Allgemeinen lediglich als Gedächtnisstütze (falls es in Zukunft üblicher werden sollte, Interviewaufnahmen ins Internet zu stellen, so wird das ganz neue Verhältnisse und Probleme des Informantenschutzes schaffen).

Ganz wesentlich ist, dass der oder die Interviewende selbst eine entspannte Einstellung gegenüber dem Aufnahmegerät hat. Dazu gehört, dass man die Technik perfekt beherrscht, denn es kann ein Gespräch enorm stören, wenn man zwischendurch die Aufnahmequalität kontrolliert, das Mikrofon hin- und her rückt, die Batterien wechselt, sich der verbleibenden Bandlänge vergewissert oder dergleichen. Am besten ist es, wenn das Gerät möglichst wenig Aufmerksamkeit beansprucht, es sollte nebenbei laufen, egal wer worüber redet. D. h. man sollte es keinesfalls ausschalten, wenn die Sprache auf etwas kommt, was einem in diesem Moment als für das Forschungsthema unwesentlich erscheint. Bänder oder Minidiscs sind nicht teuer, und man kann im Anschluss an das Interview immer noch entscheiden, ob man alles transkribiert.

Zusätzlich zur Aufnahme sollte immer auch ein Gedächtnisprotokoll angefertigt werden, in dem die Situation beschrieben wird und in dem das festgehalten wird, was vor und nach der Aufnahme gesagt wurde. Falls keine Aufnahme möglich war (sei es, dass ein Interviewpartner sie nicht wollte oder sei es, dass die Umstände – etwa der Regen auf einem Wellblechdach – sie verhinderte), so ist ein Gedächtnisprotokoll um so wichtiger. In diesem Fall muss das ganze Gespräch, so gut es geht, schriftlich festgehalten werden. Sofern ein Mitarbeiter oder Übersetzer beim Interview dabei war, ist es ungemein hilfreich, wenn er oder sie ein separates Gesprächsprotokoll anfertigt, denn jede Person erinnert etwas anderes.

Des Weiteren ist es dringend empfehlenswert, immer sehr sorgfältig ein Tagebuch zu führen, und zwar für alles, was nicht auf dem Aufnahmegerät ist: Kontextbeschreibungen, visuelle Impressionen, Stimmungen, Gefühle, spontane Eindrücke sowohl emotionaler Art als auch erste Ideen, vorläufige Interpretationen und vor allem: Selbstreflexionen. Manche Feldforscher schließen die o. g. Gedächtnisprotokolle in ihre Tagebücher ein, andere trennen die Textsorten. Wichtig ist in jedem Fall, mit derartigen Niederschriften nie lange zu warten, damit Erinnerungen und Eindrücke nicht von späteren Ereignissen überdeckt werden.

4.4.4 Mitarbeiter

An vielen Feldforschungen und Interviews sind lokale Mitarbeiterinnen oder Mitarbeiter (Forschungsassistenten) beteiligt, deren Rolle und Einfluss ebenso reflektiert werden sollte wie die eigene Subjektivität. Sie sind Begleiter, geben Rat, vermitteln, erklären. Kommt man an einen neuen Ort, stellen sie oft die ersten Kontakte her. Das ist, besonders für eine Frau als Feldforscherin, meist eine Erleichterung. Findet man eine Mitarbeiterin oder einen Mitarbeiter, mit dem man gut auskommt, der sich mit dem Forschungsthema identifiziert und der weder zu zurückhaltend noch zu dominant ist, so kann das eine unschätzbare Bereicherung darstellen. Während eines Interviews kann er oder sie durch eigene Fragen neue Perspektiven eröffnen, und im Anschluss an ein gemeinsames Interview kann man die Eindrücke austauschen und gemeinsam reflektieren. Dadurch lernt man voneinander, und es kann sich als sehr aufschlussreich erweisen, wenn sich im Laufe des Forschungsprozesses herauskristallisiert, welche Fragestile und -inhalte besser einer Mitarbeiterin oder einem Mitarbeiter überlassen werden und welche man sich selbst aneignet. Freilich kommt es auch vor, dass ein Interviewpartner lieber mit einer fremden Ethnologin als beispielsweise mit einem einheimischen Studenten spricht. Dies wurde mir besonders bei einer Forschung im Milieu indonesischer junger Männer deutlich, deren Beziehungen mit westlichen Touristinnen ich dokumentieren wollte. Meine Idee war, Interviews in verschiedenen Konstellationen durchzuführen: alleine, zusammen mit einem einheimischen Mitarbeiter und dieser alleine. Letzteres weil ich davon ausging, dass die betreffenden jungen Männer mit einem Indonesier anders reden würden als mit mir. Aber weit gefehlt: Sie redeten überhaupt nicht mit ihm. Ich versuchte es mit anderen Mitarbeitern, die mir an der staatlichen Universität empfohlen wurden, und auch diese machten dieselbe Erfahrung. Wenn ich dabei war, wurden sie noch höflich in ein Gespräch einbezogen, sowie sie sich aber alleine um Gespräche oder Interviews bemühten, wurden sie abgewiesen. Einer, ein engagierter junger Ethnologe, erklärte mir, ziemlich frustriert, dass er ähnliche Erfahrungen bereits zuvor gemacht hatte. Indonesiern mache es mehr Spaß und bringe es mehr Prestige, mit Ausländern zu reden, die außerhalb der lokalen Hierarchien stünden und von denen kein Tratsch zu befürchten sei. Daraufhin versuchte ich etwas anderes: Ich gab einem Angehörigen der Szene, den ich bereits interviewt hatte, ein Aufnahmegerät und bat ihn, Gespräche mit seinen Freunden über deren Erfahrungen mit ausländischen Frauen zu führen. Auch dies konnte nicht „authentisch" sein, denn alle wussten, dass für mich aufgenommen wurde, aber dennoch war es interessant zu vergleichen, wie sich der Gesprächsstil und -inhalt änderte, wenn ich nicht dabei war. So ist es sinnvoll, fortlaufend mit neuen Formen zu experimentieren.

4.5 Beziehungsaspekte

Um die gemeinsamen Konstruktionen eines Interviews analysieren zu können, ist immer wieder danach zu fragen, wer was zu wem sagt, zu welchem Zweck und unter welchen Umständen. Die „Umstände" umfassen dabei sowohl den persönlichen Bereich als auch die äußeren Bedingungen bzw. beides in Verflechtung. Denn Misstrauen und Abwehr oder Sympathie und Verstehen sowie die gesamte Begegnungssituation sind nicht nur von den individuellen Personen abhängig, sondern auch vom Kontext, von den sozialen und politischen Bedingungen. Meist – nicht immer – sind die Interviewenden in der strukturell vorteilhafteren Position. In früheren Zeiten wurde der *Zugang zum Feld* oftmals davon geprägt, dass Ethnologen von ihren Informanten zunächst für Missionare, Händler, Agenten der (Kolonial-)Regierung oder Spitzel gehalten wurden – Rollenzuweisungen, die eine gewisse Machtposition widerspiegeln und die natürlich enormen Einfluss auf das in Gesprächen oder Interviews Mitgeteilte ausübten. Heute werden wir eher mit Bildern vom reichen Helfer, Geschäftspartner, Journalisten, Langzeittouristen, Freund, Sexualpartner, vom Heilsuchenden oder – bestenfalls – vom Lernenden konfrontiert. In jedem Fall sind die Rollen im Feld immer wieder neu auszuhandeln, nicht nur zu Beginn, sondern während des gesamten Forschungs- und Interviewprozesses. Weiterhin spielen Machtverhältnisse in Zusammenhang mit den politischen Verhältnissen zwischen den Herkunftsländern (oder, bei Forschungen in der eigenen Gesellschaft, in Zusammenhang mit sozialen Hierarchien, auch beispielsweise in Institutionen) sowie kulturelle Identität, Geschlecht, Alter, Klasse, Bildung und finanzielle Ressourcen eine wichtige Rolle in der gegenseitigen Wahrnehmung und Positionierung in Feldforschungsbeziehungen. Aber der Impetus, „den Unterprivilegierten eine Stimme zu verleihen" wird zunehmend in Frage gestellt. Dies zum einen, weil es immer häufiger auch Situationen des *studying up* gibt (z. B. wenn mächtige Politiker, Managerinnen oder berühmte *gurus* interviewt werden), zum anderen, weil wir wissen, dass alle eine eigene Stimme haben und es deshalb darauf ankommt, ob wir in der Lage sind, diese zu verstehen, bzw. gegenseitige Verständigung herzustellen, und ob die Interviewpartner überhaupt Interesse daran haben, mit uns zu sprechen (das sich daran anschließende Problem der Repräsentation ist damit noch nicht angeschnitten, denn hier soll es ja zunächst nur um Interviews gehen). Indem ich dies sage, möchte ich nicht die Asymmetrie herunterspielen, die darin liegt, dass die Forschenden meistens das Thema bestimmen, die Dauer des Aufenthaltes festlegen, dass sie oftmals eher ein Gespräch zu „führen" versuchen als sich in ein Gespräch verwickeln. Ich möchte vielmehr darauf aufmerksam machen, dass jede qualitative Forschung in hohem Maße davon abhängig ist, wie die Beteiligten aufeinander reagieren.

Es geht hier also nicht nur um Einsichten in die Abhängigkeit des Erkenntnisprozesses und -produktes von den Charakteristika des erkennenden Subjekts, sondern um Beziehungsdynamiken, wie sie allen ethnographischen Erhebungsmethoden zugrunde liegen. Diese sind nicht als epistemologisches Defizit zu charakterisieren, das – in der methodologischen Konsequenz – zu minimieren oder gar zu eliminieren ist. Vielmehr möchte ich auch die darin liegenden Herausforderungen und Potenzen herausstellen. Keineswegs um zu romantisieren, denn es gibt nicht nur Sympathie und gegenseitiges Verstehen, sondern auch Antipathie und vielerlei Missverständnisse in Forschungsbeziehungen. Und je nach Forschungsthema, Milieu und Person kann es geschehen, dass der Forscher oder die Forscherin die vom Interviewten vertretenen Werthaltungen, politischen Überzeugungen usw. ablehnt. Im Gegensatz zu den meisten älteren Ratgebern zur Interviewführung, welche auf Distanz pochen und den Interviewenden zu (vorgetäuschter) Neutralität verpflichten, gibt es in der gegenwärtigen Methodendebatte immer mehr Stimmen, die dafür plädieren, dass der oder die Interviewende seine eigene Persönlichkeit in offener – und zugleich bewusster, reflektierter – Weise in die Beziehung investieren soll. Man muss sich demnach nicht mehr kritiklos als mit allem Gesagten einverstanden zeigen, wohl aber sollte man, so meine ich, einander gelten lassen.

Vorausgesetzt dass man nicht sich selbst in den Mittelpunkt rückt und damit das Ziel des Interviews, nämlich die Sicht der Interviewten in Erfahrung zu bringen, aus den Augen verliert, so ist es meines Erachtens durchaus sinnvoll, auch von sich zu erzählen, eigene Erfahrungen anzusprechen, um sie mit denjenigen der interviewten Person zu vergleichen oder um sie ihnen gegenüberzustellen. Wenn ich mich als Person einbringe, erwecke ich mehr Vertrauen, schaffe eine offenere Atmosphäre und signalisiere, dass ich mein Gegenüber als Gesprächspartner ernst nehme. Wenn dies auf Interesse stößt, stelle ich durchaus auch meine theoretischen Erklärungen bzw. Thesen zur Diskussion, allerdings niemals zu Beginn eines Interviews oder einer Forschungsbeziehung.

Am konsequentesten behandelt die Ethnopsychoanalyse die Intersubjektivität als Mittel des Verstehens im Forschungsprozess, indem sie die gegenseitigen Erwartungen, Zuschreibungen und Reaktionen aufeinander als relevanten Erkenntnisgegenstand sieht. In ethnopsychoanalytischen Gesprächen sollen Erkenntnisse nicht nur aus den inhaltlichen Informationen gewonnen werden, sondern auch aus der Deutung des kulturspezifischen Beziehungsprozesses zwischen Forscherperson und Gesprächspartnerin. Maya Nadig (2000) bezieht dabei nicht zuletzt die Kommunikation auf der Ebene des Körpers und der Emotionen mit ein. Aber auch wer den Forschungs- und Gesprächsprozess nicht derart in den Mittelpunkt rückt wie es die Ethnopsychoanalytiker tun, sollte Empathie, Engagement und persönliche Präsenz einbringen (Kaufmann 1999: 78), um sie sodann in wissenschaftliche Konzeptualisierung umzusetzen.

4.6 Aus- und Rückblick

Die Ethnologie wird sich auch künftig auf subjektzentrierte Methoden stützen und deshalb weiterhin mit Interviews arbeiten. Diese werden sich dem Ideal gleichberechtigter dialogischer Klärung immer nur von verschiedenen

Seiten annähern, es aber wohl niemals ganz erreichen können. Deshalb müssen wir uns weder *Against Dialogue* wenden noch *Gegen Kultur Schreiben* (so die Titel von Kohl 1998 und Abu-Lughod 1996), sondern mit aller gebotenen Selbstkritik auch weiterhin mit immer neuen Interviewformen experimentieren. Da die Stärke der Ethnologie darin liegt, dass sie das Augenmerk auf kulturelle Dynamiken richtet und diese sich gegenwärtig zunehmend individueller gestalten, immer vielfältiger mischen, haben wir um so mehr danach zu fragen, wie das Individuum seine Welt erlebt.

Das Dilemma, dass die Datengewinnung auf persönlichen Beziehungen beruht, die meist nicht über die Forschung hinausgehen können, ist prinzipiell nicht lösbar. Ich persönlich empfinde es oft als belastend, dass es so viele Menschen in verschiedenen Teilen und Kulturen der Welt gibt, denen ich, dank meines Berufes, nahe kommen konnte, die mir Einblick in ihr Leben gegeben haben, ohne dass ich all diese Kontakte weiter pflegen, all diese Lebenswege mit verfolgen könnte. Das ist weniger gravierend in den Fällen, in denen es sich um kurze Begegnungen und einmalige Interviews handelte, obwohl selbst da, wenn man sich gegenseitig mochte, oft das Gefühl zurückbleibt „ich würde gerne wissen, wie es ihr/ihm weiter ergeht, würde die Offenheit, die sie/er mir entgegengebracht hat, gerne mit Freundschaft erwidern". Aber das geht nicht, weil wir, im Rahmen einer Forschung, auf so viel mehr Menschen zugehen als wir in der Lage sind, Freundschaften zu erhalten.

Dies lässt sich nur abmildern, wenn wir da, wo wir tatsächlich nur kurze Begegnungen für einmalige Interviews beabsichtigen, dies sehr deutlich machen. Und in anderen Fällen ist es ja durchaus möglich, wieder zu kommen und Beziehungen, in denen Forschungs- und persönliche Interessen zusammen laufen, weiter zu pflegen. Beispielsweise mache ich mit der Familie auf Java, bei der ich seit 1985 jedes Jahr mehr oder weniger lange zu Besuch bin, schon lange keine formellen Interviews mehr, und in den letzten Jahren habe ich auch nicht mehr in ihrem Dorf, sondern in der nahe gelegenen Stadt Jogjakarta geforscht. Aber dennoch fahre ich, wenn ich in Jogja bin, gelegentlich hin, lasse mir alle Neuigkeiten erzählen, nehme Anteil an den Veränderungen, die durch die individuellen Lebensabläufe und durch politische Wechsel, ökonomische Krisen, Einführung von Elektrizität, Fernsehen, usw. zustande kommen. Darauf, wie auch auf den vielen anderen, weniger dauerhaften, aber oft intensiven Eindrücken von konkreten Menschen, denen ich während meiner Feldforschungen begegnet bin, beruhen die Bilder, die für mich den Hintergrund und Maßstab aller ethnologischen Theorien bilden.

4. 7 Literatur

4.7.1 Weiterführende Literatur

Bernard, Harvey Russell
2001   Research Methods in Anthropology. Qualitative and Quantitative Approaches.
            3rd Edition, New York.
            Ein verständlich geschriebenes, praktisch-anleitendes Werk, das unstrukturierte
            und halbstrukturierte Interviews neben andere qualitative und quantitative Me-
            thoden stellt und somit verschiedene Möglichkeiten ethnologischer Forschungs-
            prozesse aufzeigt.

Bryman, Alan/Robert G. Burgess (Hg.)
1999   Qualitative Research. Vol. I–IV. London.
            Vier Bände, die diverse qualitative Erhebungs-, Auswertungs- und Analyseme-
            thoden umfassend darstellen. Von Soziologie und Cultural Studies ausgehend,
            finden sich hier auch wichtige Aspekte zum ethnographischen Interview (Bd. II)
            und zu Fragen von Rasse, Klasse und Geschlecht (Bd. IV).

Mayring, Philipp
2002   Einführung in die qualitative Sozialforschung: eine Anleitung zu qualitativem
            Denken. 5., überarb. Aufl..Weinheim
            Ein sehr gutes, knapp gehaltenes Überblickswerk, das in der neuesten Auflage
            auch qualitative Evaluationsforschung und den Einsatz von Computern bei der
            Interview-Auswertung einschließt.

Mey, Günter
2000   Erzählungen in qualitativen Interviews: Konzepte, Probleme, soziale Konstruk-
            tion. In: sozialersinn, 1: 135–151.
            Ein kritischer Vergleich zwischen narrativen Interviews nach Fritz Schütze und
            problemzentrierten Interviews nach Andreas Witzel.

Spradley, James P.
1979   The Ethnographic Interview. New York u. a.
            Der Klassiker zum Thema, der eine sehr systematisch aufgebaute, konkrete An-
            leitung zum ethnographischen Interviewen gibt, welche auch die diversen Frage-
            typen einschließt.

4.7.2 Zitierte Literatur

Abu-Lughod, Lila
1996   Gegen Kultur Schreiben. In: Lenz, Ilse/Andrea Germer (Hg.): Wechselnde Blicke.
            Frauenforschung in internationaler Perspektive:14–46. Opladen (engl. Orig. 1991).

Bampton, Roberta und Cowton, Christopher J.
2002, May   The E-Interview [27 paragraphs]. Forum Qualitative Sozialforschung / Forum:
            Qualitative Social Research [On-line Journal], 3(2). Available at: http://
            www.qualitative-research.net/fqs/fqs-eng.htm [Date of access: 5/6/02].

Davies, Charlotte, Aull
1999   Reflexive Ethnography. A guide to researching selves and others. London.

Flick, Uwe/Ernst von Kardorff/Ines Steinke (Hg.)
2000   Qualitative Forschung. Ein Handbuch. Reinbek bei Hamburg.

Girtler, Roland
2001   Methoden der Feldforschung. 4. Aufl. Wien.

Kaufmann, Jean-Claude
1999   Das verstehende Interview. Theorie und Praxis. Konstanz.

Kohl, Karl-Heinz
1998   Against Dialogue. In: Paideuma 44: 51–58.

Nadig, Maya
2000   Körpererfahrung im Wahrnehmungsprozess. Transkulturelle (Re)Konstruktionen
          in Übergangsräumen. In: Schlehe Judith (Hg.): Zwischen den Kulturen – zwi-
          schen den Geschlechtern. Münster.

Schlehe Judith
1996   Die Leibhaftigkeit in der ethnologischen Feldforschung. In: Historische Anthro-
          pologie, 4: 451–460.

Spülbeck, Susanne
1997   Biographie-Forschung in der Ethnologie. Hamburg.

Martin Sökefeld

5. Strukturierte Interviews und Fragebögen

5.1   Quantitative Methoden in der Ethnologie 95
5.2   Zählen: Das Problem der Einheiten 97
5.3   Die Standardisierung der Erhebung 99
5.4   Die Konstruktion von Fragebögen 100
5.5   Sampling 106
5.6   Erhebungswege 109
5.7   Auswertung 112
5.8   Schluss 117
5.9   Literatur 117

5.1 Quantitative Methoden in der Ethnologie

Viele Ethnologen verstehen ihre Wissenschaft als eine Disziplin, die überwiegend mit *qualitativen* Methoden arbeitet. Teilnehmende Beobachtung und offene Interviews werden als die Standardmethoden der Ethnologie angesehen. Strukturierte Interviews, die mit Fragebögen erhoben und quantitativ ausgewertet werden, gelten dagegen als Methoden der Soziologie und als ‚unethnologisch'. Der Gegensatz von qualitativen und quantiativen Methoden hat oft eine fast identitätsstiftende Funktion für Ethnologen. Zum Teil werden auch bestimmte theoretische Richtungen der Ethnologie auf den einen oder den anderen Methodenbereich festgelegt. Dann heißt es etwa, analytische Ethnologie arbeite quantitativ, interpretative Ethnologie verwende dagegen qualitative Methoden.

Dieser strikte Gegensatz, bzw. die hinter diesem Schematismus oft verborgene Ablehnung quantitativer Methoden, ist jedoch zu kurz gedacht (Schweizer 1998; Sobo/de Munck 1998). Ethnologen arbeiten sowohl qualitativ als auch quantitativ. Bernard hält fest: "No method of data collection is perfect. Unstructured interviews and questionnaires produce different *kinds* of data, and it is up to you to decide which method, or combination of methods, is best." (Bernard 1995: 287)

Tatsächlich kommt keine ethnologische Studie ohne Quantifizierungen aus. Quantitative Methoden haben mit Häufigkeits- und Mengenangaben zu tun. Wenn jede Ethnographie auch quantitative Aspekte hat, bedeutet das natürlich nicht, dass ethnographische Monographien stets ausgefeilte Tabellen und Statistiken enthalten. Sehr oft bleiben Quantifizierungen implizit, vage und damit ungenau. Es heißt dann etwa über die Nuer: "Families *often* change their place of residence from one part of a village to another (...)" (Evans-Pritchard 1969: 65). Oder, zu Beginn dieses Beitrags: "*Viele* Ethnologen..." Wir erfahren nicht genau, wie oft Nuer umziehen, oder für wie viele Ethnologen tatsächlich diese Aussage gilt. Eine genaue Quantifizierung ist vielleicht auch gar nicht nötig – es kommt eben vor allem darauf an, auszudrücken, dass Nuer überhaupt immer wieder umziehen, dass sie nicht dauerhaft am selben Ort wohnen. Aber manchmal wäre eine genauere Zahlenangabe doch sinnvoll. Dies ist vor allem dann der Fall, wenn aus der Zahl der Umzüge weitere Schlüsse gezogen werden sollen, oder wenn Vergleiche angestellt werden zwischen Haushalten, die oft umziehen und solchen, die sesshafter sind.

Quantiative Methoden haben zum Ziel, exakte Mengenangaben zu erreichen. Sie implizieren Zählungen und Messungen. Damit diese Messungen gültig sind, müssen sie mit verlässlichen Messinstrumenten erhoben werden. *Standardisierte Erhebungsinstrumente* sind erforderlich, die sicherstellen, dass allen Befragten dieselben Fragen gestellt werden, damit die Antworten auch tatsächlich ausgezählt, verglichen, und zu einander in Beziehung gesetzt werden können. Wenn Interviewdaten quantitativ ausgewertet werden sollen, muss also mit *strukturierten Interviews* gearbeitet werden, die in der Regel mit Hilfe von Fragebögen geführt werden. Bei offenen oder unstrukturierten Interviews gibt der Ethnologe häufig den Gesprächsfaden zu einem gewissen Grad aus der Hand und lässt seine Gesprächspartner (mit-)bestimmen, über welche Themen gesprochen wird. Bei strukturierten Interviews ist dagegen der Ablauf des Gesprächs vorgegeben. Das heißt, sowohl der Wortlaut der Fragen als auch ihre Reihenfolge wird festgelegt und bleibt für alle Gesprächspartner, die bei der Erhebung befragt werden, gleich. Diese Strukturierung und Standardisierung ist erforderlich, um valide Quantifizierung zu ermöglichen.

Die wichtigste Voraussetzung für Zählen und Messen sind definierte Einheiten. Die Definition solcher Einheiten ist in der Ethnologie häufig sehr schwierig. Damit werde ich mich im folgenden Abschnitt auseinandersetzen. Im Weiteren behandelt dieses Kapitel die Standardisierung von Erhebungen, die Konstruktion von Fragebögen, die Auswahl von Informanten (das Sampling) und verschiedene Erhebungswege. Mein Beitrag schließt mit einem kurzen Einblick in die Datenauswertung.

5.2 Zählen: Das Problem der Einheiten

Zählen ist einfach, man lernt es spätestens in der Grundschule. Schwierig wird Zählen in der Ethnologie dadurch, dass wir *etwas* zählen und uns sehr genau darüber klar werden müssen, was wir da zählen. Wir haben es eben nicht – wie in der Mathematik – mit abstrakten Zahlen zu tun, sondern mit konkreten Dingen, Personen oder Ereignissen, deren Anzahl uns interessiert. Wir wollen *etwas* zählen, und dazu muss zunächst definiert werden, was dieses Etwas ist. Wir stehen vor der Frage der Einheiten des Zählens. Auch das erscheint zunächst vielleicht unproblematisch. Wenn wir wissen wollen, wie viele Menschen in einem Dorf leben, dann zählen wir diese Menschen. Die Einheit ist definiert als das menschliche Individuum. Aber bei genauerem Nachdenken wird klar, dass diese Definition ungenau und keineswegs eindeutig ist. Denn welche Menschen *leben* in unserem Dorf? Wie lange etwa muss man sich in dem Dorf aufhalten, damit man zur Bevölkerung gezählt wird? Gehört ein Kind dazu, das ein halbes Jahr bei seinen Großeltern im Dorf lebt, ansonsten aber mit seinen Eltern in der Stadt wohnt? Was ist mit Migranten, die sich mal im Dorf aufhalten, mal woanders? Um eine genauere Definition dessen, was gezählt werden soll, kommt man nicht herum. Das Ziel der Definition ist eine klare und eindeutige Abgrenzung dessen, was unter eine Kategorie gezählt wird, von dem, was nicht dazu gerechnet wird.

Die Definition einer Einheit ist zunächst ein willkürlicher Akt. Ich könnte beispielsweise festlegen: Ein Bewohner des Dorfes ist ein Mensch, der sich mindestens die Hälfte des Jahres in diesem Dorf aufhält. Vielleicht habe ich Aufzeichnungen darüber, wer sich wie lange im Dorf aufhält, dann kann ich objektiv sagen, wer unter diese Definition fällt und wer nicht (vermutlich habe ich solche Aufzeichnungen aber nicht, dann ist es schwierig, diese Definition anzuwenden).

Trotzdem kann es sein, dass diese Definition nicht besonders sinnvoll ist. Vielleicht fallen Individuen heraus, die nicht die Hälfte des Jahres im Dorf leben, die aber im dörflichen sozialen Gefüge eine wichtige Rolle spielen und von den anderen Dorfbewohnern als Einwohner betrachtet werden. Was ist dann wichtiger, unsere ‚objektive‘ Definition, oder die Ansicht der Dorfbewohner? Wir müssen uns zwischen einer *emischen* und einer *etischen* Definition entscheiden. Über diese beiden aus der Linguistik übernommenen Konzepte hat es in der Ethnologie eine langandauernde Debatte gegeben (Headland et al. 1990). Grob gesagt bezieht sich *emisch* auf das Bedeutungsuniversum der jeweils Untersuchten, während *etisch* Kategorien und Definitionen meint, die vom Forscher von außen an den Untersuchungsgegenstand herangetragen werden. Meine selbst festgelegte Definition wäre also etisch, die Defini-

tion von ‚Bewohner' durch die Einwohner des Dorfes selbst wäre dagegen
eine emische Definition.

Die Unterscheidung von emischer und etischer Perspektive erleichtert es, die
Problematik der Definition von Einheiten der Zählung zu veranschaulichen,
aber sie löst diese Schwierigkeit nicht. Häufig gibt es nämlich nicht ‚die'
emische Perspektive in einer untersuchten Gruppe, sondern verschiedene,
konfligierende Sichtweisen. Neben unterschiedlichen lokalen Ansichten mag
es auch noch eine offizielle Definition des ‚Einwohners' durch die staatliche
Verwaltung geben, die sich von den lokalen Definitionen unterscheiden kann.
Bei meiner Feldforschung in Gilgit/Nordpakistan, stellte sich beispielsweise
heraus, dass es höchst umstritten war, wer im Ort als Einwohner galt und wer
nicht. Das Konzept des ‚Einwohners' umfasste nämlich eine Reihe von Rechten auf Nutzung knapper Ressourcen (vor allem Land und Wasser), die keineswegs allen Bewohnern zugestanden wurden. Aber es gab keine Einigkeit
darüber, wer nun Einwohner war und wer nicht. Manche Familien, die von
einigen als Einwohner anerkannt wurden, wurden von anderen als ‚Leute von
außen' kategorisiert, die keine Einwohner sind und keine Rechte haben. Der
Rückgriff auf die offizielle Definition der Verwaltung brachte hier keine Lösung, denn manche Einwohner warfen der Verwaltung Korruption vor: Sie
habe den Status des Einwohners auch ‚Leuten von außen' eingeräumt, die
kein Recht darauf haben. Man muss sich darüber im Klaren sein, dass in einer
solchen Situation der einfache Forschungsakt des Zählens ein *politischer* Akt
sein kann, der die Version einer bestimmten Fraktion in der untersuchten Gruppe stützt und selbst zum Teil des Konfliktes werden kann.

Ein zweites Beispiel für die Problematik der Definition von Einheiten der
Befragung: Bei ihrer Untersuchung in Dörfern im nordpakistanischen Bagrot
wollte Monika Schneid (persönl. Mitteilung) auch Daten über den Viehbesitz
der Haushalte sammeln. Sie fragte jeweils, wie viele Kühe und Ziegen ein
Haushalt besaß. Erst im Nachhinein stellte sie fest, dass sie mit dieser Frage
nicht einfach den Viehbestand der Dörfer erhoben hatte. Vor allem Kühe hatte sie mehr gezählt, als tatsächlich vorhanden waren. Denn die Dorfbewohner
praktizierten bei Kühen, die eine teure Investition darstellten, kollektiven Viehbesitz. Dieses ‚Cowsharing' bedeutete, dass eine Kuh mehrere Besitzer haben konnte. Bei der Befragung hatte aber jeder der (Teil-)Besitzer die Kuh als
seinen Besitz genannt, so dass Tiere zum Teil mehrfach gezählt worden waren.

Wie viele Einwohner ein Dorf hat oder wie viele Kühe jemand besitzt sind
also nicht unbedingt Fragen, die sich ‚objektiv' beantworten lassen. Die Beantwortung dieser Fragen ergibt sich nicht einfach ‚aus der Empirie'. Was die

jeweilige Empirie ist, hängt davon ab, wie wir die Fragen formulieren und wie sie von unseren Gesprächspartnern verstanden werden. Wenn man in die Tiefe geht, wird man für sehr viele auf den ersten Blick einfache Fragen feststellen, dass sie nicht so einfach zu beantworten sind, wie sie ursprünglich zu sein scheinen, bzw., dass in ihre Beantwortung zahlreiche Vorannahmen fließen, die nicht unmittelbar offensichtlich sind. Wenn man die Befragung aufgrund dieser Schwierigkeiten nicht gleich wieder aufgeben will, dann muss man sich pragmatisch für eine Definition der jeweils in Frage stehenden Kategorie entscheiden. Welche Definition sinnvoll ist, muss aus dem Forschungskontext heraus entschieden werden, dafür kann es keine allgemeine Lösung geben.

5.3 Die Standardisierung der Erhebung

Aus der Diskussion um die Definition der Einheiten ergibt sich die entscheidende Forderung: Wie auch immer die jeweilige Einheit definiert wird, diese Definition muss für die ganze Erhebung durchgehalten werden. Die Verwendung verschiedener Definitionen in ein und derselben Untersuchung führt zu inkonsistenten Daten, die nicht untereinander vergleichbar sind und aus denen daher keine gültigen Schlüsse gezogen werden können.

Die Standardisierung dient dazu, die Vergleichbarkeit der erhobenen Daten herzustellen. So soll ein Fragebogen sicherstellen, dass allen Informanten dieselben Fragen gestellt werden und dass sie ihnen auf dieselbe Art und Weise gestellt werden. Der zweite Aspekt ist natürlich nicht vollständig zu erfüllen, denn die Art und Weise des Fragens kann auch von so unkontrollierbaren Bedingungen wie dem Wetter oder der momentanen psychischen Verfassung des Interviewers beeinflusst werden. Die Bedeutung einer Frage ergibt sich schließlich nicht nur aus ihrem Wortlaut sondern etwa auch aus ihrer Betonung. Tatsächlich kann ein Fragebogen also nur gewährleisten, dass die Unterschiede der Art und Weise, wie dieselben Fragen verschiedenen Gesprächspartnern gestellt werden, minimiert werden.

Das strukturierte Interview ist eindeutig vom Forscher dominiert. Der jeweilige Gesprächspartner hat auf die Themen, die besprochen werden, keinen Einfluss. Er kann lediglich die Beantwortung von Fragen verweigern. Dies ist ein wichtiger Punkt, denn er besagt, dass durch strukturierte Interviews selbst keine neue Fragestellung für die Untersuchung entwickelt und nichts über die Bedeutung der gestellten Fragen für die Forschung erfahren werden kann. Was als wichtig angesehen wird und was nicht, ist durch die Konstruktion des Fragebogens bereits festgelegt.

Daraus folgt eine wichtige Konsequenz für den Einsatz strukturierter Interviews und Fragebögen im Rahmen einer Feldforschung: Die Konstruktion eines sinnvollen Fragebogens erfordert bereits erhebliches Wissen über die untersuchte Gruppe und das Thema, das erforscht werden soll. Eine standardisierte Befragung ist also keine Methode, mit der man sich einem neuen, weitgehend unbekannten Untersuchungsfeld nähern sollte. Dies gilt auch aus Gründen der Forschungspragmatik: Es ist so aufwändig, einen Fragebogen zu erstellen und eine standardisierte Befragung durchzuführen, dass dafür vorhandene Ressourcen sehr überlegt und zielgenau eingesetzt werden sollten. Vorwissen ist dabei in mindestens zweierlei Hinsicht erforderlich: Einerseits muss schon bekannt sein, welche Fragen im Kontext der Forschung tatsächlich relevant sind, andererseits muss man wissen, wie man die gewünschten Informationen erreichen kann, d. h. wie die beabsichtigten Fragen gestellt werden müssen.

5.4 Die Konstruktion von Fragebögen

Die Konstruktion eines Fragebogens sowie die Art des notwendigen Vorwissens hängt davon ab, welche Art von Informationen mit ihm erhoben werden sollen. Geht es etwa um allgemeine Daten, die eine Bevölkerung beschreiben, wie Alter, Geschlecht, Wohnort, Familienstand, Zahl der Kinder usw.? Viele solcher Fragen benötigen eher geringes Vorwissen, da die Dimensionen einer allgemeinen Beschreibung der untersuchten Gruppe weitgehend vom Untersucher und seinem Interesse festgelegt werden und kaum kulturelle Kategorien in sie eingehen. Aber auch hier benötigt man einen gewissen Forschungsstand, um zu entscheiden, welche dieser Informationen zur Beantwortung übergeordneter Fragen erforderlich sind. Anders ist es bei Befragungen, die auf Wissen über Einstellungen, auf Werte oder kulturelles Wissen, also auf *Kognitionen* zielen, sowie bei solchen, die nach bestimmten *Handlungen* fragen. Hier kann das erforderliche Vorwissen sehr umfangreich sein.

5.4.1 Der Fragebogen als Produkt vorhergehender Forschung

Wie erfährt man das Wissen, das man benötigt, um einen sinnvollen Fragebogen zu erstellen? In der Regel geht der Konstruktion eines Fragebogens eine längere Phase der Feldforschung voraus, in der man erfährt, welche Aspekte eines Themas wichtig sind, welchen Aspekten von den Angehörigen der untersuchten Gruppe Bedeutung beigemessen wird, wie die Untersuchten über diese Bereiche sprechen (d. h. welche Terminologie und Kategorien sie verwenden) und über welche Aspekte es sinnvoll wäre, quantitative Daten zu erheben.

Es kommt also zunächst darauf an, Fragen zu entwickeln, die in den Fragebogen aufgenommen werden sollen. Diese Fragen werden auch *Items* genannt. Da man auf jede Frage verschiedene Antworten geben können muss (sonst wäre die Frage überflüssig), nennt man die erfragte Information *Variable*. Das Item ‚Was ist Ihr Geschlecht?' fragt nach der Variable ‚Geschlecht' und kann beispielsweise die Ausprägung ‚weiblich' oder ‚männlich' annehmen. Die meisten Items sind jedoch komplexer und können mehr als nur zwei Merkmalsausprägungen haben.

5.4.2 Wie viele Fragen? Pragmatische Aspekte

Zunächst erstellt man also eine Liste der Items, die in einen Fragebogen aufgenommen werden sollen. Dabei ist zu beachten, dass die Beantwortung von Fragebögen Zeit kostet. Ausführliche Fragebögen mit vielen Items kosten viel Zeit, und man kann davon ausgehen, dass das Interesse und die Bereitschaft der meisten Informanten, an einer Befragung teilzunehmen, mit dem erforderlichen Zeitaufwand abnimmt. Susan Weller (1998: 376) rät, lieber zu viele als zu wenige Fragen zu stellen, da es in der Regel unmöglich ist, später noch einmal zu allen Informanten zu gehen und die Fragen zu stellen, die zwar nicht im Fragebogen enthalten waren, die sich aber im Nachhinein als auch noch wichtig entpuppten. Ich halte das nur dann für einen sinnvollen Ratschlag, wenn ‚zu viele Fragen' nicht einen zu langen Fragebogen ergeben, den niemand mehr beantworten will. Dabei geht es natürlich nicht nur um den Zeitaufwand der Informanten sondern auch um den der Interviewer. Wenn Ressourcen für mehrere Interviewer zur Verfügung stehen, kann in das einzelne Interview mehr Zeit investiert werden, als wenn eine Person sämtliche Interviews führen muss - und daneben auch noch andere Methoden anwenden möchte. Die Zeit, die ein Interview tatsächlich erfordert, ist nicht unbedingt im Voraus absehbar. Sie hängt nicht nur von der Länge des Fragebogens ab, sondern auch davon, ob tatsächlich nur die einzelnen Items durchgegangen werden sollen, oder ob auch Nebenbemerkungen der Informanten aufgezeichnet werden sollen. Manche Informanten antworten knapp und präzise, andere erzählen zu jeder Frage kürzere oder längere Geschichten, die es durchaus auch wert sein können, als Zusatzinformationen festgehalten zu werden.

Aber natürlich hat Weller Recht, dass es ein schwerer Rückschlag für eine Erhebung ist, wenn man nach ihrer Durchführung feststellt, dass eine wichtige Frage nicht gestellt worden ist. Daraus folgt für mich aber weniger die Forderung, gleich so viele Fragen wie irgendmöglich zu stellen, als die, sich über Sinn und Zweck der Erhebung im Rahmen der Gesamtforschung sowie über die Gestaltung eines Fragebogen sehr genau Gedanken zu machen und den Fragebogen gut zu testen. Ich denke aber auch, dass es sich zu einem gewissen Grad nicht vermeiden lässt, dass später noch neue Fragen auftauchen. Da Forschung ein offener Prozess ist, der zu neuen Erkenntnissen führen soll, werden ständig neue Fragen enstehen, die dem Forscher zu Beginn nicht in den Sinn gekommen sind. Das gilt besonders für ethnologische Feldforschung, die in der Regel immer auch einen explorativen Charakter hat und somit Aspekte umfasst, die nicht genau im Voraus gesehen werden können. Auch das ist ein Argument dafür, eine standardisierte Befragung erst dann durchzuführen, wenn der Stand der Forschung schon fortgeschritten ist.

5.4.3 Die Formulierung von Fragen

Die Frage nach dem Geschlecht bereitet in der Formulierung normalerweise keine Schwierigkeiten. Das trifft leider nicht auf alle Fragen zu, auch wenn sie zunächst ebenso einfach erscheinen. Auch die Frage nach dem Geburtsort bei Migranten scheint zunächst unproblematisch. Wenn man aber beispielsweise türkische Migranten nach ihrem Geburtsort fragt, bekommt man in der Regel nicht wirklich den Ort der Geburt genannt (d. h., ein Dorf oder eine Stadt), sondern die Provinz, in der dieser Ort liegt. Wenn man genauere örtliche Angaben haben will als die Provinz der Geburt, dann muss man die Frage spezifizieren oder erklären, etwa durch den Zusatz, dass nicht (nur) die Provinz gemeint ist, sondern der tatsächliche Ort der Geburt. Welche Fragen einfach sind und welche nicht, bzw. wie eine Frage formuliert werden muss, damit man tatsächlich das erfährt, was man wissen will, das lernt man erst, wenn man die Fragen tatsächlich stellt und ausprobiert.

5.4.4 Geschlossene Fragen und offene Fragen

Grundsätzlich können Fragen in einem Fragebogen auf zwei Arten gestellt werden: mit vorgegebenen Antwortmöglichkeiten (*geschlossene Fragen*) oder ohne vorgegebene Antworten (*offene Fragen*). Die Frage nach dem Geschlecht, bei der man je ein Kästchen zum Ankreuzen für ‚weiblich‘ oder ‚männlich‘ vorgibt, ist eine geschlossene Frage. Die Frage nach dem Geburtsort, bei der keine Liste möglicher Orte genannt wird, sondern der Befragte selbst den Ort nennen soll, ist eine offene Frage. Man kann jede Frage als offene oder als geschlossene Frage formulieren, aber die Pragmatik wird geschlossene Fragen für manche Bereiche ausschließen. So wäre es wenig sinnvoll, eine Liste möglicher Geburtsorte in der Türkei in den Fragebogen einzufügen, da er dann den Umfang eines mittleren Telefonbuchs hätte. Offene Fragen sind auch dann ratsam, wenn die Antwortmöglichkeiten auf eine Frage nicht im Voraus bekannt sind. Wenn ich also davon ausgehe, dass es in einer Gesellschaft nur zwei Geschlechter gibt, dann kann ich problemlos die Frage nach dem Geschlecht geschlossen formulieren und die beiden Antwortmöglichkeiten vorgeben. Wenn ich aber nicht genau weiß, ob es nicht vielleicht weitere Geschlechter gibt, dann muss die Frage offen formuliert werden, da die Geschlossenheit weitere Antworten verhindern würde.

Geschlossene Fragen setzen also voraus, dass alle möglichen Antworten auf die Frage bekannt sind. Die vorgegebenen Antwortmöglichkeiten müssen erschöpfend sein, es darf keine Antwortmöglichkeit geben, die nicht erfasst wird. Und sie müssen wechselseitig ausschließend sein, es muss also eindeutig klar sein, welche der angebotenen Antworten zutrifft. Diese zweite Bedingung bedeutet nicht, dass nur jeweils eine Antwort zutreffend sein darf, da je nach Frage auch Mehrfachantworten möglich sein können. Wenn ich Migranten aus der Türkei nach ihrer Staatsangehörigkeit frage und ‚deutsch‘ und ‚türkisch‘ als Antwortmöglichkeiten vorgebe, dann kann es sein, dass auf einige Informanten beide Antworten zutreffen, da sie zwei Staatsangehörigkeiten besitzen. Wichtig ist aber, dass die beiden Antwortmöglichkeiten klar voneinander abgegrenzt sein müssen. Wenn etwa in der Türkei nach ethnischer Zugehörigkeit gefragt wird und (unter anderem) die beiden Antwortkategorien ‚Kurt‘ (Kurde) und ‚Zaza‘ gegeben werden, so sind diese beiden Antworten nicht klar voneinander abgegrenzt, da oft – aber nicht immer – Zaza als eine Unterkategorie von Kurden verstanden wird. Für einen Zaza-Informanten wäre also nicht klar, ob er beide Antwortmöglichkeiten als auf sich zutreffend betrachten sollte oder nicht, und für den Interviewer ist nicht klar, ob der Informant ‚Zaza‘ und ‚Kurt‘ als exklusive Kategorien verstanden hat oder nicht.

5.4.5 Problematische Fragen

Manche Fragen werden schnell und ohne Vorbehalte beantwortet, anderen weicht man lieber aus. Leider sind die schwierigen Fragen oft gerade die, die uns besonders interessieren. Fragen nach Einkommen oder Besitz etwa, die der Feststellung von Schichtzugehörigkeit und ökonomischem Status dienen, wecken häufig Befürchtungen, die Steuerverwaltung könnte hinter der Befragung stehen oder sich zumindest die Ergebnisse nutzbar machen. Solche Befürchtungen sind nicht immer leicht zu zerstreuen, da man Fragebogenerhebungen ja bei vielen Informanten durchführt und gerade auch bei solchen, denen man nicht aus offenen Interviews oder teilnehmender Beobachtung gut bekannt und vertraut ist. Das Hantieren mit Fragebögen hat immer einen gewissen ,offiziellen' Charakter. Viele Informanten kennen Fragebögen viel-leicht nur aus staatlichen Zensuserhebungen, bei denen der Zusammenhang zwischen Wissen und Macht bzw. staatlicher Kontrolle unmittelbar auf der Hand liegt. Man denke nur an die Erregung, die die Volkszählungspläne 1987 in Deutschland hervorriefen. Gerade in Ländern mit weniger entwickeltem Datenschutz kann das Misstrauen groß und berechtigt sein. Für die Ergebnis-se der Erhebung kann sich Misstrauen verheerend auswirken, weil es in der Regel zu kreativen Verweigerungsstrategien führt, nämlich zu falschen oder irreführenden Angaben. Dies ist für das Ergebnis schlimmer als die direkte Weigerung zu antworten. Nicht gegebene Antworten kann man bei der Aus-wertung als solche behandeln. Falsche Angaben sind dagegen häufig nicht zu identifizieren. Man kann versuchen, ein gewisses Vertrauensverhältnis zu unbekannten Informanten aufzubauen, indem man sich über geeignete Mit-telspersonen einführen lässt. Das wird aber bei einer Zufallsstichprobe in den meisten Fällen unmöglich sein.

Andere Fragen werden vielleicht gerade dann nicht gerne beantwortet, wenn der Interviewer gut bekannt ist. Diese betreffen vor allem intime Lebensbereiche wie Sexualität. Fragen dazu werden manchmal als Bedrohung empfunden. Hier-bei ist zu beachten, dass es natürlich kulturell unterschiedlich sein kann, welche Fragen Intimes berühren und damit problematisch sind. Man kann solche Fra-gen mit einem Satz einleiten, um ihnen etwas von ihrem ,Bedrohungscharakter' zu nehmen. Ich halte jedoch nichts davon, derartige Fragen psychologisch be-sonders geschickt zu formulieren, um den Informanten eine Antwort zu entlok-ken, die sie eigentlich nicht geben wollen. Aus Gründen der Forschungsethik finde ich es besser, sich im Zweifelsfall mit ,keine Antwort' zufrieden zu geben.

In jedem Fall setzen beide Kategorien problematischer Fragen voraus, dass den Informanten verlässlich und nachvollziehbar Anonymität und Datenschutz zugesichert wird. Häufig ist es sinnvoll, dies in einer schriftlichen Erklärung zu tun – bei verschickten Fragebögen etwa in einem Begleitschreiben zum Fragebogen. Bei selbst ausgefüllten Fragebögen erfordert Anonymität, dass alle Angaben, die den Informanten identifizierbar machen, vom Hauptteil der Fragen klar getrennt werden.

Schließlich gibt es andere Fragen, die problematisch sind, obwohl sie we-der Intimes noch steuerlich Relevantes berühren. Sie betreffen Dinge, deren Quantität nicht genau bekannt ist. So kann in vielen Gesellschaften die Frage nach dem Alter schwierig sein, da die meisten Menschen nicht genau wissen, wann sie geboren wurden. Auch ein Blick in den Ausweis, falls vorhanden, hilft hier nicht unbedingt weiter, da auch er oftmals nur ein geschätztes Ge-burtsdatum enthält. Früher war es beispielsweise in der Türkei üblich, neuge-borene Kinder nur alle paar Jahre (und oft eben längere Zeit nach der Geburt) bei den Behörden anzumelden, mit der Konsequenz, dass die offizellen Daten nicht verlässlich sind. Ähnliche Probleme können sich beim Landbesitz ergeben. Auch hier sind häufig keine genauen Flächenmaße bekannt. Man kann dann versuchen, sich mit Ersatzmaßen zu behelfen, etwa mit der Arbeitszeit, die benötigt wird, um die Felder zu pflügen, oder mit der Menge des Saatgutes, das für die Aussaat erforderlich ist.

5.4.6 Übersetzungen und Pretests

In der Regel führen Ethnologen ihre Befragungen nicht in ihrer eigenen Muttersprache durch. Fragebögen und andere Erhebungsinstrumente werden meistens in der Sprache des Ethnologen erstellt und dann in die Sprache der Informanten übersetzt. Aber oft lassen sich Konzepte nicht direkt aus einer Sprache in eine andere übersetzen. Manchmal gibt es in der anderen Sprache kein Wort, dass einen bestimmten Begriff aus der Sprache des Forschers direkt wieder gibt. Homonyme oder Synonyme sind in den beiden Sprachen unterschiedlich, so dass auch dort, wo es direkte Entsprechungen gibt, das jeweilige semantische Feld differieren kann. Oft gibt es aber auch die zentralen Kategorien der Fragen nicht in der Sprache der Ethnologen, wenn es etwa um lokale, emische Konzepte geht. All das erfordert große Sorgfalt bei der Übersetzung von Fragebögen. Ethnologen sollten sich daher nicht auf die eigenen Kenntnisse der Sprache der Informanten verlassen, sondern die Übersetzung von Muttersprachlern oder sogar von ausgebildeten Übersetzern machen lassen. Manchmal ist es sinnvoll, mehrere Übersetzungen in Auftrag zu geben und miteinander abzugleichen. Viele Autoren schlagen vor, dass die Übersetzung wieder in die Sprache des Ethnologen zurück übersetzt wird, um eventuelle Bedeutungsverschiebungen erkennen zu können. Brislin (1986) fordert sogar einen doppelten Durchgang durch diesen Übersetzungskreislauf, um Probleme ausschließen zu können.

Die Schwierigkeit der Auswahl und Formulierung von Fragen sowie der Übersetzung macht es erforderlich, dass der Fragebogen an mehreren Informanten getestet wird, bevor man mit der eigentlichen Untersuchung beginnt. Erst wenn die Fragen tatsächlich Informanten gestellt werden, wird deutlich, wo Bedeutungen unklar sind, wo Fragen missverstanden werden können, wo Einheiten problematisch sind oder sonstige Schwierigkeiten auftauchen. Erst bei einem *Pretest* wird etwa offensichtlich, welche impliziten Vorannahmen in den Fragen stecken, die von den Informanten nicht geteilt werden. Nach dem Pretest muss der Fragebogen auf der Basis der gewonnenen Erfahrungen gründlich überarbeitet werden. Wichtig ist, dass die Testpersonen nicht aus dem Sample stammen dürfen, das letztendlich befragt werden soll.

5.5 Sampling

5.5.1 Wer soll befragt werden?

Will man eine Erhebung in einer kleinen Siedlung oder in einer Nomaden-
gruppe durchführen, die nur wenige Haushalte umfasst, dann kann man tatsächlich alle Mitglieder der Gruppe befragen. Sehr oft, bei fast allen Forschungen, die in Städten durchgeführt werden, ist das jedoch nicht der Fall.
Man kann nur einen Teil der Gruppenmitglieder interviewen. In der Regel
möchte man mit der Befragung aber zu Daten kommen, die nicht nur etwas
über die tatsächlich Befragten aussagen, sondern über die gesamte Gruppe.
Dies ist problematisch, weil man davon ausgehen kann, dass die Gruppe nicht
homogen ist. Wenn man Gruppenmitglieder A und B befragt hat, kann man
nicht schließen, dass C und D dieselben Antworten geben würden. Und wahrscheinlich haben schon A und B unterschiedliche Antworten gegeben. Das
Zauberwort heißt hier *Repräsentativität*: Die Stichprobe von Gruppenmitgliedern (das *Sample*), die befragt werden, soll repräsentativ für die gesamte Gruppe sein, so dass Aussagen, die über das jeweilige Sample gemacht
werden, mit großer Wahrscheinlichkeit auf die gesamte Gruppe zutreffen.

Wie wählt man ein repräsentatives Sample aus? Sampling ist in der Regel
eine schwierige Forschungsoperation. Eigentlich müsste man bereits die
Gesamtgruppe kennen, um eine Stichprobe mit beispielsweise der gleichen Al-
ters-, Geschlechts-, Einkommensstruktur ziehen zu können, wie sie in der Gesamtgruppe vorherrscht. Da das nicht der Fall ist (denn dann wäre die Erhebung ja
überflüssig), behilft man sich mit einem *Zufallssample*. ‚Zufall‘ heißt hier nicht,
dass die Informanten einfach zufällig ausgewählt werden, denn ‚zufällig‘ in diesem Sinne wäre gleichbedeutend mit ‚willkürlich‘ oder ‚beliebig‘. Zufall bedeutet, dass jedes Mitglied der Gesamtgruppe die selbe Chance haben muss,
ausgewählt werden zu können. Es darf also keine Faktoren geben, die bewirken,
dass bei einigen Gruppenmitgliedern eine größere Wahrscheinlichkeit besteht,
in das Sample aufgenommen zu werden, als bei anderen.

Um ein Zufallssample herstellen zu können, muss man durchaus etwas über
die Gesamtgruppe wissen, nämlich wer alles zur Gruppe gehört und in das
Sample fallen kann. Man braucht einen Rahmen, ein *Sampling frame*, aus
dem gewählt wird. Ein Sampling frame ist eine Liste, in der alle Mitglieder
einer Gruppe verzeichnet sind. Das kann ein Einwohnerregister oder ein Telefonbuch (Bernard 1995: 84) sein, wenn es um eine Studie in einer Stadt
oder einem Stadtteil geht oder etwa die Liste der Schüler einer Schule, wenn
diese Schülerschaft untersucht werden soll. Falls kein Sampling frame zu-

gänglich ist, muss man selbst einen Rahmen herstellen, etwa, in dem man einen Zensus aufnimmt. Da dies bei einer größeren Gruppe nahezu unmöglich ist, wird man in diesem Fall alle Kreativität daran setzen, doch ein bereits bestehendes Sampling frame zu verwenden.

Nur wenn man einen Rahmen für das Sampling hat, kann man überlegen, wie man vorgehen muss, um daraus eine Zufallsstichprobe auszuwählen. Da jedes Individuum des Sampling frames dieselbe Chance haben muss, ausgewählt werden zu können, hat es sich eingebürgert, mit Tabellen von Zufallszahlen vorzugehen. Eine solche Tabelle findet sich in Bernard (1995: 514ff.). Man nummeriert alle Individuen des Rahmens durch und muss festlegen, wie viele Individuen im Sample enthalten sein müssen (s. u.). Dann geht man die Zufallszahlen von einem beliebigen Einstieg aus der Reihe nach durch und wählt immer ein Individuum aus, wenn dessen Nummer in der Folge der Zufallszahlen vorkommt. Das macht man so lange, bis man so viele Individuen ausgewählt hat, wie das Sample enthalten soll.

Diese Methode ist bei sehr großen Sampling frames impraktikabel, da man nicht alle Mitglieder einer großen Gruppe durchnummerieren kann. Man kann sich dann mit einem *Sampling Intervall* behelfen. D. h. man beginnt mit einem zufällig ausgewählten Individuum in der Liste des Sampling frame und wählt jedes *n*-te Individuum in der Folge aus, wobei *n* für das Intervall, den ‚Abstand' zwischen den jeweils ausgewählten Individuen steht. Wenn man bei einer Gruppe von 10000 Individuen jedes 25. Individuum nimmt, bekommt man ein Sample von 400. Das Intervall ist demnach abhängig von der Größe des Rahmens und des gewünschten Samples. Beim Intervall Sampling muss man darauf achten, dass das Sample nicht durch eine mögliche Regelmäßigkeit der Gesamtgruppe beeinflusst wird. Angenommen, man will in einer großen Reihenhaussiedlung jeden zehnten Haushalt befragen, und die Siedlung ist so aufgebaut, dass jedes zehnte Haus ein Eckhaus mit großem Garten ist. Dann kann es passieren, dass das Sample entweder nur oder gar keine Eckhäuser enthält. Das Sample wäre also nicht repräsentativ. Wenn eine solche Periodizität erkennbar ist, muss man ein Sample-Intervall wählen, das nicht parallel zu dieser Regelmäßigkeit verläuft.

Falls man ein Sample aus einer Gruppe ziehen will, die nach einem bestimmten Kriterium (z. B. Migrationserfahrung) eine zahlenmäßig nicht sehr große, für Vergleichszwecke der Untersuchung aber wichtige Subpopulation enthält, dann kann es sinnvoll sein, für jede der Gruppe ein eigenes Zufallssample zu bilden. Angenommen, zehn Prozent einer Gesamtgruppe von 10000 sind Migranten und man möchte ein Sample von 400 bilden, dann kann man bei der Zufallsauswahl eines Gesamtsamples nicht unbedingt davon ausgehen, dass man darunter gerade 40 Migranten (= zehn Prozent) auswählt. Vielleicht enthält das Zufallssample nur 30 Migranten. In diesem Fall ist es besser, gleich zwei Samples zu bilden: eins mit 360 Nicht-Migranten und eins mit 40 Migranten. In diesem Fall hat man zwei proportionale Samples gebildet. Wenn eine Untergruppe, die man erfassen möchte, relativ zur Gesamtbevölkerung sehr klein ist, kann es auch sinnvoll sein, nicht-proportionale Samples zu bilden. Man wählt dann im Vergleich zur Hauptgruppe überproportional viele Angehörige der Untergruppe aus, um zu gewährleisten, dass die Untergruppe im Sample ausreichend vertreten ist.

Falls kein praktikabler Sampling frame zur Verfügung steht, da die zu untersuchende Gruppe zu groß und zu unübersichtlich ist, kann man sich mit *Cluster Samples* behelfen. Bei einer Stadtforschung unterteilt man etwa die Stadt in Stadtteile, Nachbarschaften oder Häuserblocks (die *Cluster*), unter denen man ein Zufallssample auswählt. In diesen zufällig ausgewählten Clustern kann dann jeweils ein repräsentatives Sample erstellt werden.

5.5.2 Wie groß soll ein Sample sein?

Wir wissen nun, wie man Samples auswählen kann, aber das beantwortet noch nicht die Frage danach, wie groß ein Sample zum Zweck der Untersuchung sein soll. Die notwendige Größe des Samples ist eine Funktion seiner Heterogenität. Wenn alle Individuen in einer Stadt mit einer Million Einwohner völlig identisch wären, dann bräuchte man nur eine Person zu befragen, um Informationen über alle Bewohner zu haben. Derartige extreme Homogenität ist aber bei unseren Untersuchungsgegenständen nicht vorhanden. Da im Voraus nicht bekannt ist, wie homogen oder heterogen eine Gruppe ist, geht man auf Nummer sicher, indem man ihre größtmögliche Heterogenität annimmt. Die Größe des erforderlichen Samples wächst mit der Größe der Gesamtgruppe, über die etwas ausgesagt werden soll. Allerdings wächst die Größe des Samples nicht proportional zur Gesamtgruppe. Im Gegenteil: Für kleine Gesamtgruppen ist ein relativ großes Sample erforderlich, für große Gesamtgruppen aber nur ein relativ kleines Sample. Die Größe des erforderlichen Samples hängt dabei auch von der gewünschten Wahrscheinlichkeit ab, dass das Sample tatsächlich die Gesamtgruppe repräsentiert, d.h. dass die Verteilung eines bestimmten Merkmals im Sample tatsächlich der Verteilung desselben Merkmals in der Gesamtgruppe entspricht. Bernard gibt an, dass bei 95% Wahrscheinlichkeit, dass das Sample der Gesamtgruppe entspricht, bei einer Gesamtgruppe von 50 ein Sample von 44 erforderlich ist, bei einer Gesamtgruppe von 1 000 000 ein Sample von 384 (Bernard 1995: 79, Tabelle 4.3). Mathematisch Interessierte finden bei Bernard auch die Formel, mit der die Samplegröße berechnet werden kann (ibid., 78).

5.6 Erhebungswege

Wie werden die Fragen den Informanten bzw. dem ausgewählten Sample nun tatsächlich gestellt? Grundsätzlich können über die verwendeten Kommunikationswege drei Arten der Befragung unterschieden werden: a) mündliche Befragung durch den Interviewer; b) telefonische Befragung durch Interviewer; c) schriftliche Befragung, bei der die Informanten einen vorliegenden Fragebogen selbst ausfüllen. Für alle Erhebungsarten gilt, dass die Erhebung in einem möglichst kurzen Zeitraum durchgeführt werden sollte, um zu vermeiden, dass Ereignisse eintreten, die das Antwortverhalten der später Interviewten entscheidend beeinflussen.

5.6.1 Direkte mündliche Befragung

In vielen Fällen ergibt sich die Erhebungsweise schon aus der Art und dem Ort der Forschung.

In vielen Gebieten, in denen Ethnologen klassischerweise ihre Feldforschungen durchführen, sind andere Erhebungsweisen als die direkte mündliche Befragung durch einen Interviewer nicht möglich. Eine telefonische Befragung scheidet vielleicht aus, weil Telefonieren dort eine eher außergewöhnliche Kommunikationsform ist oder weil überhaupt nur wenige Menschen an ein Telefonnetz (soweit vorhanden) angeschlossen sind. Eine schriftliche Befragung ist vielleicht nicht möglich, weil viele der Informanten des Lesens und Schreibens nicht kundig sind.

Mündliche Interviews sind in der Regel zeitaufwändig. Das gilt nicht nur, wenn der Fragebogen sehr umfangreich ist, sondern auch weil man in der Regel nicht mit einem Fragebogen ,ins Haus fallen' und gleich wieder verschwinden kann, wenn alle Fragen abgehakt sind. Die mündliche Befragung ist in der Regel in einen ,Besuch' eingebettet, und ein ,Besuch' kann je nach kulturellem Kontext ein relativ lang andauerndes Ereignis sein. Bevor man zum Fragebogen kommt, muss man vielleicht verschiedene Begrüßungsrituale absolvieren und ausführlich ,Smalltalk' führen – wobei *small* ein sehr irreführendes Adjektiv sein kann. Oft erfordert ein Besuch, dass der Besuchte, der sich dann als Gastgeber versteht, dem Besucher und Gast etwas zu Essen oder zu Trinken anbietet, was der Interviewer als Gast wiederum nicht ablehnen darf. Es kann also länger dauern, bis man überhaupt dazu kommt, den Fragebogen hervorzuholen. Und wenn er denn abgearbeitet ist, dann müssen vielleicht analog zur Ankunft diverse Abschiedsformalitäten eingehalten werden. Diese *kommunikative Einbettung* einer Befragung muss kein Nachteil sein, da man auch beim Gespräch vor und nach dem Interview zahlreiche Informationen erhalten kann.

In einem solchen Kontext kann man also nicht davon ausgehen, dass ein Interview nur so viel Zeit erfordert, wie man etwa für das testweise Durchgehen der Fragen mit einem Probeinformanten benötig. Unter Umständen kann man sich glücklich schätzen, wenn man pro Tag auch nur zwei Interviews durchführen kann. Wenn man als Ethnologe für die Feldforschung ein Jahr Zeit hat, aber nicht das ganze Jahr mit standardisierten Interviews verbringen möchte, kann man sich ausrechnen, dass ein einzelner Forscher auf diese Art nicht sehr viele Personen befragen kann.

Hier ist der Einsatz von Forschungsassistenten sinnvoll. Wenn man einen Antrag auf Forschungsmittel stellt, sollte man gleich überlegen, welche Befragungen geplant sind, und ob es sinnvoll ist, Mittel für Assistenten zu beantragen. Wenn man Assistenten engagiert, muss man sie jedoch sehr gründlich auf ihre Aufgabe vorbereiten. Sie müssen beispielsweise die Fragen so gut verstehen, dass sie sie auf Nachfrage dem Interviewten erläutern können. Auch dürfen sie die Frage nicht auf eine suggestive Art und Weise stellen, die den Informanten schon eine Antwort in den Mund legt. In der Regel ist es sinnvoll, dass man nach einer theoretischen Anleitung mehrere Interviews gemeinsam mit den Assistenten durchführt, ihr Frageverhalten beobachtet und nach der Interviewsituation mit ihnen bespricht und korrigiert. Axinn et al. (1991) gehen ausführlicher auf das Training von Interviewern ein.

5.6.2 Telefonische Befragung

Telefonische Befragungen assoziiert man eher mit Wahl- oder Marktforschung, aber sie kann auch in der Ethnologie sinnvoll sein. Das ist der Fall, wenn einerseits Telefone weit genug verbreitet sind, so dass man seine Informanten tatsächlich telefonisch erreichen kann, und wenn andererseits die Informanten so weit verstreut leben, dass man sie gar nicht alle zu einem Interview aufsuchen kann.

Telefonische Interviews lassen sich oft schneller erledigen als Interviews im direkten Gespräch, da man am Telefon häufig direkter ‚zur Sache‘ kommen kann und die sonst vielleicht obligatorische Tasse Kaffee beim Gespräch ausfällt. Gleichzeitig ist die Atmosphäre häufig unverbindlicher. Das kann eine gewisse Anonymität herstellen, in der sich manche Dinge leichter fragen und beantworten lassen als im persönlichen Gespräch. Genauso wie im persönlichen Gespräch sind auch beim Telefoninterview Nachfragen durch die Informanten möglich, Unklarheiten können also ausgeräumt werden. Eine Schwierigkeit bei Telefoninterviews besteht darin, überhaupt die Telefonnummern herauszufinden. Selbst in Deutschland, wo CD-ROMs oder Internetabfragen zur Verfügung stehen, ist das nicht immer leicht.

5.6.3 Schriftliche Befragung

Bei der schriftlichen Befragung wird dem Befragten der Fragebogen übergeben, den er dann selbständig, ohne Beteiligung eines Interviewers ausfüllt. Das hat einige Nachteile. Nachfragen sind nicht möglich, der Interviewte interpretiert den Fragebogen auf seine Art, und diese Interpretation kann von dem, der die Fragebögen erstellt und verteilt hat, nicht nachvollzogen werden. Man weiß also nicht, ob die Fragen ‚richtig‘ verstanden wurden. Der Forscher kann die Art des Verständnisses nicht aus Nebeninformationen, wie sie im Gespräch selbstverständlich sind, schließen. Diese Schwierigkeit erfordert besondere Sorgfalt bei der Erstellung von Fragebögen. Fragen müssen besonders einfach und eindeutig formuliert werden. Ein schriftlicher Fragebogen muss außerdem von einem Anschreiben begleitet werden, das Sinn und Zweck der Befragung erläutert, Datenschutz und Anonymität zusichert und auch eine Kontaktadresse für die Informanten nennt, falls sie doch weitergehende Fragen haben.

Schriftliche Befragungen sind in der Marktforschung sehr üblich. In der Ethnologie können sie dann sinnvoll sein, wenn man ein großes Sample befragen möchte und dazu die Möglichkeiten direkter oder telefonischer Befragung nicht ausreichen. Häufig wird eine schriftliche Befragung per Post durchgeführt. Dies ist sinnvoll, da man dann kontrollieren kann, wer einen Fragebogen erhält und wer nicht. Natürlich kann man Fragebögen auch selbst verteilen oder in einem Schneeballsystem verteilen lassen. Dann fehlt aber die Kontrolle über ihre Verteilung und es ist entsprechend schwieriger, die Aussagekraft der Ergebnisse einzuschätzen.

Der postalische Versand von Fragebögen setzt zwei wichtige Ressourcen voraus. Dies sind einerseits die Adressen der Informanten und andererseits ausreichende Mittel für Porto, Rückporto und eventuell notwendige Erinnerungsschreiben. Aufgrund des gestiegenen Bewusstseins für Datenschutz ist es allgemein schwieriger, Adressen zu bekommen. Für allgemeine, repräsentative Surveys kann man sich mit dem Telefonbuch behelfen und nach einer Zufallsmethode Adressen heraussuchen. Dies hilft aber nicht weiter, wenn man ein bestimmtes Segment einer Bevölkerung befragen will. Hier muss man versuchen, über Einrichtungen oder Vereine, mit denen diese Gruppe zu tun hat, weiter zu kommen. Während ich diesen Beitrag schreibe, bereite ich eine postalische Erhebung unter den Mitgliedern alevitischer Vereine in Hamburg vor. Um die Adressen zu bekommen, bin ich auf die Kooperation dieser Vereine angewiesen. Diese Kooperation ist nur möglich, wo ein größeres Vertrauen aufgrund guter Kontakte besteht. Die Nutzung derartiger Mittlerinstitutionen schränkt natürlich die Gültigkeit der Ergebnisse ein. So bekomme ich mit meiner Erhebung keine Informationen über Aleviten in Hamburg, sondern lediglich über die Mitglieder alevitischer Vereine in Hamburg. Dies ist ein wichtiger Unterschied, da vermutlich nur solche Aleviten Mitglieder eines Vereins werden, für die es eine relativ große Bedeutung hat, Alevit zu sein. Es ist anzunehmen, dass sie viele Fragen anders beantworten als solche Aleviten, denen das Alevitentum nicht viel bedeutet.

Eine Schwierigkeit bei postalischen Befragungen besteht darin, dass die Antwortquote in der Regel geringer ist als in der persönlichen oder telefonischen Interviewsituation. Man wirft eben leichter einen Fragebogen ins Altpapier, als dass man ein Interview ablehnt, wenn man direkt angesprochen wird. Tipps, wie sich die Antwortquote bei postalischen Befragungen erhöhen lässt, finden sich bei Dillman (1978, 1983).

5.7 Auswertung

Wir haben nun also einen Fragebogen erstellt, ein Sample ausgewählt und die Befragung durchgeführt. Die ausgefüllten Fragebögen stapeln sich im Zelt neben dem Schlafsack des Forschers oder auf dem heimischen Schreibtisch. Was fängt man damit nun an?

Das Thema dieses Bandes ist die Datenerhebung. Verfahren zur Datenauswertung würden ein eigenes Buch füllen. Da es aber unbefriedigend wäre, auf die Auswertung der erhobene Daten überhaupt nicht einzugehen, sollen hier wenigstens einige einführende Informationen gegeben werden. Zum weitergehenden Studium verweise ich auf den Beitrag von Handwerker und Borgatti (2000), der auch zahlreiche weiterführende Literaturangaben enthält.

Die Auswertung der erhobenen Daten geschieht heute in der Regel mit entsprechenden Computerprogrammen, wie z.B. dem Statistical Package for the Social Sciences (SPSS). Das befreit den Forscher davon, selbst komplizierte Rechnungen durchzuführen. Die sinnvolle Benutzung derartiger Programme setzt aber Statistikkenntnisse voraus, damit man die Operationen des Programms nachvollziehen kann und weiß, welche Operationen mit welchen Daten sinnvoll durchgeführt werden können. An dieser Stelle kann ich keinen Crashkurs in Statistik geben, nur einige Grundbegriffe sollen vermittelt werden. Eine gute Einführung in die Statistik, die gleichzeitig die Arbeit mit SPSS vorstellt, bieten Diehl und Staufenbiel (2001).

5.7.1 Typen von Variablen

Mit den Fragen eines Fragebogens werden verschiedene *Variablen* erhoben. Diese Variablen können sehr unterschiedlichen Charakter haben. *Dichotome Variablen* können lediglich zwei Zustände annehmen. So wird in zahlreichen Gesellschaften die Variable ‚Geschlecht‘ entweder die Ausprägung ‚weiblich‘ oder ‚männlich‘ haben. Dichotom sind auch alle Variablen, die mit einer Ja/Nein-Frage erhoben werden. Dichotome Variablen sind gleichzeitig *nominale Variablen*. Sie erfassen Eigenschaften, die an sich keine Quantitäten wieder geben. Männlich ist nicht mehr als weiblich. Nominale Variablen sind nicht immer dichotom, die Variablen können auch mehr Zustände annehmen können. Betrachten wir die Variable ‚Familienstand‘ mit vier Ausprägungen: ledig, verheiratet, geschieden, verwitwet. Diese Variable ist *polytom*. Nominale Variablen geben Qualitäten wieder und sind dadurch charakterisiert, dass man lediglich die Häufigkeit ihrer Zustände feststellen, aber keine weitergehenden Rechenoperationen mit ihnen durchführen kann. So kann man auszählen, wieviele Informanten ledig oder verwitwet sind, es ist aber unmöglich, etwa einen Mittelwert der Ausprägungen angeben. Das Gleiche gilt für *ordinale* Variablen, die Rangfolgen erfassen, wie etwa der Schulabschluss oder der soziale Status. Hier ist zwar ein ‚mehr‘ oder ‚weniger‘ impliziert, das Abitur gilt eben ‚mehr‘ als ein Hauptschulabschluss. Aber auch hier können weder Mittelwerte gebildet noch der Abstand zwischen zwei Merkmalsausprägungen quantifiziert werden.

Dies ist bei *numerischen* Variablen anders, die tatsächlich Quantitäten angeben. Das Alter oder die Haushaltsgröße sind numerische Variablen, die keine Eigenschaften erfassen, sondern Mengen und daher Rechenoperationen erlauben. Numerische Variablen können eine diskrete Ausprägung haben und nur ganzzahlige Ergebnisse liefern, wie etwa die Zahl der Kinder in einem Haushalt. Oder sie sind kontinuierlich und können im Prinzip jede Zahl annehmen, was beispielsweise für die Größe von Landbesitz oder das Gewicht der Ernte zutrifft.

5.7.2 Die Codierung der Daten

Bevor quantitativ erhobene Daten ausgewertet werden können, muss man sie *codieren*. Dabei wird jeder möglichen Merkmalsausprägung einer Variablen ein Code zugeordnet, in der Regel eine Zahl. Die Codierung wird in einem Codebuch festgehalten, damit auch im Nachhinein die Bedeutung der Codes wieder expliziert werden kann. Für die Variable ‚Familienstand‘ kann etwa festgelegt werden: ledig = 1; verheiratet = 2; geschieden = 3; verwitwet = 4.

In der Datentabelle werden dann nur noch die entsprechenden Codes notiert. Man darf sich dabei nicht durch die Tatsache verwirren lassen, dass auch Nominalvariablen mit Ziffern ausgedrückt werden. Mit diesen Ziffern kann nicht gerechnet werden! Um das zu verhindern, muss im Codebuch unbedingt festgehalten werden, welchem Typ die jeweilige Variable enstpricht, d. h. ob es sich um eine nominale, ordinale oder numerische Variable handelt. Neben der exakten Beschreibung einer Variablen mit den möglichen Merkmalsausprägungen und dem Typus enthält ein Codebuch normalerweise auch die laufende Nummer der Variablen (die meistens der Nummer der Frage im Fragebogen entspricht) sowie eine Abkürzung als Namen der Variablen.

Im Abschnitt über die Konstruktion von Fragebögen wurde zwischen offenen und geschlossenen Fragen unterschieden. Geschlossene Fragen, bei denen die Antwortkategorien (die vollständig und disjunkt sein müssen) schon vorgegeben sind, erleichtern die Codierung. Man kann gleich auf dem Fragebogen hinter jedem Kästchen zum Ankreuzen den zugeordneten Code angeben. Die Codierung offener Fragen ist schwieriger. Sie kann erst *nach* der Befragung vorgenommen werden, da vorher gar nicht bekannt ist, welche Antworten vorkommen werden. In diesem Fall müssen aus den Antworten sinnvolle Kategorien gebildet werden, denen man dann die Codes zuordnet.

Numerische Daten müssen nicht notwendigerweise codiert werden. Bei der Variable ‚Alter' kann einfach das Alter als Anzahl der Lebensjahre in die Datentabelle eingetragen werden. Es ist aber unbedingt erforderlich, dass die Einheit im Codebuch festgehalten wird, also etwa, dass das Alter in Jahren angegeben wird. Es kann auch sein, dass man numerische Daten nicht als solche weiterverarbeiten will, sondern dass sie in Gruppen zusammen gefasst werden. So ist es vielleicht sinnvoll, die Variable ‚Einkommen' nicht in absoluten Zahlen festzuhalten, sondern in Tausendergruppen, etwa ‚bis 1000 €', ‚1001 bis 2000 €', ‚2001 bis 3000 €' und so weiter. Dann wird jeder Gruppe ein Code zugeordnet. In solchen Fällen muss man sich überlegen, ob gleich bei der Datenerhebung nur danach gefragt werden soll, in welche Gruppe das Einkommen der Informanten fällt, oder ob das exakte Einkommen erhoben wird und man erst im Nachhinein Gruppen bildet. Dabei ist es wichtig zu beachten, dass Daten, die nur in Gruppen erhoben werden, nicht wieder in exakte Angaben zurückverwandelt werden können, auch wenn das zu einem späteren Zeitpunkt der Analyse sinnvoll wird. Man hält sich also mehr Möglichkeiten der Analyse offen, wenn Daten erst nachträglich in Gruppen zusammengefasst und codiert werden.

Häufig liegen nicht von allen Informanten Daten zu allen Variablen vor, etwa weil ein Informant eine Frage nicht beantworten kann oder will. Derartige *fehlenden Daten* werden gesondert codiert, damit sie bei der Analyse als solche erkannt und behandelt werden können.

5.7.3 Die Datentabelle

Die codierten Daten können nun in eine *Datentabelle* oder *Matrix* eingetragen werden. Die Datentabelle ist so organisiert, dass alle Angaben zu einem Informanten sich in einer Zeile befinden. Diese Daten bilden einen *Datensatz*. Wenn man hundert Interviews geführt hat, liegen also hundert Datensätze vor. Die Variablen sind in Spalten angeordnet. Auch Statistikprogramme wie SPSS arbeiten mit solchen Datentabellen. Dabei müssen die Spalten jeweils für die entsprechende Variable eingerichtet werden. Der Spalte wird der Name der Variable zugeordnet, die Art der Variablen und ihre Codierung werden angeben. Die erste Spalte der Datenmatrix enthält normalerweise die laufende Nummer des Datensatzes (d. h. die Nummer des Informanten). Daran schließen sich Spalten zu allen Variablen an.

Mit Statistikprogrammen ist es kein Problem, auch große Datentabellen zu verwalten – und Datentabellen werden sehr schnell sehr groß. Wenn man hundert Informanten befragt hat und von jedem Informanten sechzig Variablen erhoben hat, dann umfasst die Matrix schon 6000 Felder.

Die Eingabe der Daten ist eine ermüdende Tätigkeit, besonders bei zahlreichen und großen Datensätzen. Umso wichtiger ist es, dass die Dateneingabe mit großer Sorgfalt geschieht, denn Fehler bei der Dateneingabe gehören zu den häufigsten Fehlerquellen bei der Auswertung. Es ist daher wichtig, die Daten nach der Eingabe noch einmal zu überprüfen.

5.7.4 Univariate Statistik

Die quantitative Auswertung von Daten lässt sich in zwei große Bereiche unterteilen. Der erste betrifft die jeweils einzelnen Variablen und beschreibt die für sie erhobenen Daten. Da jede Variable für sich betrachtet wird, spricht man von *univariater* oder auch von *deskriptiver* Statistik. Der zweite Bereich betrifft die Analyse von Relationen zwischen verschiedenen Variablen, mit denen spezifische Hypothesen getestet werden. Ich gehe in diesem Beitrag lediglich auf die univariate Statistik ein.

Drei Bereiche univariater Statistik können unterschieden werden: Häufigkeitsverteilung, zentrale Tendenz und Streuung. Zur Feststellung der *Häufigkeitsverteilung* wird errechnet, wie oft jede Merkmalsausprägung einer Variablen
im Sample vorkommt. Dazu legt man eine Häufigkeitstabelle an, in der die
Häufigkeit jedes Zustandes normalerweise sowohl in absoluten Zahlen als
auch in Prozenten angegeben wird. Oft werden zusätzlich zu den Angaben zu
den einzelnen Merkmalsausprägungen auch jeweils die kumulierten Angaben (meist in Prozenten) errechnet, damit man auf einen Blick die gemeinsame Häufigkeit mehrerer Merkmalsausprägungen sehen kann. So kann man in
der folgenden Tabelle der Anzahl von Kindern in einem Haushalt auf einen
Blick erkennen, dass in 65,7% der Haushalte höchstens zwei Kinder leben.
Konventionell wird zu der Tabelle die Größe des Samples (n) angegeben.

Häufigkeitstabelle: Zahl der Kinder im Haushalt

Zahl der Kinder	Häufigkeit	Prozent	kumulierte Prozente
0	5	14,3	14,3
1	7	20,0	34,3
2	11	31,4	65,7
3	8	22,9	88,6
4	3	8,6	97,1
5	1	2,9	100,0

n = 35

Maße der zentralen Tendenz geben die *Mittelwerte* an. Das *arithmetische Mittel*
ist sicherlich das bekannteste Maß der zentralen Tendenz, es errechnet sich
aus der Summe der erhobenen Werte geteilt durch die Anzahl der Fälle. Im
Fall der Anzahl der Kinder im Haushalt ergibt sich so ein arithmetisches Mittel von zwei Kindern. Das arithmetische Mittel kann nur für numerische Variablen errechnet werden. Ein weiteres Maß ist der *Median*. Der Median unterteilt die erhobenen Werte so, dass er genau in der Mitte liegt, d.h. die eine
Hälfte der aufgetretenen Werte liegt ‚vor' dem Median, die andere Hälfte
folgt ‚nach' dem Median. Ein weiteres Maß der zentralen Tendenz ist der
Modus oder *Modalwert*. Er ist der im Sample am häufigsten vorkommende
Wert. Es können bei einer Messung auch mehrere Modi vorkommen, wenn
mehrere Werte gleich häufig gemessen werden.

Mit der Angabe von Mittelwerten allein ist ein Sample unvollständig beschrieben. Darauf weist ein alter Statistikerwitz hin: Ein Statistiker hat die rechte
Hand im Eisfach und die linke auf einer heißen Herdplatte. Er kommentiert:
‚Im Mittelwert eine angenehme Temperatur!' *Maße der Streuung* liefern Informationen über die Verteilung der Werte in einem Sample. Hier ist zunächst

die *Spannweite* zu nennen, die sich aus der Differenz zwischen dem größten und dem kleinsten gemessenen Wert ergibt. In die Spannweite gehen nur zwei der gemessenen Werte ein, die *Standardabweichung* berücksichtigt dagegen alle Werte. Sie errechnet sich, indem man die Wurzel aus der durchschnittlichen quadrierten Abweichung vom Mittelwert bildet. Die Standardabweichung ist ein Maß für die Homogenität oder Heterogenität der Meßwerte: Werden nur identische Werte gemessen, ist die Standardabweichung null.

Mit Häufigkeiten, Maßen der zentralen Tendenz und Maßen der Streuung lassen sich die Erhebungsergebnisse zu den einzelnen Variablen beschreiben. Wichtig ist, dass es hier immer nur um einzelne Variablen geht, nicht um Beziehungen und Zusammenhängen zwischen mehreren Variablen.

5.8 Schluss

Quantitative Methoden werden mehr mit Soziologie assoziiert als mit Ethnologie. Dass auch die Ethnologie ohne Quantifizierung nicht auskommt, hat dieser Beitrag gezeigt. Die Verfahren, die Soziologen und Ethnologen bei quantitativen Erhebungen anwenden, sind identisch. Aber es gibt trotzdem Unterschiede: Da Ethnologen häufiger in anderskulturellen Kontexten arbeiten, müssen sie bei der Erstellung von Fragebögen, bei der Auswahl von Kategorien und der Formulierung der Fragen noch größere Sorgfalt walten lassen als die Kollegen aus der Soziologie. Und schließlich kommt in der Ethnologie etwas kaum vor, was in der Soziologie recht häufig ist: dass eine Forschung allein mit quantitativen Daten operiert. Man mag das – etwa aus der Perspektive der empirischen Sozialforschung – für einen Mangel an Exaktheit halten, tatsächlich drückt sich darin aber die Erkenntnis aus, dass sich nicht alle Aspekte menschlicher Lebenswelten sinnvoll in Zahlen erfassen lassen. Ethnologische Forschung wird daher nie ohne eine Kombination verschiedener Erhebungsmethoden auskommen.

5.9 Literatur

Axinn, William G.; Thomas E. Fricke; Arland Thornton
1991   The Microdemographic Community-Study Approach. In: Sociological Methods & Research 20: 187–217.

Bernard, H. Russel
1995   Research Methods in Anthropology. Walnut Creek.

Brislin, R. W.
1986   The Wording and Translation of Research Instruments. In: Lonner, W. J.; J. W.
               Berry (Hg.): Field Methods in Cross-cultural Research: 137–164. Thousand
               Oaks.

Diehl, Joerg M.; Thomas Staufenbiel
2001   Statistik mit SPSS. Eschborn.

Dillman, D. A.
1978   Mail and Telephone Surveys: The Total Design Method. New York.
1983   Mail and Other Self-administered Questionnaires. In: Rossi, P. H.; J. D. Wright;
               A. B. Anderson (Hg.): Handbook of Survey Research. New York, Academic
               Press: 359–378.

Evans-Pritchard, Edgar Evan
[1940] 1969   The Nuer. Oxford.

Handwerker, W. Penn; Stephen P. Borgatti
2000   Reasoning with Numbers. In: Bernard, H. Russel (Hg.): Handbook of Methods
               in Cultural Anthropology: 549–594. Walnut Creek.

Headland, Thomas N.; Kenneth L. Pike; Marvin Harris (Hg.)
1990   Emics and Etics. The Insider/Outsider Debate. Newbury Park.

Schweizer, Thomas
2000   Epistemology. The Nature and Validation of Anthropological Knowledge. In:
               Bernard, H. Russel (Hg.): Handbook of Methods in Cultural Anthropology:
               39–87. Walnut Creek.

Sobo, Elisa J.; Victor C. De Munck
1998   The Forest of Methods. In: De Munck, Victor C.; Elisa J. Sobo (Hg.): Using
               Methods in the Field. A Practical Introduction and Casebook: 13–37. Walnut
               Creek.

Weller, Susan C.
1998   Structured Interviewing and Questionnaire Construction. In: Bernard, H. Russel
               (Hg.): Handbook of Methods in Cultural Anthropology: 365–409. Walnut Creek.

Bettina Beer

6. Systematische Beobachtung

6.1 *Was ist systematische Beobachtung?* 119
6.2 *Beobachtungsverfahren* 121
6.3 *Wann ist Beobachtung sinnvoll?* 125
6.4 *Planung und Durchführung systematischer Beobachtungen* 129
6.5 *Probleme, Grenzen und Nachteile* 138
6.6 *Zitierte Literatur* 140

6.1 Was ist systematische Beobachtung?

Systematische Beobachtung ist die *an einer konkreten Fragestellung orientierte, vorher geplante und sorgfältig dokumentierte Wahrnehmung mit allen Sinnen.* Der Unterschied zwischen alltäglichen und wissenschaftlichen Beobachtungen besteht darin, dass wissenschaftliche Beobachtungen gezielt eingesetzt, kontrolliert und dokumentiert werden. Häufig wird Beobachtung nur mit der visuellen Aufnahme von Informationen gleichgesetzt und dem Bereich des Sprachlichen und damit akustisch Aufgenommenen gegenübergestellt. Das Mithören sprachlicher Äußerungen kann jedoch ebenfalls wichtiger Teil einer Beobachtungssituation sein. Allerdings wird Sprechen dann als Verhalten unter anderen Verhaltensweisen aufgenommen und nicht wie in Gesprächen und Befragungen (siehe dazu die Beiträge von Judith Schlehe und Martin Sökefeld) als Antwort auf Fragen des Ethnologen genutzt. Im Allgemeinen gehen bei der teilnehmenden Beobachtung dagegen Mithören, Unterhaltungen, Fragen, Beobachtungen und das Sammeln gezielter Informationen ineinander über. In der Feldforschung werden, je nach theoretischer Ausrichtung und Fragestellung, beide methodischen Schwerpunkte miteinander kombiniert, wenn auch unterschiedlich gewichtet: zum einen sprachliche und zum anderen stärker an beobachtbarem Verhalten orientierte Datenerhebungen.

Was beobachten Ethnologen? Spontan würde man antworten: *Verhalten,* also das, was Menschen tun. Bei einigem Nachdenken wird jedoch deutlich, dass wir auch die Ergebnisse von Verhalten und *Verhaltensspuren* beobachten. Wir nehmen wahr, welche Kleidung Menschen tragen, wie ihre Häuser aussehen, welche Gegenstände sie anfertigen. Ethnologen schließen beispielsweise auch aus Abfällen auf früheres Verhalten von Menschen. Zu diesen indirekten Methoden später mehr.

Bei der ethnologischen Feldforschung spielt die *teilnehmende Beobachtung* im Allgemeinen die wichtigste Rolle (siehe Kapitel 2). Häufig wird dieser Begriff in der Öffentlichkeit oder in Nachbardisziplinen sogar synonym für Ethnographie und ethnologische Feldforschung überhaupt benutzt, was jedoch aus Gründen der Eindeutigkeit vermieden werden sollte. Die systematische Beobachtung wird im Vergleich zur teilnehmenden Beobachtung meist eher am Rande diskutiert, obwohl Ethnologen sie ebenfalls, wenn auch seltener, als Feldforschungsverfahren einsetzen.

Auf Beobachtung beruhende Methoden können zur Kontrolle der stärker sprachlich ausgerichteten Verfahren (Interviews, Unterhaltungen, Erhebung von Texten) dienen. Gerade die Kombination von Beobachtung und Befragung macht Unterschiede zwischen dem Ideal (wie es von Informanten formuliert wird) und der Wirklichkeit, dem tatsächlichen Verhalten, deutlich. Teilnehmende und systematische Beobachtung werden in diesem Band gesondert dargestellt, in der Feldforschungssituation ergänzen sie sich jedoch und können in jeweils unterschiedlichen Phasen zum Einsatz kommen.

In den Sozialwissenschaften liegt die Betonung stärker als in der Ethnologie auf der Befragung. Andreas Diekmann (2001: 371–373) hat die Jahrgänge zwischen 1988 und 1993 der drei wichtigsten deutschen soziologischen Zeitschriften ausgewertet. Es waren 184 Artikel mit Ergebnissen empirischer Untersuchungen. Davon beruhten die meisten auf Befragungen (164), dagegen basierten nur 15 auf Beobachtungen, 26 auf Inhaltsanalysen und 30 auf amtlichen Daten. Eric Wolf sieht gerade die Betonung der Beobachtung als eine Stärke der Ethnologie, die sie von ihren „mächtigeren" Nachbarfächern wie Soziologie, Politologie und Psychologie unterscheidet. Er schreibt:

„Wir sind heute eine der wenigen übrig gebliebenen beobachtungsorientierten Disziplinen. Beobachtung erlaubt es uns, zwischen Normen und Verhalten zu unterscheiden und deren Beziehung zu problematisieren. Das macht uns professionell misstrauisch gegenüber nomothetischen [auf Gesetzmäßigkeiten zielenden] Abstraktionen dessen, was Menschen tun, egal, ob diese von Informanten oder Sozialwissenschaftlern geltend gemacht werden oder ob sie für alle Menschen überall behauptet werden. Die Bakweri oder Melpa zu untersuchen, hat uns gegenüber wohlgemeinten generalisierenden Schemata, die nicht auf spezifizierten Bevölkerungen in definierten Umständen beruhen, vorsichtig gemacht. Viel wahrscheinlicher sind wir deshalb Kritiker als Architekten der großen Theorien." (Wolf 2001: 79, Übersetzung u. Anmerkung der Verfasserin)

6.2 Beobachtungsverfahren

Beobachtung kann mehr oder weniger ausgeprägt *teilnehmend* oder in unterschiedlichem Maße *systematisiert* sein. Bei beiden Dimensionen handelt es sich um ein Kontinuum, um ein Mehr oder Weniger. Die systematische Beobachtung eröffnet wiederum verschiedene Möglichkeiten, von denen vier in der folgenden Tabelle hervorgehoben sind. Diese Möglichkeiten bewegen sich zwischen den Dimensionen *offen – verdeckt* und *direkt – indirekt*. Der Gegensatz offen – verdeckt bezieht sich darauf, inwieweit alle beobachteten Personen Kenntnis von der Anwesenheit und/oder den Motiven der Beobachter haben. Der Gegensatz direkt – indirekt bezieht sich darauf, ob Verhalten oder nur dessen Spuren bzw. Auswirkungen beobachtet werden (etwa entstandene Abfälle, angefertigte Gegenstände, bepflanzte Felder etc.). Der Vorteil von verdeckten und/oder indirekten Beobachtungen liegt darin, dass sie weniger *reaktiv* sind als Beobachtungen, bei denen der Forscher sich zu erkennen gibt. *Reaktiv* bedeutet, dass die Untersuchten den Wissenschaftler wahrnehmen, auf ihn reagieren und damit eventuell ihr Verhalten verändern. Den Wert nicht-reaktiver Verfahren für die Sozialwissenschaften haben Webb, Campbell, Schwartz und Sechrest (1968) zu Recht betont. Diese Datengewinnungsverfahren haben jedoch auch Nachteile, vor allem bringen sie ethische Probleme mit sich. Aus den vier Dimensionen der Beobachtung ergeben sich die folgenden Möglichkeiten:

		Nicht-Teilnehmend (weniger reaktiv)		Teilnehmend (stärker reaktiv)	
		verdeckt	offen	verdeckt	offen
Systematisch	direkt	X	X	X	X
	indirekt	X	X	(X)	—
Unsystematisch	direkt	X	X	X	X
	indirekt	X	X	(X)	—

Tabelle 1: Übersicht über verschiedene Beobachtungsverfahren.

Charakteristisch für die teilnehmende Beobachtung ist, dass der Beobachter eine soziale Rolle in der untersuchten Gemeinschaft übernimmt und an deren Aktivitäten teilnimmt. *Teilnahme* kann anfänglich nur Anwesenheit und später weitgehende Integration bedeuten (siehe dazu auch den Beitrag von Brigitta Hauser-Schäublin). Meist spielt sie zu Beginn in der explorativen („entdeckenden") Phase der Feldforschung eine größere Rolle,wenn man noch für alles Neue offen ist. Zunächst sind hier nur geringe Vorkenntnisse nötig. Offenheit und die Vermeidung der verfrühten Anwendung eigener Beobachtungskategorien sind in dieser Phase Vorteile der teilnehmenden Beobachtung. Als Vorteil wird auch genannt, die teilnehmende Beobachtung minimiere den störenden Einfluss des Forschers auf die untersuchte Gesellschaft, da sich die Informanten an ihn gewöhnten. Seine Integration lasse ihn vom Fremden zum Mitglied der Gemeinschaft werden. Gleichzeitig kann allerdings die lange Anwesenheit und Integration des Ethnologen die untersuchte Gruppe verändern.

In diesem Kapitel soll es jedoch um die *systematische Beobachtung* gehen, also um die grau hervorgehobenen Möglichkeiten in der abgebildeten Tabelle. Bei der systematischen Beobachtung ist im Gegensatz zur Teilnahme (1.) die soziale und manchmal auch räumliche Distanz des Forschers zu den Untersuchten größer, (2.) wird größerer Wert auf die Auswahl der Untersuchungseinheiten und -kategorien (die Stichprobenauswahl oder das *sampling*) gelegt und (3.) geht es darum, Verhalten quantitativ zu fassen, also messbar zu machen.

Im Allgemeinen wird in der Ethnologie die *verdeckte Beobachtung* als unethisch abgelehnt. Ich möchte jedoch das Beispiel eigener Untersuchungen zum Verkauf von Heilmitteln auf den Philippinen aufgreifen, um zu zeigen, dass es unter Abwägung aller Vor- und Nachteile ethisch gerechtfertigt sein kann, auch in einer Feldforschung verdeckte Beobachtung einzusetzen. Ich schildere hier ein Beispiel aus meinen eigenen Feldforschungen bei Ati (so genannten *Negritos*) auf den Philippinen, auf das ich auch in den folgenden Abschnitten zurückkommen werde. Ati-Frauen (selten auch Männer) verkaufen auf Märkten ihre Heilmittel an die Mehrheitsbevölkerung, an die Filipinos. Beim Verkauf beziehen sie sich auf ihre ethnische Herkunft, die gegenüber den Filipinos für Kenntnisse traditioneller Medizin und magischer Praktiken bürgt. Bei solchen Verkaufsinteraktionen wollte ich dabei sein und direkt Fragen stellen, um zu erfassen, welche Heilmittel besonders gerne gekauft werden, von wem sie gekauft werden und wieviel die Ati damit einnehmen. Sobald ich, eine „weiße" Frau, mit den auf den Philippinen etwas misstrauisch betrachteten kleinen „schwarzen" Ati zusammen auf dem Markt saß, müssen wir für Filipinos ein ausgesprochen exotisches Bild abgegeben haben. Es bildete sich in kürzester Zeit ein Menschenauflauf. Die Leute wollten wissen, woher ich diese Negritos kenne, ob ich an ihre Medizin glaube, ob ich keine Angst vor ihrer Magie hätte etc. In dieser Situation selbst Fragen zu stellen, war für mich schwierig. Die direkte, offene Beobachtung des Heilpflanzenverkaufs der Ati an Filipinos war so nicht möglich. Auch späteres Befragen erwies sich als schwierig: So gaben etwa viele Filipinos, die mir von Ati als Kunden genannt worden waren, den Kauf nicht zu und konnten schon deshalb nicht befragt werden. Die Ati selbst schwiegen sich über ihre Einnahmen untereinander und zunächst auch mir gegenüber aus. Die Lösung bestand darin, dass ich auf dem Markt der Hauptstadt Bohols in einem kleinen Friseurladen direkt hinter dem Verkaufsstand der Ati saß, von wo aus ich alles beobachten und einen Teil der Gespräche auch mithören konnte. Die Ati waren vollständig in mein Vorhaben eingeweiht, ihre Kundinnen und Kunden jedoch glaubten, ich warte auf einen Haarschnitt. Ich konnte im Friseurladen einigermaßen bequem sitzend Protokolle schreiben und Beobachtungsbögen ausfüllen, die ich im nächsten Abschnitt noch genauer darstellen werde. Außerdem konnte ich sofort, nachdem Kunden gegangen waren, die Verkäuferinnen nach Details fragen, die mir entgangen waren.

Dieses Vorgehen hatte einen weiteren unerwarteten Vorteil: Ich erlebte zum ersten Mal offen diskriminierendes Verhalten der Filipinos gegenüber den Ati. Im Dorf äußerten sich Filipinos mir gegenüber, wenn es um die Ati ging, eher zurückhaltend. Man merkte höchstens an, sie würden stinken oder seien Alkoholiker. Aber das waren vereinzelte Aussagen, denn alle wussten, dass ich in einer Ati-Familie lebte, dass ich ihnen nicht negativ gegenüberstand. Und Filipinos hatten wohl auch das Gefühl, Toleranz zeigen zu müssen. Erst auf dem Markt in der Stadt konnte ich erleben, wie Männer die Ati-Frauen belästigten, wie Passanten stehen blieben, mit dem Finger auf sie zeigten und lachten oder sie als „kleine Affen" bezeichneten. Diese Vorfälle notierte ich in einer gesonderten Rubrik. Die Filipinos, die sich so verhielten, wussten nicht, dass sie von einer Ethnologin beobachtet wurden. Das wichtigste Argument dafür, weiterhin verdeckt zu beobachten, war, dass die Personen sich auf einem Markt, das heißt in der Öffentlichkeit, bewegten und schon deshalb damit rechnen mussten, beobachtet zu werden. In privaten Situationen verdeckt zu beobachten, ist ethisch jedoch noch problematischer.

Zu den nicht auf Teilnahme beruhenden, indirekten, teilweise verdeckten Verfahren, bei denen Beobachtung systematisch eingesetzt wird, gehören auch *Experimente*. Dabei ist zentral, dass der Untersuchende eine Situation herstellt, in der er für die Fragestellung wichtige Variablen bestimmen und variieren kann. Ein *Feldexperiment* (auch als „naturalistisches Experiment" bezeichnet) bedeutet, dass der Untersuchende dies nicht in einem Labor, sondern in der *natürlichen* Umgebung der Versuchspersonen tut. Solche Feldexperimente, die hin und wieder von Soziologen und Sozialpsychologen durchgeführt werden, spielen in der Ethnologie seltener eine Rolle. Das liegt zum einen daran, dass meist mehrere Forscher und Assistenten zusammenarbeiten müssen und zum anderen daran, dass solche Experimente im Allgemeinen nur in der Anonymität der Großstadt möglich sind. Ein bekanntes Beispiel ist die *lost-letter-technique*, bei der Briefe an verschiedenen Orten „verloren" werden. Ziel ist es, herauszufinden, wie Status oder ethnische Zugehörigkeit der Adressaten die Hilfsbereitschaft von Passanten beeinflussen. Sozialwissenschaftler zählen, wie viele der Briefe aufgehoben und in einen Briefkasten gesteckt werden – je nach Titel, Namen des Empfängers oder Namen der in der Adresse angegebenen Organisation ergeben sich unterschiedliche Rücklaufquoten (weitere Beispiele in: Diekmann 2001: 517 ff., zur Ethnologie: Bernard 2000: 131–133). Sozialpsychologen haben auch schon die Belästigung von Frauen oder Schlägereien in der Öffentlichkeit *inszeniert*, um das Eingreifen von Passanten beobachten zu können. In einem Dorf auf den Philippinen wären Feldexperimente, wie sie von Sozialwissenschaftlern durchgeführt werden, schwierig zu arrangieren. Ein gefundener Brief wäre beispielsweise leicht zuzuordnen und öffentliche Inszenierungen würde man als sehr merkwürdiges Verhalten des Ethnologen auslegen, was im schlimmsten Fall Konsequenzen für die weitere Forschung hätte. Es kann jedoch sein, dass phantasievolle Ethnologinnen und Ethnologen in Zukunft kulturell angepasste Feldexperimente entwickeln, die zu brauchbaren Ergebnissen führen. Der Übergang von Feldexperimenten zu Experimenten (dazu etwa Sechrest 1973) und *Testverfahren* ist fließend. Da bei diesen jedoch nicht die Beobachtung, sondern die Planung der Situation und Kontrolle bestimmter Variablen im Mittelpunkt stehen, soll hier nicht ausführlicher darauf eingegangen werden. Experimente und Tests spielen etwa für Methoden der kognitiven Ethnologie eine Rolle, die in diesem Band im Beitrag von Jürg Wassmann genauer dargestellt werden.

Auch das Merkmal, ob systematische Beobachtungen in einer *natürlichen* oder *künstlichen Situation* durchgeführt werden, spielt für das Verfahren eine Rolle. Während ihrer Feldforschungen bemühen sich Ethnologen meistens, „natürliches", also nicht durch den Forscher hervorgerufenes, Verhalten zu erfassen. Das mag ein weiterer Grund dafür sein, dass man mit den oben geschilderten Feldexperimenten eher zurückhaltend ist. Allerdings kann es für gezielte Fragestellungen durchaus sinnvoll sein, Informanten aufzufordern, zum Beispiel die Herstellung von Gegenständen in einer „unnatürlichen" Situation vorzuführen.

Üblicher als die Durchführung von Feldexperimenten ist in der Ethnologie die Auswertung von *Verhaltensspuren*. Es handelt sich dabei ebenfalls um eine nicht-reaktive und indirekte Methode der Datengewinnung. Die Aufnahme der im Garten angebauten Nutzpflanzen, das Auflisten aller im Haushalt befindlichen Gegenstände oder die Untersuchung des täglich entstehenden Mülls bieten Möglichkeiten, von *Spuren* oder Ergebnissen auf vergangenes Verhalten zu schließen.

Beobachtung muss nicht immer *Fremdbeobachtung* bedeuten, es sind auch *Selbstbeobachtungen* möglich. So kann der Ethnologe, statt selbst zu beobachten, beispielsweise verschiedene Informanten bitten, ihren Tagesablauf schriftlich festzuhalten, also aufzuschreiben, was es zu den Mahlzeiten zu essen gab oder wofür täglich wie viel Geld ausgegeben wurde. So hat eine meiner Hauptinformantinnen auf den Philippinen beispielsweise über längere Zeit Tagebuch geführt und alle ihre Einnahmen verzeichnet. Voraussetzung sind dafür zuverlässige, disziplinierte und kooperative Informantinnen und Informanten. Möchte man Selbstbeobachtungen systematisch einsetzen, ist es ratsam, den Betreffenden vorbereitete Protokollbögen zu geben, in die sie Angaben eintragen können. Ein Nachteil besteht darin, dass Selbstbeobachtung stark reaktiv ist: Das Bewusstwerden von Verhalten durch Selbstbeobachtung wirkt sich auf das Verhalten aus. Deshalb empfiehlt man z. B. übergewichtigen Personen, alle verzehrten Nahrungsmittel zu protokollieren – allein durch das Bewusstsein, wie viele Kalorien aufgenommen werden, kann sich das Essverhalten ändern. Ähnlich verhält es sich mit ständig gestressten Menschen, die so ihre Zeiteinteilung überprüfen und verbessern können. Für zivilisationsgeplagte Mitbürger sind das wünschenswerte Effekte – für den Ethnologen jedoch durch die Methode hervorgerufene Verzerrungen, die er gerade vermeiden möchte.

6.3 Wann ist Beobachtung sinnvoll?

Die Brauchbarkeit jeder Methode kann nur in Bezug auf Fragestellungen und Themen beurteilt werden, für die sie eingesetzt werden soll. Eine Methode ist also nicht *per se* besser oder schlechter als eine andere. Zunächst sollte man sich deshalb fragen, für welche Themenbereiche, Fragestellungen, Hypothesen und Phasen der Feldforschung die systematische Beobachtung besonders geeignet ist. Es gibt bestimmte Themen und Fragestellungen, bei denen Beobachtung eher einsetzbar ist als Befragung bzw. bei denen systematische Beobachtungen ergänzend genutzt werden sollten. Solche Fragestellungen und Problemfelder sind im Folgenden zusammengestellt:

1. Ein übliches Verfahren ist die systematische Beobachtung bei der Untersuchung des Verhaltens von Tieren. Aber auch in der Ethnologie wird sie vor allem in Bereichen angewandt, in denen kein oder nur ein *begrenzter Einsatz von Sprache* möglich ist. Ein klassisches Beispiel für ein solches Anwendungsgebiet ist die Beobachtung des Verhaltens von Kleinkindern, die zum einen noch nicht in der Lage sind, sich verbal auszudrücken und zum anderen auch durch die Anwesenheit bzw. den Umgang mit Erwachsenen beeinflusst werden, die also sehr stark auf die Person des Forschers reagieren. Aggressives Verhalten von Kindern untereinander, Kinderspiele oder Mutter-Kind-Interaktionen werden dementsprechend häufig mit Hilfe systematischer Beobachtungen erfasst. Ein Klassiker der Untersuchung von Kindern durch Ethnologen ist etwa die *Six Cultures Study* von Beatrice und John Whiting (1975). In dieser vergleichenden Untersuchung beobachteten Feldforscher in sechs verschiedenen Gesellschaften Kinder im Alter

zwischen drei und elf Jahren jeweils fünf Minuten lang. Das Datenmaterial wurde später von anderen Wissenschaftlern an der Harvard University nach zwölf festgelegten Kategorien kodiert und von den Whitings vergleichend ausgewertet. Es zeigten sich vielfältige Zusammenhänge beispielsweise zwischen unterstützend-verantwortlichem bzw. egoistischem Verhalten von Kindern und der Komplexität der untersuchten Gesellschaft (ebd.: 175, 176).

2. Systematische und vor allem distanzierte Beobachtung empfiehlt sich auch, wenn zu erwarten ist, dass die *Anwesenheit eines Forschers die Situation stark verändert*. Möchte man unbeaufsichtigte Kinder auf Schulhöfen oder regelwidriges Verhalten von Autofahrern untersuchen, dann müssen sich diese Personen unbeobachtet fühlen. In der Feldforschung, vor allem, wenn sich Ethnologen von der einheimischen Bevölkerung auch äußerlich stark unterscheiden, kann ihre Anwesenheit das Verhalten völlig verändern. Ein Beispiel für eine solche Situation habe ich oben bereits angeführt. Es war mir nicht möglich, die Interaktionen zwischen Ati-Frauen und ihren Kundinnen und Kunden offen zu beobachten. Die Ati-Frauen am Ende des Tages zu befragen, brachte ebenfalls wenige Informationen, da sie sich über ihren Verdienst ausschwiegen und auch im Nachhinein keine brauchbaren Angaben über die verkauften Mittel machten. Unter den Ati herrscht ein großer sozialer Erwartungsdruck, dass Einnahmen geteilt werden müssen. Den eigenen Verdienst spielt man deshalb meistens herunter. Der Widerspruch zwischen dem Ideal, zu teilen und dem Wunsch, eigene Einkünfte oder davon gekaufte Heilmittel für sich zu behalten, leitet auch schon zu dem nächsten Punkt über.

3. Systematische Beobachtung ist vor allem dann ratsam, wenn *Ideal und Verhalten* besonders weit auseinander gehen, bzw. wenn es um Bereiche einer Kultur geht, die normalerweise nicht offen angesprochen werden. Als Beispiel dafür können wieder die Erfahrungen bei den Ati dienen: Sie verkaufen Heilmittel, an deren Wirkung sie teilweise selbst nicht glauben. Hätte ich nur Heilmittel abgefragt, hätte ich dieselben Antworten bekommen, wie man sie auch den interessierten philippinischen Kundinnen gibt. Erst durch systematische Beobachtung wurde deutlich, dass es zwei Klassen von Heilmitteln gibt: solche, an die man glaubt und die man selbst benutzt, und solche, die man für viel Geld verkauft, ohne dass sie von besonderer Wirkung sind.

4. Es gibt Themen, bei denen es aufgrund der *Fragestellung* sehr viel einfacher ist, einen Vorgang selbst zu beobachten als ihn sich von Informanten beschreiben zu lassen. Dies trifft vor allem dann zu, wenn Handlungen oder Verhalten selbst Gegenstand der Untersuchung sind. Möchte man etwa über verschiedene Herstellungstechniken bestimmter Gegenstände arbeiten, ist es für beide Seiten am einfachsten, der Informant führt die Herstellung vor. In solchen Fällen kann das Verhalten dann auch durch Foto oder Film festgehalten und eventuell später vergleichend ausgewertet werden.

Abbildung 1: Eine Kundin betrachtet Heilmittel.

Abbildung 2: Auf dem Boden ausgebreitete Heilmittel.

Aspekte, die bei einer ersten Beobachtung eventuell übersehen oder als Problem noch nicht deutlich geworden sind, können später kontrolliert werden. Den Ati war es etwa zu umständlich, mir bestimmte „Taschenspieler-Tricks" aus ihrem magischen Repertoire der Heilmittel zu erklären, ich konnte sie aber auch nicht direkt beobachten. Also musste ich die Kundin spielen, und sie machten mir vor, wie eine solche „Behandlung" abläuft. Dies war dann keine „natürliche Situation", sondern eine gestellte Vorführung, die jedoch den Vorteil hatte, dass ich jederzeit nachfragen, notieren und fotografieren konnte.

5. Beobachtungen sind auch dann Grundlage und Voraussetzung für weitere Befragungen, wenn man ein völlig *neues Thema* behandelt. Als Ethnologin muss man sich häufig systematisch einen Gesamtüberblick über einen größeren Handlungsablauf verschaffen. Sind noch keine sprachlichen Kenntnisse vorhanden, kann systematische Beobachtung auch schon in den ersten Phasen einer Feldforschung eingesetzt werden. Hier ist jedoch Vorsicht geboten, *systematische* Beobachtung ist stärker theoriegeleitet und deshalb weniger für die explorative Phase der Untersuchung geeignet als die teilnehmende Beobachtung. Es müssen in der Regel also schon ausreichende Vorkenntnisse zu dem zu untersuchenden Thema bestehen, um Hypothesen oder genaue Fragestellungen formulieren zu können, auf die man mit Hilfe systematischer Beobachtungen Antworten finden möchte. Man muss bereits eine Reihe von Vokabeln kennen, selbst wenn man die Sprache noch nicht vollständig beherrscht, um sinnvoll notieren zu können, die Beobachtung zu planen und durchzuführen.

6. Auch Verhalten, das den Informanten selbst *weitgehend unbewusst* ist, kann eher durch Beobachtung als durch Befragung festgestellt werden. Dies trifft etwa auf Mimik, Gestik und Körpersprache zu. Solch unbewusstes Verhalten sollte man direkt beobachten und eventuell zur späteren Auswertung fotografisch oder filmisch dokumentieren.

7. Systematische Beobachtung sollte auch dann eingesetzt werden, wenn es um den Nachweis geht, dass bestimmte *Verhaltensweisen nicht* vorkommen. Menschen berichten nicht, was sie nicht tun. Und wenn sie Verhalten nicht erwähnen, bedeutet das noch nicht, dass es nicht vorkommt. Ist die Frage nach dem Auftreten bestimmter Verhaltensweisen für eine Untersuchung von besonderer Bedeutung, werden also systematische Beobachtungen dazu durchgeführt. Whiting und Whiting (1973: 285) führen als Beispiel an, dass Eltern im Nachhinein nur selten berichten, bei welchen Gelegenheiten sie ihre Kinder nicht beachten und auf deren Wunsch nach Aufmerksamkeit nicht eingehen. Ist es für die Fragestellung von Bedeutung, wird der Beobachter Nichtbeachtung oder Zurückweisungen des Kindes durch die Eltern in seinem Protokoll vermerken.

8. Befragung setzt nicht nur voraus, dass Forscher und Informant eine Sprache sprechen, dass es eine gemeinsame Norm der Aufrichtigkeit oder Vorstellung von „Wahrheit" gibt, sondern auch, dass Informanten überhaupt
zur Kooperation bereit sind. Besteht *keine Kooperationsbereitschaft*, ist die
Beobachtung die einzige Möglichkeit, Informationen zu bekommen. Grundsätzlich sind Ethnologen auf die Bereitschaft ihrer Informanten zur Zusammenarbeit angewiesen. Im Rahmen der Feldforschung kann es jedoch immer wieder dazu kommen, dass man zu bestimmten Bereichen keinen Zugang hat – oder nur als passiver, außenstehender Beobachter Vorgänge dokumentieren kann. So war ich während meiner Feldforschung durch die
Aufnahme in meine Familie gleichzeitig in Ungnade bei einer anderen Familie gefallen, die normalerweise Kontakte zu Vertretern von kirchlichen
Hilfsorganisationen oder der Regierung pflegte und deshalb meinte, auch
ein „Recht" auf die Ethnologin zu haben. Der Haushaltsvorstand war ein
Schwiegersohn von Joe, bei dem ich lebte, und er stand in ständiger Konkurrenz zu ihm. Phasenweise verweigerte er jeden Kontakt oder verbot uns,
seiner Hütte näher zu kommen. Während öffentlicher Treffen mit Vertretern der genannten Organisationen konnte ich jedoch sein Verhalten beobachten. Ich konnte Interaktionen miterleben und mir, zumindest aus der
Distanz, ein eigenes Bild der (konflikthaften) Beziehungen zwischen ihm
und seinen Gönnern wie auch zwischen ihm und den anderen Ati machen.

6.4 Planung und Durchführung
systematischer Beobachtungen

Johnson und Sacket (1998: 302) zitieren mehrere Untersuchungen, nach denen die menschliche Fähigkeit, im Gedächtnis gespeicherte Ereignisse kor-
rekt wiederzugeben, erschreckend begrenzt ist. Das gilt sowohl für Ethnologen als auch für ihre Informanten. Verglichen mit Beobachtungsdaten zeigen
Beschreibungen aus der Erinnerung Fehlerquoten zwischen 50% und 80%.
Geht es um die Selbstdarstellung von Informanten, sind auch verzerrte Aussagen über Erlebtes wertvolle Daten. Geht es aber um tatsächliche Ereignisse, sollte man sich auf keinen Fall ausschließlich darauf verlassen. Die schlechten Leistungen unseres Gedächtnisses sprechen zum einen dafür, sich nicht
nur auf Befragungen zu verlassen, sondern auch ergänzend Beobachtungen
einzusetzen. Zum anderen bedeutet das aber auch, dass jede Beobachtung mit
großer Sorgfalt geplant und möglichst schnell dokumentiert werden muss.
     Ein erster wichtiger Hinweis zur Planung von Beobachtungen: *Alles in ei-
ner Beobachtungssituation festhalten zu wollen, ist unmöglich!* Das heißt,
eine der wichtigsten Vorbereitungen besteht darin, festzulegen, was genau,

mit welchem Ziel beobachtet werden soll. Bei der systematischen Beobachtung gehen Ethnologen von vorher festgelegten Beobachtungseinheiten und Beobachtungskategorien aus. Wie man diese auswählt und festlegt und wie man Beobachtungen dokumentiert, wird in den folgenden Abschnitten behandelt. Große Vorteile der systematischen Beobachtung sind die Wiederholbarkeit von Beobachtungen bestimmter Verhaltensweisen sowie bessere Überprüfbarkeit und Vergleichbarkeit der Ergebnisse. Das heißt jedoch, dass Vorentscheidungen über Beobachtungseinheiten, -kategorien und -situationen in die spätere Darstellung der Daten einbezogen werden müssen.

6.4.1 Protokolle und Kontext

Das Gedächtnis arbeitet ausgesprochen unzuverlässig und selektiv. Vor allem in einer ungewohnten Situation, in der viele neue Eindrücke auf den Untersuchenden einströmen, ist es besonders schwierig, sich Erlebtes zu merken. Deshalb eine Faustregel: das Beobachtete *so schnell wie möglich* schriftlich (oder mündlich auf Kassette) *festhalten!* Verschiebt der Beobachter Aufzeichnungen auf später, leidet die Qualität mit jedem Ereignis, das zwischen Erlebnis und Dokumentation liegt. Eine zweite wichtige Regel lautet: So *verständlich notieren* und dokumentieren, dass man die eigenen Aufzeichnungen später noch benutzen kann. Das erscheint banal, Fehler passieren jedoch leicht und sind später nicht wieder zu korrigieren. Abkürzungen in Beobachtungsprotokollen und -bögen sind beispielsweise sehr sinnvoll. Aber ohne ein sorgfältig geführtes Abkürzungsverzeichnis fragt sich der Beobachter später beispielsweise, warum am Rand seiner Aufzeichnungen manchmal Ausrufezeichen stehen oder was * hinter einigen Namen bedeutet.

Für jede systematische Beobachtung ist es empfehlenswert, ein Protokoll anzulegen. Dieses Protokoll muss mindestens Angaben enthalten zu:

– Ort,
– Wochentag, Datum und Uhrzeit,
– Namen oder Identifikationsnummern anwesender Personen,
– Angaben zum relevanten Kontext (etwa zum Wetter).

Je nach Fragestellung können sehr unterschiedliche zusätzliche Informationen zum Kontext der Beobachtung eine Rolle spielen. Bei der Beobachtung des Verkaufs von Heilmitteln habe ich beispielsweise neben den oben angeführten Angaben jeweils vor Beginn der systematischen Beobachtung aufgeschrieben, welche Heilmittel die Frauen an ihrem Marktstand ausgebreitet hatten. Eine solche Auslage ist auf Abbildung 2 zu sehen. Dieses Beispiel verdeutlicht, dass für stärker systematisierte Beobachtungen viele Vorinformationen notwendig sind. Um die am jeweiligen Tag ausgelegten und in der aktuellen Situation verkauften Heilmittel schnell notieren zu können, musste ich die verschiedenen Sorten kennen. Bevor ich mit den Beobachtungen beginnen konnte, nahm ich also zunächst eine Liste aller bekannten „Heilmittel" auf. Dabei stellte sich heraus, dass es solche gab, die Ati gar nicht zum Verkauf anbieten, sondern nur selbst als Hausmittelchen anwenden und solche, die nur zum Verkauf angeboten werden, von deren Wirkung man aber selbst nicht unbedingt überzeugt ist. Es gibt Heilmittel, die selbst hergestellt werden und fertig abgepackte, die man bei Filipinos aufkauft, um sie dann weiter zu verkaufen. Insgesamt ergab sich eine Liste von 103 verschiedenen Heilmitteln, deren Bezeichnungen, Bestandteile, Fertigungsweise, Herkunft und Wirkung ich festhielt. Diese Liste wie auch eine Liste der Krankheiten, die mit den Heilmitteln behandelt werden, waren notwendig, um einzelne Verkaufsgespräche zu verstehen und diese schnell protokollieren zu können.

Nicht alle *Informationen über den Beobachtungskontext* verändern sich und müssen in jedem Protokoll wieder festgehalten werden. Beobachtet man etwa die Aktivitäten von Personen in verschiedenen Haushalten, dann reicht es, einen Dorfplan mit allen Haushalten zu erstellen und diese zu nummerieren. Eine Nummer im Beobachtungsprotokoll verweist dann auf diesen Plan. Zensus, Karten und allgemeinere Beschreibungen der Situation, die etwa im Tagebuch festgehalten sind, reichen aus, um Konstanten festzuhalten. In Karten und Stadt- oder Dorfpläne können die Orte eingetragen werden, an denen jeweils beobachtet wurde. Wie viel darüber hinaus sinnvoll festgehalten werden sollte, muss man vor Ort entscheiden. Johnson und Sackett (1998: 328) schreiben, dass die meisten Ethnologen später wenig mit ihren Kontextdaten anfangen. Die Fragen „wozu halte ich diese Informationen fest? Mit welchem Ziel? Was trägt die Information zur Beantwortung der übergeordneten Fragestellung bei?" sollten wie immer Grundlage und Maßstab der Entscheidung sein, was notiert wird und was nicht.

Ein *Beobachtungsprotokoll* muss nicht unbedingt niedergeschrieben werden, es kann auch in ein kleines Diktiergerät oder einen Kassettenrekorder gesprochen werden. Bei ersten Versuchen sollte man ausprobieren, welche Methode der Dokumentation sich für die jeweilige Situation und Fragestellung am besten eignet. Das hängt unter anderem davon ab, wie lange die beobachteten Ereignisse dauern, ob der Beobachter die Möglichkeit hat, Notizen zu machen, und ob Sprechen eventuell stören würde. Sprechen geht schneller als Schreiben, allerdings ist die Schreibarbeit damit nicht aufgehoben, sondern nur aufgeschoben. Informationen, die nur auf Kassetten dokumentiert sind, lassen sich schwerer wieder finden, weil man nicht wie im Notizbuch einfach „zurückblättern" kann. Man muss die Daten also später transkribieren, um sie leichter zugänglich zu haben.

Um das *Notieren in der Beobachtungssituation* zu erleichtern, ist es sinnvoll, sich ein Formblatt herzustellen und zu kopieren, in das man die entspre-

chenden Informationen nur noch einträgt. So vergisst man nicht, entscheidende Angaben zu notieren, und hat die Protokolle später in einheitlicher und
übersichtlicher Form vorliegen. Eventuell können die Daten auch direkt in
den Computer eingeben werden. Als Beispiel für ein Formblatt ist unten das
Protokoll einer Beobachtung des Heilpflanzenverkaufs wiedergegeben. C und
L stehen jeweils für die Namen der Verkäuferinnen, K steht für „Kunde" und
verweist mit der Nummer auf den entsprechenden Beobachtungsbogen.

6.4.2 Beobachtungseinheiten, Stichprobenauswahl und Anzahl

Es wurde bereits darauf hingewiesen, dass ein Beobachter in einem Vorgang
nicht alles auf einmal beobachten kann. Whiting und Whiting (1973) schreiben, dass Beobachter auch nicht versuchen sollten, mehrere Dinge gleichzeitig zu beobachten, sondern sich besser auf einen Aspekt konzentrieren. Verhalten kann entweder daraufhin untersucht werden, ob es auftritt oder nicht
(„Alles-oder-Nichts-Kategorien", nominale Variablen) oder wie lange, wie
oft bzw. in welcher Intensität es im Rahmen eines bestimmten Ausschnitts
der Wirklichkeit auftritt (quantitative Variablen, Skalen). Auch der zu beobachtende Ausschnitt, die *Beobachtungseinheit*, muss vorher festgelegt werden. Sie kann (1.) räumlich, (2.) zeitlich, (3.) auf den Akteur bezogen, (4.) auf
eine Aktivität, (5.) auf bestimmte Handlungen oder (6.) auf eine Dyade, eine
Beziehung zwischen Personen, festgelegt sein.

Die gesamte Beobachtungsdauer auf dem philippinischen Markt habe ich
beispielsweise vom zeitlichen Ablauf her wie dargestellt protokolliert. Die
eigentlichen Beobachtungseinheiten waren jedoch die Interaktionen zwischen
Verkäuferinnen und Filipinos oder Filipinas, die sich für die Heilmittel interessierten. Im Protokoll taucht dafür immer nur der Vermerk „Kunde" und
dann eine Nummer auf. Auf dem Beobachtungsbogen (siehe Abbildung 4)
sind dann alle wesentlichen Informationen zum Verkaufsgespräch festgehalten.

Ein Beispiel für die räumliche Abgrenzung der Beobachtungseinheit und
die Untersuchung einer Aktivität ist die Messung der Gehgeschwindigkeit.
So haben Jahoda et al. (1960: 69) in Marienthal, im Rahmen einer Studie über
die Auswirkungen von Arbeitslosigkeit, eine Strecke von 300 m markiert und
gemessen, wie schnell Passanten gehen und wie häufig sie stehen bleiben.
Weitere Beobachtungen zu Gehgeschwindigkeiten wurden mittlerweile vergleichend in verschiedenen Kulturen in Orten verschiedener Größe durchgeführt, mit dem Ergebnis eines deutlichen Zusammenhangs zwischen Gehgeschwindigkeit und Größe der untersuchten Gemeinde (Johnson und Sackett
1998: 314).

Datum: 5.3.1996	Uhrzeit: 9.05 bis 12.20 (systematisch ab 9.20)
Wochentag: Dienstag (Markttag!)	Wetter: regnerisch
Verkäuferinnen: L, C	

Ausgelegte Heilmittel: hemoghat, kugangkugang, palina, sambagisa, montawe, duguan, asopre, bukog sa baksan, halot, liso sa mahogany, salong, tagulaway, kapinan, habak (verschiedene Sorten), abarra, panamay, panagang (habak), Patronenhülsen, tinduganay, tuwa, paragaya, incenso, tawas, tawas tapul, bakus sa ungoy, pulseras, kaballokaballo, panagdagang, sayag sa salao, <u>vorgefertigt</u>: chinamut, agoso kaswarina, bugayana

Uhrzeit	Verkäuferin	Tätigkeit
9.05 bis 9.15	L + C	Auslegen der Heilmittel
9.15	L, C	K 1, 2
9.20	C	K 3, 4, 5, 6 Liste d. Heilmittel aufgenommen. In den Friseurladen gegangen, wenige Leute bleiben stehen. Sachen liegen auf einem Brett am Boden auf Zeitungspapier. C. sitzt (hockt) auf einer großen Blechdose, über die sie Zeitungspapier gelegt hat.
10.40	C, L	Es fängt an leicht zu regnen, L deckt Auslage mit Plastikfolie ab, kommt in den Laden, C K 7
10.50	L	Macht sich ein Betelpäckchen und kaut
11.00		Vor dem Stand hat sich eine große Pfütze gebildet.
11.05	L	Beseitigt Regenwasser mit einem Besen, Regen hört auf, füllt *tawas* in Zellophantüten.
11.10 – 11.50	(L), C L	K 8, 9 Kommt in den Laden, isst Brot und trinkt eine Cola
11.50	L	Geht wieder hinaus, lehnt sich an die Tür, Mittagsgebet wird über Lautsprecher durchgegeben
	C	Bekreuzigt sich
12.00	C	Geht zur Toilette, nach 10 Minuten zurück
	L	K 10, 11, 12
12.20		Alma und ich gehen

Gesamtdauer: 3 Stunden 40 Minuten **Anzahl der Kunden**: 12, **Einnahmen**: 90 P

Abbildung 3: Beispiel für ein Verlaufsprotokoll.

Ein von Ethnologen häufig mit Hilfe systematischer Beobachtung untersuchtes Thema ist die Frage, womit Menschen in verschiedenen Kulturen ihre Zeit verbringen. In der Literatur ist meist von *time allocation studies* (oder Zeitbudget-Studien) die Rede. An diesen Forschungen können die verschiedenen Möglichkeiten, Beobachtungseinheiten auszuwählen, gut verdeutlicht werden. So kann der Forscher sich etwa auf eine Person konzentrieren und diese den ganzen Tag oder einige Stunden lang verfolgen. Diese Variante wird als *continuous monitoring* oder *focal subject sampling* bezeichnet. Ein Nachteil dieses Verfahrens ist, dass die Beobachtungen lange dauern, die Aufmerksamkeit leicht nachlässt und der Beobachter durch seine Anwesenheit die Aktivitäten der Informanten unter Umständen beeinflusst. Außerdem können bei einem relativ hohen Zeitaufwand jeweils nur Aussagen über die Aktivitäten von wenigen beobachteten Personen gemacht werden.

Eine andere Möglichkeit besteht darin, ausgewählte Haushalte zu unterschiedlichen Zeitpunkten zu besuchen und die Aktivitäten eines oder aller Bewohner aufzunehmen. Dieses Vorgehen wird als *spot, instantenous* oder *point sampling* bezeichnet (siehe zu den Methoden der *time allocation studies* auch Borgerhoff-Mulder und Caro 1986: 324). Wie wählt man die jeweiligen Beobachtungseinheiten aus? Diese Frage der Auswahl von Einheiten, der Stichprobenauswahl, wird im Allgemeinen als *sampling* bezeichnet, ein *sample* ist die Gesamtzahl aller Beobachtungseinheiten. Ethnologen erfahren während der Feldforschung, dass es wie immer und überall Menschen gibt, die einem sympathischer sind, und solche, die man lieber meidet. Für eine systematische und wissenschaftliche Untersuchung dürfen solche persönlichen Neigungen jedoch nur dann eine Rolle spielen, wenn beispielsweise ein großes Maß an Teilnahme notwendig ist, die bei gegenseitiger Abneigung nicht möglich wäre. Geht es aber um kurzzeitige systematische Erhebungen, sollten beobachtete Personen und Zeitpunkte mit einem System nach dem Zufallsprinzip ausgewählt werden. Das heißt, der Beobachter schreibt Namen von Personen oder Haushaltsnummern sowie Uhrzeiten auf Zettel und zieht jeweils beides. Er besucht dann den entsprechenden Haushalt zur angegebenen Zeit. Schnell wird der Beobachter feststellen, dass dieses Vorgehen Vorteile hat, indem es beispielsweise das soziale Netzwerk erweitert. Ethnologen neigen sonst dazu, vor allem sozial nahe stehende Informanten zu befragen. Während der Feldforschung sind das meist Mitglieder der „eigenen Familie", Nachbarn oder besonders sympathische Angehörige der untersuchten Gesellschaft.

Die Gesamtheit der Personen muss also vor der systematischen Beobachtung geplant und festgelegt werden, aber auch die Gesamtheit der möglichen *Besuchszeiten*. Richard Scaglion (1986) hat etwa festgestellt, dass Forscher in Zeitbudget-Studien im Allgemeinen nächtliche Aktivitäten unterschätzt haben. Das hätte in seinem Untersuchungsgebiet, am Sepik in Papua-Neuguinea, zu erheblichen Verzerrungen der Daten geführt, denn dort finden viele wichtige Aktivitäten nachts statt. In anderen Gesellschaften mag nach Einbruch der Dunkelheit ohnehin niemand mehr das Haus verlassen, die Einheimischen ruhen sich aus und auch der Ethnologe kann zu Hause bleiben. Bevor der Beobachter die Beobachtungszeiten festlegt, muss er sich also auf jeden Fall informieren, wann Aktivitäten normalerweise beginnen und enden. Das sind Informationen, die Ethnologen im Rahmen der teilnehmenden Beobachtung und des Lebens in einer fremden Gesellschaft meist nebenbei erhalten. Als Hintergrundinformationen für die Planung und Anwendung gezielter Methoden sind sie von großem Wert.

Für Zeitbudget-Studien zieht der Beobachter mehrere Namen/Haushaltsnummern aus der Gesamtmenge und macht sich eine Liste, wohin er im Verlauf des Tages gehen wird. Trifft er die Person an, notiert er sich, was sie in diesem Moment oder beispielsweise in einem Zeitraum von 5 Minuten tut. Anschließend kann die Zeit für ein informelles Gespräch genutzt werden, bei dem Fragen zu weiteren Themen gestellt werden können. Dies ist der günstigste Fall, die Wirklichkeit sieht jedoch häufig anders aus. Wenn die gesuchte Person beispielsweise zur entsprechenden Zeit abwesend ist, muss der Beobachter entscheiden, ob er Aussagen von Nachbarn über Aufenthaltsort und Tätigkeit gelten lässt oder nur *abwesend* einträgt. Auch diese Vorentscheidungen hängen wiederum von der Fragestellung ab. Es kann auch passieren, dass die zu beobachtende Person mit zwei Tätigkeiten gleichzeitig beschäftigt ist. Auf dieses Problem, das sich auf die Beobachtungskategorien bezieht, wird im nächsten Abschnitt genauer eingegangen.

Wie groß muss die *Anzahl* von Beobachtungen sein? Liest man Untersuchungen zu systematischen Beobachtungen, vor allem über *time allocation studies*, dann hat man häufig den Eindruck, dass grundsätzlich gelte: „Je mehr bzw. öfter desto besser". Das ist jedoch nicht prinzipiell zutreffend und hängt jeweils von Ziel und Fragestellung ab. Bestimmte Rituale können unter Umständen während der Zeit der eigenen Feldforschung nur ein Mal beobachtet werden, und den Bau einer bestimmten Falle muss man sich beispielsweise nicht häufiger als einmal zeigen lassen. Den Heilpflanzenverkauf der Ati-Frauen auf dem Markt beobachtete ich insgesamt 22 Stunden und 25 Minuten, während derer ich 104 Verkaufsgespräche festhalten konnte. Davon fanden 32 mit männlichen und 72 mit weiblichen Kunden statt. Von den Männern kauften dann tatsächlich nur 15 etwas, von den Kundinnen waren es 55. Der bloße Eindruck, dass eher Frauen zum Kundenkreis der Ati zählen, wurde bestätigt. Hätte sich der Anteil bei weiteren hundert Beobachtungen (die mich noch einmal viel Zeit gekostet hätten) leicht verschoben, dann würde das an der Gesamtaussage nichts ändern. Hier diente die systematische Beobachtung auch nur zur Beantwortung von Teilfragen, die sich während meiner Forschungen zu interethnischen Beziehungen ergaben. Anders in Untersuchungen, bei denen die systematische Beobachtung Antworten auf die zentralen Untersuchungsfragen geben soll. Whiting und Whiting (1973: 284) sammelten etwa unter Mitarbeit mehrerer Kollegen in der bereits erwähnten *Six Cultures*-Studie ungefähr dreitausend jeweils fünfminütige Beobachtungen. Es hat dann auch mehrere Jahre gedauert, diese zu kodieren und auszuwerten.

6.4.3 Beobachtungskategorien

Im vorigen Abschnitt wurde die Auswahl von Beobachtungseinheiten, also von beobachteten Ausschnitten der Wirklichkeit, dargestellt. In diesem Abschnitt geht es um Merkmale des beobachteten Verhaltens, um die Beobachtungskategorien. Bei den beschriebenen Zeitbudget-Studien ergeben sich im Allgemeinen zwei Probleme, die sich auf Beobachtungskategorien beziehen. Zum Zeitpunkt des Besuches durch den Ethnologen können zwei Verhaltensweisen gleichzeitig auftreten. So kann eine Mutter ihr Baby auf dem Arm halten und es beruhigen, während sie das Essen auf dem offenen Feuer kocht. Hier stellt sich bei der Auswertung das Problem, ob beide Tätigkeiten voll gewertet werden, ob jede nur halb oder ob man sich bei der Aufnahme dafür entscheidet, nur die im Vordergrund stehende Arbeit zu berücksichtigen. Dann würde jedoch mit großer Wahrscheinlichkeit die Beaufsichtigung von Kindern (was tatsächlich in vielen Studien der Fall ist) insgesamt unterbewertet. Will man in einer Zeitbudget-Studie feststellen, wieviel Zeit die Menschen in einer Kultur mit Arbeit verbringen und wie viel Freizeit sie genießen, dann taucht das nächste Problem auf: Was ist eigentlich Arbeit? Ist es „Arbeit", wenn ein Jäger Pfeile herstellt – aber nebenher entspannt mit einem Verwandten plaudert? Ist es „Arbeit", ein Kind auf dem Arm zu halten? Diese Fragen sollen verdeutlichen, dass der Beobachter sich vor dem Beginn einer systematischen Beobachtung über die Kategorien des zu beobachtenden Verhaltens klar werden muss. Er könnte etwa danach gehen, was die Untersuchten selbst als „Arbeit" bezeichnen, oder er könnte aus anderen Zeitbudget-Studien, in Gesellschaften mit ähnlichem Wirtschaftstyp die verwendeten Kategorien übernehmen. Wie immer muss man eine Kosten/Nutzenrechnung aufstellen und ein der eigenen Fragestellung entsprechend ideales Verhältnis herstellen. Ein für alle Untersuchungen ideales Vorgehen gibt es nicht – damit muss man sich abfinden. Für das beschriebene Beispiel der Definition von „Arbeit" bedeutet das: Beziehe ich mich auf die Kategorie der Untersuchten, erhalte ich einen genaueren Einblick in deren Weltbild, allerdings auf Kosten der Vergleichbarkeit (siehe etwa Lütkes 1999). Steht für mich der Vergleich im Vordergrund, dann werde ich bereits häufig genutzte Kategorien anwenden, so dass meine Untersuchungsergebnisse später mit denen anderer Ethnographen problemlos zu vergleichen sind.

Für geplante und systematische Beobachtungen sollte also nicht nur, wie im vorigen Abschnitt dargestellt, vorher festgelegt werden wer, zu welchem Zeitpunkt, wo und wie lange beobachtet wird, sondern auch, was festgehalten und nach welchen Kategorien beobachtet wird. Dafür sollten Beobachtungsbögen angelegt werden, in denen Ort, Zeit, Person und die entsprechenden Kategorien für Verhalten nur noch einzutragen sind. Bei meiner Beobachtung der Interaktion zwischen Ati und ihren Kundinnen konnte ich solche Bögen für jede Interaktion verwenden. Für das Verhalten der Kunden habe ich bestimmte Kategorien festgelegt, über die ich mich vorher bei ersten unsystematischen Beobachtungen informiert habe. Ein vereinfachter Beobachtungsbogen ist in Abbildung 4 zu sehen. Die jeweiligen Kontext-Informationen sind dem oben abgebildeten Beobachtungsprotokoll zu entnehmen.

| Kunden Nr.: *7* | Verkäuferin: *C* | Ankunft: *10.40* |
| Geschlecht: *w* | Alter: *45-49* | Geht: *10.55* |

Bleibt stehen	Allein **X**
Hockt sich hin **X**	In Begleitung
Lacht	
Zeigt Verlegenheit	Nimmt Dinge in die Hand **X**
Sorgenvolles Gesicht **X**	*Habak, Santo Kristo*
Kauft nicht	
Kauft **X**	
Stellt Fragen **X**	Schildert Probleme **X**
Verabredung für weitere Behandlung	*Untreuer Ehemann*

| **Preise**: *Habak 10, Pangamay 25* | **Gesamt**: *35 Pesos* |

Abbildung 4: Beispiel für einen Beobachtungsbogen.

Da ich mehr über Geschlecht und Alter der Personen herausfinden wollte, stehen diese Kategorien im Kopf des Beobachtungsbogens und sind für jeden Kunden ausgefüllt. Das Alter habe ich geschätzt, und sofern ich mir nicht sicher war, die Ati-Frauen um Rat gefragt. Durch die Angaben zum Verhalten der Kundinnen und Kunden konnte ich dann Ausmaß und Grund des Interesses feststellen und die entsprechenden Verkaufsstrategien der Ati. Hockt sich eine Kundin auf den Boden, um die ausgelegten Heilmittel genauer zu betrachten, dann verwickelt die Verkäuferin sie in ein Gespräch und findet schnell heraus, was sie verkaufen könnte. Der abgebildete Beobachtungsbogen enthält sowohl Nominalwerte als auch quantitative Werte. Der gezahlte Gesamtpreis konnte zwischen 0 und 5, 6 und 10, 11 und 15 usw. Pesos liegen, ist also ein quantitativer Wert. Bei bestimmten Verhaltensweisen wie Lachen, Verhalten, das Verlegenheit signalisiert, sorgenvoller Gesichtsausdruck usw. wird nur festgehalten, ob sie auftreten oder nicht.

Fazit aus der Beschreibung der Auswahl von Beobachtungseinheiten und -kategorien ist, dass die Erstellung von Protokollen, die Brauchbarkeit von Kategorien und die Auswahl von Orten und Zeiten auf jeden Fall vor dem Beginn einer systematischen Datenerhebung getestet werden müssen. Dies kann in relativ kurzen Zeitspannen erfolgen, erfordert keinen großen Aufwand und erspart späteren Ärger. Ein Beobachtungsbogen, der beispielsweise keine Kategorien für wichtige Verhaltensweisen enthält, ist unbrauchbar und kann, frühzeitig getestet, den Erfordernissen der Wirklichkeit angepasst werden. Mehr noch gilt die Notwendigkeit, *Pretests* durchzuführen, dann, wenn Ethnologen mit Feldassistenten zusammenarbeiten oder mehrere Beobachter in einem Projekt zusammenarbeiten. Vor der eigentlichen Untersuchung sollten die beteiligten Beobachter eine Situation beobachten und vergleichen, ob dasselbe notiert worden ist. Wenn nicht, müssen eindeutige Kategorien geschaffen und deren Anwendung muss eingeübt werden, bis alle zu demselben Ergebnis kommen. Solche Situationen werden während des Studiums und auch bei den ersten Feldforschungen meist nicht eintreten, denn systematische Erhebungen mit mehreren Personen und/oder Feldassistenten sind fast immer kosten- und zeitaufwendig.

Werner und Schoepfle (1987: 260) empfehlen, Beobachtungsbeschreibungen später in jedem Fall mit Informanten durchzusprechen. Die Gefahr von Missverständnissen und Fehlinterpretationen ist sonst sehr groß. Gerade bei der direkten Beobachtung scheint vieles selbstverständlich und „objektiv", da eigene Voreingenommenheit unbewusst die Wahrnehmung steuert. Gespräche mit Informanten können solche Verzerrungen korrigieren, die Wahrnehmung schulen und künftige Beobachtungen verändern.

6.5 Probleme, Grenzen und Nachteile

Nachteile liegen bei der teilnehmenden Beobachtung in der mangelnden Überprüfbarkeit der Daten, der Einzigartigkeit und damit *schlechten Vergleichbarkeit* der Beobachtungssituation und damit auch in der Schwierigkeit, sie zu wiederholen. Systematische Beobachtungen dagegen, die nach einem klar dargestellten System durchgeführt wurden, können problemlos mit denselben Vorgaben zu späteren Zeitpunkten und/oder an anderen Orten von anderen Forschern wiederholt werden. Ein direkter Vergleich von Ergebnissen etwa der Zeit, die Menschen in verschiedenen Kulturen für verschiedene Tätigkeiten aufwenden, wird so möglich. Aber auch die systematische Beobachtung hat Grenzen und Nachteile.

Die *Beeinflussung der Beobachtungssituation* durch den Beobachter muss sowohl bei der teilnehmenden Beobachtung als auch bei der systematischen Beobachtung beachtet werden, sofern letztere nicht verdeckt durchgeführt wird. Systematische Beobachtung ist weniger reaktiv und vor allem durch die bewusste Auswahl von Person, Zeit, Ort und Beobachtungskategorien stärker kontrolliert als die teilnehmende Beobachtung. Allerdings ist der Beobachter auch bei der systematischen Beobachtung nicht automatisch vor *verzerrten Ergebnissen* durch *selektive Wahrnehmungen* geschützt. So besteht für Ethnologen, die in einer ihnen fremden Kultur beobachten, die Gefahr, dass sie möglicherweise die ihnen exotisch vorkommenden Verhaltensweisen überbetonen und vertrauten dagegen keine Aufmerksamkeit schenken. Oder umgekehrt: Vertrautes und Erwartetes kann wahrgenommen werden, während Verhaltensweisen, die unverständlich sind, ignoriert werden, weil sie in der beobachteten Situation für den Beobachter keinen Sinn ergeben.

Nur sorgfältige Überlegungen zur ausgewählten Zeitspanne (z. B.: Sind auch nächtliche Beobachtungen notwendig?) und zu den Beobachtungskategorien (z. B.: Was versteht man unter „Arbeit"? Welche Verhaltensweisen werden festgehalten?) reduzieren den Spielraum für *Fehlinterpretationen* in der aktuellen Beobachtungssituation und damit die Möglichkeit von Verzerrungen. Auch sollte man sich seine Erwartungen und Hypothesen vorher soweit wie möglich klar machen, um Verzerrungen in diese Richtungen zu verhindern. Fehlinterpretationen in der Beobachtungssituation können auch dann entstehen, wenn man in einer fremden Kultur arbeitet und sich nach wie vor auf Interpretationsmuster aus der eigenen Kultur verlässt. Auf den Philippinen habe ich beispielsweise häufiger Konflikte vermutet, wenn Menschen in Gesprächen plötzlich laut wurden, obwohl Tonlage und die Art zu sprechen ganz andere Gründe hatten.

Ihre Grenzen haben Beobachtungsverfahren auch dadurch, dass viele Ereignisse schwer vorhersagbar sind oder selten stattfinden. Begnügt man sich mit Befragungen, spielt es keine Rolle, ob man selbst zum gegebenen Zeitpunkt anwesend ist. Will man jedoch etwa ein selten stattfindendes Ritual, aktuelle Konflikte oder spontane Handlungen selbst beobachten, kann der Aufwand an Geduld, Nerven und Ausdauer erheblich sein. Für andere Beobachtungen ist man von der Wetterlage, von der Stimmung der Informanten oder von Zufällen abhängig. Sprechen nicht wichtige Gründe für die direkte Beobachtung, kann die Befragung im Nachhinein rationeller sein. Situationen, bei denen Außenstehende grundsätzlich unerwünscht sind, sind der direkten Beobachtung nicht zugänglich und können nur durch Befragungen untersucht werden.

Problematisch ist auch der *hohe zeitliche* bzw. *personelle Aufwand* der meisten stärker systematisierten Beobachtungsverfahren. Ethnologen, die mit knapper Forschungszeit allein im Feld sind, müssen sorgfältig abwägen, ob der Aufwand für die entsprechende Fragestellung gerechtfertigt ist. Da Daten in der Ethnologie gewöhnlich mit mehreren sich ergänzenden und sich gegenseitig kontrollierenden Verfahren aufgenommen werden, geht der Aufwand für ein Verfahren auf Kosten eines anderen. *Continuous monitoring* etwa verlangt dem Forscher oder auch den *Feldassistenten*, die er einsetzt, sehr viel *Durchhaltevermögen* und *Geduld* ab. Sich mehrere Stunden mit Informanten in ihren Gärten aufzuhalten, daneben zu sitzen, wenn sie sich unterhalten, dösen oder mittlerweile bekannte Tätigkeiten verrichten, kann unglaublich langweilig sein. Der Einsatz von Feldassistenten ist in dieser Hinsicht auch problematisch. Ich könnte jeden verstehen, der sich nach den ersten Stunden des Beobachtens zu einem Schläfchen zurückzieht und mit etwas Phantasie und Hilfe der Informanten später den restlichen Beobachtungsbogen ausfüllt.

Ein weiteres Problem bei stark strukturierten Beobachtungen ist, dass sie die *Flexibilität einschränken*. Häufig geschieht während der Feldforschung lange Zeit gar nichts und plötzlich passieren mehrere Dinge gleichzeitig oder wichtige Ereignisse zu völlig unvorhergesehenen Zeitpunkten. Ist man gezwungen, einem Plan zufällig gezogener Zeitpunkte der Beobachtung zufällig ausgewählter Personen zu folgen, entgeht einem eventuell die Gelegenheit, ein länger erwartetes Ereignis mitzuerleben oder eine selten anwesende Person zu sprechen. Kosten und Nutzen der Methode in Bezug auf die jeweilige Fragestellung müssen sorgfältig abgewogen werden. Ein *Pretest* hilft dabei, Aufwand, Vor- und Nachteile der Methode realistisch einzuschätzen.

6.6 Zitierte Literatur

Adler, Patricia A. und Peter Adler
1994   Observational Techniques. In: N. K. Lincoln und Y. S. Denzin (Hg.), Handbook of Qualitative Research, 377–392. Thousand Oaks, London, New Delhi.

Bernard, H. Russell
1994   Research Methods in Anthropology. Qualitative and Quantitative Approaches. Thousand Oaks, London, New Delhi.
2000   Social Research Methods. Qualitative and Quantitative Approaches. Thousand Oaks, London, New Delhi.

Borgerhoff-Mulder, M. B. und T. M. Caro
1985   The Use of Quantitative Observational Techniques in Anthropology. In: Current Anthropology 26: 323–336.

Diekmann, Andreas
2001   Empirische Sozialforschung. Reinbek bei Hamburg.

Hollan, Douglas W. und Robert I. Levy
1998   Person-Centered Interviewing and Observation. In: H. R. Bernard (Hg.),
           Handbook of Methods in Cultural Anthropology, 333–364. Walnut Creek, Lon-
           don, New Delhi.

Jahoda, Marie; P. Lazarsfeld und H. Zeisel
1960   Die Arbeitslosen von Marienthal. (2. Auflage). Allensbach und Bonn.

Johnson, Allen und Ross Sackett
1998   Direct Systematic Observation of Behavior. In: H. R. Bernard (Hg.), Handbook
           of Methods in Cultural Anthropology, 301–331. Walnut Creek, London, New
           Delhi.

Lütkes, Christiana
1999   GOM. Arbeit und ihre Bedeutung bei den Wampar im Dorf Tararan, Papua-
           Neuguinea. Münster, New York, München, Berlin.

Scaglion, Richard
1986   The Importance of Nighttime Observations in Time Allocation Studies. In: Ame-
           rican Ethnologist 13: 537–545.

Sechrest, Lee
1973   Experiments in the Field. In: R. Naroll and R. Cohen (Hg.), Handbook of Method
           in Cultural Anthropology, 196–209. New York.

Webb, Eugene J.; Donald T. Campbell; Richard D. Schwartz und Lee Sechrest
1968   Unobtrusive Measures. Nonreactive Research in the Social Sciences. Chicago.

Werner, Oswald and G. Mark Schöpfle
1987   Systematic Fieldwork. (2 Bände). Newbury Park.

Whiting, Beatrice and John Whiting
1973   Methods for Observing and Recording Behavior. In: R. Naroll und R. Cohen
           (Hg.), Handbook of Method in Cultural Anthropology, 282–315. New York.
1975   Children of Six Cultures: A Psycho-Cultural Analysis. Cambridge, MA.

Wolf, Eric R.
2001   Anthropology among the Powers. In: ders., Pathways of Power, 63–80. Berkeley,
           Los Angeles.

Martin Rössler

7. Die Extended-Case Methode

7.1   *Hintergrund und bisherige Verwendung des Verfahrens*   143
7.2   *Zur Typologie von Fallstudien*   146
7.3   *Fragestellungen und Voraussetzungen der ECM*   147
7.4   *Methodische Probleme bei der Anwendung der ECM*   148
7.5   *Praktische Durchführung*   151
7.6   *Präsentation*   158
7.7   *Literatur*   158

7.1 Hintergrund und bisherige Verwendung des Verfahrens

Die Extended-Case Methode (ECM) wurde während der fünfziger und sechziger Jahre des zwanzigsten Jahrhunderts in der britischen Sozialanthropologie entwickelt. Eine Übersetzung ins Deutsche („Erweiterte-Fall-Methode") ist möglich aber unüblich. Die Methode verdankt ihr Entstehen sowohl theoretischen Innovationen innerhalb der Sozialanthropologie als auch dem soziopolitischen Wandel in den damaligen afrikanischen Kolonialgebieten Großbritanniens. Die meisten Forschungen der *British Social Anthropology* im Afrika der dreißiger und vierziger Jahre waren durch den Strukturfunktionalismus in der Tradition Radcliffe-Browns geprägt. Im Mittelpunkt des Interesses standen vermeintlich stabile soziale Strukturen speziell unilinearer Deszendenzsysteme in Ost- und Westafrika. Diejenigen Sozialanthropologen, die im zentralen und südlichen Afrika arbeiteten, fanden sich demgegenüber mit gänzlich anderen Verhältnissen konfrontiert: Antikoloniale Bewegungen, Industrialisierung und das städtische Umfeld stellten neue Herausforderungen an Theorie und Methodik.

In diesem Kontext erkannte Max Gluckman während seiner Forschungen im südafrikanischen Zululand der dreißiger Jahre den institutionellen Wandel durch die Oppositionen zwischen Zulu, Kolonialinstanzen und weißen Siedlern als prägend für die heterogene lokale Gesellschaft. Die Analyse einer spezifischen sozialen Situation, der Einweihung einer Brücke im Jahre 1935 (Gluckman 1958, ursprgl. 1940), betonte den Wettbewerb *individueller Akteure* um Ressourcen und Status im Rahmen widersprüchlicher, inkonsistenter Normen und Regeln. Neben dieser theoretischen Einsicht bereitete die Studie in methodischer Hinsicht den Weg zu einer neuen, damals revolutionären Form der ethnographischen Darstellung: Im Zentrum der Aufmerksamkeit stand nicht länger eine abstrahierte Struktur, sondern das alltägliche Handeln konkreter Personen in der sozialen Praxis. Als ausgebildeter Jurist wandte sich Gluckman zudem einem in der Afrikaforschung bis dato eher ungewöhnlichen Thema zu, nämlich rechtlichen Konflikten (Gluckman 1955). Die ECM kann daher im Wesentlichen als eine Methode verstanden werden, die aus der Analyse von Rechts-Fällen (*cases*) heraus entwickelt wurde. Das Verfahren verwendete empirische Daten nicht allein zur Illustration von Modellen und Idealstrukturen, sondern hatte vielmehr die Entwicklung sozialer Konflikte, das Aushandeln individueller Interessen, das Interpretieren und Umgehen von Regeln sowie das Entstehen und Zerbrechen sozialer Bindungen über eine längere Zeitspanne hinweg zum Inhalt. All dies wurde als Bestandteil des alltäglichen Lebens angesehen – und nicht als abnormes Phänomen innerhalb ansonsten harmonischer Strukturen. Von daher ist die ECM definiert als die detaillierte Untersuchung spezifischer Ereignisse oder Ereignisketten, aus denen sich generelle theoretische Prinzipien ableiten lassen (Mitchell 1983: 192).

Vor diesem Hintergrund erstellten auch die Schüler von Gluckman, der von 1942 bis 1947 Direktor des *Rhodes-Livingstone Instituts* in Nord-Rhodesien (heute Zambia) war, ethnographische Studien, die sich deutlich von denjenigen ihrer Kollegen unterschieden, die in Ost- und Westafrika arbeiteten. Nachdem Gluckman im Jahre 1949 an die Universität Manchester gewechselt war, wurden die auffallend uniformen thematischen Schwerpunkte zu einem prägenden Charakteristikum der so genannten *Manchester-Schule* innerhalb der britischen Sozialanthropologie. Typische Forschungsgegenstände waren die Dynamik dörflicher politischer Strukturen, Prozesse des Konfliktes und der Konfliktlösung, sowie der Ausdruck dieser Konflikte über die Medien der Hexerei und des Rituals (siehe Kuper 1996: 142f.). Zumindest ebenso prägnant war jedoch die Priorität der ECM: Kaum sonst einmal wurde in der Geschichte der Ethnologie eine wissenschaftliche Schule in solchem Maße über eine spezifische Methode definiert.

Die Charakteristik der ECM in ihren ersten Anwendungen erschließt sich gut aus den Werken von Clyde Mitchell (1956) und Victor Turner (1957), die beide als *research officers* am *Rhodes-Livingstone Institute* fungierten. Interessanterweise folgten theoretische Abhandlungen zur ECM erst in den sechziger Jahren, als nach Veröffentlichung der genannten Studien der innovative Wert dieser Methode allgemein gewürdigt worden war (Gluckman 1961; van Velsen 1967; Garbett 1970). Clyde Mitchell führte seine Feldforschungen zwischen 1946 und 1949 bei den Yao im damaligen Nyasaland (heute Malawi) durch. Die Muster politischer Integration in dieser Gesellschaft zeichnete er anhand einer Reihe von miteinander verbundenen *case histories* über politische Dispute, Oppositionen und Sukzessionsmechanismen innerhalb eines Dorfes nach, wobei insbesondere die Hexerei als politisches Manipulationsinstrument im Vordergrund stand. Mitchell stellte das Leben der Yao in bedeutender zeitlicher Tiefe als einen dauerhaften Zyklus von Streitigkeiten im Laufe der Jahre dar, der als konstitutiv für die Alltagsrealität aufgefasst wird. Dies war vor allem auch eine deutlich neue Form der ethnographischen Darstellung.

Die wichtigste frühe Anwendung der ECM liegt sicherlich in Gestalt von Victor Turners Dorfstudie der matrilinearen Ndembu im heutigen Zambia vor (Turner 1957), die auf Forschungen zwischen 1950 und 1954 beruht. Die widersprüchlichen Interessen der Männer als Mitglieder einer Matrilineage, Ehemänner, Väter und Schwäger führen in dieser Gesellschaft zu sozio-politischer Instabilität bzw. permanent zu Krisen innerhalb des Wettbewerbes um politische Macht. Diese Prozesse stellt Turner anhand so genannter *social dramas* dar, innerhalb derer er die Entwicklung und Lösung von Konflikten und Spannungen nahezu akribisch beschreibt. Dabei ergeben sich ganze Serien von Konfrontationen zwischen immer denselben Akteuren, deren Eigeninteresse in konkreten Handlungsstrategien aufgezeigt wird. Dieser innovative Fokus auf individuelles Handeln in komplexen Beziehungsgefügen bereitete unter anderem den Weg für die Netzwerkanalyse, um die sich später wiederum Mitchell besonders verdient machen sollte (Mitchell 1969; vgl. Garbett 1970).

Die Manchester-Schule war nur von begrenzter Dauer: Gluckmans Schüler orientierten sich in inhaltlich sehr unterschiedliche Richtungen, und das typische Studienfeld des kolonialen Afrika gab es bald nicht mehr. Entsprechend verlor die ECM ihre strikte institutionelle Einbindung und kam allgemein mit dem Siegeszug quantitativer Methoden in den Sozialwissenschaften für einige Zeit aus der Mode (Mitchell 1983: 187f.). Dennoch wurde sie auch in jüngerer Zeit immer wieder angewandt, auch in einer Reihe anderer Disziplinen, auf die hier jedoch nicht eingegangen werden soll. Mitchells Schüler Bruce Kapferer beispielsweise, der ebenfalls für kurze Zeit mit dem *Rhodes-Livingstone Institute* assoziiert war, knüpft in seiner Darstellung eines exorzistischen Rituals in Sri Lanka methodisch an die typischen Manchester-Monographien an (Kapferer 1997: 16–21): Heterogene soziale Praktiken, Konflikte und Hexereibeschuldigungen zeigen hier das scheinbar Widersprüchliche und Ungeordnete in der Alltagspraxis als konstitutiv für das soziale Leben auf. In ihrer Analyse der Arbeitsbedingungen von Elektronikarbeiterinnen in China weist Lee (1998) über die ECM nach, inwieweit die sozioökonomischen Situationen in zwei unterschiedlichen Firmen jeweils spezifisch kulturell und politisch eingebettet sind. Die Beispiele von Röttger-Rössler (1994, 2000) und Rössler (1987) sollen weiter unten dazu dienen, die Technik der empirischen Anwendung der ECM zu erläutern. In der Soziologie wird die ECM vor allem von van Velsens Schüler Burawoy (1991, 1998) diskutiert. Im soziologischen Diskurs über die ECM dominiert jedoch ein spezifischer theoretischer Schwerpunkt, nämlich das Verhältnis zwischen dem Partikularen des Falles einerseits und generalisierten Makroprozessen andererseits, welches zudem auf einem deduktiven Test von Theorien aufbaut (siehe Babbie 2000: 285f.; Hamel et al. 1993). Diese Problematik ist in vielerlei Hinsicht neben dem Erkenntnisinteresse angesiedelt, das über die ECM in der ethnologischen Forschung angestrebt wird.

7.2 Zur Typologie von Fallstudien

Auf der Grundlage von Gluckman (1961) unterscheidet Mitchell (1983: 193f.) einige methodische Varianten, die häufig nicht deutlich differenziert werden. Ausgehend vom sehr weiten Begriff der *Fallstudie*, wie er von der Chicagoer Schule der Soziologie (siehe Hamel et al. 1993: 13ff.) in den Sozial- und anderen Wissenschaften verbreitet wurde, schlägt Mitchell folgende Typologie speziell für ethnologische Anwendungen vor: 1) Die *Angemessene Illustration* (*apt illustration*) ist die Beschreibung eines einzelnen Ereignisses, das zur anschaulichen Erläuterung eines generellen Prinzips dient: Das normative Meidungsverhalten zwischen Schwiegermutter und Schwiegersohn wird z. B. durch eine Szene illustriert, in der sich Max vor seiner Schwiegermutter Hermine versteckt. 2) Die *Situationsanalyse* bezieht mehrere miteinander verbundene Situationen innerhalb einer begrenzten Zeitspanne in die Untersuchung ein; ein Musterbeispiel ist Gluckman (1958). 3) Die *Extended-Case Methode* dehnt die Verbundenheit solcher Situationen mit denselben Akteuren über eine längere bis lange Zeit aus, wobei dem Moment des Prozesshaften besondere Gewichtung zukommt; Mitchell (1956) ist eine vorbildhafte Anwendung. 4) Die Analyse *sozialer Dramen* (Turner 1957) schließlich bezeichnet Mitchell als eine zeitlich und thematisch eingeschränkte ECM. In der Tat handelt es sich aber – mit Ausnahme der *apt illustration* – innerhalb desselben methodischen Prinzips nur um Nuancen hinsichtlich zeitlicher Tiefe und der Komplexität der dargestellten sozialen Beziehungen. Es ist von daher durchaus legitim, alle genannten Verfahren 2) bis 4) als ECM zu bezeichnen.

7.3 Fragestellungen und Voraussetzungen der ECM

Die hier vorgestellte Methode ist explizit *akteur-, handlungs- und pro-zessorientiert.* Sie ist daher zur Untersuchung aller Problemfelder geeignet, in denen es um eine Verknüpfung mehrerer bis vieler miteinander in enger Beziehung stehender Ereignisse innerhalb eines spezifischen sozialen Kontextes geht. Von daher bietet es sich an, die Methode vor allem in den Bereichen sozialer und politischer Prozesse, rechtlicher Probleme und ritueller Zyklen anzuwenden, also überall dort, wo Handlungen eine primäre Rolle spielen. Weiterhin ist sie besonders geeignet, der Analyse von Lebensgeschichten eine zusätzliche analytische Tiefe zu verleihen, die über das rein Biographische hinausreicht (Röttger-Rössler 1994, Mitchell 1983). Im Prinzip hat sich an der Art der Fragestellungen, die über die ECM verfolgt werden können, im Laufe der Jahrzehnte nicht viel geändert; es muss aber natürlich berücksichtigt werden, dass der theoretische Rahmen ethnologischer Forschung erweitert wurde. Zu erwähnen ist hier z. B. die *Writing Culture*-Debatte, die insofern Auswirkungen auf die ECM hat, als diese sehr eng mit der Frage nach der Art der Datenpräsentation verbunden ist.

Weiterhin werden an die ECM einige wichtige Anforderungen gestellt. Wesentliche Bedingung für eine erfolgreiche Anwendung ist zunächst eine ausreichend lange *Feldforschungsdauer.* Wie bereits die klassischen Beispiele von Mitchell und Turner zeigen, müssen die Forschungen nicht unbedingt an einem Stück durchgeführt werden. Eine mehrmals unterbrochene Langzeitforschung über viele Jahre oder gar Jahrzehnte hinweg ergibt fast automatisch immer neue Verknüpfungen zwischen zeitlich weit auseinander liegenden Einzelfällen unter Beteiligung derselben Akteure (siehe Röttger-Rössler 1994, 2000). Daraus folgt auch, dass eine weitere Voraussetzung in der *intimen Kenntnis* der untersuchten Gemeinschaft liegt. Um die Entwicklung sozialer Beziehungen zwischen konkret identifizierten Akteuren darstellen und interpretieren zu können, muss ein reichhaltiges Wissen um einzelne soziale Positionen, verwandtschaftliche Verbindungen, wirtschaftliche Situationen, religiöse Orientierungen, Lebensgeschichten, gegenseitige persönliche Zu- und Abneigungen etc. gewährleistet sein. Die parallele Anwendung der genealogischen Methode leistet hier z. B. wertvolle Hilfe. Ein sehr gutes *Vertrauensverhältnis* mit der untersuchten Gruppe ist ebenso wichtig, denn gerade Konflikte, abweichendes Verhalten etc. stellen einen höchst sensiblen Bereich dar, den man unter Umständen dem fremden Ethnographen gegenüber möglichst verheimlichen will. Des weiteren ist eine gute *Kenntnis der lokalen Sprache* unabdingbar. Ist diese nicht gegeben, so gehen wesentliche Inhalte von beobachteten Ereignissen verloren, die im Nachhinein nicht mehr zufriedenstellend rekonstruiert werden können, denn gerade in Situationen des Konfliktes, der politischen Streitigkeit etc. verbietet sich häufig das Medium der Ton- oder filmischen Dokumentation. Schließlich dürfte es selbstverständlich sein, dass die ECM nur dann als sinnvolles Instrument eingesetzt werden kann, wenn eine möglichst weitreichende *Kenntnis der lokalen Gesellschaft und Kultur* gegeben ist. Bevor die Manipulation von Regeln und Institutionen, einzelne Konflikte und ihr Ausdruck in rituellen Handlungen methodisch in den Mittelpunkt gerückt werden können, muss ein umfassendes Wissen über die besagten Regeln und Institutionen erworben sein. Dies soll jedoch nicht heißen, dass mit der ECM erst nach Monaten im Feld begonnen werden kann. Die Aufzeichnung von konkreten Ereignissen und Handlungen kann durchaus mit dem kontinuierlichen Erlernen der gesellschaftlichen und kulturellen Verhältnisse einhergehen. In jedem Falle gilt auch für die spätere Datenpräsentation, dass die Darstellung allein der reinen Ereignisse und Ereignisketten der Leserschaft unter Umständen unklare oder gar konfuse Informationen liefern kann; die Einbettung des Fallmaterials in einen adäquaten Hintergrund ist folglich unerlässlich (siehe Schweizer 1989: 61; Mitchell 1983: 189).

7.4 Methodische Probleme bei der Anwendung der ECM

Gerade eine so komplexe Methode wie die ECM weist besonders problematische Aspekte auf, denen daher hier etwas breiterer Raum gewidmet werden soll. Zunächst sei die *Quantität und Qualität der erhobenen Daten* zu Handlungen und Ereignissen erwähnt. Ein befriedigendes Ergebnis lässt sich nur dann erzielen, wenn das Ereignis selbst sowie alle zum Verständnis notwendigen Informationen in diachronischer und synchronischer Dimension erschöpfend erhoben werden. Dies kostet viel Zeit und Mühe. Neben akribischer Dokumentation des Beobachteten müssen weitere Befragungen von direkt und indirekt Beteiligten oder auch von Unbeteiligten herangezogen werden. Hierbei kann es nicht darum gehen, eine Art von *Wahrheit* in Erfahrung zu bringen. Gerade die ECM gewinnt ihre Stärke vielmehr daraus, dass widersprüchliche Meinungen und Kommentare einander gegenüber gestellt und im sozialen Kontext der betreffenden Personen, im Zusammenhang mit ihrem Status, ihrer Persönlichkeit, ihren spezifischen Interessen usw. beleuchtet werden.

Hinzu kommt die Erhebung möglichst vieler Informationen zur *Vorgeschichte des Ereignisses*, die zum Verständnis desselben sehr wichtig ist. Die somit vollzogene Ausdehnung der *zeitlichen Tiefe* des Falles auf selbst nicht beobachtete Situationen ist besonders problematisch, da man hier auf das Gedächtnis der Informanten und auf die Verlässlichkeit ihrer Aussagen angewiesen

ist. Es ergibt sich also eine Parallelität zweier unterschiedlicher Daten-
kategorien, die nicht ohne weiteres kompatibel sind. Erstens werden Ereignisse aus der Vergangenheit anhand von gegenwärtigen Normen interpretiert
(Garbett 1970: 220). Zweitens ist eigenes Erleben und Beobachten etwas anderes als die Interpretation von Erzählungen. Drittens zeigt die eigene Erfahrung die Inkonsistenzen und Widersprüche innerhalb der sozialen Praxis unmittelbar auf. Demgegenüber erscheinen die über Befragungen erhobenen
Informationen aus der *guten alten Zeit* – sofern sie nicht überhaupt lücken-
haft sind – meist strikt normativ geordnet und regelhaft oder auch über-
dramatisiert (siehe van Velsen 1967: 144). Mir wurden z. B. in Sulawesi viele
Geschichten darüber erzählt, wie *früher* junge Paare nach einer Fluchthochzeit
im Falle ihrer Entdeckung von Vätern oder Brüdern erbarmungslos getötet
wurden – wie es der Norm entspricht. In der Tat erfreuen sich jedoch alle
Leute, deren Fluchthochzeit ich selber erlebt habe, bis heute bester Gesundheit. Eine genaue Recherche ergab, dass die idealisierte Norm weder früher
noch heute der gelebten Praxis entsprach bzw. entspricht, denn auch in jener
Gesellschaft gibt es Hemmungen, die eigene Tochter und/oder ihren Gelieb-
ten mir nichts dir nichts zu erdolchen. Gleichzeitig ist gerade dieses Beispiel
sehr geeignet für den Einsatz der ECM, denn eine Fluchthochzeit ist ein soziales Drama par excellence (Röttger-Rössler 2000).

Ein beachtliches Problem stellt weiterhin die *Auswahl der Fälle* und Ereignisketten sowie damit einhergehend ihre *Repräsentativität* dar. Letztere wurde
in der Ethnologie während der letzten Jahre und Jahrzehnte im allgemeinen
Sinne hinreichend diskutiert; für die ECM ergeben sich zusätzliche Akzente,
weil ja gerade der Begriff *Fall/case* die Konnotation des Zufälligen in sich
birgt (siehe Mitchell 1983; Burawoy 1991). Zunächst einmal erfordert die
große Detailfülle, die es aufzunehmen gilt, sowie die notwendige enge Vertrautheit mit den Akteuren und ihrem soziokulturellen Umfeld zwingend eine
Beschränkung des analytischen Rahmens. Daten solcher Art lassen sich nicht
für Hunderte von Individuen erheben. Es ließe sich von daher kritisch ein-
wenden: Gut, dies ist mit den Personen A–G passiert, aber was ist mit den
anderen 500 Personen im selben Dorf? Und was ist mit den Tausenden in der
weiteren Region? In Bezug auf die ECM ist eine solche Frage aber schon
insofern falsch gestellt, als über diese Methode seit ihren Ursprüngen überhaupt nicht *die* Gesellschaft erfasst werden sollte. Dies ist nicht nur aus den
genannten Gründen gar nicht möglich. Hinzu kommt, dass diese Methode
sich ja gerade bewusst vom Makromodell weg hin zu exemplarischen Akteuren und ihren Handlungen auf der Mikroebene orientierte. Vielmehr geht es
also um bewusst *nach räumlichen und zeitlichen Kriterien definierte Ausschnitte der alltäglichen Praxis*, die intensiv untersucht werden, und zwar
nicht als geschlossene Einheiten, sondern im Sinne von sozialen Prozessen

innerhalb eines offenen analytischen Feldes (siehe van Velsen 1967: 145; Garbett 1970: 215ff.). Gleichwohl werden aus der Untersuchung dieser Ausschnitte allgemeine Aussagen getroffen und generelle theoretische Prinzipien abgeleitet.

Im Hinblick auf die spezifische *Auswahl der Fälle* muss hinterfragt werden, ob die für die Erhebung und/oder für die Präsentation ausgewählten Fälle einer gewissen Willkür seitens des Ethnographen unterliegen (weil sie z. B. analytisch besonders interessant oder dramatisch sind), oder ob sie tatsächlich typisch für die alltägliche Praxis der betroffenen Menschen sind. Im Vergleich zu weitgehend unverbundenen Fällen oder Ereignissen, die in der Regel doch eher illustrativen Charakter haben, ist für die speziell über die ECM erfassten Fälle die Gefahr einer entsprechenden Verfälschung allerdings deutlich geringer (siehe Schweizer 1989: 61f.). Wirkliche Ereignisketten, wie sie diese Methode typischerweise verwendet, treten nicht beliebig häufig und einander vielfach überlappend auf. Sie sind vielmehr relativ selten, weisen stringente Verbindungen untereinander auf und haben aus diesem Grunde auch für die betreffende Gemeinschaft eine Relevanz, die einerseits zwar Teil des Alltags ist (z. B. Politik), andererseits aber auch das immer wieder auftretende Außergewöhnliche (z. B. politischer Streit) innerhalb des Alltags betont.

Schließlich gilt es nochmals einen bereits erwähnten Aspekt aufzugreifen: Die charakteristischen sozialen Ereignisse, die über die ECM analysiert werden, involvieren eigentlich immer Krisen- und Konfliktsituationen. In Kombination mit der intimen Kenntnis der Akteure und ihres gesellschaftlichen Umfeldes, die sich ein Ethnograph aneignen muss, ergibt sich daraus immer auch ein *ethisches Problem*. Das Wissen um Schuldzuweisungen, um den Vater eines unehelichen Kindes, um die Umstände eines Diebstahls oder eines Tötungsdeliktes macht den Ethnographen buchstäblich zum *Mitwisser* innerhalb eines Teiles der Gruppe, der über ein solches Detail oft besser informiert ist als die Mehrheit der Gemeinschaft. Bei anderen methodischen Verfahren kann man diese Wissenskomponenten ausblenden und unerwähnt lassen. Die ECM und die daraus gewonnenen Daten stellen solches Wissen jedoch in den Mittelpunkt, die Methode erfordert sogar oft ein intensives Nachhaken (durch Befragung) und die Partizipation an Gerüchten, Verdächtigungen und sorgfältig gehüteten Geheimnissen. Hier gilt es dann einerseits, gewissermaßen einen Datenschutz wie etwa durch Anonymisierung der Betroffenen vorzunehmen und generell zu beurteilen, was veröffentlicht werden kann (Rössler 1987). Ein anderes Problem ist die Situation während der Feldforschung selbst. Seine Stellung als Mitwisser macht den Ethnographen schnell involviert und parteiisch, ganz egal ob er es de facto ist (was sich trotz aller wissenschaftlichen Objektivität oft nicht vermeiden lässt), oder ob ihn nur manche der Beteiligten dafür halten. Man kann sich einem solchen misslichen

Rollenkonflikt jedoch insbesondere dann nicht entziehen, wenn man als Ethnograph von Individuen oder Gruppen innerhalb von Konfliktsituationen als politisches Instrument eingesetzt wird. Birgitt Röttger-Rössler (1994) hat dies in Indonesien sehr intensiv erlebt, als eine von ihrer Familie verstoßene adlige Frau mittels einer in vielen Situationen überbetonten Affinität zur europäischen, statushohen Wissenschaftlerin einen Wiederaufstieg an sozialem Ansehen zu erzwingen versuchte. Solche Aspekte erfordern während der Forschung äußerste Sensibilität und im Rahmen der Datenpräsentation große Aufmerksamkeit unter Berücksichtigung der eigenen Rolle im jeweils geschilderten sozialen Prozess.

7.5 Praktische Durchführung

Die Bedingungen des Teilhabens an Ereignissen sind in jeder Gesellschaft anders gestaltet, ebenso auch das Erheben zusätzlicher Informationen. Ich halte es dennoch für die anschaulichste Lösung, anhand eines empirischen Beispiels vorzugehen und wähle dafür aus dreizehn chronologisch geordneten Ereignissen während meiner Forschungen in Indonesien fünf beteiligte Personen aus. Auch beschränke ich mich auf zwei miteinander verwobene Haupthandlungsstränge. Bei dem einen geht es um einen Konflikt um das formalpolitische Führungsamt des Dorfchefs, bei dem anderen um das nur noch symbolische Amt des traditionellen Führers (*karaeng*). Den Kontext bildet die Auseinandersetzung zwischen den Anhängern der traditionellen Religion und denjenigen des Islam. Zu Beginn ist die Aufeinanderfolge der Ereignisse dicht, aus der Zeit von 1989 bis 1997 habe ich aus Platzgründen drei besonders wichtige ausgewählt. Insgesamt kann hier natürlich nur die Grobstruktur vorgestellt werden (für näheres zu den Fällen bis 1985 siehe Rössler 1987). Zunächst zu den *dramatis personae*:

Bantang:	Bis 1970 formaler Dorfchef und gleichzeitig Inhaber des an ein Heiligtum gebundenen traditionellen Führungsamtes, seit 1970 nur noch in letzterer Funktion
Nembo:	Formaler Dorfchef von 1983 bis 1986
Ngalle:	Seit 1968 wird in seinem Haus das Heiligtum aufbewahrt
Jumali:	Formaler Dorfchef für einige Monate 1975
Nawa:	Dorf-Imam seit 1960

Die Kommentare beruhen auf Informationen, die ich vor, nach und parallel zu den Ereignissen erhoben habe. Sie standen mir also nicht von Beginn an vollständig zur Verfügung.

7.5.1 Technische Aspekte

Speziell bei rituellen Situationen, wie sie in meinem Beispiel im Mittelpunkt stehen, sollte man sich bereits vor dem Ereignis möglichst genau erkundigen, um was es geht. Jede noch so bescheidene Vorkenntnis erleichtert das Beobachten einer komplexen Situation erheblich. Ich gehe bei der Schilderung des Vorgehens zunächst implizit von Fall [1] aus, einem Schwangerschaftsritual im Juli 1984:

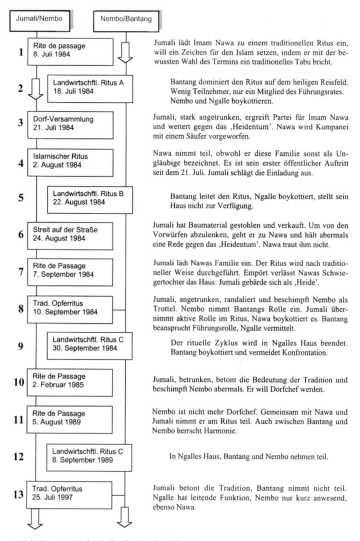

Abbildung 1: Beispielhafte Ereigniskette.

0.		Vorab: Falls ein Schritt nicht durchführbar ist, darf man ihn nicht erzwingen wollen!

1.		Für *jedes* Ereignis gilt im Moment seines Ablaufs:
1.1		Grundregel: Niemals das Geschehen aktiv beeinflussen, es sei denn, man wird dazu angehalten.
1.2		Wichtige Elemente aller Beobachtungen möglichst genau während des Ereignisses notieren, das Erinnerungsvermögen lässt rasch nach!
1.3		*Wenn möglich*, zusätzliche Dokumentationsmedien einsetzen: Foto, Audio etc. Oft lassen sich Beteiligte, die man „vergessen" hat, nachträglich auf Fotos identifizieren.
1.4		Zeichnungen, Skizzen von räumlichen Anordnungen, Sitzpositionen, Bewegungen etc. anfertigen. Vieles lässt sich besser zeichnen als fotografieren.
1.5		Bei bekannten/vertrauten Personen in der Situation selbst nachfragen: Wer ist das? Was macht sie da gerade? Worum geht es? Wieso ist er wütend? Ich habe nicht verstanden, was sie eben gesagt hat! etc.
1.6		Beteiligte auf weitere Erkundigungen vorbereiten: Das habe ich überhaupt nicht verstanden, können wir morgen noch einmal darüber sprechen?

2.		Für *jedes* Ereignis gilt nach dem Geschehen:
2.1		Notizen möglichst umgehend, umfassend und detailliert festhalten (egal ob Papier oder Notebook). Bei der ECM fließen Feldnotizen oft direkt in die Präsentation ein! Beim Notieren der Daten gibt es 4 Punkte zu beachten (siehe Burgess 1991):
2.1.1	*Was Wann Wo Wer*: Ereignis, Datum, Zeit, Ort(e), Akteure festhalten.
2.1.2	*Substantive Notizen* über Beobachtungen und Gespräche.
2.1.3	*Methodologische Notizen* über persönliche Eindrücke, persönliche Involvierung, Auswahl von Informanten, Beziehung zu Informanten, Reflexion der eigenen Erfahrung.
2.1.4	*Analytische Notizen*: Notizen vorläufig analysieren, dabei dieses trennen von Kommentaren der Informanten! Auftretende Fragen/Unklarheiten ebenfalls notieren.
2.2		Grundregel des Nachfragens: Immer reflektieren, ob ein Nachfragen Missbilligung oder gar Verärgerung seitens der Befragten hervorrufen kann. Zu manchen Aspekten kann man nur bestimmte Personen befragen. Geschlechts- und altersspezifische Fragen beachten!
2.3		Bei Hauptprotagonisten nachfragen: Warum waren Sie denn so wütend? Warum sind Sie vorzeitig gegangen? Warum haben Sie nichts gesagt? Was haben Sie da gesagt? etc.
2.4		Bei beteiligten Personen die Situation nachfragen: Was war da gestern/

letzte Woche etc. los? Wer waren die Personen? In welchem Dorf wohnt denn der bärtige Mann? etc.

2.5 Bei Unbeteiligten nachfragen: Ich war gestern bei einem *Rite de Passage* bei Jumali. Wieso waren Sie denn nicht da? Dies und jenes ist da passiert; ist das immer so? etc.

2.6 Direkte Hintergründe nachfragen: Zum Beispiel Fall [1]: Wieso geht der Imam zu einem traditionellen Ritual? Was hat es mit dem Tabu auf sich? etc.

2.7 Verbindungen zwischen Personen nachfragen: Gehören Jumali und Nawa zur selben Familie? (Antwort: Nein, es folgen lange Erklärungen, die aufgearbeitet werden müssen, daher Übergang zu 3:)

3. Für *jedes* Ereignis gilt in Verbindung mit anderen Ereignissen:

3.1 Ausführliche persönliche Hintergründe nachfragen: Genealogie von Jumali und Nawa und der anderen Beteiligten, Informationen zu ihrer Lebensgeschichte, ökonomischen Position, religiösen Einstellung etc. Das Sammeln dieser Informationen erstreckt sich über die gesamte Dauer der Feldforschung(en). Selbst nach vielen Jahren werden sich neue Aspekte zu Akteuren ergeben, die man bereits gut zu kennen glaubte.

3.2 Ausführliche Hintergründe anderer Art erfragen. Auch dies erstreckt sich prinzipiell über die gesamte Forschung, kann aber hier bei Fall [1] oder schon davor einsetzen: Ritual, Symbolik, Situation des Islam, Geschichte der politischen Ämter/Reihenfolge der Amtsinhaber, Kriterien für politische Nachfolge etc.

All diese Daten – und zwar in größtmöglichem Detail – müssen ggf. mittels anderer spezifischer Methoden erhoben werden. Darüber hinaus fließen zahllose Informationen aus Klatsch und normalen Alltagssituationen ein. Ich traf auch z. B. Jumali keineswegs nur in „dramatischen" Situationen, sondern regelmäßig an unterschiedlichen Orten. In Anknüpfung an das oben Gesagte hat er mich dann z. B. nach Fall [3] angesprochen: „Wie war ich bei meinem Auftritt, he? Denen hab ich's gezeigt! Diese blöden Götzenanbeter! Was denkst du darüber?" Eine geeignete Antwort muss sich jeder (spätestens jetzt involvierte!) Ethnograph für sich überlegen.

Es dürfte einleuchten, dass all diese Informationen insgesamt eine enorme Dichte aufweisen. Um zu zeigen, was sich aus den Ereignissen [1] bis [13], den Beobachtungen und Erhebungen ableiten lässt, will ich den Umriss des ersten Handlungsstranges kurz skizzieren:

1975 erlangt Jumali – ein statusniederer Nachfahre von Sklaven, aber mit Schulbildung – durch Intrigen das Amt des Dorfchefs, wird wegen diverser Ausfälle im betrunkenen Zustand bald abgesetzt und versucht seit 1983 mit

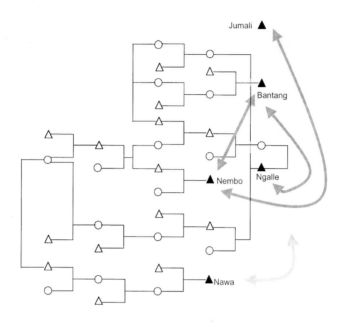

Abbildung 2: Verwandtschaftsbeziehungen zwischen den beteiligten
Akteuren.

allen Mitteln, das Amt wieder zu erlangen, denn der neue Dorfchef Nembo
(ohne Schulbildung) gilt als ein Mann, der sich gegen Jumali nicht behaupten
kann. [Jetzt Beginn der ersten Forschung] Über die überbetonte Hinwendung
zu Nawa versucht er sich – konform mit der Politik der Distriktsregierung –
als Wegbereiter des Islam darzustellen, was ihm jedoch schon auf Grund seines Alkoholkonsums niemand abnimmt, und sich dadurch für das Amt zu
qualifizieren. Immer wieder randaliert Jumali und droht in unbeherrschten
Anfällen mit Waffengewalt. Er stiehlt sogar Gemeinschaftsbesitz, um den Ruf
nach einem starken Dorfchef zu provozieren. Man hat zunehmend Angst vor
ihm und erwägt, den Distriktchef zu konsultieren. Andererseits ist letzterer
auch überzeugt, dass Jumali ein Vorkämpfer des Islam ist. Jumali versucht es
dann plötzlich mit einer anderen Strategie, erklärt sich zum Bewahrer der
Tradition, stärkt den Anhängern der prä-islamischen Religion der Rücken,
führt selbst Riten durch, die er Wochen zuvor als „heidnisch" gebrandmarkt
hat. 1986 wird Nembo abgesetzt und ein anderer Mann zum Dorfchef er-
nannt; seit 1988 übt ein Adliger das Amt aus, der Jumali öffentlich wie seinen

Leibeigenen (Sklaven, s. o.) behandelt und nach inoffiziellem, kulturellem Konsens auch behandeln darf. Nembo und Jumali gehen nun normal miteinander um, letzterer propagiert 1997 verstärkt die Tradition, geht aber auch regelmäßig in die Moschee. Jumalis Machtkampf hat sich in Luft aufgelöst. Die latente Spannung zwischen Tradition und Islam, die Jumali als politisches Instrument nutzen wollte, hat sich dafür als denkbar ungeeignet erwiesen. Statt dessen waren die wesentlichen Faktoren: Deszendenz, Schulbildung (…)

Ausgebaut mit ethnographischen Details – vor allem auch den gegenseitigen verwandtschaftlichen Verbindungen, die ich hier nicht näher berücksichtigt habe – mündet dies in eine Analyse, die in diachronischer (1975 bis 1997) wie synchronischer Dimension äußerst komplex ist. Zahllose weitere Informationen fließen hier mit ein, doch dreht sich der Haupthandlungsstrang wie gesehen um Konflikte religiöser, sozialer und politischer Art, um widersprüchliches Verhalten, Manipulation von Normen und politische Strategien im Allgemeinen. Auf zusätzliche Erkenntnisse gehe ich weiter unten ein.

7.5.2 Verbindungen zwischen Fällen und Ereignisketten

Ein Hauptproblem besteht in der Zusammenfügung einzelner Ereignisse zu Ereignisketten. Manche liegen auf der Hand, manche nicht. So gibt es mehrere Möglichkeiten, Verbindungen z. B. zwischen Fall [1] und anderen Fällen zu ziehen. Manche sind weniger ergiebig, manche hochgradig interessant, weil sie in eigene Ereignisketten münden. Beispielsweise ließen sich an Fall [7] viele andere anschließen, in denen Nawas Schwiegertochter ebenfalls das gastgebende Haus verlässt, weil sie als Anhängerin des reformistischen Islam traditionelle Riten nicht toleriert. Zwar ist dieses Verhalten grob unhöflich, aber die Gemeinschaft nimmt es gelassen zur Kenntnis. Es ergibt sich keine Entwicklung von Beziehungen oder Spannungen aus diesen aufeinander folgenden Ereignissen. Solche Fälle haben allein Wert als Illustration, weil sie immer wiederkehren und weitgehend stereotyp sind.

Anders sieht es aus mit Fall [8]. Hier – anlässlich des umfassendsten traditionellen Rituals – treffen außer Nawa alle anderen unserer Akteure zusammen. Schon Fall [2] wies darauf hin: Der Kampf um politischen Einfluss spielt sich auch auf einer anderen Ebene ab, auf der Nembo sich mit dem inaugurierten *karaeng* Bantang auseinander setzt. Dieser hat keine Ambitionen mehr, Dorfchef zu werden (er hatte das Amt in den sechziger Jahren inne), aber er sieht sich nach wie vor in der Rolle des eigentlichen Führers der Gemeinschaft als kulturelle Einheit. Vor diesem Hintergrund ergeben sich nun folgende

Handlungsstränge, die *nebeneinander herlaufen*: a) Jumalis Kampf um die formale Führung des Amtes mit Nembo, wobei Nawa als Instrument eingesetzt wird; und b) Bantangs Auseinandersetzung mit Nembo, dem er die Berechtigung abspricht, die Riten der Tradition zu leiten.

Zusätzlich gibt es eine Auseinandersetzung zwischen Bantang und Ngalle um die Aufbewahrung des Heiligtums. Diese geht auf das Jahr 1975 zurück, als Jumali für kurze Zeit Dorfchef war (!). Damals nämlich beanspruchte Bantang das Feld, das vom jeweiligen *karaeng* genutzt wird, weiterhin für sich, da er es dem zugezogenen Sklavennachfahren Jumali schlichtweg verweigerte. Er kassiert die Ernte bis heute. Fall [2] spielt sich auf diesem Feld ab. Parallel dazu wurde im Jahre 1968 das Heiligtum in Ngalles Haus gebracht, wo es seitdem aufbewahrt wird. Bantang will es in sein eigenes bringen, da er dies für seine Rolle als *karaeng* als selbstverständlich erachtet. Verfolgt man nun ausgehend von Fall [2] diese Beziehung weiter, so ergeben sich stets neue Situationen [5, 8, 9, 12, 13, weitere hier nicht genannte], in denen diese Problematik in ihrer zeitlichen Entwicklung aufgezeigt wird. Auch dies wäre ein eigener Handlungsstrang, der sich im Gegensatz zu den beiden genannten bis heute hinzieht. Es kommen aus der Vergangenheit weitere Informationen hinzu, die sich auf Landkonflikte zwischen Ngalles engerer Verwandtschaft und Bantang beziehen (detailliert erhoben 1990/91), so dass ich zwischen etwa 1950 und 1997 aufzeigen kann, wie Auseinandersetzungen um Ressourcen, Symbole und politischen Einfluss dieselben Akteure immer wieder zusammenführen, wie neue Akzente entstehen und wie verschiedene Arten von Führerschaft auf mehreren Ebenen parallel und eng miteinander verwoben Politik in der sozialen Praxis dieser Gemeinschaft gestalten.

Ihre Komplexität gewinnt die Analyse daraus, dass sie erst durch das Einarbeiten zahlloser Informationen aus anderen Bereichen von Kultur und Gesellschaft ihre endgültige Gestalt gewinnt. Im vorliegenden Fall sind dies u.a. die Schlüsselrolle des Islam, der Stellenwert traditioneller Überzeugungen, Determinanten sozialer Hierarchien, Einzelheiten ritueller Handlungen, der Faktor der Bildung, Auswirkungen administrativer Reformen und vieles mehr. Kennzeichnend ist, dass solche Aspekte einerseits erhellend für die Darstellung (hier: des politischen Prozesses) wirken, und dass die Leserschaft andererseits auch über die Analyse (des politischen Prozesses) Informationen zu vielen zusätzlichen Aspekten von Kultur und Gesellschaft vermittelt bekommt: nicht nur per se, sondern auch in deren Zusammenhängen mit dem analytischen Schwerpunkt.

7.6 Präsentation

Hinsichtlich der Präsentation der Ereignisse und Ereignisketten lassen sich keine eigentlichen Standards nennen. Als sehr nützlich erweist es sich, die erwähnten Klassiker der ECM zu studieren, um einen Einblick in die textlichen Gestaltungsmöglichkeiten zu gewinnen. Selbstverständlich kommt dem Moment der Chronologie generell besonderes Gewicht zu, allerdings muss unter Umständen auf eine exakt chronologische Darstellung verzichtet werden, wenn andere Gliederungskriterien Priorität haben (z. B. Rössler 1987). Die minutiöse Darstellung der Fälle kann textlich durchgehend dominieren (Turner 1957), sie kann aber auch auf einen Teil oder Teile des Textes beschränkt bleiben (Kapferer 1997, Middleton 1960). Die Eigenart der ECM, Details aus den Feldnotizen direkt in den Text einzubringen, wurde bereits erwähnt. Besonders problematisch ist die Art und Weise, wie einzelne Ereignisketten oder Handlungsstränge, die in bestimmten Ereignissen zusammen- und danach wieder auseinander fließen, präsentiert werden (siehe Fälle [8] und [13]). Dies ist jedoch stark abhängig von der Fragestellung, der Art der Ereignisse und vor allem von den jeweiligen Intentionen des Ethnographen. Denkbar ist auch eine Berücksichtigung rezenter Modi des ethnographischen Schreibens wie etwa die Einbeziehung der Rolle des Ethnographen selbst, der ja wie erläutert bei der Anwendung dieser Methode eine besondere Position bezieht. Im Vordergrund muss in jedem Falle der eigentliche Fokus der ECM stehen: die Transparenz des Geschehens und das Handeln spezifischer Akteure im sozialen Prozess.

7.7 Literatur

7.7.1 Weiterführende Literatur

Burawoy, Michael
1998   The Extended Case Method. In: Sociological Theory 16: 4–33.
           Der meist zitierte neuere Beitrag zur ECM, zwar aus einer eher soziologischen
           Perspektive, doch bezieht Burawoy (ein Schüler van Velsens) viele spezifisch
           ethnologische Aspekte ein.

Garbett, G. Kingsley
1970   The Analysis of Social Situations. In: Man 5: 214–227.
           Ein umfassender theoretischer Überblick, der auch die Weiterentwicklung akteur-
           zentrierter Ansätze wie Netzwerkanalyse und Spieltheorie einbezieht.

Mitchell, J. Clyde
1983   Case and Situation Analysis. In: The Sociological Review 31: 187–211.
           In diesem Spätwerk diskutiert Mitchell, einer der Pioniere der ECM, insbeson-
           dere das Problem der Repräsentativität von Fallstudien.

Velsen, Jan van
1967   The Extended-Case Method and Situational Analysis. In: A.L. Epstein (Hg.),
            The Craft of Social Anthropology, 129–149. London.
            Nach wie vor die klassische Diskussion der Methode mit Zusammenfassungen
            ihrer frühen Anwendungen durch die Manchester-Schule.

7.7.2 Zitierte Literatur

Babbie, Earl
2000   The Practice of Social Research. (9th ed.) Belmont.

Burawoy, Michael
1991   The Extended Case Method. In: Michael Burawoy et al., Ethnography Unbound,
            271–287. Berkeley.

Burawoy, Michael
1998   The Extended Case Method. In: Sociological Theory 16: 4–33.

Burgess, Robert G.
1991   Keeping Field Notes. In: Robert G. Burgess (Hg.), Field Research, 191–194.
            London.

Garbett, G. Kingsley
1970   The Analysis of Social Situations. In: Man 5: 214–227.

Gluckman, Max
1955   The Judicial Process among the Barotse of Northern Zululand. Manchester.

Gluckman, Max
1958   Analysis of a Social Situation in Modern Zululand. Manchester.

Gluckman, Max
1961   Ethnographic Data in British Social Anthropology. In: Sociological Review 9: 5–17.

Hamel, Jacques et al.
1993   Case Study Methods. Newbury Park.

Kapferer, Bruce
1997   The Feast of the Sorcerer. Chicago.

Kuper, Adam
1996   Anthropology and Anthropologists. The Modern British School. (3. Aufl.). London.

Lee, Ching Kwan
1998   Gender and the South China Miracle. Berkeley.

Middleton, John
1960   Lugbara Religion. London.

Mitchell, J. Clyde
1956   The Yao Village. Manchester.

Mitchell, J. Clyde
1969   The Concept and Use of Social Networks. In: J. Clyde Mitchell (Hg.), Social
            Networks in Urban Situations, 1–50. Manchester.

Mitchell, J. Clyde
1983   Case and Situation Analysis. In: The Sociological Review 31: 187–211.

Rössler, Martin
1987   Die soziale Realität des Rituals. Berlin.

Röttger-Rössler, Birgitt
1994   Fatimahs Weg nach oben. In: Zeitschrift für Ethnologie 119: 229–248.

Röttger-Rössler, Birgitt
2000   Die kulturelle Modellierung des Gefühls. Ein Beitrag zur Theorie und Methodik
            ethnologischer Emotionsforschung anhand indonesischer Fallstudien. Habilita-
            tionsschrift, Universität Göttingen.

Schweizer, Thomas
1989   Prozessanalyse in der Ethnologie. In: Zeitschrift für Ethnologie 114: 55–74

Turner, Victor W.
1957   Schism and Continuity in an African Society. Manchester.

Velsen, Jan van
1967   The Extended-Case Method and Situational Analysis. In: A.L. Epstein (Hg.),
            The Craft of Social Anthropology, 129–149. London.

Jürg Wassmann

8. Kognitive Methoden

8.1   Problemstellung 161
8.2   Hintergrund 163
8.3   Individuelles Gedächtnis 164
8.4   Kulturelles Gedächtnis 167
8.5   Ein methodischer Vorschlag 168
8.6   Herbeigeführte Situationen 173
8.7   Literatur 181

S: Andrew?
L: Yeah?
S: You fat bugger
L: What?
S: You fat bugger! Anyway, you go straight…
L: Fuck off!
S: Shut up! You go straight…
L: What? Snot pig.
S: You go straight to the third garage.
L: Right (moves to the first garage)
S: And to the fourth church. Have you done that?
L: Yeah. Pig (moves to the first church).

(Aus: Strategies used to communicate route direction by telephone, P. Lloyd 1991: 188)

8.1 Problemstellung

Als ich vor einigen Jahren in Denpasar in Bali das *Art Festival* besuchen wollte, verlief ich mich auf den Weg dorthin prompt. Ich fragte einige Passanten nach dem Weg. Sofort bildete sich eine Menschenmenge um mich herum, und man erklärte mir auf Bahasa Indonesia, ich solle 10 Minuten nach

Norden laufen, danach weitere zwei Minuten nach Westen (ich fand den Weg). Dabei gebrauchten meine Auskunftspersonen die balinesischen Richtungsangaben „zum Berg" (*kaja*, also Norden) und „Sonnenuntergang" (*kauh*, also Westen).

Es ist hier nicht entscheidend, dass die Balinesen ein anderes Orientierungssystem benutzen als wir, sondern die Frage, wie die mentalen Bilder (*cognitive maps*) aussehen, die die angetroffenen Passanten von ihrer Stadt haben, und wie man sie methodisch sichtbar machen könnte.

Diese *mentalen Bilder* sind die individuellen, internalisierten kognitiven Repräsentationen der äußeren geographischen Umwelt. Es sind nicht einfach statische Bilder, sondern „the symbolic and internalized mental reflection of spatial action" (Piaget und Inhelder 1967: 454). Manchmal sind sie analoge Repräsentationen der Umwelt, meist jedoch sind sie unvollständig, auf eine individuelle Weise verzerrt, ein Bild, kein Abbild, reduziert auf das (fürs Individuum) Wesentliche. Es bleibt die zusätzliche Frage, welche Form diese mentalen Bilder haben müssen, damit man sie im Langzeit-Gedächtnis speichern und daraus abrufen und mit anderen darüber kommunizieren kann.

Zu diesen mentalen Bildern haben wir keinen direkten Zugang. Wir können nur auf sie schlussfolgern indem wir sie externalisieren, d. h. ein Modell bauen, zeichnen, verbal beschreiben, oder indem wir sie in unserem Alltag gebrauchen. Wenn wir ein Modell bauen, behalten wir die Dreidimensionalität bei, aber die Maßstäbe stimmen nicht mehr. Wenn wir zeichnen, reduzieren wir sie auf zwei Dimensionen, begleitet von einer gewissen Schematisierung. Die verbalen Konstruktionen schließlich bilden eine Sequenz, ein Nacheinander aus etwas, das gleichzeitig da ist. All dies verursacht Probleme, denn dieses „making outwardly manifest" setzt bestimmte zusätzliche Fertigkeiten voraus – die beim Informanten fehlen können. Es ist sofort einleuchtend, dass wir hier mit einem *methodischen Problem* konfrontiert sind, bei dem das Medium der Externalisierung bereits eine verzerrende Wirkung haben könnte.

Das angesprochene Problem ist vorerst nicht lösbar: Kognitive Strukturen und kognitive Prozesse sind Aktivitäten unseres Gehirns und folglich *der direkten Beobachtung nicht zugänglich* – auch für die Kognitionswissenschaft nicht (obwohl aktivierte Gehirnteile heute sichtbar gemacht werden können). Und es folgt, speziell für die Ethnologie, noch ein weiteres Problem: Sie ist methodisch stark auf ihre Nachbardisziplinen angewiesen. Der Psychologe M. Cole verlangte schon 1978 eine „Ethnographic Psychology of Cognition", denn:

"There is precious little in the anthropological literature to guide anyone convinced that real life situations as well as experiments [i.e., not only descriptions of systems, J.W.] must be included in a science of culture and cognition." (Cole 1978: 630)

Soll deshalb die Ethnologie auf diese zentralen Fragestellungen nach der menschlichen Kognition verzichten? Dies würde bedeuten darauf zu verzichten, zu wissen, was im Kopf der Menschen abläuft und eine Art *black box* zu akzeptieren. Es würde auch bedeuten darauf zu verzichten, den *Verdacht des Ethnozentrismus* gegenüber ihren Nachbardisziplinen zu äußern, die allzu schnell einen Universalismus anhand westlicher Daten postulieren, ohne zu ahnen, dass die Ethnologie Zugriff auf eine unendliche Vielfalt von kulturellen Daten hat, die kognitive Prozesse und Strukturen *mitgestalten* könnten.

8.2 Hintergrund

Die *Kognitionswissenschaft* kann als Versuch beschrieben werden, Kognitionspsychologie, Philosophie, Neurophysiologie, artifizielle Intelligenz, Linguistik und Ethnologie zusammenzubringen, um gemeinsam zu verstehen, wie Menschen ihr Wissen von der Welt erlernen, verarbeiten, im Gedächtnis aufbewahren und wieder abrufen. Sie möchte die Beziehungen zwischen den durch die haptischen, visuellen und akustischen Sinne erworbenen Informationen und den Denkprozessen besser verstehen. In dieser Allianz fristet die Ethnologie bisher ein Schattendasein. Dieser Zustand ist bedauerlich, denn einige von der Kognitionswissenschaft formulierte Theorien sind für die Anliegen der Ethnologie zentral – und sie könnte mit ihnen aus ihrer Exotik-Ecke (so die Sicht der Nachbardisziplinen) hinaustreten.

Dieses Schattendasein mag auch daran liegen, dass Ethnologen in der Regel von einer *stark soziologische Definition* von Kognition ausgehen. Vielfach versteht man Kognition als etwas, das in der sozialen Praxis der Individuen entsteht. G. Geertz formuliert: „thought is, in a great part anyway, a public activity" (1973: 45). Dies trifft keineswegs zu. Deshalb ist es auch nicht verwunderlich, dass die Vorstellungen, die Ethnologen von *Lernen*, *Denken* oder *Gedächtnis* haben, zwar unserem alltäglichen *common sense* entsprechen mögen, in der Regel jedoch mit jenen der Kognitionswissenschaftler nicht kompatibel sind, für diese ist *Kognition* Informationsverarbeitung im Gehirn.

Die Frage lautet hier, ob es präzise *Methoden* zur Abbildung dieser Informationsverarbeitungsprozesse gibt. Die Antwort lautet: Ja, indirekt, aber es ist gleich anzufügen, dass es unmöglich ist, eine exakte Auflistung der Methoden zu geben. Dies weil die Fragestellungen und Disziplinen zu sehr variieren, und es ist nachvollziehbar, dass das, was ein Kognitionspsychologe in seinem Labor macht, nicht auf die Feldsituation eines Ethnologen übertragbar ist. Eine Zusammenarbeit wäre jedoch bei der schwierigen Frage nach der Externalisierung, der *Sichtbarmachung* von verborgenen Denkprozessen und Denkmustern, möglich, sie setzt jedoch viel Kreativität und Flexibilität voraus. Dabei hat die Ethnologie natürlich eine ganz andere Fragestellung: Es geht ihr weniger um die Formulierung von allgemeinen Regeln, sondern vor allem um die Darstellung der Weltsicht der Akteure in anderen Gesellschaften, um ihre kulturellen Regeln. Diese wiederum sind jedoch nicht nur *kulturspezifisch*, sondern mitgeprägt von der kognitiven Grundausstattung des Menschen. Deshalb müssten Ethnologen zur Kenntnis nehmen, was die heutige Kognitionswissenschaft im Allgemeinen und speziell zum Gedächtnis zu sagen hat – denn Kultur ist ein Gedächtnis-Phänomen. Dazu ist ein kleiner Exkurs notwendig.

Es scheint folglich angebracht zu sein, den üblichen Forschungsprozess eines angenommenen Ethnologen bewusst umzukehren und eben nicht mit kulturellen Formen anzufangen, sondern mit den kognitiven Prozessen, die hinter diesen kulturellen Formen wirken könnten. Die zentrale, bisher auch von der Kognitionswissenschaft nur in Ansätzen beantwortbare *Frage* ist folglich: Was geschieht eigentlich in unserem Gedächtnis?

8.3 Individuelles Gedächtnis

Im alltäglichen Kontakt mit unserer Umwelt strömen immer neue Eindrücke und Situationen auf uns ein, mit deren Hilfe die uns zur Verfügung stehenden Informationen erweitert und verbessert und dadurch auch effektiver werden. Damit *Informationsverarbeitung* aber überhaupt möglich wird, ist das Vorhandensein eines Gedächtnisses absolute Voraussetzung.

„Ohne die Möglichkeit, Informationen zu erhalten, gäbe es kein Leben und keine Evolution, keine sinnvolle Objekt- oder Situationswahrnehmung, kein konzeptuelles Verstehen, keine Sprache, keine Kultur und auch keine Identität (…). Ohne Gedächtnis können wir auch nicht denken, denn ohne erinnerbare Schemata, Konzepte und Kategorien gäbe es keine lohnenswerten mentalen Repräsentationen." (Reimann 1998: 149)

Gedächtnis ist folglich ein zentraler Aspekt der Kognition. Verstehen wir Kultur als Gedächtnis-Phänomen, durch das wir unser Wissen von der Welt organisieren, dann müssen wir uns zwingend mit dem Konzept des Langzeit-Gedächtnisses beschäftigen. Wir verstehen das Langzeit-Gedächtnis als ein System von Untersystemen (Baddeley 1997; Eysenck und Keane 1997). Das *prozedurale (oder implizite) Gedächtnis (processual or implicit memory)* enthält Wissen in Form von impliziten, d. h. unbewussten Regeln oder Verhaltensmuster, die nicht oder nur schlecht durch Sprache geäußert werden können, sondern vielmehr durch Handlungen in der Praxis: man versuche jemandem zu erklären, wie man Fahrrad fährt.

Der Ethnologe Borofsky (1994) kontrastiert *knowing (how to do)* als prozedurales Gedächtnis mit *knowledge*, dem so genannten deklarativen Gedächtnis. *Deklaratives (oder explizites) Gedächtnis (declarative or explicit memory)* setzt sich aus dem episodischen und dem semantischen Gedächtnis zusammen, hier werden Informationen aus persönlichen Erfahrungen und allgemeines Wissen über die Welt gelagert. Über dieses Wissen können wir nachdenken und es später bewusst abrufen. In unserem Alltag mit seinen wiederkehrenden Handlungsabläufen speichern wir Informationen, die weiterverarbeitet werden und sich über einen bestimmten Zeitraum hin zu so genannten *mentalen kulturellen Modellen* oder *Schemata (cultural models or schemata)* (vgl. *frames, script, theme*) verdichten und verfestigen.

Der Ursprung dieser Muster liegt in der wiederholten *Erfahrung von verwandten Alltagserfahrungen* (Whitehouse 1996). Diese gewohnheitsmäßigen Erfahrungen, die unbewusst im Körper verankert werden, passen gut zu Bourdieu mit seinem *habitus (habitual set of disposition) of the body*.
    Schemata sind mentale Modelle, in der unser *knowledge* und unser *knowing* in stereotypische und prototypische Abfolgen von Gedanken und Handlungen organisiert sind. Sie sind gelernte Modelle der *Welt*, die von den Menschen einer Gesellschaft nur teilweise gemeinsam geteilt werden (wobei andere, alternative Modelle nicht auszuschließen sind). Sie sind so organisiert, dass eine Verbindung von ihnen zu dem, was man über das menschliche Denken und das menschliche Memorieren weiß, möglich ist. Da jedoch Dispositionen (Neigung, Veranlagung) träge sind, bleibt die Dynamik der Anpassung reduziert und Änderungen erfolgen langsam (obwohl sie ununterbrochen geschehen). Es scheint, dass diese Modelle hauptsächlich in zwei verschiedenen Grundformen auftreten, in der Form der *proposition schemata* und in jener der *image schemata* (um Lakoffs [1987] Terminologie zu gebrauchen). Dahinter verbirgt sich ein spezifisches Organisationsprinzip.

Beim *proposition schema* handelt es sich um ein (sprachliches oder handlungsmäßiges) Modell, das das Prototypische aus einer vereinfachten Welt anführt und kausale (oder anders organisierte) Verkettungen von prototypischen Ereignissen nennt. Statt *proposition schemata* sind auch andere, ähnliche Termini geläufig: *cultural models, schema, frame* oder *script* (für stereotype Handlungsabläufe). Das Organisationsprinzip hinter diesen Modellen scheint die Metonymie zu sein: Ein Teil eines Ganzen, der prototypische, auffällige, wird als Ganzes ausgegeben, d. h. ein Ganzes wird von einem seiner Teile repräsentiert.

Das *image schema* dagegen besteht aus vereinfachten visuellen Bildern. Diese Bilder können physikalische Dinge (Erscheinungen, Phänomene) oder logische Beziehungen, die nicht konzeptualisiert werden können, fassbar und vorstellbar machen. Das Organisationsprinzip dahinter scheint die Metapher zu sein: durch Analogie wird Information aus der physikalischen Welt in die nicht-physikalische Welt eingeführt. Um dafür Beispiele zu nennen: *Wut* kann als heiße Flüssigkeit in einem Behälter vorgestellt werden, *Verdunstung* als aufsteigende Moleküle, die wie Popcorn aus dem Wasser springen, *Elektrizität* als Menschenmenge (vor der Türe eines Stadions bei einem Sportereignis) oder als Flut, die sich (einen Widerstand überwindend) durchzwängen will.

Diese Modellstruktur des Wissens, wie sie soeben skizziert wurde, erlaubt die Beantwortung jener drei Fragen, die für die Ethnologie zentral sind (Quinn und Holland 1987: 3–4):

– Wie erklärt sich die teilweise Systematik von kulturellem Wissen, die Tatsache also, dass jede Kultur bestimmte, eigene, fundamentale Themen hat?
  Antwort: Es gibt einige *general-purpose*-Modelle, die wiederholt in andere konkretere Modelle eingebaut werden können, die *special-purpose*-orientiert sind.
– Wie handhaben wir das enorme Wissen, das jeder von uns hat?
  Antwort: Wir sind fähig, das Prototypische, Verkürzte als *vereinfachte Welten* zu speichern, um es bei Bedarf (in konkreten Situationen in konkreten Kontexten) als komplexes und umfassendes Wissen zu rekonstruieren und mit Details aufzufüllen (*instantation*).
– Wie werden neue Erfahrungen interpretiert?
  Antwort: Indem die Modelle nicht nur Wissen repräsentieren, sondern uns gleichzeitig sagen, was richtig ist, was zu tun ist, wie neue Erfahrungen zu verstehen sind – wir schlussfolgern von ihnen auf die neuen Situationen.

Das meiste Wissen, das wir in diesen Modellen gelagert haben, ist prinzipiell nicht-linguistisch, hat nicht die Form von Sätzen oder Wörtern, und es bestehen neurologische Einschränkungen bei diesen Speicherungen, die stark das beeinflussen, was wir denken und wie wir denken. Diese Art, wie kulturelles Wissen im Gedächtnis organisiert ist, hat für die Ethnologie fundamentale Auswirkungen.

"If an anthropologist is attempting to give an account of chunked and non-sentential knowledge in a linguistic medium (writing) he must be aware that in so doing he is not representing the organisation of the knowledge of the people he studies but is transmuting it into an entirely different logical form." (Bloch 1998: 15) – d.h. in eine verbale Form.

8.4 Kulturelles Gedächtnis

Kognition kann mehr bedeuten. Dachte man Anfang der 1960er Jahre in der *Ethnoscience*-Phase der kognitiven Ethnologie (Wassmann im Druck), dass man direkt von kulturellen Strukturen auf die Denkprozesse des Menschen schließen kann (was nicht möglich ist), wenn zur Zeit einige Forschungsansätze Kognition einseitig auf das Individuum beschränken, gibt es auch andere Ansätze, die kognitive Prozesse nicht mehr nur exklusiv im einzelnen Individuum lokalisieren wollen. In einigen Fällen mag es einen Typus von *distributed cognition* geben, die *zwischen* Menschen die in einer Gruppe ein Problem lösen müssen, liegt (Hutchins 1995 über die Zusammenarbeit von Matrosen auf einer Schifffahrt).

Es ist unbestritten, dass nur der einzelne Mensch ein Gedächtnis hat. Dieses ist aber kollektiv mitgeprägt. Und es existieren außerhalb des menschlichen Gedächtnisses *Außendimensionen*, die es unterstützen. Jede Kultur bildet etwas aus, das man ihre konnektive Struktur nennen könnte. Sie bindet Menschen an Mitmenschen durch einen gemeinsame Erfahrungs-, Erwartungs- und Handlungsraum „(…) der durch seine bindende und verbindliche Kraft Vertrauen und Orientierung stiftet. Sie bindet aber auch das Gestern ans Heute, indem sie in einem fortschreitenden Gegenwartshorizont Bilder und Geschichten einer anderen Zeit einschließt" (Assmann 1999: 16). Der Begriff des *kulturellen Gedächtnisses* geht dabei über jenen der Tradition hinaus.

Die Zerdehnung der Kommunikationssituation erfordert die Möglichkeit externer Zwischenlagerung: so etwa in Spezialisten, Experten, Schamanen, Barden, *griots*, Priester, *big men* oder in Notationssysteme wie Knotenschnüre, *churingas*, Zählsteine oder in der Schrift. Dabei ist das ursprünglichste Medium jeder Mnemotechnik die *Verräumlichung* und *Verortung* (*emplacement*). Es gibt Gedächtnisorte, sogar Landschaften können als Medium des kulturellen Gedächtnisses dienen.

Die Metapher von *Landschaft* (*landscape*), aus der Kunstgeschichte entlehnt, wird in diesem Kontext zu einem Baustein einer ethnologischen Theorie. Der Begriff bezog sich ursprünglich auf zeitlose, gerahmte, idealisierte Gemälde.

In der neueren ethnologischen Literatur hingegen wird Landschaft als kultureller Prozess verstanden. Wissen und Erinnerungen an soziale Beziehungen werden oft über die Landschaft gedacht. Zahlreiche Studien über indigene Vorstellungen von Landschaft sind in den letzten Jahren publiziert worden (z. B. Hirsch
und O'Hanlon 1995; Feld und Basso 1996; Ingold 2000). Dabei umfasst der
verwendete Landschaftsbegriff die Dynamik der gelebten Geschichte, der Interpretation von Zeit, Verwandtschaft und Person, der Moral und Politik. Die Einbeziehung von *seascape* in das Untersuchungsfeld hat sich als nützliche Ergänzung erwiesen, ebenso der Hinweis auf die Relevanz von akustischen Informationen (*soundscapes*) oder auch die assoziative Kraft von *Gerüchen*.

8.5 Ein methodischer Vorschlag

Vorgeschlagen wird hier ein Drei-Stufen-Vorgehen zur Erfassung von *Kognition*, bei dem die ersten zwei Stufen in etwa dem entsprechen, was in der
Ethnologie methodisch üblich ist – allerdings dargestellt aus der Sicht eines
kognitiven Ethnologen (Wassmann 1993a). Es beinhaltet die Integration von
1. dem Sammeln kultureller und linguistischer Daten anhand von Befragungen (*knowledge*), 2. der Untersuchung von Verhalten in alltäglichen Situationen anhand von Beobachtung (*knowing*) und 3. *herbeigeführter* Situationen
oder Experimente (*induced situations or tests*).

8.5.1 Befragung

Aus praktischen Gründen kann man annehmen, dass wohl die meisten Ethnologen im Feld mit der Befragung von Hauptinformanten beginnen, üblicher-
weise den *opinion leaders*, Personen mit einem hohen sozialen Status, die in
der Lage sind, ein kohärentes, normatives System von Daten zu liefern. Mit
diesen *allwissenden Informanten* (*omniscient informants*) ist es möglich, intensiv mit dem verbalen Material zu arbeiten, d. h. qualitative Daten zu erhalten. Diese Experten sind die Spezialisten des kulturellen Gedächtnisses, von
dem Assmann sprach. Das dabei aktivierte Gedächtnis-Subsystem ist vornehmlich das deklarative, aber auch die *Außendimensionen* wie Landschaften, Orte in der Landschaft, Namen oder mnemonische Hilfsmittel können
eine Rolle spielen. Dabei kann man nicht ausschließen, dass zwar die Kompetenz, etwas zu sagen oder zu tun, vorhanden ist, dass aber aus kulturellen
Gründen (Tabus, Etikette) dies nicht erwünscht ist, d. h. dass die entsprechende Performanz zur Kompetenz fehlen kann: man weiß genau, wie es geht,
aber man tut es öffentlich nicht.

Dieses erste Modell soll dann mit jenen anderen Daten verglichen werden, die man in weiteren Interviews mit möglichst vielen *anderen Informanten* erhalten hat. Diese unterscheiden sich nach Alter, Geschlecht, gesellschaftlicher Stellung, Schulbildung oder Erfahrung mit anderen Kulturen. Will man kognitiv arbeiten, dann ist diese Hinwendung zum einzelnen Akteur, der in seinen Kontexten und seinem Alltag handelt, zwingend – denn Kulturen haben keine *Kognition*. Damit stellt sich die Frage, ob wir nicht unseren *Kulturbegriff* überdenken sollten.

Der Autor schlägt vor, die Idee der komplexen Kultur zugunsten eines *concept of a flowing cultural complexity* (Barth 1993) aufzugeben. Er sieht Kultur eher als ein Set von spezifischen Dispositionen, die von Individuen in Lernprozessen erworben wurden. Kultur hat damit weder *facultas* noch eigene unabhängige *proprietas*. Kultur ist ein modales *accidens,* das nur mit Disposition und *habitus* ausgestattet ist (Wicker 1997). Bestenfalls wird Kultur ausgedrückt in und durch jene langlebigen Dispositionen, die den *habitus* der Menschen ausmachen.

Damit stellen wir das soziozentrische und kollektivistische Verstehen von Kultur in Frage, wie auch die damit verbundene Auffassung, dass die Träger einer Kultur unabdingbar soziale Einheiten sind. Wir stimmen mit der Kritik von Bloch (1991) am „übersozialisierten Individuum" ein. Darüber hinaus behaupten wir, dass die Idee einer homogen verteilten *Kultur* innerhalb von Kollektiven problematisch geworden ist – besonders dann, wenn wir erfahren, wie unterschiedlich die Erfahrungen der Menschen sind, wie stark ihre Biographien variieren: „Single lives in common worlds differ" (Keck 1998).

Wir sollten folglich möglichst unterschiedliche Akteure nach ihrem Wissen befragen. In einigen Bereichen kann dieses Wissen sehr stark strukturiert sein, etwa bei *Verwandtschaft, Krankheit, Botanik* oder *Zoologie*. Hier ist es relativ einfach, Modelle zu entwerfen, die dieses Wissen darstellen sollen.

Die *wichtigsten Modelle*, mit denen gearbeitet wurde, werden kurz beschrieben. Den Anfang machen Taxonomie und Paradigma, zwei Darstellungsarten, die für die Ethnoscience-Phase typisch waren. Sie mögen für viele Ethnologen nur noch historischen Wert besitzen – für die Beschreibung eng abgegrenzter und begrifflich gut strukturierter Bereiche sind sie aber nach wie vor brauchbar, zumal sie den Ethnologen zwingen, sich intensiv mit seinem verbalen Material auseinander zu setzen. Eines ist allerdings deutlich auszusprechen: Sie sind weder die *cultural grammar* einer Kultur noch liefern sie ein Abbild irgendwelcher mentaler Strukturen.

a) Taxonomie
Die innere Ordnung eines semantischen Feldes (z. B. *Verwandtschaft, Farben, Möbel*) hängt von wenigen Ordnungsprinzipien ab, die die lexikalischen Mitglieder (Lexeme) des Feldes (z. B. *Möbel*) hierarchisch gliedern. Die Ordnungsprinzipien sind: Inklusion und Exklusion (Kontrast): „Der Tisch ist kein Stuhl, aber beide sind Möbel."

b) Paradigma
Ist ein semantisches Feld nach dem Prinzip der Intersektion (zwei Dimensionen treffen sich) gegliedert, so liegt ein Paradigma vor. Es fehlen Hierarchie, Inklusion und Exklusion, dafür werden die Merkmale (*distinctive features* oder *criterial attributes*) genannt, nach denen sich die Kategorien unterscheiden: *Mutter* und *Sohn* unterscheiden sich auf der Dimension *Geschlecht* (weiblich/männlich/neutral) und der Dimension *Generation* (eine Generation über Ego, Ego, eine Generation unter Ego).

c) Entscheidungs-Modell (*decision making model*)
Entscheidungsmodelle stellen dar, wie von bestimmten Bedingungen ausgehend, die Anwendung bestimmter Regeln zu einem bestimmten Entscheidungsergebnis führt. Meist ist der Entscheidungsprozess als Diagramm darstellbar. Zwar bedeuten diese Modelle eine Hinwendung zum Individuum, das innerhalb eines Kontextes entscheidet; der Status der abgebildeten Prozesse ist allerdings unklar. Es ist zu vermuten, dass nicht in erster Linie *innere* individuelle Entscheidungen dargestellt werden, sondern dass vielmehr das abgebildet wird, von dem erwartet wird, dass man es tun sollte.

d) Prototyp
Innerhalb einer Kategorie von Dingen ist jenes Ding ein Prototyp (für die ganze Kategorie), das als bestes Beispiel oder als klarster Fall gilt. So ist z. B. in der Kategorie *Möbel* der *Stuhl* ein einleuchtendes Beispiel als etwa *Radio*. Natürlich könnte man *Möbel* als eine Klasse von Gegenständen definieren, die bestimmte semantische Merkmale oder Attribute gemeinsamen haben (und Dinge, die diese Merkmale nicht haben, gehören nicht dazu). Diese (alte) Definition erlaubt es aber nicht, Abstufungen von der Art zu machen: *Stuhl* ist ein besseres Beispiel, ist prototypischer für *Möbel* als etwa Radio (obwohl beide zu *Möbel* gehören). Mit anderen Worten: Festzuhalten wäre der Grad der Verwandtschaft unter Mitgliedern ein und derselben Kategorie.
So weit zu den Wissensmodellen.

Das vorgeschlagene dreistufiges Vorgehen soll laufend anhand *eines Beispiels* erläutert werden (Wassmann 1993b).

Beispiel. Erste Stufe: Befragung
Fragt man einen männlichen oder weiblichen Informanten der Yupno in Papua-Neuguinea nach den Nahrungsmittel und nach deren Klassifizierung, erhält mal zuallererst eine Unterscheidung in Dinge, die essbar sind und in solche, die „auf der Zunge brennen", d. h. für Menschen nicht essbar sind. Die *essbaren Nahrungsmittel* sind anhand einer Taxonomie in zwei Untergruppen geteilt: die erste umfasst die Dinge aus dem Busch, die wild wachsen, die zweite jene Pflanzen, die in den Gärten von den Yupno angebaut wurden. Innerhalb dieser zwei Kategorien werden dann weitere Untergruppen unterschieden. Diese taxonomische Gliederung ist nicht außergewöhnlich und entspricht dem, was man in vielen Monographien findet.

8.5.2 Teilnehmende Beobachtung

Daten, die aus Befragungen gewonnen wurden, können natürlich nur wenig über den tatsächlichen Gebrauch von Wissen aussagen. Wie die lokale Akteure ihr normatives Wissen in konkreten Situationen anwenden, wie sie untereinander sprechen, all dies ist ein weiterer methodischer Schritt. Tatsächlich müssen – natürlich – Befragung und Beobachtung alternieren. Damit ist auch das Verhältnis zwischen Sprechen und Handeln angesprochen.

Sehr häufig behaupten die Akteure etwas ganz anderes, als sie tatsächlich tun, und ebenso häufig tun sie etwas einfach routinemäßig, ohne es verbal zu begleiten. Damit stellt sich die Frage, ob es methodisch gesehen nicht angemessener wäre, *Sprechen* und *Handeln* gesondert zu behandeln und unterschiedliche Modelle zu entwickeln. Diese Frage ist zu verneinen. Die Beziehung zwischen Sprechen und Handeln ist komplexer – die Nichtübereinstimmung nur eine spezielle Variante unter anderen. Es gilt vielmehr, das methodische Bewusstsein zu schärfen. Nur so können beispielsweise die folgenden Abhängigkeitsverhältnisse durchschaut werden.

Von der Sprache aus gesehen: Das, was als Diskurs in einem bestimmten Kontext gesagt wird (nicht was der Informant auf Fragen des Ethnologen antwortet), ist auch eine Art Handlung, die Ziele setzt. Streitgespräche um Landrechte in Papua-Neuguinea können anschließend konkrete Handlungen bewirken. Spätere Verwandtschaftsbeziehungen auf den Philippinen können von einer allseits akzeptierten Interpretation eines Zwischenfalls abhängen. Gespräche von Fischern von Mindanao (ebenfalls Philippinen) können für Außenstehende unverständlich sein, weil sie eine große Zahl von *script headers,* bestimmten Schlüsselkonzepten, enthalten, die eine implizite handlungsmäßige Routine aktivieren.

Von den Handlungen aus gesehen: Viele Handlungen werden zuerst ausgeführt und nachträglich verbalisiert, um sie als sozial angemessen erscheinen
zu lassen – der sprachliche Teil einer Handlung fungiert so als post-hoc Erklärung.

Der Ethnologe beobachtet folglich das Verhalten der Akteure und die Art, wie
sie sprechen, und versucht dabei, dahinter liegende, hauptsächlich im impliziten Gedächtnis verortete Muster oder Schemata zu erfassen.

Der Ansatz der Informationstheorie zwingt den Ethnologen, *explizit* zu sein.
Explizit muss gerade das gemacht werden, was normalerweise implizit bleibt.
Um ein Beispiel von Schank und Abelson zu nehmen: Ich bin in New York
und jemand fragt mich nach dem Weg nach Coney Island; ich gebe ihm die
Antwort, er solle den *N*-Zug bis zur Endstation nehmen. Diese Angabe macht
nur Sinn „ (…) if this improperly specified algorithm can be filled out with a
great deal of knowledge about how to walk, pay for suburbs, get in the train
and so on" (1977: 20). Die modellhafte Rekonstruktion dessen, was eine Person jeden Tag macht, muss jedes einzelne Stück Wissen, das routinemäßig
gebraucht wird, genau nennen. Der Ausdruck Schema ist dabei der Oberbe-
griff für verschiedene Konzepte, die Wissensstrukturen darstellen sollen und
die die Interpretation von Wahrnehmungen ermöglichen. Es ist das stillschwei-
gende Wissen, das es uns ermöglicht, auch unvollständige Beschreibungen,
Andeutungen und Handlungen zu verstehen: automatisch ergänzen wir durch
einen *inference process* das Fehlende.

Diese Modelle selbst sind jedoch nicht beobachtbar, sie sind lediglich
Konstrukte der Beobachtung des Forschers, aufgrund ihrer Wirkung entwik-
kelt: denn sie werden nicht *prä-sentiert*, sondern lediglich (im verbalen oder
handlungsmäßigen Verhalten) *re-präsentiert*.

Jedoch kann auch die Beobachtung zu Problemen führen. Im Alltag bestimmt
die Routine die Handlungen, selten ist beobachtbar, wie ein Individuum z. B.
mit einem neuen Problem konfrontiert wird, dieses erkennt und nach Lösungen sucht. Wird ein Problem gelöst, so erfolgt dies in der Regel automatisch,
fast unbeobachtbar, und es ist nicht einfach, von außen festzustellen, von
welchen Gedanken das Individuum dabei geleitet wurde. Eine weitere Schwierigkeit besteht darin, dass kulturelles Wissen oft für den, der es benutzt, *durch-
sichtig* ist, und einmal erworben zu etwas wird, *durch* das man sieht, aber selten
was man sieht. Folglich ist kulturelles Wissen oft unbewusst, verkörperlicht,
nicht-reflexiv. Aus diesen Gründen, sind für unsere Fragestellung Experimente
unerlässlich. Kehren wir aber zuerst zu unserem Beispiel zurück.

Beispiel. Zweite Stufe. Implizite Schemata.
Beobachtet man den Alltag der Yupno und hört ihren Konversationen zu, sei
es in den Gärten oder abends, wenn alle um die Feuerstellen sitzen und über
die Gartenarbeit sprechen, werden die Nahrungsmittel in vier Kategorien unterteilt – dabei fehlt die taxonomische Unterscheidung zwischen Busch- und
Garten-Nahrung. Statt dessen wird unterschieden in *Süßkartoffeln*, *Bananen*,
Baumfrüchte und *essbaren Blätter*. Diese Ordnung entspricht dem alltäglichen praktischen Umgang mit diesen Nahrungsmitteln.

Darüber hinaus gibt es eine weitere Klassifikation, die abends während des
Kochens eine Rolle spielt. Niemand spricht über sie, sie ist implizit und sie
wird höchstens in Sätzen ausgedrückt wie „Eine richtige Mahlzeit besteht aus
Süßkartoffeln und Blättern". Dahinter steht eine Klassifikation in jene Nahrungsmittel, die „das Blut unterstützen" und in jene, die „die Knochen stärken". Das entscheidende Kriterium ist dabei die Wirkung auf den menschlichen Körper. Diese Klassifikation ist mit der generellen Konzeption von *heiß-
kühl-kalt* verbunden. Die *Blut-Unterstützer* (also jene Nahrungsmittel, die
während des Kochens zerfallen, viel Wasser verlieren, die roh sind, z. B. Blätter, Früchte, Zuckerrohr) unterstützen das Wohlbefinden der Menschen, indem sie ihn *abkühlen*. Die *Knochen-Stärker* (Süßkartoffeln, andere Arten von
Kartoffeln, einige Bananenarten) *erhitzen* den Menschen, stellen ihm Hitze
(Energie) zur Verfügung, damit er sprechen und sich bewegen kann. Damit
wird nachvollziehbar, warum eine *gute Mahlzeit* immer aus Süßkartoffeln
und Blättern besteht muss: sie kühlt und erhitzt gleichzeitig und bewirkt so
den idealen Zustand des Menschen: weder *heiß* noch *kalt*, sondern *kühl*.

8.6 Herbeigeführte Situationen

Während Experimente das eigentliche Werkzeug der Psychologie sind, sind
sie in der traditionellen Ethnologie eher selten. Unter der Bezeichnung *experimental anthropology* wurden sie in den 1970er Jahren erstmals im Feld angewandt, etwa durch den Psychologen Price-Williams und insbesondere durch
Cole und seine Mitarbeiter. Dabei sind die Verfahren, die Ethnologen anwenden, streng genommen keine Experimente im psychologischen Sinne, sondern eher *herbeigeführte Situationen*. Die Vorteile dieses Verfahren sind offensichtlich: Wird ein bestimmtes Wissen in einer neuen, kontrollierten Situation angewandt, ist es leichter beobachtbar und kann auch mehr über die
dahinter liegenden kognitiven Prozesse aussagen als die simple Beobachtung
der Alltagsroutine. Ein anderer Vorteil ist, dass die Experimente nicht verbal
sein müssen; nicht-verbales Verhalten kann beobachtet werden, obwohl spä-

tere Verbalisierungen die vorgenommenen Handlungen verständlicher machen können. Die Nachteile sollen aber nicht verschwiegen werden, denn sie führen viele Ethnologen dazu, Experimente abzulehnen: wenn die Situation zu artifiziell ist und der Informant nicht gewöhnt ist, mit der für ihn ungewöhnlichen Situation umzugehen, dann ist unsicher, ob er eine Chance hat, seine tatsächlichen kognitiven Kompetenzen sichtbar zu machen. Deshalb ist es wichtig, sich nicht nur auf wenige Experimente zu beschränken, sondern so viele Situationen einzurichten, bis der Forscher mit einiger Wahrscheinlichkeit annehmen kann, dass die Performanz tatsächlich die Kompetenz reflektiert. Schon wieder sind wir hier mit dem grundsätzlichen Problem konfrontiert: dem der Externalisierung. Es ist eine Selbstverständlichkeit, aber es soll explizit darauf hingewiesen werden: Diese Verfahren können erst dann angewandt wird, wenn man die Ethnographie sehr gut kennt, das Vertrauen und die Zustimmung der Informanten hat, sie auf eine spielerische Art durchführt und auch bereit ist, gegebenenfalls auf sie zu verzichten.

8.6.1 Herbeigeführte Situationen: Verbal

Space games.
Kehren wir nochmals zu unserem Anfangsbeispiel zurück. Ich hatte mich in Denpasar verlaufen und musste nach dem richtigen Weg fragen. Die zufälligen Passanten benutzten in ihrer Antwort ganz offensichtlich ein anderes Orientierungssystem als ein Europäer. Zwar werden in Alltagsgesprächen Raum- oder Orientierungswörter immer wieder gebraucht, aber diese Informationen sind zufällig und diffus. So stellt sich für den Forscher die Frage, wie diese systematisch erfasst werden könnten – z. B. mit den so genannten *space games*. Dies ist ein Verfahren, das vom Linguisten Clark eingeführt und von der Gruppe *Kognitive Anthropologie* am *Max Planck-Institut für Psycholinguistik* in Nijmegen weiterentwickelt wurde (Danziger 1993; Wassmann 1994; Gumperz und Levinson 1996; Levinson 2002). Es wird eine Situation geschaffen, in der zwei Sprecher sich spielerisch über räumliche Anordnungen unterhalten müssen. Der Forscher selbst hält sich im Hintergrund. Jeder *Spieler* hat ein identisches Set von Fotos, auf denen jeweils zwei stehende, unterschiedlich ausgerichtete Personen in jeweils verschiedene Richtungen blicken. Beide Spieler schauen in die gleiche Richtung und sind durch einen Vorhang getrennt. Der erste Spieler nimmt nun ein Foto seiner Wahl und beschreibt die räumliche Anordnung auf dem Bild so, dass sein Partner das gleiche Foto aus seinem Set heraussuchen kann. Die Gespräche werden aufgenommen und später analysiert.

Abbildung 1: *Space Games* in Bali: Das Mädchen am hellen Tisch beschreibt die Anordnung auf dem Foto, so dass das zweite Mädchen am dunklen Tisch das gleiche Foto aus dem Set herausnehmen kann.

Sind die Informanten ungeübt, Fotos zu erkennen, kann ein anderes Verfahren eingesetzt werden, das allerdings nur für Kinder angemessen ist. Der Ethnologe kann auf einem Stück flacher Erde mit einem Hölzchen einen Weg einzeichnen. Dann soll ein erstes Kind mit verbunden Augen den Weg ablaufen, indem es auf die Weg-Angaben eines zweiten Kindes, das hinter ihm steht, hört. Diese Weg-Angaben werden wiederum auf Tonband aufgenommen.

Es scheint, dass bei diesen Beschreibungen von räumlichen Anordnungen und von Weg-Orientierungen weltweit nur *drei Systeme* gebraucht werden (*Max Planck-Institut für Psycholinguistik*):

1. das intrinsische (zwei Objekte werden zueinander lokalisiert, unabhängig vom Sprecher oder von geographischen Fixpunkten: „John steht *bei* Kopf des Hauses", also an der Vorderfront);

2. das egozentrische, das von allen indoeuropäischen Sprachen benutzt wird. Zwei Objekte werden in Hinblick auf den Sprecher lokalisiert, d.h. es werden Wörter wie links/recht, vorne/hinten, oben/unten eingesetzt: „John steht *vor* dem Haus";

3. das geozentrische, das sich in den meisten außereuropäischen Sprachen findet. Zwei Objekte werden nicht anhand des Sprechers, sondern unabhängig von ihm anhand von Fixpunkten „dort draußen" in der Umwelt fixiert: „John steht *Sonnenuntergang* Haus". Ein anderes Beispiel könnte sein: „reich mir die Reisschale *Sonnenuntergang* rüber", d. h. das System wird auch auf der Mikro-Ebene benutzt.

Nun stellt sich die prinzipielle Frage, ob dieser spezielle Sprachgebrauch auch einen Einfluss auf das eigentliche Denken hat, präziser: auf die Wahrnehmung räumlicher Beziehungen sowie deren Speicherung im Gedächtnis als mentale Repräsentation. Wir gehen hier von einer gewissen *Hintergehbarkeit* der Sprache aus. So kann man *nicht-verbale Verfahren* einsetzen, die von simpler Eleganz sind.

8.6.2 Herbeigeführte Situationen: nicht-verbal

Die Idee hinter diesen zahlreichen Verfahren kann wie folgt beschrieben werden. Den Informanten wird eine Anordnung gezeigt, die räumliche Informationen enthält; sie werden dann gebeten, sich um 180 Grad zu drehen und eine Handlung an einem verwandten Stimulus durchzuführen. Diese Rotation ist eine Möglichkeit, zwischen geozentrischen und egozentrischen Strategien beim Enkodieren von räumlichen Anordnungen unterscheiden zu können. Man stelle sich einen Pfeil vor, der auf einem Tisch vor uns liegt, er zeigt nach links, man dreht sich um 180 Grad und auf einem zweiten Tisch liegen zwei Pfeile, einer zeigt nach links, der andere nach rechts. Man wird gefragt, welcher identisch ist mit dem Pfeil auf dem ersten Tisch. Wenn auf den nach links zeigenden Pfeil gezeigt wird, hat man egozentrisch gespeichert, also auf den eigenen Körper bezogen. Wenn jedoch die Anordnung auf eine geozentrische Art enkodiert wird, dann wird der rechtsgerichtete Pfeil gewählt, weil er in die gleiche geozentrische Richtung zeigt.

Anzumerken ist, dass ein egozentrisches Kodieren dazu führt, dass man ein Stimulus wählt, das identisch (kongruent) mit dem visuellen Bild des Pfeils auf dem ersten Tisch ist. Dagegen führt ein geozentrisches Kodieren dazu, dass man einen spiegelbildlich verkehrten Stimulus wählt, einen, der visuell also inkongruent mit dem ersten Pfeil ist. Dies bedeutet, dass eine zusätzliche Verarbeitung der primären visuellen Information stattgefunden haben muss. Zwischen Stimulus und Antwort nach der 180 Grad Rotation wird eine Zeitverzögerung von 30 Sekunden eingeschoben (in dieser Zeit zerfällt das gespeicherte Abbild der Anordnung im Kurzzeitgedächtnis und das Langzeitgedächtnis wird aktiviert). Dies, um mögliche Einflüsse des Kurzzeit-Gedächt-

Abbildung 2: *Animals in a Row* in Bali: Ein kleiner Junge memoriert die Anordnung von drei Holztieren; hinter ihm, auf der dunklen Decke, befinden sich drei gleiche Tiere auf einem Haufen, er soll sich um 180 Grad umdrehen und die Tiere *gleich* anordnen wie vorne.

nisses (*Schnappschuss*) zu minimieren, denn das würde bei den Informanten zu egozentrischen Antworten führen (weil ein visuelles Bild automatisch einen egozentrischen Blickwinkel enkodiert). Zudem ist wichtig, dass die Aufgabe ohne verbale Hinweise vorgelegt wird. Es gibt fünf Durchgänge, und erst nach dem letzten Durchgang fragt man die Informanten, warum sie sich so und nicht anders verhalten haben.

Zwei Beispiele, die dem vorgestellten methodischen Paradigma folgen und die im Feld leicht anzuwenden sind, werden hier vorgestellt.

Animals in a Row.

In einem Verfahren werden außereuropäischen Informanten *drei Objekte* (z. B. drei lokale Spielzeugtiere aus Holz) vorgelegt mit der Bitte, sich deren räumliche Anordnung zu merken (z. B. eine Anordnung von West nach Ost). Dann werden die Objekte weggenommen. Die Informanten werden gebeten, sich um 180 Grad zu drehen und drei gleiche Objekte, die auf dem zweiten Tisch ungeordnet zusammen liegen, wieder in der *gleichen* Anordnung aufzubauen. Ein Europäer würde nun eine Ost-West-Anordnung herstellen, denn er dreht sein *links* mit dem eigenen Körper um 180 Grad mit. Nicht-Europäische Informanten dagegen würden wahrscheinlich wieder eine West-Ost Ordnung aufbauen, die unabhängig ist vom eigenen, sich drehenden Körper.

Steve's Maze.
Im zweiten Verfahren (*Steve's Maze*) wird eine Zeichnung vorgelegt, auf der eine Landschaft mit Reisfeldern (oder Süßkartoffelgärten) und Wäldern (oder Seen) dargestellt ist, auch ein Haus ist eingezeichnet. Ein Weg führt vom Haus an den Wäldern und Reisfeldern vorbei und endet abrupt in einer gewissen Distanz vor dem Haus: der Informant soll das fehlende Wegstück memorieren. Auf dem zweiten Tisch liegen drei Karten. Sie zeigen drei unterschiedliche Wegstücke: eins stellt eine egozentrische Lösung dar, das zweite eine geozentrische und das dritte schließlich eine irrelevante Wahl (*distractor*). Die Aufgabe besteht aus fünf Durchgängen mit fünf unterschiedlichen Zeichnungen.

Die Tatsache, dass ein Test nicht verbal ist, bedeutet nicht, dass nicht doch ein verbales Enkodieren möglich wäre. Bei der ersten Aufgabe (*Animals*) ist eine solche Kodierung relativ einfach (z. B. Objekt eins ist vorne, Objekt zwei in der Mitte, alle schauen nach *Westen*). Solch eine Strategie ist aber bei der zweiten Aufgabe (*Maze*) fast nicht anwendbar, denn eine (Weg)-Form ist schwieriger zu verbalisieren als eine Richtung. Kinder könnten jedoch nichtlinguistische mnemonische Hilfsmittel einsetzen, wie z. B. den Weg mit dem Finger abfahren. Es bleibt jedoch unwahrscheinlich, dass dies die Antwort beeinflusst (Wassmann und Dasen 1994).

Mentale Bilder
Wie schon beschrieben, kann Wissen auch die Form von Bildern annehmen. Am einfachsten werden diese *image schemata* anhand von Zeichnungen externalisiert, d. h. auf ein Blatt Papier gemalt oder direkt in den Boden eingeritzt.

Wir könnten z. B. die Passanten, die mir den Weg gewiesen haben, bitten, die Stadt Denpasar oder einen der Stadtteile zu zeichnen. Mit Sicherheit würde man keine präzise Stadtkarte erhalten, sondern ein auf individuelle Art verzerrtes Abbild, das von vielen Faktoren beeinflusst ist: der eigenen Interessenslage, der Dauer des Aufenthaltes in der Stadt, des Alters, des Geschlechts, der Erfahrung von anderen Städten etc. Der Ethnologe hätte sich auch den Weg zum *Art Festival* zeichnen lassen können, aber auch hier wäre das Resultat kein exaktes Abbild.

Äquivalenztest
Beim Äquivalenztest (*sorting task*) werden einzelne Informanten gebeten, die ausgewählten Objekte, die ungeordnet vor ihnen liegen, zu gruppieren, und zwar so, dass jene Objekte die (aus welchen Gründen auch immer) *zusammengehören* auch zusammengelegt werden. Die Art, wie Dinge zusam-

Abbildung 3: Eine Zeichnung auf dem Boden in Papua-Neuguinea: Die Externalisierung eines Fußweges von A nach B; die Querstriche sind zu überquerende Flüsse, die Kreise sind Dörfer.

mengelegt werden, d. h. die Merkmale der Objekte, die dabei eine Rolle spielen, ändern sich mit dem Alter der Informanten.

Unser durchlaufendes Beispiel enthält in seiner dritten Stufe solch einen Äquivalenztest.

Beispiel. Dritte Stufe. Äquivalenztest.

Man erinnert sich, dass zwei Arten von Klassifikationen der Nahrungsmittel im Alltag der Yupno eine Rolle spielen, jede in ihrem Kontext – nicht jedoch die anfänglich abgefragte Taxonomie. Die Informanten (N=30) wurden gebeten, ausgewählte Nahrungsmittel so zu gruppieren, dass *gleiche* Dinge auch zusammengelegt wurden. Die Nahrungsmittel wurden so ausgewählt, dass sie nach unterschiedlichen Kriterien gruppiert werden konnten: nach Farbe (rot/braun/grün), nach der Form (rund/länglich), nach der Zubereitung (roh/gekocht), nach der Herkunft (traditionell/eingeführt), nach dem Ort, wo sie wuchsen (Busch/Garten). All diese Kriterien entpuppten sich erstaunlicherweise als belanglos. Geordnet wurde nach den Kriterien *Alltagsgebrauch* (die Vierer-Anordnung in *Süßkartoffeln, Bananen, Baumfrüchte* und *essbaren Blätter*) bzw. *Wirkung* (die Zweier-Anordnung in *Knochen-Stärker* und *Blut-Unterstützer*). Dies bedeutet, dass die Yupno zwei unterschiedliche Nahrungsmittel-Schemata haben und diese je nach Kontext gebrauchen. Beide Schemata befinden sich im impliziten Gedächtnis und sind handlungs- aber nicht sprachbezogen.

Doch zurück zur eigentlichen Fragestellung.

Gibt es kognitive Methoden? Es gibt zuallererst wichtige Fragen, die auch Ethnologen betreffen sollten, denn nach Meinung des Autors ist es sinnlos, sich mit kulturellen Formen zu beschäftigen, ohne zuerst danach zu fragen, wie jene mentalen Prozesse aussehen, die diese kulturellen Formen erst ermöglichen – oder auch nicht. Der Autor wurde von zwei Ideen geleitet. Erstens, dass wir uns in der Regel mit kulturellen Formen bzw. *Oberflächen* beschäftigen, dass diese aber ihren Ursprung im Gedächtnis haben. Dort sind sie aber in einer gänzlich anderen logischen Form gespeichert. Wir werden unablässig mit sensorischen Informationen konfrontiert, meist unbewusst, aber nur einige finden tatsächlich ihren Weg ins Langzeit-Gedächtnis, dort werden sie anhand bereits vorhandener Schemata umgeformt und memoriert, um dann später bei Gebrauch in bestimmten sozialen Kontexten wieder aktiviert und rekonstruiert zu werden. Diese Vorgänge (präziser, die methodischen Probleme, diese Vorgängen überhaupt erfassen zu können), sollten – mit Hilfe der Nachbardisziplinen – öfter problematisiert werden. Zweitens ist der Autor der Meinung, dass die Sprache als Teil der Kultur ihre Wichtigkeit hat, dass von ihr aber wahrscheinlich nicht direkt auf kognitive Prozesse gefolgert werden kann. Darin liegt auch der Grund, dass Methoden, die vornehmlich mit Sprachmaterial arbeiten (*pile sortings, free lists, triad tests, paired comparison, multidimensional scaling, cluster analysis, consensus analysis,* vgl. D'Andrade 1995) hier nicht berücksichtig wurden. Es geht hier weniger um die Analyse irgendeiner taxonomischen Nische, sondern um alte und immer noch grundlegende Fragen, letztlich um die Frage, wie die universale (angeborene) Grundausstattung des Menschen von kulturellen (gelernten) Merkmalen verändert oder sogar von Beginn an mitgestaltet werden kann.

8.7. Literatur

8.7.1 Weiterführende Literatur

Levinson, Stephen; Kita, S.; Haun D. und B. Rasch
2002   Language in Mind. Linguistic Effects on Cognition are Real. A Response to
          Li & Gleitman. Unpublished manuscript.

Li, Peggy und Lila Gleitman
2002   Turning the Tables: Language and Spatial Reasoning. In: Cognition 83: 265–294.

Shore, Bradd
1996   Culture in mind. Oxford.

Spitzer, Manfred
2000   Geist im Netz. Modelle für Lernen, Denken und Handeln. Heidelberg.

Whitehouse, Harvey (Hg.)
2001   The Debated Mind. Oxford.

8.7.2 Zitierte Literatur

Assmann, Jan
1999   Das Kulturelle Gedächtnis. München.

Baddeley, Alan
1990   Human Memory: Theory and Practice. Hillsdale, NJ.

Barth, Fredrik
1993   Balinese Worlds. Chicago.

Bloch, Maurice
1991   Language, Anthropology and Cognitive Science. In: Man 26: 183–98.

Borofsky, Robert (Hg.)
1994   Assessing Cultural Anthropology, 331–346. New York.

Cole, Michael
1978   Ethnographic Psychology of Cognition – so far. In: G.D. Spindler (Hg.),
          The Making of Psychological Anthropology, 614–636. Berkeley.

Danziger, Eve (Hg.)
1993   Cognition and Space Kit, version 1.0. Nijmegen: Cognitive Anthropology
          Research Group, Max Planck Institute for Psycholinguistics.

Eysenck, Michael und Mark Keane
1997   Cognitive Psychology. Hove.

Feld, Steven und Keith Basso (Hg.)
1996   Senses of Place. Santa Fe, New Mexico.

Geertz, Clifford
1973   The Interpretation of Cultures. London.

Gumperz, John und Stephen Levinson (Hg.)
1996   Rethinking Linguistic Relativity. Cambridge.

Hirsch, Ereic und Michael O'Hanlon (Hg.)
1995   The Anthropology of Landscape. Oxford.

Hutchins, Edwin
1995   Cognition in the Wild. Cambridge, MA.

Ingold, Tim
2000   The Perception of the Environment. London.

Keck, Verena
1998   Common Worlds and Single Lives. Oxford.

Levinson, Stephen
2002   Space in Language and Cognition. Cambridge.

Piaget, Jean und Bärbel Inhelder
1967   Child's Conception of Space. New York.

Quinn, N. und D. Holland
1987   Introduction. In: D. Holland and N. Quinn (Hg.), Cultural Models in
            Language and Thought, 3–42. Cambridge.

Reimann, Ralph. I.
1996   Der Schamane sieht eine Hexe – der Ethnologe sieht nichts. Menschliche
            Informationsverarbeitung und ethnologische Forschung. Frankfurt/Main.

Schank, Roger und Robert Abelson
1977   Scripts, Plans, Goals and Understanding. New York.

Wassmann, Jürg
1993a   Das Ideal des leicht gebeugten Menschen. Eine ethno-kognitive Analyse
            der Yupno von Papua-Neuguinea. Berlin.
1993b   When Actions Speak Louder than Words. In: The Quarterly Newsletter of the
            Laboratory of Comparative Human Cognition 15 (1): 30–40.
1994   The Yupno as Post-Newtonian Scientists. The Question of What is „natural"
            in Spatial Description. In: Man 29: 1–24.
Im Druck   Kognitive Ethnologie. In: H. Fischer und B. Beer (Hg.), Ethnologie. Einführung
            und Überblick. Berlin.

Wassmann, Jürg und Pierre R. Dasen
1998   Balinese Spatial Orientation: Some Empirical Evidence of Moderate Linguistic
            Relativity. In: Journal of the Royal Anthropological Institute 4(4): 689–711.

Whitehouse, Harvey
1996   Jungles and Computers. Neuronal Group Selection and the Epidemiology
            of Representations. In: Journal of the Royal Anthropological Institute
            1:99–116.

Wicker, H.-R.
1997   From Complex culture to Cultural Complexity. In: P. Werbner und T. Modood
            (Hg.), Debating Cultural Hybridity. Multi-Cultural identities and the Politics
            of Anti-Racism, 29–45. London.

Julia Pauli

9. Ethnodemographische Methoden

9.1 Methoden und Themen der Ethnodemographie 183
9.2 Ethnographische Zensuserhebungen und -daten 184
9.3 Archivdaten als Quelle demographischer Informationen 189
9.4 Der demographische Gehalt von Genealogien 194
9.5 Der kulturelle Kontext demographischer Ereignisse: Lebensgeschichten 196
9.6 Zusammenfassende Diskussion 199
9.7 Literatur 200

*9.1 Methoden und Themen der Ethnodemographie**

Die Ethnodemographie beschäftigt sich mit verschiedenen Bevölkerungs-
weisen und deren kulturellen Ursachen und Konsequenzen (Lang 1993, 1997).
Ziel ist eine möglichst umfassende Analyse demographischer Ereignisse. Umfassend bedeutet hier, dass sich ethnodemographische Arbeiten zugunsten einer dichten und holistischen Beschreibung auf wenige Fälle konzentrieren.
Meistens handelt es sich um ein Dorf, einen Weiler oder ein Viertel, welches
im Rahmen einer stationären Feldforschung über einen längeren Zeitraum
hinweg untersucht wird. Dabei steht die demographische Entwicklung der
Gruppe im Zentrum des Forschungsinteresses. Um zu verstehen, warum sich
die Größe einer Bevölkerung verändert, ist es notwendig, sich mit den einzelnen Faktoren, die die Bevölkerungsgröße beeinflussen, auseinander zu setzen. Die demographische Grundgleichung enthält alle hierfür relevanten Größen (vgl. Lang 1997: 6):

$$\triangle P = G - S + Z - A$$

wobei $\triangle P$ für die Veränderung in der Bevölkerungsgröße, G für die Zahl der
Geburten, S für die Zahl der Sterbefälle, Z für die Zuwanderung und A für
Abwanderung steht. Ethnodemographische Arbeiten beschäftigen sich folglich immer mit der Beschreibung entweder aller oder ausgewählter Größen
der demographischen Grundgleichung. In der Ethnodemographie bleibt man
dabei aber nicht stehen. Es geht wesentlich auch um die kulturelle Erklärung
der Ursachen und Folgen dieser demographischen Größen. Aufgrund wel-

cher kultureller Praktiken und Überzeugungen kommt es zu welchen demographischen Ausprägungen, z. B. große Zeitabstände zwischen Geburten, die sich auf eine nomadische Lebensweise zurückführen lassen (Howell 1979)? Welche kulturellen Konsequenzen haben bestimmte demographische Rahmenbedingungen, etwa der Zusammenhang zwischen einer hohen Geburtenrate und einer stark ausgeprägten Arbeitsteilung nach Geschlecht (Handwerker 1989)?

Es lassen sich mehrere ethnodemographische Erhebungs- und Analysemethoden unterscheiden. In der Ethnodemographie spielt der ethnographische Zensus als Erhebungsinstrument die wichtigste Rolle. Neben dem Zensus werden in ethnodemographischen Arbeiten regelmäßig Archivdaten, vor allem Zensuslisten und Kirchen- oder Zivilregister, verwendet. Genealogien stellen eine weitere Quelle demographischer Informationen dar. Die letztgenannte Methode wird im Rahmen ethnodemographischer Untersuchungen eher selten angewandt und dementsprechend ist das Wissen über Anwendungsmöglichkeiten und die damit verbundenen Problemen noch gering. Lebensgeschichten sind eine Möglichkeit, wichtige Informationen für die kulturelle Erklärung demographischer Phänomene zu sammeln. Diese vier in der Ethnodemographie angewandten Datenerhebungsmethoden – der ethnographische Zensus, die Untersuchung von demographischen Archivdaten und die Analyse von Genealogien und Lebensgeschichten – werden im Folgenden genauer vorgestellt.

Zensusdaten, demographische Archivdaten und genealogische Daten können alle mit den üblichen Verfahren der Statistik ausgewertet werden. Darüber hinaus gibt es eine große Anzahl an speziell demographischen Auswertungsverfahren. Exemplarisch werden für die einzelnen Datenarten einige dieser Auswertungsmethoden, insbesondere die Arbeit mit altersspezifischen Geburtenziffern, der Einsatz der Kohortenanalyse und die Verwendung von Bevölkerungsstatistiken, vorgestellt.

9.2 Ethnographische Zensuserhebungen und -daten

In vielen ethnologischen Methodenbüchern wird der Zensus als Methode erwähnt. Eine genaue Beschreibung, wie ein Zensus zu erheben und auszuwerten ist, findet man jedoch selten (Lang 1997: 5). Ausnahmen sind die sehr detaillierte und anwendungsbezogene Arbeit zur Erhebung eines Zensus von Fischer (1997), die Arbeit von Schulze (1997) zur Auswertung zweier von Fischer erhobener Zensus und die Arbeit zur Erhebung und Auswertung eines ethnographischen Zensus von Lang und Pauli (2002). Ein ethnographischer Zensus ermittelt bestimmte Grundinformationen über die vom Ethnologen untersuchte Gruppe. Demographische Informationen zu Geburt, Tod und

Migration innerhalb der untersuchten Gruppe werden in der Regel erfasst. Darüber hinaus werden häufig weitere Informationen, etwa Beruf und Ausbildung, erfragt. Diese Informationen können bei der Erklärung der demographischen Größen unter Umständen von Relevanz sein.

Warum erhebt man nun einen ethnographischen Zensus? Hier sind die Ausführungen von Florence Weiss (1999) zu ihrer und Milan Staneks Feldforschung bei den in die Stadt Rabaul (Papua-Neuguinea) migrierten Iatmul aufschlussreich, denn sie zeigen recht deutlich die Motivation der beiden Forscher, eine ethnographische Zensuserhebung durchzuführen: „Milan und ich werden an die 200 Personen befragen. Das Gefühl vorher ist immer wieder dasselbe, man würde es lieber nicht tun, denn man kommt sich aufdringlich vor. Wenn wir nicht wissen, wer zusammenlebt, welchen Arbeiten sie nachgehen, wovon sie leben und wie sie hierher gekommen sind, werden wir die Situation der Iatmul in der Stadt nicht verstehen. Viele Ethnologen ersparen sich diese Mühe, und entsprechend hängen ihre Resultate im luftleeren Raum. (…) Doch der standardisierte Fragebogen ist die einzige Methode, sich einen Überblick zu verschaffen." (Weiss 1999: 55–56). Vor allem das Bedürfnis, sich einen Überblick zu verschaffen, scheint hier die Erhebung eines Zensus anzuregen. Dieser Überblick ist insofern notwendig, als es ohne ihn nur schwer möglich ist, andere Ergebnisse der Forschung einzuordnen. Durch einen Zensus kann man also etwas über die Verbreitung bestimmter Merkmale, wie die Art des Zusammenlebens oder sozioökonomische Variationen, erfahren. Im Rahmen ethnodemographischer Untersuchung ist der ethnographische Zensus die wichtigste Erhebungsmethode, denn durch ihn ist es möglich, notwendige demographische Informationen, wie die Anzahl an Geburten oder die Verbreitung von Migration, zu erheben.

Wie sollte nun bei einem ethnographischen Zensus vorgegangen werden? Da sowohl Fischer (1997) als auch Lang und Pauli (2002) die Erhebung eines ethnographischen Zensus detailliert beschreiben, soll dies hier nicht wiederholt werden. Die wichtigsten Entscheidungen, die vor der Erhebung getroffen werden sollten, werden nur kurz vorgestellt (siehe Fischer 1997: 52–74, Lang und Pauli 2002). Hier sind vor allem zu nennen:

1. Die Auswahl der Zensuskategorien, die erfragt werden sollen (z. B. Namen, Geschlecht, Alter, Anzahl der Kinder). Bei Lang und Pauli (2002) findet sich ein ethnodemographischer Zensusfragebogen, der unter anderem Informationen zu den drei demographischen Ereignisse Geburt, Tod und Migration erfragt, und flexibel je nach Forschungskontext und Forschungsfrage erweitert werden kann. Als Vorlage für eigene Forschungen kann dieser Fragebogen eine Hilfe sein;

2. Die Auswahl der Personen, die befragt werden sollen und über die Informationen gesammelt werden sollen. Es muss die Frage beantwortet wer-

den, wie die Untersuchungsgruppe abgegrenzt ist (z. B. das ganze Dorf oder nur eine Auswahl?) und wer für wen sprechen soll oder auch kann (sollten etwa nur Haushaltsvorstände stellvertretend für alle Haushaltsmitglieder befragt werden?). Außerdem gilt es zu klären, inwieweit temporär abwesende Personen, die aber als zur Gruppe (etwa dem Haushalt) dazugehörig empfunden werden, Teil der Untersuchung sein sollen (vgl. Fischer 1997: 54);

3. Das Festlegen des Erhebungszeitpunktes (z. B. am Anfang oder am Ende der Forschung);

4. Die Art und Weise der Erhebung (etwa anhand eines Siedlungsplans). Es kann sehr hilfreich sein, die Zensusdaten schon während der Feldforschung elektronisch zu erfassen. Erhebungsfehler (z. B. unlogische Geburtsdaten) lassen sich so viel leichter beheben und es besteht recht einfach die Möglichkeit, Fragen zu wiederholen (Pauli 2000: 45). Das Programm *Family Tree Maker* ist als Eingabeprogramm zu empfehlen, da es den internationalen Standard GEDCOM unterstützt und die eingegebenen Daten so leicht in andere Programme exportiert und weiterverarbeitet werden können. Lang (2000) zeigt ausführlich, wie man ethnographische Zensusdaten in *Family Tree Maker* eingibt und geht auch auf die Vor- und Nachteile des Programms ein.

Bei der Auswertung der Zensusdaten können sowohl allgemeine statistische Verfahren als auch spezifisch demographische Analysemethoden angewandt werden. Grundsätzlich kann man fast alle Zensuskategorien mit den gängigen statistischen Verfahren, etwa Häufigkeitsverteilungen oder Zusammenhangsmaße (siehe z. B. Benninghaus 1992), und statistischen Analyseprogrammen, wie SPSS, auswerten. Zwei spezifisch demographische Auswertungsmethoden, altersspezifische Geburtenziffern und Kohortenanalyse, werden im Folgenden detaillierter dargestellt.

Die im ersten Abschnitt vorgestellten Größen der demographischen Grundgleichung sind als absolute Werte für den Vergleich nicht geeignet. Sie müssen standardisiert werden, damit sie mit anderen Daten verglichen werden können. Eine häufig verwendete Standardisierung zur Beschreibung von Fertilität sind die altersspezifischen Geburtenziffern (Pauli 2000: 219–222). Sie geben nicht die absolute Anzahl an Geburten, sondern die durchschnittliche Geburtenzahl pro Frau einer spezifischen Altersklasse an. Wenn alle altersspezifischen Geburtenziffern addiert und mit der Größe der Altersklassen multipliziert werden, erhält man die so genannte zusammengefasste Geburtenziffer, englisch *total fertility rate*. Diese Ziffer gibt an, wie viele Kinder eine Frau am Ende ihrer reproduktiven Phase insgesamt bekommt, wenn sie genau den altersspezifischen Geburtenziffern entsprechend viele Kinder bekommen hat (Lang 1997: 7, Pauli 2000: 219–222). Wie wichtig die Standardisierung für die ethnodemographische Analyse ist, soll anhand eines einfachen Beispiels verdeutlicht werden.

In der ethnodemographischen Praxis ist es üblich, die Geburtengeschichten von Frauen über 45 Jahren zu untersuchen, da nur wenige Kinder nach dem 45. Lebensjahr geboren werden und die Geburtengeschichten als weitgehend vollständig angesehen werden können. In dem von Fischer in Papua-Neuguinea erhobenen und von Schulze untersuchten Zensus hat es insgesamt 474 Geburten von Frauen über 45 Jahren geben (Schulze 1997: 145). In einer von mir untersuchten mexikanischen Gemeinde hat es dagegen insgesamt 577 Geburten von Frauen über 45 Jahren gegeben (Pauli 2000: 220). Der Vergleich der beiden absoluten Werte 474 Geburten respektive 577 Geburten ist nicht sinnvoll. Erst die Standardisierung erlaubt einen Vergleich (Schulze 1997: 144–150, Pauli 2000: 219–226). Die zusammengefasste Geburtenziffer für die Wampar Papua-Neuguineas beträgt 7,3 Kinder pro Frau (Schulze 1997: 145), für das mexikanische Beispiel liegt die Ziffer bei 10,3 Kindern pro Frau (Pauli 2000: 222). Obwohl beide Gruppen ein sehr hohes Fertilitätsniveau aufweisen, ist der Wert für das mexikanische Beispiel deutlich höher. Die zusammengefassten Geburtenziffern weiterer Fälle können hinzugezogen und verglichen werden (vgl. Pauli 2000: 223).

Neben dem Vergleich und der damit einhergehenden Standardisierung demographischer Größen steht die diachrone Beschreibung demographischer Ereignisse im Zentrum der Ethnodemographie. Mit Hilfe der Kohortenanalyse ist es möglich zu zeigen, in welcher Art und Weise sich eine Verhaltensweise innerhalb einer Gruppe im Laufe der Zeit verändert hat. Verhaltensweisen können zum Beispiel die Anzahl an Kindern, der Grad an Schulbildung oder die Konsumption bestimmter Güter sein (vgl. Pauli 2000: 82–117). Als Kohorte wird eine Gruppe an Personen bezeichnet, die alle in einem bestimmten Zeitraum ein spezifisches Ereignis erlebt haben. Personen einer Heiratskohorte haben alle zum gleichen Zeitraum geheiratet, Personen einer Geburtskohorte sind alle im gleichen Zeitabschnitt geboren worden. Die Benutzung moderner Verhütungsmittel in einer von mir in den Jahren 1996 bis 1997 untersuchten mexikanischen Gemeinde soll im Folgenden anhand der Analyse mehrerer Geburtskohorten genauer betrachtet werden (Pauli 2000: 246). Die folgende Frage soll beispielhaft beantwortet werden: Hat die Benutzung moderner Verhütungsmittel von Frauen zugenommen?

165 Frauen, zu denen die notwendigen Informationen vorliegen, sind in fünf Geburtskohorten à 10 Jahren eingeteilt worden (vgl. Tabelle 1). Zum Zeitpunkt der Zensuserhebung (1997) sind diese Frauen 20 Jahre oder älter gewesen. Der Grund für die Auswahl besteht darin, dass andere Analysen (vgl. Pauli 2000: 238–248) gezeigt haben, dass nur eine verschwindend geringe Anzahl an Frauen moderne Verhütungsmittel vor ihrem 20. Lebensjahr benutzt hat. Berechnet man nun den prozentualen Anteil der Benutzerinnen

Kohorte	Anzahl Frauen	Anzahl Nutzerinnen	Anzahl Nutzerinnen in %
1928–1937	12	0	0%
1938–1947	20	7	35%
1948–1957	29	19	66%
1958–1967	37	24	65%
1968–1977	67	39	58%
Gesamt	165	89	54%

Tabelle 1: Kohortenanalyse am Beispiel der Verwendung moderner Verhütungsmittel, Pueblo Nuevo, Zentralmexiko

an der Gesamtzahl aller Frauen, so kommt man zu dem Ergebnis, dass gut die Hälfte der Frauen verhütet. Dies entspricht den Angaben in der letzten Zeile von Tabelle 1. Ein solches Vorgehen ist aber wenig genau, wie eine Betrachtung der einzelnen Kohorten zeigt.

Nicht eine einzige der zwischen 1928 und 1937 geborenen Frauen hat jemals moderne Verhütungsmethoden angewandt. In der darauffolgenden Geburtskohorte sind es schon 35% Nutzerinnen moderner Verhütungsmittel. In den beiden Kohorten 1948–1957 und 1958–1967 benutzen ungefähr zwei Drittel der Frauen moderne Verhütungsmethoden. In der jüngsten Kohorte scheint der Wert wieder etwas zurückzugehen. Das kann damit erklärt werden, dass die Verwendung moderner Verhütungsmethoden in der Gemeinde erst innerhalb einer Ehe und nach der Geburt des ersten Kindes akzeptabel ist und viele der jüngeren Frauen der Kohorte noch unverheiratet und kinderlos sind. Eine detaillierte Erklärung der Zunahme moderner Verhütungsmethoden findet sich bei Pauli (2000: 248–268). Die Kohortenanalyse ist eine sehr flexible Auswertungsmethode, mit der sich nicht nur ethnodemographische Fragestellungen beantworten lassen. Anleitungen zur Arbeit mit weiteren demographischen Analyseverfahren, etwa Sterbetafeln oder Bevölkerungswachstumsraten, finden sich bei Newell (1988), Schulze (1997), Pauli (2000) und Lang und Pauli (2002). Hartmut Lang hat mehrer Auswertungsprogramme entwickelt, mit denen es möglich ist, alle zur Beschreibung der Fertilität wichtigen Indizes zu berechnen (Lang 1998a).

Der Zensus ist wohl die wichtigste ethnodemographische Erhebungsmethode. Mit einem Zensus können nicht nur alle für die ethnodemographische Arbeit notwendigen Daten erhoben werden. Darüber hinaus können eine Vielzahl weiterer Informationen, etwa zu Haushaltseinkommen und Haushaltsentscheidungen, systematisch für die gesamte untersuchte Gruppe erhoben werden. Der hervorgehobene Stellenwert des Zensus hat auch dazugeführt, dass es sich um ein methodisch ausgereiftes Verfahren handelt. Mögliche Probleme bei der Anwendung bestehen vor allem darin, dass die Zensuskategorien dem kulturellen Kontext nicht angemessen angepasst worden sind. Deshalb sollte ein Zensusfragebogen am besten immer auf Verständlichkeit, Angemessenheit und Redundanz hin überprüft werden. Ein großer Vorteil der Methode ist, dass es durch ethnographische Zensusdaten möglich wird, singuläre Beobachtungen zu kontextualisieren. Wie Weiss richtig schreibt, hängen sonst Beobachtungen zum Beispiel zu Haushaltszusammensetzungen, Kinderzahl oder wirtschaftlicher Stellung „im luftleeren Raum" (1999: 55). Für ethnodemographische Untersuchungen ist die Erhebung eines ethnographischen Zensus fast immer eine Notwendigkeit. Eine Alternative oder auch Ergänzung zum ethnographischen Zensus ist die Auswertung von Archivdaten. Um diese Methoden soll es im Folgenden gehen.

9.3 Archivdaten als Quelle demographischer Informationen

Ähnlich wie in der Demographie beschäftigt sich ein Großteil der ethnodemographischen Untersuchungen historischer Prozesse mit europäischen Fällen (als Überblick vgl. Brettell 1998: 519). Das hängt unter anderem mit der Datenlage zusammen – für weite Teile Europas gibt es sehr gute Archivdaten, etwa Zivil- und Kirchenregister. Allerdings hat in den letzten Jahren die Zahl an ethnodemographischen Arbeiten, die sich mit dem demographischen Gehalt von Archivdaten außerhalb Europas beschäftigen, zugenommen. Eines der aktuellsten Beispiele ist die Studie von Notkola und Siiskonen (2000) zur Bevölkerungsentwicklung der Ovambo Namibias, die sie anhand von Kirchenregistern für fast das gesamte zwanzigste Jahrhundert rekonstruieren können.

Demographische Archivdaten können hinsichtlich ihrer Datenformate und der verschiedenen Auswertungsmöglichkeiten klassifiziert werden. Zunächst zu den verschiedenen Formaten. Es lassen sich zwei Typen unterscheiden: zum einen finden sich in Archiven Personenlisten, zum anderen Personenregister. Listen können aus ganz unterschiedlichen Gründen angefertigt worden sein. Deshalb ist es notwendig, den Kontext, in dem die Daten erhoben wurden, so gut es geht zu kennen, so dass mögliche Verzerrungen der Daten erkannt werden können. Häufig sind Einwohnerlisten, die Personen und deren Merkmale innerhalb einer spezifischen Region festhalten. Im einfachsten Fall liegen nur die Namen und das Alter der Personen vor. Das Geschlecht ist häufig auch angegeben, wenn es sich nicht schon aus dem Namen ableiten lässt. Ein Beispiel für diese Art von Daten sind die von der *Cambridge Group for the History of Population and Social Structure* um Peter Laslett analysierten historischen Einwohnerlisten u. a. ausgewählter Regionen Großbritanniens. Neben Namens- und Altersangaben sind als weitere Informationen die

Namen der Einwohner in Blöcke eingeteilt (Laslett 1972: 24). Der Umgang und die Analyse dieser Zuordnung ist ein wesentlicher Bestandteil der Arbeit der *Cambridge Group* gewesen. Bei den Blöcken handelt es sich um Haushalte. Weitere Beispiele für Personenlisten sind Wahllisten, Tribut- und Steuerlisten, Schullisten oder kirchliche Listen, die Spender festhalten. Bei dem Listenformat handelt es sich um Querschnittdaten, die Auskunft über eine bestimmte Bevölkerung zu einem spezifischen Zeitpunkt geben. Durch den Vergleich mehrerer Listen unterschiedlicher Zeitpunkte ist es möglich, demographische Entwicklungen aufzuzeigen. Die Daten erlauben es aber nicht, die Entwicklung bestimmter Individuen oder Gruppen an Individuen, wie Familien, über die Zeit hinweg vollständig zu rekonstruieren. Hierzu braucht man Personenregister.

Es lassen sich zwei Arten an Personenregistern unterscheiden: Kirchenregister und Zivilregister. Zivilregister geben in der Regel mindestens Auskunft über Geburt, Heirat, Elternschaft und Tod von Personen, Kirchenregister enthalten als Minimalinformationen Daten zur Taufe (manchmal auch Geburt), Heirat, Elternschaft und zum Tod der Mitglieder einer Gemeinde. Allerdings finden sich die Angaben zu einer Person nicht gebündelt an einer Stelle, sondern sind häufig in verschiedenen Dokumenten, etwa Kirchenbüchern aus unterschiedlichen Jahren, enthalten. Die Verknüpfung von Informationen zu einer Person über mehrere Dokumente hinweg kann eine äußerst mühselige Arbeit sein, auf die weiter unten noch eingegangen wird.

Neben diesen beiden Datenformaten – zum einen Listen, zum anderen Register – sind singuläre Dokumente für die Interpretation der demographischen Daten von großer Bedeutung. Hierbei kann es sich um ganz unterschiedliche Dokumente, etwa Briefe, literarische Werke, Gerichtsprotokolle oder Fotografien handeln. Ein Beispiel soll die große Relevanz dieser Daten demonstrieren. Ergibt beispielsweise die demographische Analyse einen starken Anstieg der Sterblichkeit innerhalb eines bestimmten Zeitraums, so können Missionarsbriefe, die vom Auftreten einer Epidemie zu eben jenem Zeitpunkt berichten, für das Verständnis äußerst nützlich sein.

Wenn zu einer Population unterschiedliche historische Daten vorhanden sind, ist das ein großer Vorteil. Netting (1981) hat die wirtschaftliche und demographische Entwicklung der schweizerischen Gemeinde Törbel über mehrere Jahrhunderte hinweg rekonstruiert. Für die demographische Analyse konnte er auf mehrere Zensuslisten, Kirchenregister, Zivilregister und Steuerlisten aller Landbesitzer zurückgreifen (Netting 1981: 92–93). Durch den Vergleich der unterschiedlichen Daten war es möglich, Datenlücken und Datenfehler zu erkennen und die Datenqualität sehr zu verbessern.

Je nach Datenformat sind unterschiedliche Auswertungen möglich. Demographische Archivdaten des Listentyps können unter anderem mit deskriptiven Statistiken ausgewertet werden. Die Eingabe der Daten in Programme wie Excel erleichtert hierbei die Arbeit. So können beispielsweise Alterspyramiden erstellt werden, die Auskunft über die Verteilung der männlichen respektive der weiblichen Bevölkerung für verschiedene Altersklassen geben. Wenn Daten zu mehreren Zeitpunkten vorliegen, kann z. B. analysiert werden, inwieweit sich die Geschlechterproportion bei Geburt, d. h. die Anzahl männlicher Geburten pro 100 weiblicher Geburten (Newell 1988: 27), verändert hat. Die Untersuchung der Bevölkerungsentwicklung ist beim Vorhandensein mehrerer Zeitpunkte ebenfalls möglich. Lang (1998b) hat sich mit der demographischen Entwicklung der Rehobother Baster seit ihrer Migration aus Südafrika in das heutige Namibia im Jahr 1868 beschäftigt. Zu insgesamt zwölf Zeitpunkten liegen Lang Daten zur Bevölkerungsgröße der Baster Population vor. Ein Anstieg der Bevölkerung ist eindeutig zu erkennen (1998b: 390). Zusätzlich hat Lang die jährliche Wachstumsrate (Schulze 1997: 102) für zwei Datenzeitpunkte (1874 und 1981) berechnet, die den visuellen Eindruck eines starken Bevölkerungsanstiegs bestätigt. Die Konsequenzen eines solchen Bevölkerungszuwachses können fundamental sein. Im Fall der Rehobother Baster hat sich etwa die Wirtschaftsweise stark verändert.

Für das Registerdatenformat lassen sich zwei Auswertungen unterscheiden: Bevölkerungsstatistiken und demographische Analysen auf der Grundlage der Familienrekonstitution. Bevölkerungsstatistiken sind als Einstieg in die demographische Auswertung von Registerdaten sehr geeignet (Netting 1981: 91). Bevölkerungsstatistiken geben an, wie viele Geburten, Taufen (wenn es sich um Kirchenregister handelt), Heiraten und Todesfälle es in einem spezifischen Zeitintervall gegeben hat. Durch die Analyse mehrerer aufeinanderfolgender Jahre können demographische Trends, etwa ein starker Geburtenanstieg oder eine Zunahme an Todesfällen, erkannt werden. Wiederum ist die Eingabe der Daten (absolute Häufigkeiten für die jeweiligen Ereignisse) in ein Tabellenkalkulationsprogramm zu empfehlen. Ein Beispiel soll das Erkenntnispotential dieser Art der Auswertung veranschaulichen. Malvido (1993) hat sich mit der demographischen Entwicklung der mexikanischen Stadt Cholula seit dem sechzehnten Jahrhundert beschäftigt. Die Erklärung der Ab- und Zunahme der Mortalität steht im Vordergrund ihrer Analyse. Hierzu hat sie mehrere Kirchenregister mit Bevölkerungsstatistiken ausgewertet. Abbildung 1 zeigt die Entwicklung der Taufen, Heiraten und Todesfälle für den Zeitraum 1760–1765.

Die sehr starke Zunahme an Todesfällen von 1760 bis 1762 ist auffällig. Hingegen schwankt die Anzahl an Taufen und Heiraten nur wenig. Malvido nennt mehrere Ursachen für den starken Anstieg der Mortalität. Zum einen ist das Jahr 1760 ein sehr trockenes Jahr, was zu einer schlechten Ernte und einer Erhöhung der Preise in der darauffolgenden Zeit geführt hat. Zum anderen breitet sich in der Zeit von September 1760 bis Juni 1761 eine aus Europa eingeschleppte Pockenepidemie aus. Die ohnehin schon geschwächte Bevölkerung wird besonders stark von der Epidemie getroffen (Malvido 1993: 96).

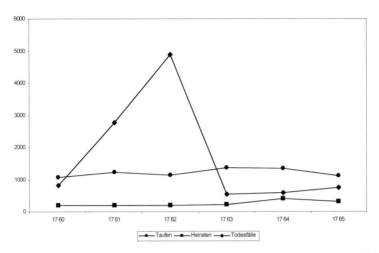

Abbildung 1: Bevölkerungsstatistiken am Beispiel der demographischen Entwicklung der mexikanischen Stadt Cholula, 1760–1765

Diese erste Analyse lädt zu weiteren Analysen ein. Zum Beispiel fragt sich, welche Altersklassen besonders stark von der Epidemie betroffen sind. Je nach Altersklasse ergeben sich unterschiedliche demographische, soziale und wirtschaftliche Folgen, die es zu erklären gilt (Malvido 1993: 97–98).

Trotz dieser Auswertungsmöglichkeiten können viele der präziseren demographischen Auswertungsverfahren nicht angewendet werden. Zum Beispiel lassen sich die meisten Methoden zur Beschreibung der Fertilitätsentwicklung nur auf Daten anwenden, die Geburten eindeutig den jeweiligen Müttern zu bestimmten Zeitpunkten ihres Lebenszyklussees zuordnen. Altersspezifische Geburtenziffern (siehe Abschnitt zum Zensus) können nur mit solchen Daten, nicht aber mit Bevölkerungsstatistiken, berechnet werden. Mit der Methode der Familienrekonstitution (Fleury und Henry 1965, Wrigley 1966) ist es möglich, die in den Registern isoliert vermerkten demographischen Ereignisse für spezifische Familien zu vernetzen. Ein fiktives Beispiel soll diesen Prozess veranschaulichen: Im Taufregister einer hypothetischen mexikanischen Gemeinde ist die Taufe von Antonio Evaristo 1780 und die Taufe von Maria Enriques 1788 vermerkt. Für beide Taufkinder sind die Namen der Eltern angegeben. 1805 findet sich im Heiratsregister die Heirat von Antonio und Maria. Wiederum im Taufregister finden sich 1805, 1807, 1810 und 1811 Taufen der Kinder von Antonio und Maria. Im Sterberegister ist schließlich zu lesen, dass Maria 1811 und Antonio 1830 verstorben sind. Die Bündelung dieser Ereignisse zu Familien ist eine sehr zeitintensive Arbeit.

Einer der Entwickler der Methode der Familienrekonstitution hat in den sechziger Jahren des zwanzigsten Jahrhunderts geschätzt, dass man zur Familienrekonstitution einer Kirchengemeinde von 1000 Mitgliedern über drei Jahrhunderte ungefähr 1500 Stunden braucht (Wrigley 1966: 96). Allerdings kann heute auch auf die Hilfe von Computerprogrammen zurückgegriffen werden, die Wrigley noch nicht in seine Rechnung miteinbezogen hat. Es gibt jedoch keine allgemein gebräuchliche Software, die an dieser Stelle empfohlen werden könnte. Ein Überblick zu verschiedenen Programmalternativen sowie eine Beschreibung der häufigsten Probleme, die bei der Familienrekonstitution auftreten können, finden sich bei Winchester (1992). Vor allem der Umgang mit Namensvariationen spielt hier eine große Rolle. Fure (2000) beschreibt detailliert das Programm *Demolink*, was sich bei der Untersuchung einer norwegischen Kirchengemeinde in der Nähe von Oslo bewährt hat.

Ist die Familienrekonstitution erfolgreich abgeschlossen worden, können die Daten mit den im Abschnitt zum ethnographischen Zensus beschriebenen und erwähnten Auswertungsmethoden analysiert werden. Ein besonders gelungenes Beispiel der Auswertung von Registerdaten ist die Arbeit von Netting (1981). Ein Grund für das sehr gute Gelingen liegt sicherlich auch darin, dass in der von Netting untersuchten schweizerischen Gemeinde fast nicht migriert worden ist und Netting über 90% der in der Gemeinde ansässigen Familien vollständig oder partiell rekonstituieren konnte. Je mehr Migration es in einer untersuchten Region gibt, desto größer wird der Anteil an gar nicht oder nur partiell rekonstituierbaren Familien.

Bei der Anwendung dieser Methoden sollte man von vornherein das Forschungsziel und die zur Verfügung stehenden Ressourcen berücksichtigen. Es muss überlegt werden, inwieweit es sich lohnt, sehr viel Zeit in die Familienrekonstitution zu investieren, wenn eine detaillierte demographische Beschreibung nicht im Vordergrund des Forschungsinteresses steht. Hier kann es unter Umständen schon ausreichend sein, mit Hilfe von Bevölkerungsstatistiken die allgemeinen demographischen Trends zu erfassen. Registerdaten, vor allem Kirchenregister, sind eine vielversprechende und in der Ethnologie noch verhältnismäßig selten ausgewertete Quelle demographischer Prozesse der Vergangenheit. Wie auch für den ethnographischen Zensus stehen zur Erhebung und Auswertung von demographischen Archivdaten eine Reihe an erprobten und bewährten Methoden zur Verfügung. Es liegt ausreichend Anwendungswissen vor, so dass die Integration dieser Erhebungs- und Auswertungsverfahren in ethnologische Forschungen uneingeschränkt empfohlen werden kann. Anders sieht es mit der im Folgenden diskutierten genealogischen Methode aus. Obwohl diese Methode in der ethnodemographischen Forschung noch nicht so etabliert und erprobt wie die bisher diskutierten Ansätze ist, soll sie dennoch hier vorgestellt werden, da sie ein vielversprechendes Potential für zukünftige ethnodemographische Untersuchungen darstellt.

9.4 Der demographische Gehalt von Genealogien

Die Erhebung genealogischer Daten gehört zu den Standardverfahren ethnologischer Feldforschung. Unter dem Begriff *Genealogie* wird sowohl das
Wissen über Abstammung, Heirat und Geschwisterschaft der Untersuchten,
die Darstellung dieses Wissens in genealogischen Diagrammen (,Stammbäu-
men') als auch die wissenschaftliche Beschäftigung mit solchen Diagrammen verstanden (Fischer 1996: 5). Einige der zentralen Entscheidungen, die
es bei der Erhebung und Auswertung von genealogischen Daten zu berücksichtigen gilt, sollen im Folgenden aufgelistet werden. Eine detaillierte Beschreibung verschiedener Erhebungstechniken und Erhebungsprobleme findet sich bei Fischer (1996).

1. Wie auch schon beim ethnographischen Zensus muss man sich vor der
   Erhebung überlegen, welche Kategorien man erheben möchte. Im einfachsten Fall werden nur die Namen erfragt. Werden mehr als drei verschiedene
   Kategorien an Informationen erhoben (z. B. Name, Gruppe, Wohnort und
   Geburtsjahr) empfiehlt Fischer (1996: 56), diese Informationen in separa-
   ten Listen festzuhalten.
2. Es ist empfehlenswert, sich die Reihenfolge der Befragung vorab zu überlegen. Grob lassen sich zwei Erhebungsreihenfolgen unterscheiden. Entweder arbeitet man sich über die Vorfahren einer Person soweit nach ,oben'
   vor, bis es keine weiteren Informationen mehr gibt, und erfragt dann in
   einem zweiten Schritt die nächsten Verwandten (Eltern, Kinder, Geschwister, Ehepartner) aller erwähnten Personen oder man beginnt direkt mit den
   nächsten Verwandten einer Person (Fischer 1996: 32–39).
3. Ein großer Vorteil der genealogischen Methode besteht darin, dass sie zu
   einem frühen Zeitpunkt der Forschung und mit noch geringer Sprachkenntnis
   eingesetzt werden kann. Häufig haben die Befragten Interesse und sogar
   Spaß an der Erhebung. Allerdings haben nicht alle Personen einer Gruppe
   gleichermaßen gute genealogische Kenntnisse (Fischer 1996: 60). Die Anzahl memorierter Personen und die Präzision bestimmter Angaben (z. B.
   Namen und Alter) können stark variieren. Deshalb muss überlegt werden,
   welche Informanten besonders geeignet sind, und ob es sinnvoll ist,
   Genealogien in größeren Gruppen, in denen sich das Wissen Einzelner er-
   gänzt, zu erheben (Fischer 1996: 46).
4. Es muss überlegt werden, wie die erhobenen Daten grafisch dargestellt
   werden. Fischer gibt einen Überblick zu den verschiedenen Arten an Symbolen (1996: 20–29) und Darstellungsformen (1996: 40–44).

Genealogien enthalten wichtige historische, verwandtschaftliche und strukturelle Informationen. Die Erfassung dieser Arten an Informationen findet

sich bei Fischer (1996, vor allem Kapitel 9). Obwohl sich das Sammeln genealogischer Daten einer großen Popularität innerhalb der Ethnologie erfreut,
finden sich nur wenige Beschreibungen zu systematischen Auswertungs-
techniken. Hier interessiert vor allem die Möglichkeit, aus Genealogien demographische Informationen zu gewinnen. Schon Rivers (1906) hat auf den
demographischen Gehalt von Genealogien hingewiesen. In seinen Forschungen hat er immer wieder genealogische Daten demographisch ausgewertet
(Fischer 1996: 141). Hackenberg (1973) greift diese Überlegungen auf und
zeigt, dass genealogische Daten im Gegensatz zu Zensusdaten den großen
Vorteil einer zeitlichen Tiefe mit sich bringen (1973: 291), wodurch es möglich
wird, Veränderungen demographischer Faktoren zu beschreiben. Dies ist vor
allem dann von besonderem Interesse, wenn es keine Archivdaten gibt.
Bemerkenswerterweise haben sich trotz der Tatsache, dass in ethnologischen
Forschungen häufig genealogische Daten erhoben werden, nur sehr wenige Ethnologen mit der Entwicklung von Software zur Darstellung und Analyse von
genealogischen Daten befasst. Eine Ausnahme stellt die Arbeitsgruppe von Hartmut Lang und Michael Schnegg (2002) dar, die sich generell mit der Verbreitung ethnographischer Methoden und speziell mit der Entwicklung genealogischer und demographischer Analyseprogramme beschäftigt. Schnegg und Lang
schlagen vor, genealogische Daten in das schon im Abschnitt zum ethnographischen Zensus erwähnte Programm *Family Tree Maker* einzugeben. Dieses Programm unterstützt das internationale Datenstandardformat GEDCOM, wodurch
die Daten ohne Probleme in demographische Analyseprogramme, etwa die von
Lang entwickelten Programme zur Analyse von Fertilität (vgl. Abschnitt zum
ethnographischen Zensus), exportiert werden können.

Die ethnodemographische Auswertung von Genealogien weist gewisse Ähn-
lichkeiten mit der im vorangegangenen Abschnitt beschriebenen Auswertung
von Registerdaten auf. Grob können zwei Wege beschritten werden –
Häufigkeitsauswertungen demographischer Ereignisse zu bestimmten Zeitpunkten, also die so genannten Bevölkerungsstatistiken, und die Anwendung
präziserer demographischer Indizes, die eine eindeutige Zuordnung von demographischen Ereignissen zu bestimmten Personen während spezifischer
Zeitpunkte ihres Lebenszyklus erfordern.

Die hier auf den ersten Blick relativ unproblematisch erscheinende demographische Analyse von Genealogien bringt jedoch einige substantielle und
bisher ungeklärte methodische Probleme mit sich. Anders als bei der demographischen Auswertung von Archivdaten gibt es für die demographische
Analyse von Genealogien bisher nicht besonders viele Anwendungsfälle,
wodurch sich das Wissen über methodische Probleme und Lösungen auch
nicht sonderlich vermehrt hat. Hier soll kurz auf einige der methodischen
Probleme hingewiesen werden.

Werden in ethnologischen Forschungen Genealogien erhoben, so geschieht dies häufig mit einigen wenigen Schlüsselinformanten oder Experten. Das kann für die sonstigen Ziele der Forschung sinnvoll sein, für die demographische Auswertung stellt es jedoch ein Problem dar. Die Memorierungsfähigkeit einiger Personen mag zwar außergewöhnlich sein, will man aber z. B. genauere Zeitangaben erheben, stößt man schnell an die Grenzen des Möglichen. Deshalb betont Hackenberg (1973: 294) auch, dass Rivers in seiner Anwendung der Methode nicht nur mit einigen wenigen Schlüsselinformanten, sondern mit allen Erwachsenen der von ihm untersuchten Toda gearbeitet hat. Dieses Vorgehen hat den Effekt, dass sich die Aussagen des Einzelnen aufgrund der hohen Redundanz der Informationen überprüfen lassen, wodurch die Validität der Daten immens gesteigert werden kann. Allerdings erhöht sich dadurch auch der Arbeitsaufwand signifikant. Erinnerungseffekte werfen aber noch andere methodische Fragen auf, die nicht durch eine Veränderung der Stichprobenauswahl behoben werden können. Die Präzision genealogischer Daten nimmt mit zunehmender historischer Tiefe immer mehr ab. Das Problem besteht darin festzulegen, bis zu welcher genealogischen Tiefe genealogische Daten als einigermaßen zuverlässig und somit demographisch auswertbar gelten können. Diese Frage kann nicht generell beantwortet werden, sondern muss von Fall zu Fall geklärt werden. Ein weiteres Problem besteht darin, dass in Verwandtschaftssystemen nicht alle Kategorien an Verwandten gleichermaßen relevant sind. Wie allerdings methodisch damit umzugehen ist, dass etwa eine verwandtschaftliche Seite (z. B. in unilinealen Systemen) präziser erinnert wird, ist meines Wissens ein offenes Feld. Die Suche nach weiteren historischen Daten, beispielsweise die im vorherigen Abschnitt vorgestellten Listen- und Registerdaten, stellt eine wichtige Möglichkeit dar, die Präzision der genealogischen Informationen zu überprüfen. In vielen der von Ethnologen untersuchten Regionen gibt es jedoch nur wenige oder gar keine Archivdaten, wodurch die Analyse von Genealogien möglicherweise die einzige Chance ist, einen Einblick in vergangene demographische Prozesse zu erlangen. Diese Beobachtung und die Tatsache, dass es viele ethnologische Genealogien gibt, die unter diesen Gesichtspunkten noch nicht ausgewertet worden sind, sollten dazu anregen, sich intensiver mit den Auswertungsmöglichkeiten von Genealogien, nicht nur aber auch hinsichtlich ihres demographischen Gehalts, zu beschäftigen.

9.5 Der kulturelle Kontext demographischer Ereignisse: Lebensgeschichten

Die Beschreibung demographischer Ereignisse, etwa anhand von Zensus-, Archiv- oder genealogischen Daten, ist die eine zentrale Aufgabe der Ethnodemographie. Die andere wesentliche Aufgabe besteht in der kulturellen Erklärung des Beschriebenen. Lebensgeschichten sind eine Möglichkeit, Daten zur kulturellen Erklärung demographischer Ereignisse zu sammeln. Generell sind hierfür alle ethnographischen Methoden geeignet, jedoch sind Lebensgeschichten besonders interessant, da sie sich explizit mit der Bedeutung demographischer Ereignisse, wie Geburt und Tod, beschäftigen. Lebensgeschichten sind eine der Methoden zur Erhebung von oralen Geschichten (Brettell 1998: 526). Eine Lebensgeschichte ist eine von einem Individuum über sich geschriebene oder gesprochene Erzählung seines (oder ihres) Lebens oder von Segmenten seines/ihres Lebens (Cole und Knowles 2001: 18). Eine aktuelle Einführung in die Erhebung von Lebensgeschichten findet sich bei Cole und Knowles (2001). Vor der Erhebung von Lebensgeschichten müssen mehrere methodische Entscheidungen getroffen werden. Zentrale Entscheidungen werden im Folgenden skizziert.

1. Der Zeitpunkt der Erhebung muss festgelegt werden. In der Regel werden Lebensgeschichten erst nach einer längeren Feldforschungsphase erhoben, da dann sowohl der Grad an Vertrautheit, die kulturelle Kompetenz als auch die Sprachkompetenz höher sind.
2. Es muss überlegt werden, wie stark die Erhebung systematisiert werden soll, ob zum Beispiel mit einem Leitfaden gearbeitet werden soll oder nicht. Hier fragt sich auch, ob es eine feste Reihenfolge an Themen gibt, von der nicht abgewichen werden soll.
3. Häufig werden die Lebensgeschichten von nur wenigen Personen erhoben, manchmal auch nur von einer einzigen Person. Je nach Ziel der Untersuchung ist deshalb zu klären, wie viele Personen man in welcher Intensität befragen möchte. Die Intensität bezieht sich sowohl auf die Dauer der einzelnen Interviews als auch auf die Anzahl an Mehrfachinterviews mit ein und demselben Individuum.
4. Man muss überlegen, in welcher Form man die Informationen festhält (etwa durch Gesprächsnotizen, Tonbandaufzeichnungen oder Gedächtnisprotokolle). Bei Tonbandaufzeichnung fragt sich, mit welcher Präzision die Aufzeichnung transkribiert werden soll.
5. Der Grad an Reflexivität, mit dem sich der/die Forschende selber in die Erhebung und Auswertung einbringt, kann stark variieren. Hier spielt das Forschungsziel sicherlich eine wichtige Rolle. Lebensgeschichten können sehr persönliche Informationen ermitteln. Es muss überlegt werden, wie mit solcherart an Informationen umgegangen wird.

Im Rahmen von ethnodemographischen Erhebungen stellt sich die Frage, in welcher Form sich die Informationen, die Lebensgeschichten zum Verständnis von demographischen Ereignissen enthalten können, anwenden lassen. Anhand eines Beispiels soll dieser Frage nachgegangen werden.

Die von mir untersuchte zentralmexikanische Gemeinde (vgl. den Abschnitt zum ethnographischen Zensus) befindet sich im fertilen Übergang. Die Analyse von 255 Geburtengeschichten, die durch eine ethnographische Zensuserhebung gesammelt wurden, hat gezeigt, dass die durchschnittliche Kinderzahl pro Frau in den letzten Jahrzehnten gesunken ist. Einige Frauen bekommen nur noch ein bis zwei Kinder insgesamt. Es gibt aber auch weiterhin Frauen, die sechs oder mehr Kinder gebären (Pauli 2000: 269–331). Um diese Variationen zu verstehen, habe ich unter anderem die Lebensgeschichten von zwölf mir sehr vertrauten Frauen unterschiedlichen Alters erhoben. Der verwendete Leitfaden findet sich bei Pauli (2000: 354–355). Alle Interviews wurden auf Tonband aufgezeichnet und vollständig transkribiert. Ausgehend von der Hypothese, dass das soziale Umfeld einen Einfluss auf die Kinderzahl hat, habe ich die Lebensgeschichten nach der Nennung von sozialen Rollen kodiert und diese Informationen kulturell relevanten Phasen des Lebenszyklus zugeordnet (2000: 172–178). Wichtige soziale Rollen sind etwa die Rollen der Mutter, der Geschwister oder der Schwiegermutter. Mit Hilfe eines Textanalyseprogramms (Weitzmann und Miles 1995, Pauli 2000: 173), konnten alle Textstellen zur Schwiegermutter und anderen sozialen Rollen ausgegeben und analysiert werden. Hierbei hat sich gezeigt, dass vor allem die Schwiegermutter einen Einfluss auf reproduktive Entscheidungen ihrer Schwiegertochter hat, z. B. hinsichtlich der Verwendung moderner Verhütungsmittel (Pauli 2000: 193–196). Weiter haben die Lebensgeschichten jedoch auch gezeigt, dass der schwiegermütterliche Einfluss dann am stärksten ist, wenn Schwiegermutter und Schwiegertochter in einem gemeinsamen Haushalt leben. Aufgrund dieser durch die qualitative Auswertung der Lebensgeschichten gewonnenen Erkenntnisse habe ich dann in den Zensusdaten überprüft, ob Frauen, die mit ihrer Schwiegermutter zusammengelebt haben, im Schnitt eher ihr erstes Kind bekommen haben als Frauen, für die dies nicht gilt. Bisherige Studien haben ergeben, dass das Alter der Frau bei der Geburt ihres ersten Kindes ein wichtiger Indikator für die Geburtenzahl insgesamt sein kann (Pauli 2000: 211–14). Die erneute quantitative Analyse der Zensusdaten hat gezeigt, dass Frauen, die mit ihrer Schwiegermutter zusammengelebt haben, tatsächlich früher ihr erstes Kind bekommen haben. Eine neuerliche Analyse der Lebensgeschichten und weiterer qualitativer Daten hat dann vertieft, warum die Schwiegermutter einen solchen Einfluss auf die Fertilität der Schwiegertochter ausübt (Pauli 2000: 304–310).

Lebensgeschichten sind aber nicht nur für die Analyse von Fertilitätsentscheidungen interessant. Auch für das Verständnis von Migrationsentscheidungen und Migrationsprozessen können Lebensgeschichten geeignet sein. Wie das obige Beispiel zeigt, dienen die Lebensgeschichten sowohl zur Hypothesenbildung als auch zur Vertiefung demografischer Ergebnisse. In diesem Wechselspiel qualitativer und quantitativer Befunde liegt sicherlich eine der Stärken des ethnodemographischen Ansatzes.

9.6 Zusammenfassende Diskussion

Abschließend werden alle vorgestellten Methoden noch einmal im Überblick diskutiert (vgl. Tabelle 2).

Die Erhebung ethnographischer Zensusdaten ist in der Ethnologie verbreitet. Mittlerweile gibt es mehrere Beschreibungen der Erhebungs- und Auswertungsoptionen. Es ist zu empfehlen, das ‚Rad nicht immer wieder neu zu erfinden', sondern auf eben jene im Abschnitt zum ethnographischen Zensus vorgestellten methodischen Beschreibungen zurückzugreifen. Zum einen lassen sich dadurch Fehler etwa in der Formulierung von Fragekategorien vermeiden, zum anderen wird es besser möglich, Zensusergebnisse miteinander zu vergleichen. Die Auswertung ethnographischer Zensusdaten kann Erkenntnisse über Wandel und Kontinuität demographischer aber auch weiterer kultureller Phänomene erbringen. Archivdaten werden in der Ethnodemographie weniger häufig erhoben und ausgewertet. In den letzten Jahren hat die Zahl an Arbeiten besonders für außereuropäische Kulturen aber zugenommen. Sowohl die Erhebungs- als auch die Auswertungsmethoden sind ausgereift und erprobt. Hier kann die Ethnodemographie von den Arbeiten historischer Demographen profitieren. Obwohl die Zahl an historischen Arbeiten inner-

Art der Daten		Wichtigste Auswertungsmöglichkeiten
Ethnographische Zensusdaten		Deskriptive Statistik der erhobenen Kategorien; Demographische Analysen, z. B. Kohortenanalyse, altersspezifische Geburtenziffern
Archiv-daten	a) Listen (z. B. Zensuslisten, Steuerlisten)	Deskriptive Statistik der vorhandenen Kategorien; Demographische Analysen, z. B. bei zwei Zeitpunkten Bevölkerungswachstumsrate
	b) Register (Kirchen- und Zivilregister)	a) Bevökerungsstatistiken (Häufigkeiten von Geburten, Taufen, Heiraten, Todesfällen) b) Familienrekonstitution (demographische Analysen, z. B. altersspezifische Geburtenziffern)
Genealogien		Die demographischen Auswertungsmöglichkeiten entsprechen denen der Registerdaten
Lebensgeschichten		Textanalyse

Tabelle 2: Überblick der ethnodemographischen Methoden

halb der Ethnodemographie zugenommen hat, ist das Potential bei weitem nicht ausgeschöpft. Die ethnodemographische Auswertung genealogischer Daten stellt im Augenblick eine der interessantesten methodischen Herausforderungen dar. Aufgrund der großen Popularität der Methode in der Ethnologie gibt es viele demographisch unausgewertete Daten. Finden sich Lösungen für die vorhandenen methodischen Probleme, so könnten wichtige Erkenntnisse über demographische Entwicklungen der Vergangenheit gewonnen werden. Vor allem in Regionen, in denen es keine Archivdaten gibt, sind diese Erkenntnisse von großem Wert. Aber auch wenn Archivdaten vorhanden sind, kann die Kombination von Genealogien und verschiedenen Archivdaten beeindruckende Ergebnisse erbringen, wie vor allem die Arbeit von Netting (1981) zeigt. Lebensgeschichten sind eine Möglichkeit, demographische Phänomene in ihrem kulturellen Kontext zu verstehen. Da demographische Ereignisse eine wichtige Rolle im Leben spielen, ist diese Form der oralen Geschichte besonders zur Vertiefung demographischer Daten geeignet. Aber auch andere qualitative Methoden sollten angewandt werden, denn nur durch das Wechselspiel unterschiedlicher Methoden und Daten wird es möglich, die Ursachen und Konsequenzen demographischer Ereignisse holistisch zu verstehen. Insofern kann die Verwendung ethnodemographischer Methoden zweierlei leisten: zum einen den Wandel oder die Kontinuität der demographischen Ereignisse Geburt, Migration und Tod im Rahmen ethnologischer Forschungen so genau wie möglich zu beschreiben und zum anderen die solchermaßen beschriebenen Phänomene so umfassend wie möglich zu erklären.

9.7 Literatur

9.7.1 Weiterführende Literatur

Basu, Alaka Malwade und Peter Aaby (Hg.)
1998   The Methods and Uses of Anthropological Demography. Oxford.
          Dieser Sammelband gibt einen guten Überblick zur Anwendung sowie den spezifischen Problemen ethnodemographischer Methoden.

Lang, Hartmut und Julia Pauli
2002   Der ethnographische Zensus. In: Hartmut Lang und Michael Schnegg (Hg.),
          Methoden der Ethnographie, http://www.methoden-der-ethnographie.de.
          Eine praxisnahe Einführung in die Erhebung und Auswertung des ethnographischen Zensus.

Newell, Colin
1988   Methods and Models in Demography. Chichester.
          Eine sehr gut lesbare und nachvollziehbare Darstellungen wichtiger demographischer Analysetechniken.

Schulze, Walter, Hans Fischer und Hartmut Lang
1997   Geburt und Tod. Ethnodemographische Probleme, Methoden und Ergebnisse.
            Berlin.
            Dieses sehr zu empfehlende Lehrbuch der Ethnodemographie enthält sowohl
            eine Einführung in die Grundlagen der Ethnodemographie, eine Darstellung der
            wichtigsten Aspekte der Erhebung von Zensusdaten als auch exemplarische Aus-
            wertungen einer und mehrerer Zensuserhebungen.

9.7.2 Zitierte Literatur

Benninghaus, Hans
1992   Deskriptive Statistik. Stuttgart.

Brettell, Caroline
1998   Fieldwork in the Archives. Methods and Sources in Historical Anthropology. In:
            H. Russell Bernard (Hg.), Handbook of Methods in Cultural Anthropology, 513–
            546. Walnut Creek.

Cole, Ardra L. und J. Gary Knowles (Hg.)
2001   Lives in Context. The Art of Life History Research. Walnut Creek.

Fischer, Hans
1996   Lehrbuch der genealogischen Methode. Berlin.
1997   Zensusaufnahmen – das Beispiel Gabsongkeg. In: Walter Schulze, Hans Fischer
            und Hartmut Lang (Hg.), Geburt und Tod. Ethnodemographische Probleme, Me-
            thoden und Ergebnisse, 37–91. Berlin.

Fleury, M. und L. Henry
1965   Nouveau manuel de dèpouillement et d'exploitation de l'état civil ancien. Paris.

Fure, Eli
2000   Interactive Record Linkage: The Cumulative Construction of Life Courses. In:
            Demographic Research 3, http://www.demographic-research.org/Volumes/Vol3/11/

Hackenberg, Robert A.
1973   Genealogical Method in Social Anthropology: The Foundation of Structural
            Demography. In: John J. Honigmann (Hg.), Handbook of Social and Cultural
            Anthropology, 289–325. Chicago.

Handwerker, Penn W.
1989   Women's Power and Social Revolution. Fertility Transition in the West Indies.
            Newbury Park, CA.

Howell, Nancy
1979   Demography of the Dobe !Kung. New York.

Lang, Hartmut
1993   Ethnodemographie. In: Thomas Schweizer, Margarete Schweizer und Waltraud
            Kokot (Hg.), Handbuch der Ethnologie, 117–144. Berlin.
1997   Ethnodemographie und die Bedeutung von ethnodemographischen Zensuser-
            hebungen. In: Walter Schulze, Hans Fischer und Hartmut Lang (Hg.), Geburt und
            Tod. Ethnodemographische Probleme, Methoden und Ergebnisse, 4–36. Berlin.

1998a   FERTIL. Programm zur Analyse von Zensusdaten. Universität zu Köln. Köln.
1998b   The Population Development of the Rehoboth Basters. In: Anthropos 93: 381–
           391.
2000   Mit genealogischen Daten arbeiten – Computerlösungen. In: Ethnoscripts 2: 88–
           96.

Lang, Hartmut und Michael Schnegg (Hg.)
2002   Methoden der Ethnographie. http://www.methoden-der-ethnographie.de.

Laslett, Peter
1972   Introduction. In: Peter Laslett und Richard Wall (Hg.), Household and Family in
           Past Time, 1-46. Cambridge.

Malvido, Elsa
1993   Factores de despoblación y de reposición de la población de Cholula en la época
           colonial. In: Elsa Malvido und Miguel Ángel Cuenya (Hg.), Demografía Histórica
           de México. Siglos XVI–XIX, 63–111. Mexiko-Stadt.

Netting, Robert M.
1981   Balancing on an Alp. Ecological Change & Continuity in a Swiss Mountain
           Community. Cambridge.

Notkola, Veijo und Harri Siiskonen
2000   Fertility, Mortality and Migration in Sub Saharan Africa. The Case of Ovamboland
           in North Namibia, 1925–90. New York.

Pauli, Julia
2000   Das geplante Kind. Demographischer, wirtschaftlicher und sozialer Wandel in
           einer mexikanischen Gemeinde. Hamburg.

Rivers, W. H. R.
1906   The Todas. London.

Schulze, Walter
1997   Die ethnodemographische Analyse der Zensusdaten von Gabsongkek. In: Wal-
           ter Schulze, Hans Fischer und Hartmut Lang (Hg.), Geburt und Tod. Ethno-
           demographische Probleme, Methoden und Ergebnisse, 92–189. Berlin.

Weiss, Florence
1999   Vor dem Vulkanausbruch. Eine ethnologische Erzählung. Frankfurt am Main.

Weitzman, Eben und Matthew B. Miles
1995   Computer Programs for Qualitative Data Analysis. Thousand Oaks, CA.

Winchester, Ian
1992   What Every Historian Needs to Know About Record Linkage of the Micro-
           computer Era. In: Historical Methods 25: 149–165.

Wrigley, Edward A.
1966   Family Reconstitution. In: Edward A. Wrigley (Hg.), An Introduction to English
           Historical Demography. New York.

* Ich danke Michael Schnegg und Hartmut Lang für ihre wertvollen Anmerkungen und
Hinweise.

Verena Keck

10. Interdisziplinäre Projekte und Teamarbeit

10.1 Einleitung 203
10.2 Interdisziplinarität: neu und trendy? 204
10.3 Kombinationsmöglichkeiten und das „Ende des einsamen Wolfes"? 206
10.4 Schlussbemerkungen 221
10.5 Literatur 222

10.1 Einleitung

Eigentlich ist es keine neue Erkenntnis: Die Möglichkeiten, eine ethnologische Feldarbeit zu planen und durchzuführen, sind außerordentlich vielfältig, abhängig vom Thema der Forschung, der Region, gegebenenfalls den Auftraggebern und der privaten Situation (Geschlecht, Alter, berufliche Position) sowie persönlichen Motiven: alleine, mit Freunden oder mit einem Partner, Mann oder Frau, mit Kindern, mit Kollegen, mit Forschern und Forscherinnen aus anderen Disziplinen, oder mit Ethnologinnen und Ethnologen in einem Team. Man kann mit Wissenschaftlern aus dem jeweiligen Gastland für kürzere oder längere Zeit eine Gruppe bilden, mit Informanten, die zu Freunden und zu einem Teil der Familie werden, gleichberechtigte Partnerschaften können sich transnational entwickeln und auf privater oder institutionalisierter Ebene lange über die eigentliche Forschungsphase hinaus bestehen. Ethnographische Partnerschaften sind also in allen möglichen Formen und Kombinationen denkbar.

Um diese vielfältigen Möglichkeiten soll es in diesem Kapitel gehen. Deshalb, und um nicht nur die Literatur zu diesem Thema zusammenzufassen und allein auf meine eigenen Erfahrungen zurückzugreifen, habe ich Kolleginnen und Kollegen schriftlich einige Fragen zu ihren Feldforschungen gestellt. Diese Umfrage ist keinesfalls als repräsentativ zu verstehen. Interessant ist, dass die meisten Ethnologinnen und Ethnologen während ihrer oft mehrfachen Feldforschungen unterschiedliche Erfahrungen in jeweils anderen personalen Zusammensetzungen gemacht haben, dass es also kein *Patentrezept* für alle Zeiten gibt – ein Zeichen für die viel gepriesene Flexibilität von Ethnologen? Oder doch auch die Einzigartigkeit jeder Feldforschung? Wie auch immer: Ihre Antworten stellen ein breites Spektrum von Meinungen dar, die auf tatsächlichen praktischen Feldarbeitserfahrungen beruhen.

10.2 Interdisziplinarität: neu und trendy?

Ohne Zweifel: Interdisziplinarität liegt heute im Trend. Interdisziplinäre Ringvorlesungen, interdisziplinäre Lehrveranstaltungen, Programme geldgebender Fördereinrichtungen (so beispielsweise die Sonderforschungsbereich-Programme der *Deutschen Forschungsgemeinschaft* mit verschiedenen beteiligten Disziplinen, siehe http://www.dfg.de), Tagungen, die dem Thema gewidmet sind (so z. B. die Heidelberger Tagung der *Deutschen Gesellschaft für Völkerkunde* im Herbst 1999 mit dem Titel „Interdisziplinarität: Ethnologie und ihre Nachbarwissenschaften") oder Interdisziplinäre Forschungsinstitute (wie das *Zentrum für Interdisziplinäre Forschung* der Universität Bielefeld, das *Zentrum Moderner Orient* in Berlin) belegen dies. Begriffe wie *Polydisziplinarität, Multidisziplinarität, Pluridisziplinarität, Cross-disziplinarität, Kon-disziplinarität, Transdisziplinarität, okkasionelle Interdisziplinarität, temporäre Interdisziplinarität, Konzeptinterdisziplinarität, Methodeninterdisziplinarität* und *regionale Interdisziplinarität* suggerieren weitläufige Disziplinverbindungen oder Überschreitungen unterschiedlichster Art.

Ohne ins Detail zu gehen, sind doch einige knappe Begriffserklärungen notwendig: Unter *Poly-, Multi-* und *Pluri-Disziplinarität* wird gemeinhin ein Nebeneinander verschiedener Disziplinen verstanden, die „Zusammenführung, Kontaktaufnahme und Kooperation unterschiedlicher Disziplinen, etwa die disziplinenübergreifende Kommunikation auf wissenschaftlichen Kongressen, in gemeinsamen Forschungsprojekten oder -instituten" (Kneer 1997: 549). *Interdisziplinarität* hingegen meint eine „koordinierte Zusammenarbeit" im Sinne eines „fächerübergreifende[n] Denken[s], das zu einer Vereinheitlichung des Verständnisses von Phänomenen führt, indem es die Teilerklärungen verschiedener Disziplinen miteinander zu verknüpfen versucht" (Reinalter 1997:109f.). Eine Forschung wird interdisziplinär angelegt, wenn ein Forschungsproblem über den Rahmen einer Einzeldisziplin hinausgeht und die Wissenschaftler der Einzeldisziplinen sich hierbei ergänzen und zusammenarbeiten.

Interdisziplinarität ist im übrigen eigentlich nichts Neues. Der zunehmend stärkere Ruf nach Interdisziplinarität liegt in der Partikularisierung der Disziplinen begründet, der zunehmenden Spezialisierung auch im eigenen Fach und der immer schneller zunehmenden Fülle von Wissen, die man nicht mehr überschauen kann. „Wer allein auf einer fachlichen oder disziplinären, meist winzigen, Insel sitzt, den ergreift die Sehnsucht nach seinem insularen Nachbarn …" (Mittelstrass 1996: 7–8). Interdisziplinarität kann also auch als Versuch gesehen werden, aus den Partikularitäten wieder ein größeres Ganzes zusammenzubauen, etwas, was früher an Universitäten der wissenschaftliche und der „gebildete Normalfall" war (ebd.: 9).

Transdisziplinarität schließlich „impliziert die Entwicklung eines Paradigmas, das mehrere Disziplinen übergreift – Transdisziplinarität als Forschungsgebot angesichts der lebensweltlichen Problementwicklungen" (ebd.: 14), bei deren Lösungen das Wissen von Einzeldisziplinen nicht ausreicht.

Bleiben wir zunächst eine Spur bescheidener: Überschaubare ethnologische Feldforschung mit mehreren Teilnehmern bleibt heute in der Regel auf einer interdisziplinären, einer multidisziplinären oder eben disziplinären Ebene, und auch das hat eine lange Tradition in der Ethnologie.

Eine der ersten großen interdisziplinären Feldforschungen in der Ethnologie war die *Cambridge Anthropological Expedition* (1898/99), die zu den melanesischen Torres Straits- Inseln führte. A. C. Haddon, ein Zoologe und späterer Ethnologe, war der Organisator, weitere Teilnehmer waren der Mediziner, Psychologe und Ethnologe H. W. R. Rivers, der Arzt und Ethnologe C. G. Seligman, die Psychologen W. McDougall und Ch. Myers und der Linguist S. Ray. Zehn Jahre später (1908–1910) fand die *Hamburger Südsee-Expedition* statt; deren Teilnehmer – wobei sich die Zusammensetzung in den zwei Jahren änderte – Ethnologen, Anthropologen, Linguisten, ein Zoologe, zwei Maler und ein Kaufmann waren; die beiden Leiter waren Mediziner. Die Teilnehmer untersuchten Gebiete und Inseln Melanesiens und Mikronesiens, die damals zum deutschen Kolonialbesitz in der Südsee gehörten.

Das bis heute wohl ehrgeizigste kulturvergleichende Projekt und ein weiteres gutes Beispiel für interdisziplinäre Teamarbeit ist die *Six-Cultures*-Studie von John und Beatrice Whiting, einem Ethnologen und einer Psychologin, die in den 1950er Jahren entwickelt und durchgeführt wurde. In sechs Kulturen, in Ostafrika, Okinawa, den Philippinen, Mexiko, Nord-Indien und Neuengland untersuchten jeweils ein Frau-Mann-Team Sozialisationspraktiken von Kindern unterschiedlicher Altersgruppen. Die Methoden waren zuvor entwickelt, eingeübt und sehr stark standardisiert worden. Die Beobachtungsprotokolle wurden von den Feldforschern nach Harvard geschickt, wo sie von zuvor ausgebildeten Forschungsassistenten in Verhaltenskategorien (wie z. B. *Dominanz*), die universelle Gültigkeit haben sollten, kodiert wurden.
Auch das weniger bekannte Großprojekt, das als Schwerpunktprogramm der *Deutschen Forschungsgemeinschaft* finanzierte Forschungsvorhaben „In-

terdisziplinäre Erforschung von Mensch, Kultur und Umwelt im zentralen Hochland von West-Irian (Neuguinea)", das 1974 begann und dessen Ergebnisse vor allem in den 1980er Jahren publiziert wurden, kann als Beispiel einer solchen interdisziplinären Forschung gelten. Ziel dieses Projektes war die möglichst umfassende Erforschung und Dokumentation der Eipo im heutigen West Papua, ihrer Kultur und ihres Lebensraumes. Beteiligt waren höchst unterschiedliche Disziplinen: physische Anthropologie, Medizin (mit ihren Spezialisierungen wie Zahnmedizin, Tropenmedizin u.a.), Humanethologie, Linguistik, Ethnologie (mit den Unterdisziplinen Musikethnologie, Ethnomedizin, Ethnosoziologie), Geologie, Hydrologie, Seismologie, Klimatologie, Zoologie und andere.

10.3 Kombinationsmöglichkeiten und das „Ende des einsamen Wolfes"?

Die *klassische Feldforschung* wurde entscheidend von Bronislaw Malinowski geprägt: ein jüngerer europäischer Mann lebte zwischen 1915–1918 insgesamt zwei Jahre als *Single* im Dorf Omarakana auf den Trobriandinseln, erarbeitete als Ein-Mann-Unternehmen umfangreiches ethnographisches Material und vertraute gleichzeitig seine Frustrationen seinem Tagebuch an. Dieses „lonely wolf"-Bild (Fischer 2002:20) beeinflusste Generationen von Ethnologinnen und Ethnologen hinsichtlich der Gestaltung ihrer Feldforschung.

„Ethnographers have been trained to think of themselves as the single instrument of data collection, analysis, and presentation." (Schensul et al. 1999: 86–7)

"… I work essentially as a loner, and thus tend to think that is how all fieldwork is best accomplished …" (Wolcott 1995: 143).

oder:

„Mein eigenes Bild vom Ethnologen ‚auf Feldforschung' war das des einsam und fern von zuhause lebenden *Einzelgängers*. So eine Art ‚einsamer Wolf' auf wissenschaftlich. Und dann zeigten mir die … Beiträge, dass die Rasse der ‚einsamen Wölfe' offenbar ausgestorben ist. Denn die Berichte machen deutlich, dass die meisten der Untersuchungen gar nicht allein durchgeführt wurden. Die meisten Feldforscher hatten ihre Ehefrauen (bzw. den Ehemann) mit, einige auch Kinder. Fast die Hälfte arbeitete im Team und/oder mit einheimischen Assistenten oder Mitarbeitern. So scheint sich hier ein neues Modell der Feldforschung zu entwickeln …: Feldforschung mit der ganzen Familie oder durch *Paare*, die beide Ethnologen sind oder von denen der eine

Partner Teilaufgaben der Feldforschung übernehmen kann, weil er aus einem anderen, für die Feldforschung relevanten Fach stammt oder einen andere ‚nützliche' Ausbildung hat." (Fischer 1985: 12)

Es gibt also Alternativen zu „einsamen Wölfen".

Diskussionen über die Vor- und Nachteile einer Einzel-Feldforschung gegenüber einer Gruppen-Feldforschung werden in wohl fast jedem Methodenseminar neu geführt, und die Plus-Minus-Liste sieht immer mehr oder weniger ähnlich aus. Für eine Einzelforschung spricht der sicherlich schnellere Erwerb der Lokalsprache und damit auch die stärkere Integration in die einheimische Gesellschaft – Rückzugsmöglichkeiten in die Gruppe gibt es nicht. Auch für das Dorf ist es einfacher, einen einzelnen Ethnologen ein Jahr lang aufzunehmen, auszuhalten und zu beschäftigen. Für Zeitplanung und Finanzierung ist der oder die Einzelne verantwortlich, was eine größere Flexibilität ermöglicht.

Gegen eine solche Einzelforschung können folgenden Argumente vorgebracht werden: Die recht hohe physische und psychische Belastung, zumal als jüngerer Ethnologe oder jüngere Ethnologin bei der ersten Forschung, kann in der Gruppe gemildert werden. Heimweh, Gefühle der Einsamkeit und des Alleinseins, großer Erschöpfung, Kulturschock und Selbstzweifel, die sich in den Eintragungen vieler Feldtagebücher finden, lassen sich gemeinsam mit jemandem aus der eigenen Kultur besser ertragen; Spannungen zwischen dem Feldforscher und dem Dorf oder einzelnen Repräsentanten können in der Gruppe besprochen und relativiert werden und erhalten dadurch keinen so zentralen Stellenwert wie bei einer Einzelforschung. Im Falle von Unfall oder Krankheit ist man nicht ganz auf sich gestellt. Hinzu kommt, dass thematisch ein Einzelner natürlich immer nur einen kleineren Bereich gründlich erforschen kann, also eine beschränkte Perspektive hat, und bestimmte Themen ihm oder ihr wegen des Alters oder Geschlechts gar nicht zugänglich sind. Fragen zur Organisation oder dem bisherigen Stand der Arbeit, ein Austausch der Daten oder eine Kontrolle der Ergebnisse lassen sich nur mit einem ethnologisch ausgebildeten Gesprächspartner beantworten bzw. durchführen (Schuster 1982).

10.3.1 Mann-Frau-Teams

Die bevorzugte, häufigste, unkomplizierteste und bestfunktionierende personelle Zusammensetzung scheint das Mann-Frau-Team zu sein (sehr viel seltener Frau-Frau- oder Mann-Mann-Teams), die aus zwei ausgebildeten Wis-

senschaftlern bestehen können oder einem Ethnologen/einer Ethnologin sowie dem begleitenden Partner (siehe auch Lütkes 2002), mit oder ohne Kinder (Flinn et al. 1998). Auch für die gastgebende Gruppe (ein Dorf, ein Weiler, eine Langhausgemeinschaft), entspricht diese Kombination in den meisten Fällen am ehesten der Norm und kann relativ leicht integriert werden.

Bei einer Feldforschung, vor allem wenn sie an einem weit entfernten Ort
stattfindet, lassen sich Beruf und Privatleben nicht voneinander trennen. Wenn
eine ethnographische Feldforschung so angelegt ist, dass jemand für eine längere Zeitspanne nicht zu Hause, sondern an einem potentiell gefährlichen
und ungesunden Ort lebt, dann stellen sich während der Planung – abgesehen
von der rein praktischen Machbarkeit und dem wissenschaftlichen Pro und
Kontra – folgenden Fragen: Was bedeuten diese Zeit und diese Erfahrungen
für die Beziehung? Soll ich allein gehen, oder mit meinem Mann/meiner Frau?
Und: Soll ich meine Kinder mitnehmen? (Eine Frage, die sich eher Frauen zu
stellen scheinen.)

Gedanken und Erfahrungen von Ethnologinnen und Ethnologen dazu:

„Was eine so lange Feldforschungsphase (1990–1992, die ich mit meiner Part-
nerin, die keine Ethnologin ist, durchgeführt habe) betrifft, so stellt sich die
Frage ob mit Partner oder ohne eigentlich nicht als planerische Frage unter
vielen, sondern ist vielmehr eine existentielle Entscheidung. Die Frage ist
hier die zwischen Zusammensein/-bleiben oder Trennung auf lange Zeit, vielleicht für immer. Wir hatten uns für Zusammensein und gegen Trennung ent-
schlossen und alles Andere folgte daraus. Auch die Entscheidung wo und
unter welchen Umständen die Feldforschung stattfand, wurde gemeinsam
gefasst und nicht nur von mir […]
Ich würde es [Feldarbeit mit Partner] immer wieder empfehlen, aber die Entscheidung für eine gemeinsame Forschungsarbeit und die Entscheidung für
ein gemeinsames Leben im Feld sind zwei unterschiedliche Dinge." (T. W.)

„Ich kann nur allen Feldforschern, denen etwas an ihrer Partnerschaft liegt
und deren Partner bereit sind, auch die Entbehrungen der Feldforschung auf
sich zu nehmen, raten, gemeinsam mit ihren Partnern ins Feld zu gehen. Feldforschung ist eine Erfahrung, die man nicht einfach so mitteilen und vermitteln kann – und das gemeinsame Leben im Feld kann zu einem mächtigen
Band für jede Partnerschaft werden (damit will ich aber keinesfalls ausschließen, dass durch die besonderen Bedingungen des Lebens in einer Feldsituation
auch eine Partnerschaft durchaus zerbrechen kann …)." (G. S.)

"Fieldwork as a husband/wife team worked extremely well. Some of this may
have to do with our particular circumstances. Whereas I was doing anthro-

pological fieldwork for a Ph. D, Lind was taking an extended break from her career as a senior medical administrator. The competition that might have arisen between a husband/wife team both of whom were intent on carving out anthropological careers from the same fieldwork, never arose. At the same time, Lind was not a disengaged accompanying spouse. She had read everything that I had read, had learned Tok Pisin before going to the field, came to the field at the same time as me, and learned mid-Wahgi in parallel with me (my accent was sometimes compared unfavourably with hers). In an informal division of labour, she ended up specialising in genealogies and issues of marriage.

The advantages of doing fieldwork together in this way was not only that we could share ideas (and arguments), but the various periods of fieldwork themselves could be reflected on retrospectively with someone who understood its complexities, poignancy, mistakes and humour.

One of the points on which we subsequently agreed was that it was very important that we both went to the field at the same time. The asymmetry that sometimes develops when half of a couple goes to the field first, only later to be joined by the other, never arose. Consequently, neither of us were ever in the position of ‚explaining' things to the other, setting up an unfortunate inequality in relationship." (M. and L. O'H.)

Überlegungen, wie und in welcher Zusammensetzung eine Forschung durchgeführt werden soll, sind also neben allen wissenschaftlichen Planungen auch ganz eng von der eigenen privaten Situation bestimmt. Neben diesen privaten Abwägungen gibt es auch sehr überzeugende wissenschaftliche Gründe, die für ein Mann-Frau-Team während der Feldarbeit sprechen, vor allem wenn beide ethnologisch ausgebildet sind. In den meisten traditionalen Gesellschaften, und vor allem in Ozeanien, sind die Männer- und Frauenwelten stark voneinander getrennt, Zugang ist meistens nur zum Bereich der eigenen Geschlechtsangehörigen möglich.

"Fieldwork experience as team: good and helpful. [...] Anga are such people that you do need to have two (M and F) anthropologists if you want to have a global idea of what's going on. To take the most obvious domain, it would be totally impossible for a female anthropologist to take part in and witness the secret part of the male initiations. A female anthropologist cannot enter the forest at that time: hence the absolute necessity to have a male colleague working at the same time to be able to talk about these sort of rituals.

Symmetrically, as far as I know, no male anthropologist ever paid attention at what the *women* were doing during the male rituals. And that's why Pascale's finding about the key-role of women-mother-sisters during the Ankave initiations are so important. If Pierre had been alone, he would probably have carried on with the entirely wrong idea that Anga male initiations are a men's story. Regarding domains related to female only, Pierre would never have been authorized to assist to a birth or talk about these intimate matters with a woman. => Being female + male among the Anga just changed the picture." (P. L.)

„Da Barbara und ich ein Ehepaar waren, konnte Barbara von den Frauen sehr viel über deren Ehe- und Familienleben erfahren – das waren Dinge, die mir als Mann im Feld absolut verschlossen blieben. Diese Situation verbesserte sich noch einmal gewaltig, als wir 1989 mit unseren damals 2 und 4 Jahre alten Kindern wieder nach Tauwema kamen. Ohne Barbara und ohne die Tatsache, dass wir erst mit Kindern als eigentlich wirklich Erwachsene von den Trobriandern respektiert wurden, wären mir eine Unzahl von Informationen unzugänglich geblieben." (G. S.)

Die Zusammenarbeit während und nach der Feldforschung ist unterschiedlich, sie reicht von der gemeinsamen und gleichzeitigen Arbeit mit demselben Informanten über ein hundertprozentiges Teilen der Daten bis hin zu gemeinsamen Publikationen; andere lehnen das gemeinsame Publizieren entschieden ab.

Schwierig erscheint den meisten Befragten eine enge Zusammenarbeit von Ethnologen, die beide an einer Dissertation oder ähnlichem arbeiten, also in einem kaum vermeidbaren Konkurrenzverhältnis stehen – ein Punkt, der auch für größere Gruppen zutrifft.

10.3.2 Ethnographische Gruppenarbeit

Vieles was bereits bei den Mann-Frau-Teams genannt wurde, hat auch bei einer ethnologischen Gruppenarbeit seine Gültigkeit.

Doch zunächst: Was ist eine ethnographisches Forschungsteam überhaupt? Es besteht aus zwei oder mehr Ethnographen (die durchaus ein Frau-Mann-Team bilden können, siehe oben), die zusammen das gleiche Thema mit ethnographischen Methoden erforschen. Diese gemeinsamen Studien können am gleichen Ort oder, zum Zweck der Vergleichbarkeit, in geographisch unterschiedlichen Regionen, durchgeführt werden.

Das von H. G. Barnett initiierte Projekt über „Displaced Communities in the Pacific" (Lieber 1977) stellt ein Beispiel einer solchen multilokalen Forschung zum gleichen Thema dar. Die besonderen Schwierigkeiten eines solchen von mehreren Forschern an verschiedenen Orten mit dem gleichen Thema durchgeführten Projektes liegen jedoch darin, dass die jeweiligen Forschungssituationen oft zu unterschiedlich sind, um die Ergebnisse auf sinnvolle Art und aussagekräftig vergleichen zu können.

Welches sind die Grundbedingungen einer Gruppenarbeit? Eine wichtige Voraussetzung sind sicherlich kompetente und engagierte Ethnographen, die als Team arbeiten wollen, und ihren Kollegen Vertrauen und Respekt entgegenbringen. Idealerweise verfügen sie über das gleiche Methodenrepertoire oder ergänzen sich darin. Nicht zu unterschätzen sind klare Aufgaben, Rollenverteilung und Verantwortlichkeiten sowie eine gute Kommunikation miteinander. Die Verantwortung für Erfolg und Probleme sollten geteilt werden, persönliche Erwartungen und Projektambitionen sollten respektiert werden und ausgewogen sein, die Arbeitsmenge sollte fair verteilt sein, persönliche Probleme lässt man besser zu Hause. Die Aufgabenbeschreibung, zeitliche Fristen und Arbeitszeiten sowie die Arten der Konfliktlösung sollten eindeutig sein und von allen verstanden werden.

Wünschenswert ist, dass das Team bereits an der Konzeptualisierung der Forschung teilnimmt, dann natürlich bei der Datensammlung, je nach gewählter Methode (wie z. B. Fragebogenauswertung) auch beim Kodieren und der Analyse. Klare Absprachen darüber, wem die Daten und Resultate gehören, wer Zugang dazu hat, und in welcher Form die Ergebnisse publiziert werden (als Beitrag mehrerer Verfasser oder als Einzelveröffentlichung) helfen, spätere Konflikte zu vermeiden (Schensul et al. 1999).

Auszüge aus einem Bericht über eine studentische Gruppenarbeit von zwei Männern in einem kleinen Dorf in Papua-Neuguinea:

„Prima und hilfreich war die gemeinsame Feldforschung mit Torsten v. a. bezüglich der Situation in Taip. Ohne Kontakte zur Außenwelt hätte ich es wahrscheinlich nicht sieben Wochen alleine in einem so abgelegenen Dorf ausgehalten. Der tägliche Erfahrungsaustausch mit Torsten war einerseits zur Bewältigung der persönlichen Lage wichtig, andererseits haben wir uns gegenseitig in der Interaktion mit den Taip beobachten können, was z. B. bei der Verhinderung/Bearbeitung von Übersetzungs/Verständigungsproblemen ausserordentlich wichtig war. Oftmals haben wir Dinge unterschiedlich verstanden, was in den gemeinsamen Gesprächen schnell klar wurde und somit die nochmalige Rückfrage bei unseren Informanten ermöglicht hat. Es gab praktisch immer die Möglichkeit zu überprüfen, ob einer von uns nur das gehört hatte, was er hören wollte/erwartet hatte zu hören. Auch die Art der Fragestellungen konnte so ständig überprüft und verfeinert werden. Ein anderer wichtiger Punkt ist natürlich die eigene Sicherheit gewesen. Ich erinnere nur an Torstens Malaria, die er selbst in seinem Zustand als solche nicht mehr erkannt hat ... und was passiert wäre, wenn er nicht medikamentös darauf reagiert hätte, will ich mir gar nicht ausmalen.

Negativ (aber trotzdem sehr hilfreich zur Selbsteinschätzung) war es, wenn sich einer von uns von den Informanten zurückgesetzt gefühlt hat (Stichwort:

Triangulierungsprozesse). Wie die sonstigen vorhandenen Konflikte, sehe ich dies als methodisch sinnvoll an. Dass viele Leute Konflikte scheuen, kann ich vom wissenschaftlichen Standpunkt her nicht verstehen, denn erst in konfliktuösen Situationen wird alles was man im Feld macht, einer ersten Überprüfung unterzogen. […]

In der Nachbereitung hoffe ich das nächste Mal etwas konsequenter (zeitlich) zu sein […] Soll heißen, ich will mein Material so schnell wie möglich aufarbeiten und mit dem Kollegen abgleichen/vergleichen, ihm mein Material zugänglich machen, was übrigens für *alles* Material gilt. Geheimnistuereien halte ich für wissenschaftlich unredlich und methodisch schwachsinnig. Natürlich kann es passieren, dass dann jemand ‚klaut' – bei einer gemeinsamen Forschung kann es aber nicht ‚mein' und ‚dein' Material geben.

Ich würde es allen Forschern […] empfehlen, in Teams zu arbeiten. Keiner ist unfehlbar, jeder macht Fehler (aus denen man viel lernen kann), nur sie zu bemerken fällt schwer, wenn man mit niemandem darüber reden kann, bzw. wenn es der institutionelle Zwang verhindert kritisch mit den eigenen Erfahrungen umzugehen. Jeder will/muss ja schließlich schlüssige Ergebnisse vorlegen. Teamwork macht (außer auf der organisatorischen Ebene, auf die ich hier nicht eingegangen bin) nichts einfacher, aber der wissenschaftliche Wert der Feldforschungsergebnisse erhöht sich, meiner Meinung nach, drastisch." (F. S.)

Doch zunächst zu meinen eigenen Feld-Erfahrungen mit Teamwork. Meine erste lange Feldforschung führte ich bei den Yupno im Finisterre-Gebirge von Papua-Neuguinea durch. Sie war Teil eines größeren Projektes, an dem zwei weitere Ethnologen teilnahmen, eine Kollegin, die wie ich zu dieser Zeit Doktorandin war, sowie der Leiter des Projektes, damals ein Habilitand. Das Ziel des Gesamtprojektes lag, ausgehend von den methodischen und theoretischen Prämissen der Kognitiven Ethnologie, in der Untersuchung dreier unterschiedlicher Bereiche einer Kultur. Diese drei Teilbereiche umfassten zum einen die Ethnobotanik, zum anderen das Zahlen- und Zählsystem, die Klassifikation der Umwelt und die Raumvorstellungen, und zum dritten mein Thema, die Untersuchung des Medizinsystems der Yupno aus ihrer Sicht. Wir drei Ethnologen wohnten alle im oberen Yupnotal in drei verschiedenen Dörfern in eigenen Häusern, die etwa 2–3 Stunden Fußweg voneinander entfernt lagen – weit genug, um jedem ein eigenständiges Arbeiten zu ermöglichen, nahe genug, um sich alle 3 Wochen zu treffen. Die Dörfer waren zum einen entsprechend den Themen ausgesucht worden: so wollte ich nicht zu weit vom Health Center entfernt wohnen, meine Kollegin benötigte idealerweise für ihr Thema ein Dorf mit möglichst großer botanischer Artenvielfalt in Gärten und Busch; zum anderen waren Faktoren wie – natürlich – die Zustimmung der Dorfbevölkerung, die Dorfgröße, die Dialektgruppe (und damit vermutete kleinere kulturelle Unterschiede) sowie persönliche Vorlieben ent-

Abbildung 1: Megau und Danda erklären der Verfasserin Krankheitskonzepte der Yupno.

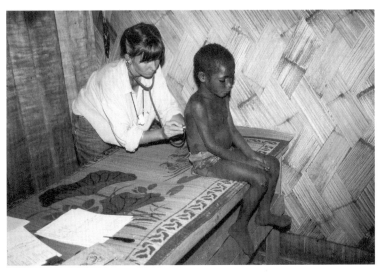

Abbildung 2: Die Medizinerin Sandra Staub untersucht einen Yupno-Jungen.

scheidend. Wir Ethnologen waren als Gruppe alle ungefähr zur gleichen Zeit zwischen 1986 und 1988 im Gebiet, weitere einzelne Besuche fanden dann 1992 und 2000 statt. Wir waren also langfristig, gleichzeitig und gleichörtlich, d.h. innerhalb der gleichen kulturell/ethnischen Gruppe, dort und entsprachen somit dem Kriterium *Gruppenarbeit*, wie es Schuster (1982) formuliert.

Ein zentraler Aspekt des ganzen Projektes war die Zusammenarbeit mit Wissenschaftlern anderer Disziplinen, die für kürzere oder längere Zeit an der Feldforschung teilnahmen. Zur Zusammenarbeit aufgefordert wurden sie von den Ethnologinnen und Ethnologen. So arbeitete meine Kollegin für ihr ethnobotanisches Thema eng mit Zoologen und Botanikern zusammen; mein Kollege wurde in seinen Untersuchungen zum Zahlen- und Zählsystem und der Klassifikation der Umwelt von einem Genfer Entwicklungspsychologen begleitet; und ich selbst arbeitete mit zwei Ärzten (einer Frau und einem Mann) zusammen, die neben den Forschungen zu ihren eigenen Dissertationsthemen eine Reihenuntersuchung des Dorfes Gua vornahmen und im Jahre 1987 für zwei Monate ins Yupnogebiet kamen. Die botanischen Bestimmungen der für mein Thema wichtigen Heilpflanzen nahm ein einheimischer Botaniker vor; für kürzere Zeit war auch ein Musikethnologe aus der Hauptstadt Port Moresby da, der über Melodien und Instrumente arbeitete.

Wie verlief nun dieses Projekt? Wie könnte man es einordnen? Als ethnologisches Teamwork mit jeweils interdisziplinären Seitensprüngen? Aus wissenschaftlicher Sicht verlief dieses Projekt erfolgreich; alle Teilnehmer schlossen ihre Arbeiten wie geplant ab (2 ethnologische und 2 medizinische Dissertationen, eine ethnologische Habilitation), mehrere Artikel wurden gemeinsam oder einzeln von den Projektteilnehmern verfasst. Auch die Sammlungen ethnographischer Alltagsobjekte, mit denen meine Kollegin und ich von verschiedenen Museen beauftragt worden waren, landeten gut dokumentiert und wohlbehalten in den jeweiligen Museen.

Für mein Thema hatte der interdisziplinäre Zugang enorme Vorteile, konnte ich mich doch ganz auf die Logik der Yupno und auf ihre Erklärungen zu Erkrankungen einlassen; also eine möglichst emische Erfassung und Darstellung des Medizinsystems zu erreichen versuchen. Gleichzeitig war es möglich, den (von den Medizinern vertretenen) biomedizinischen Standpunkt zu berücksichtigen, womit dann eine klare Herausarbeitung beider Interpretationssysteme möglich wurde.

Aus persönlicher Sicht war dieses Projekt nur teilweise erfolgreich. Unter den Ethnologen entstanden Streitigkeiten – die retrospektiv betrachtet sicherlich trotz anfangs regelmäßiger Treffen durch das Alleinsein im Feld sowie überproportional gewichteter privater Zu- und Abneigungen, eines unterschiedlichen Arbeitsstils und auch durch den Konkurrenzdruck der zwei Doktorandinnen und den gemeinsamem Sammelauftrag mitbegründet waren. Die Zusammenarbeit mit den anderen nicht-ethnologischen Wissenschaftlern verlief insgesamt gut, in einigen Fällen war sie sehr produktiv und wurde wiederholt weitergeführt, so die Zusammenarbeit zwischen dem Entwicklungspsychologen und Ethnologen später in einer Feldforschung in Bali; meine Zusammenarbeit mit der begleitenden Ärztin mündete in eine herzliche Freundschaft und gemeinsame Lehrveranstaltungen.

10.3.3 Interdisziplinäre Projekte

Kurz gesagt: Komplexere Forschungsfragen erfordern oft einen interdisziplinären Zugang. Für Ethnologen ergeben sich in diesen interdisziplinären Projekten zwei Positionen mit unterschiedlichen Fertigkeiten: Sie sind entweder in Großprojekten zusammen mit Wissenschaftlern anderer Disziplinen als *Staff* angestellt oder wirken in kleineren Teams als Leiter und Koordinator, da sie oft wegen ihrer längeren Feldforschungsaufenthalte viel bessere lokale Kenntnisse besitzen. Bei allen interdisziplinären Projekten stellt die Ethnologie nur ein Forschungselement dar, und die ethnographischen Methoden müssen mit den Methoden der anderen Fächer abgestimmt werden.

Als Voraussetzung und Bedingung solcher interdisziplinären Unternehmungen können die bereits bezüglich der Teamarbeit genannten Punkte gelten. Es kommen aber noch weitere Komponenten hinzu: ein große Offenheit für und Interesse an anderen Disziplinen – zur Vermeidung bloßer Multidisziplinarität –, viel Toleranz, auch gegenüber den anderen Methoden, das gegenseitige Verstehen-Wollen, die Bereitschaft zur Teamarbeit, Humor und Zeit – interdisziplinäre Arbeit, sei es im Feld oder später bei der Auswertung, bei Publikationen oder dann gemeinsam organisierten Tagungen, erfordert viele Diskussionen, in denen der eigene disziplinäre Standpunkt dem anderen vermittelt werden muss.

Aus der Sicht der nicht-ethnologischen Forscher ist die Zusammenarbeit mit Ethnologen mit einigen Vorteilen verbunden: Sie verfügen über lokales Wissen, besitzen bereits eine etablierte Infrastruktur sowie Kenntnis der Lokalsprache oder *Lingua franca* (ein Punkt, der für Linguisten nicht zutrifft, da sie meist über deutlich bessere Sprachkenntnisse als Ethnologen verfügen).

Ein Psychologe:
"Being in the position of a professor who cannot get away more than two or three months, outside of teaching semesters, I could not have started new

field sites by myself, because it takes too much time. Being able to move into the field where an anthropologist has already established the ground work, has all the connections, etc. is of course a great solution to this problem. Also to determine which topics are interesting for a common study." (P. D.)

Klar ausgearbeitete Arbeitspläne und genau abgesteckte Forschungsbereiche vermeiden Spannungen, Mitsprache in der Planung schafft bessere Forschungsbedingungen.

Ein Teilnehmer der bereits erwähnten Eipo-Expedition:

„Nein, niemals so wieder. Ich würde darauf achten, dass die Gruppendynamik stimmt, das wäre das wichtigste, und dann sollte man darauf achten, dass die interdisziplinäre Arbeit nicht nur ein Emblem ist, sondern von vornherein spezifische Aufgaben zu bewältigen hat. Damals hatte ich mich beteiligt an einem Unternehmen, das andere planten, heute würde ich selber planen, das schüfe ganz andere Voraussetzungen." (V. H.)

Und:

„Auf der persönlichen Ebene, um Deine Worte zu gebrauchen, war es äußerst schwierig, mit ‚diversen‘ Charakteren auszukommen, insbesondere mit ehrgeizigen und nachtragenden Leuten und Besserwissern. Ich war ja Neuling, reiste mit etlichen ‚alten Hasen‘, in der Gruppendynamik war ich der Ausgeschlossene, zunächst. Die persönliche Konstellation war grauenhaft." (V. H.)

Es mag die interdisziplinäre Forschung etwas leichter machen, wenn die involvierten Fächer einander nicht zu fremd sind.

„Die Gruppe sollte nicht zu inhomogen sein, also Linguist und Völkerkundler, mal hier und da ein Ethnomusiker, ein Zoologe – das wäre schon genug, vielleicht auch eine Prise Geologe – die Naturwissenschaftler kommen nur kurz und wissen Bescheid und geben nützliche Information." (V. H.)

Doch nun zu meinen eigenen Erfahrungen:

"Opportunity waits on Guam to reveal the cause of an obscure malady. On Guam, Chamorro natives suffer lytico-bodig, an endemic, paralyzing disease that resembles Lou Gerhigs, Parkinson's and Alzheimer's disease, sporadic neurodegenerative diseases affecting millions of the world's aging population. For 40 years foremost physicians have sought the silent cause of this common disease on this small tropical island in the far western Pacific. […] This is your opportunity to be part of the discovery, in the same village Magellan discovered four centuries ago."

Mit dieser Anzeige im *Anthropology Newsletter* der *American Anthropological Association* vom Mai 1992 (S. 54) suchte die dortige Forschergruppe einen Medizinethnologen und über einige Umwege – nicht über diese Anzeige – fand ich mich im April 1993 im Dorf Umatac in Guam wieder, mit einem Arbeitsvertrag als *Research Fellow* des Guam *lytico-bodig* Projects und des *National Institute of Aging/Mayo Clinical Study of Neurodegenerative Disorders in Micronesia.* Wie ich bald lernte, hatten Neurowissenschaftler mit verschiedensten medizinischen und quantitativen epidemiologischen Methoden intensiv nach der Ursache dieser Erkrankungen gesucht. Bis heute jedoch vergeblich, trotz großer Fortschritte vor allem in der Molekularbiologie. Nachdem neben genetischen Untersuchungen auch sämtliche Umweltuntersuchungen (Boden, Wasser, Luft, Nahrung) ergebnislos geblieben waren, begann man, über eine mögliche Ursache in der Kultur (im weitesten Sinne) nachzudenken und die Ethnologie „auszuprobieren". So sah, kurz umrissen, die Situation aus, als ich in Guam eintraf.

Die Ethnologie stellte in diesem biomedizinisch dominierten Projekt nur eine kleine, und zwar eine etwas *exotische* und gegenüber der *harte* Fakten produzierenden Medizin (davon waren zumindest die Mediziner überzeugt) eher *unbestimmte* Wissenschaft dar, vertreten von einer jüngeren Frau aus Europa mit keinesfalls glänzenden Englischkenntnissen, die zudem noch eigensinnig darauf beharrte, in einem der betroffenen Dörfer zu leben, anstatt von einem komfortableren Universitätsappartment aus, d. h. einer amerikanischen Welt, Besuche in den Dörfern vorzunehmen – wie es die vielen für kurze Zeit nach Guam eingeflogenen Mediziner taten.

Insgesamt war ich mehrere Male in Guam, 1993 als Auftragsforscherin, finanziert mit amerikanischem Geld, und zwischen 1997 und 1998 dreimal für mehrere Monate mit selbsteingeworbenen Forschungsgeldern und einer selbständig entwickelten Fragestellung – beides Tatsachen, die meine Stellung innerhalb dieser Forschungsgruppe deutlich unabhängiger machten.

Besonders eng arbeitete ich mit einem ebenfalls in Umatac lebenden Neurologen zusammen, ich konnte ihn bei Patientenvisiten begleiten und hatte Zugang zu sämtlichen Krankengeschichten und bisherigen Forschungsergebnissen. Unsere Zusammenarbeit endete auch nicht mit der gemeinsam verbrachten Zeit in Guam, sondern erstreckte sich auf Besuche in Europa, in Indonesien und auf gemeinsame Vorträge bei Neurologenkongressen. Nach wie vor schwierig war und ist das gemeinsame Verfassen von Publikationen – es blieb bei mehreren bisher unveröffentlichten Manuskripten. Gerade im Bereich des wissenschaftlichen Schreibens kamen die Unterschiede der Disziplinen und die unterschiedlichen Gepflogenheiten, wie z. B. ein Artikel aufzubauen ist, teilweise recht spannungsreich zum Ausdruck. Trotz allem aber entwickelte sich diese interdisziplinäre Feldforschung nicht zuletzt dank des Humors, der Großzügigkeit, der erfrischend unkonventionellen Persönlichkeit des Neurologen und des gegenseitigen Respekts für die Arbeit beider als recht freundschaftliches Unternehmen.

10.3.4 Teamarbeit mit einheimischen Wissenschaftlern

Bei den meisten interdisziplinären Teams handelt es sich um *expats* („expatriates"), also nicht-einheimische westliche Wissenschaftler, die im Ausland forschen; Berichte von einer Zusammenarbeit mit einheimischen Forschern gibt es deutlich weniger. Mir nicht bekannt und vielleicht auch noch nicht existent sind interdisziplinäre Forschungen oder Teamarbeit unter einheimischen Wissenschaftlern in der eigenen Kultur – die wenigen neuguinensischen Ethnologen wie Linus S. digim'Rina oder Andrew Moutu beispielsweise, die in dortigen lokalen Kulturen Feldforschungen durchgeführt haben, führten ihre Feldarbeit wiederum als ein *Ein-Mann-Unternehmen* durch.

Hier nun ein Bericht eines Nepal-Spezialisten über eine interdisziplinäre (und transnationale) Zusammenarbeit:

„Meine zweite Erfahrung mit interdisziplinärem Teamwork betrifft die Zusammenarbeit mit einem nepalischen Historiker während meiner Feldforschung über die Nepalis in Benares/Indien. Dies war eine für beide Seiten fruchtbare Kooperation. Für mich war es interessant, wie mein Kollege bei unseren Streifzügen durch die Stadt ganz andere Dinge wahrnahm und aufregend fand als ich. Gingen wir in einen Tempel, so konnte es sein, dass er mit Begeisterung eine in Stein gehauene Inschrift entdeckte und sie mit einem weichen Bleistift auf Papier abrubbelte, während ich die ein- und ausgehenden Menschen beobachtete. Generell legte er besonderes Gewicht auf schriftlich fixierte Dokumente und hatte einen guten Spürsinn dafür, wo und wie solche zu finden waren. Dabei kam ihm auch seine frühere Ausbildung als Journalist zugute, denn dort hatte er gelernt, wie man mit Menschen umgeht, wenn man sie dazu bringen will über bestimmte Dinge zu sprechen und die Hintergründe offen zu legen. Für den Historiker zählte in erster Linie nur das, was ‚schwarz auf weiß' festgehalten war. Umgekehrt sah mein Kollege an meiner Vorgehensweise, dass auch anderes für die Forschung wertvoll und interessant sein konnte. So notierte ich etwa akribisch den Verlauf bestimmter sozialer und ritueller Praktiken einschließlich der Angaben zu Zeit, Ort und Person, oder die Details bestimmter Gewohnheitsrechte. Wenn wir dann in historischen Dokumenten, etwa solchen die sich mit Rechtsstreitigkeiten befassen, Hinweise auf solche Praktiken fanden, konnte dies zu richtigen Aha-Effekten führen. So fanden wir z. B., dass ein Konflikt zwischen zwei Priester-familien, der heute noch schwelt, bis ins 19. Jahrhundert zurückgeht. Mein Interesse an spontan vorgetragenen lebensgeschichtlichen Erzählungen ‚ge-wöhnlicher' Leute war ebenfalls etwas Ungewohntes für den Historiker. Doch als er merkte, dass diese Mikro-Geschichten durchaus spannend sein können und vieles über das Leben der Menschen sagen, was in der traditionellen Geschichtsschreibung zu kurz kommt, begann auch er, deren methodischen (aber auch ästhetischen) Wert zu schätzen.

Wir saßen abends oft stundenlang und diskutierten über unsere unterschied-lichen Sichtweisen. Dass es dabei selten zu Streitigkeiten kam, lag sicherlich daran, dass wir einerseits eine klare Arbeitsteilung hatten, andererseits aber beide bereit waren, auf den anderen zuzugehen: denn er ist ein ethnologisch interessierter Historiker so wie ich ein historisch interessierter Ethnologe bin."
(M. G.)

10.3.5 Von Informanten zu Freunden

Beziehungen zu Informanten, zu Menschen, mit denen man oft eine längere Zeit, auch über längere Zeiträume hinweg und bei wiederholten Besuchen, in engem Kontakt verbracht hat und denen man einen entscheidenden Anteil am Gelingen der Feldforschung verdankt, lassen sich selbstverständlich nicht ein-fach zu Beginn einer Feldforschung an- und bei deren Ende wieder abschal-ten. Sie können sich zu engen Freundschaften entwickeln, die heute einfacher denn je via Email, Fax oder auch Handy gepflegt werden (Beer 2002). Diese Freundschaften führen, je nach Ausgangsort und Möglichkeiten, zu gegen-seitigen Besuchen und können in eigenständige Projekte unterschiedlichster Ausprägung münden. Mit anderen Worten: Oft überdauert die Teamarbeit die Feldforschungszeit.

Eine Ethnologin, die ab 1984 mehrmals für kürzere und längere Zeit, auch mit ihren Kindern, in Ouagadougou in einem städtischen Umfeld Feldfor-schungen durchgeführt hat, schreibt dazu:

„Das pragmatisch entwickelte Prinzip der mehrteiligen Feldforschung – sie-ben Aufenthalte zwischen fünf Monaten und drei Wochen – hat große Vortei-le. Die Beziehungen werden intensiver, da jede Rückkehr die Kontakte ver-tieft, in der Zwischenzeit kann man in Ruhe Erkenntnisse auswerten und sich der Literatur widmen. Die gemachten Erfahrungen sind weniger oberfläch-lich und punktuell, sondern können reifen. Die lange zeitliche Dimension wirkt sich positiv aus: Lebensgeschichten und Stadtentwicklung kennt man ein Stück weit aus eigenem Miterleben und nicht nur aus Erzählungen und Lektüre.

Mit einigen Menschen und Familien, vor allem zur heute 36-jährigen Markt-
händlerin Rakieta Compaoré und dem 41-jährigen Salif Simbre, Besitzer eines Straßencafés im Zentrum von Ouaga, stehe ich in dauerndem Kontakt,
inklusive mehrmonatige Besuche bei mir zu Hause. Die beiden sind meine
wichtigsten Freunde und Auskunftspersonen, zwischen uns und unseren weit-
läufigen Familien sind „lebenslänglich" verwandtschaftliche Beziehungen entstanden. Diese Personen bilden den Kern der *Association Song Taaba (gegenseitige Hilfe) Burkina Suisse (Bâle)*. Die Vereinigung wurde 1995 in Zusammenarbeit mit einer Freundesgruppe in Basel gegründet und vergibt Klein-
kredite und stellt handwerkliche Produkte her. Seit Ende 2001 besitzt *Song
Taaba* – dank Spenden aus Basel – einen eigenen Hof, der als Produktions-
stätte, Versammlungsort und Touristenunterkunft dient. Der von mir betrie-
bene Verkauf von Kunsthandwerk aus Westafrika (Stoffe, Schmuck, Körbe,
Spielzeug etc.) im Basler Museum der Kulturen und an diversen Märkten
sorgt für einen kleinen aber steten finanziellen Zufluss. Durch das direkte
Involviertsein lernte ich viel über das Funktionieren der sozialen Netze.
    Diese Langjährigkeit, die langsame Entwicklung von Beziehungen, Erfah-
rungen und Erkenntnissen, hat natürlich auch eine negative Seite: die vielen
Jahre, die diese Form von Forschung beinhaltet, sind einer geradlinigen wissenschaftlichen Karriere hinderlich. Mit einem Kleinkind im Feld zu sein, ist
anstrengend und schränkt die Mobilität ein, aber unter dem Strich überwie-
gen für mich die Vorteile. Ich würde es wieder so machen. Dieses Modell
entspricht meiner Vorstellung einer vielschichtigen persönlichen und beruflichen Lebensweise." (L. R.)

Neben diesen aus privater Initiative begonnenen und häufig informell gestal-
teten Projekten entwickeln sich auch stärker institutionalisierte kulturelle Programme in internationaler Teamarbeit. Sie umfassen den Austausch von Künst-
lern, die Mitarbeit am Aufbau eines *Cultural Centers*, oder die Planung und
langfristige Unterstützung von Schulen – ein Beispiel ist hier die vom Ethnologen Urs Ramseyer und von balinesischen Experten in Teamarbeit initiierte
und von Basler Sponsoren unterstützte höhere Mittelschule im ostbalinesischen
Dorf Sidemen. Dort werden die Schülerinnen und Schüler neben den westlichen Schulfächern auch in balinesischem Tanz, Musik, traditionellem Reis-
anbau und weiteren kulturellen Traditionen unterrichtet.

10.4 Schlussbemerkungen

Weder Teamarbeit noch interdisziplinäre Zusammenarbeit sind eigenständige Methoden der Ethnologie, sondern Gestaltungsmöglichkeiten einer geplanten Feldforschung, die entscheidend von der Problemstellung, dem Ort, den beteiligten Personen mit ihren Persönlichkeiten und Eigenarten, Sympathien und Antipathien sowie den Machtverhältnissen zwischen ihnen geprägt sind. Die Zusammensetzung einer Gruppe sollte man deshalb sehr überlegt gestalten, da sie auch die Art der Beziehung zwischen Ethnologin oder Ethnologen sowie den *Untersuchten* beeinflusst. Und zwar von beiden Seiten.

Hinzu kommen noch andere Aspekte: Die Ausgangsbedingungen der Ethnologie haben sich geändert. Die *Untersuchten* leben heute oft in multikulturellen, komplexen Gesellschaften, und innerhalb einer solchen in mehreren *Welten* oder, nach Mannheim, in unterschiedlichen „Erfahrungsräumen", und oft sie sind selbst mobil und *multisited* – eine Feldforschung à la Malinowski, ein Jahr allein in einem Dorf, wäre methodisch oft völlig unangebracht.

Zunehmend öfter wird von jüngeren Staaten, so beispielsweise im Pazifik, die durchaus berechtigte politische Forderung gestellt, einheimische Studierende der Ethnologie oder Universitätsabsolventen an einer Feldforschung teilnehmen zu lassen, sei es in Form eines Praktikums, als Feldassistenten, oder als gleichberechtigte Mitforscher, wodurch sich natürlich neue Formen von Teamarbeit ergeben.

In diesem Zusammenhang wird auch die heute grundlegende Frage gestellt (und heftigst diskutiert wie z. B. in Hawai'i), wer überhaupt das Recht hat, eine Kultur oder eine untersuchte Gruppe darzustellen. So werden immer häufiger und als Reaktion auf den europäischen Kolonialismus (und die damit verbundene westlich-wissenschaftliche Dominanz von Wissen und Macht) Forschungen heute von den indigenen Gemeinschaften selbst initiiert. Äußerst kritisch gegenüber der Partizipation an und dem Nutzen von vielen westlichen Projekten definieren sie ihre eigenen Forschungsthemen und entwerfen entsprechend die Forschungsbedingungen – ein Weg, um die Kontrolle über indigenes Wissen zu behalten (Tuhiwai Smith 1999). In anderen Kontexten können (westliche) Forscher als Berater (*consultants*) von indigenen Gruppen für die aktuellen und drängenden Probleme wie Gesundheit, Landrechte, Ökologie u.a. angestellt werden; sie werden aber auch von Multikonzernen als Lokalexperten bei deren Vorhaben (Kupfer- und Goldminenprojekte, Ölförderung, Rodung von Wäldern) beschäftigt.

Interkultureller Dialog anstelle eines westlich-wissenschaftlichen Monologs – dialogische Ethnologie – die Krise der ethnographischen Darstellung und neue Formen der Repräsentation der Anderen – dieser Ansatz findet sich auch in der Feldforschung, die Elemente eines stärker gleichberechtigten Miteinander fordert.

Sensibilisiert durch diese Debatten und indigenen Initiativen wird also die eigene Feldforschung von Ethnologinnen und Ethnologen heute zunehmend kritischer reflektiert. Ob es dann, als Resultate einer Feldforschung (wie sie z. B. Alome Kyakas, selbst eine Enga, und Polly Wiessner über Enga-Frauen zusammen durchführten) auch zu einer Teamwork-Publikation kommt (Kyakas and Wiessner 1992), oder ob sich der Ethnologe ganz zurückzieht, „auflöst" und z. B. als Herausgeber eines Buches mit indigenen Beiträgen fungiert (Ramseyer und Panji Tisna 2001) – viele Möglichkeiten stehen offen, allein, zu zweit, zu vielen.

Sehr herzlich danken möchte ich meinen Kolleginnen und Kollegen, die sich die Zeit genommen haben, meine Fragen zu beantworten und so mit ihren persönlichen Feldforschungserfahrungen maßgeblich zu diesem Kapitel beigetragen haben: Ingrid Bell, Pascale Bonnemère, Pierre Dasen, Rebekka Ehret, Martin Gaenszle, Volker Heeschen, Pierre Lemonnier, Michael and Lynda O'Hanlon, Lilo Roost Vischer, Gunter Senft, Florian Stifel, Thomas Widlok, sowie einem (ihrem Wunsch entsprechend anonym bleibenden) Mann-Frau-Team.

10.5 Literatur

Beer, Bettina
2002   Zusammenarbeit mit einer Hauptinformantin. Feldforschung, Freundschaft und die Entgrenzung des „Feldes". In: Hans Fischer (Hg.), Feldforschung. Erfahrungsberichte zur Einführung, 133–171. Berlin.

Davies, Charlotte Aull
1999   Reflexive Ethnography. A Guide to Researching Selves and Others. London and New York.

Fischer, Hans
1985   Einleitung. In: Hans Fischer (Hg.), Feldforschungen. Berichte zur Einführung in Probleme und Methoden, 7–22. Berlin.

Fischer, Hans
2002   Feldforschung. Erfahrungsberichte zur Einführung (Neufassung). Berlin.

Flinn, Juliana, Marshall, Leslie und Jocelyn Armstrong
1998   Fieldwork and Families: Constructing New Models for Ethnographic Research. Honolulu.

Kneer, Georg
1997   Interdisziplinarität zwischen Multidisziplinarität und Transdisziplinarität. In: Ethik und Sozialwissenschaft 8 (4): 549–550.

Kyakas, Alome, und Polly Wiessner
1992   From Inside the Women's House. Enga Women's Lives and Traditions. Buranda.
.
Lieber, Michael D. (Hg.)
1977   Exiles and Migrants in Oceania. Honolulu.

Lütkes, Christina
2002   Forschung mit Ehemann. Ein Nichtethnologe als Begleiter. In: Hans Fischer
            (Hg.), Feldforschung. Erfahrungsberichte zur Einführung, 173–186. Berlin.

Mittelstrass, Jürgen
1996   Stichwort Interdiziplinarität. Basel (Basler Schriften zur europäischen Integrati-
            on Nr. 22).

Ramseyer, Urs und I Gusti Raka Panji Tisna (Hg.)
2001   Bali – Leben in zwei Welten. Ein kritisches Selbstporträt. Basel.

Reinalter, Helmut
1997   Interdisziplinarität, Methodenprobleme und Mentalitätshistorie. In: H. Reinalter
            und R. Benedikter (Hg.), Geisteswissenschaften wozu?, 106–133. Thaur (Inter-
            disziplinäre Forschungen Band 6).

Schensul, Jean J.,Weeks, Margaret und Merrill Singer
1999   Building Research Partnerships. In: Margaret D. LeCompte, Jean J. Schensul,
            Margaret R. Weeks and Merrill Singer (Hg.), Researcher Roles and Research
            Partnerships, 85–164. Walnut Creek. (Ethnographer's Toolkit 6).

Schuster, Meinhard
1982   Feldforschung als Gruppenarbeit. In: Studia Ethnographica Friburgensia
            9: 75–84.

Tuhiwai Smith, Linda
1999   Decolonizing Methodologies. Research and Indigenous Peoples. London,
            New York.

Wolcott, Harry F.
1995   The Art of Fieldwork. Walnut Creek.

Jan Lederbogen

11. Fotografie

11.1 Zur Theorie des ethnographischen Fotografierens 226
11.2 Ethnographisches Fotografieren 231
11.3 Fototechnik 238
11.4 Schlussbemerkung 246
11.5 Literatur 247

Schon seit ihren Anfängen wurde die Fotografie in der Ethnographie zum Einsatz gebracht. Diente sie zunächst der Ablichtung des Fremden, dem Festhalten des Vorgefundenen und – wieder daheim – der Illustration des geschriebenen Wortes in den Forschungsberichten, so hat sich ihre Bedeutung über die Jahrzehnte hinweg zusehends gewandelt und sie ist immer stärker zu einem wichtigen Instrument bei der Feldforschung geworden. Heute bildet die Fotografie einen Aspekt der *Visuellen Anthropologie*, die einen eigenständigen Teilbereich der Ethnologie darstellt.

Die unterschiedlichen theoretischen Ansätze zum Einsatz der Fotografie als Hilfsmittel und Forschungsmethode der ethnologischen Feldforschung stehen im Mittelpunkt des ersten Kapitels. Der zweite Abschnitt widmet sich darauf aufbauend der Praxis des ethnographischen Fotografierens. Im dritten Teil werden dann die fototechnischen Aspekte dargestellt, die für den bewussten und erfolgreichen Umgang mit dem Medium wichtig sind. Dabei geht es um Vor- und Nachteile sowohl der traditionellen als auch der digitalen Fotografie.

Ziel des Beitrags ist es, Möglichkeiten und Grenzen der Fotografie bei der Feldforschung aufzuzeigen und den Leser anzuregen, sich weitergehender und intensiver mit dem Gebrauch des Mediums zu befassen, wenn er es selbst erfolgreich in seiner wissenschaftlichen Arbeit einsetzen möchte.

11.1 Zur Theorie des ethnographischen Fotografierens

Das Buch *The Balinese Character* von *Gregory Bateson* und *Margaret Mead*
aus dem Jahr 1942 wird als Beginn der *Visuellen Anthropologie* betrachtet.
Grundlage dieses Buches war eine zweijährige Feldforschung auf Bali, bei
der 25000 Fotografien entstanden. 759 davon wurden in dem Buch von 1942
veröffentlicht, auf 100 Bildtafeln mit jeweils 6 bis 12 Fotos. Bateson und
Mead sahen das fotografische Medium als besonders geeignet, nonverbales
Verhalten wissenschaftlich zu erforschen: „In dieser Monographie streben
wir eine neue Methode an, die inneren Beziehungen zwischen verschiedenen
Bereichen kulturell bestimmten Verhaltens zu zeigen, und zwar dadurch, dass
wir Fotografien zusammenstellen, die jeweils füreinander bedeutsam sind.
[…] Durch die Verwendung von Fotos wird es möglich, die Ganzheit jeder
Verhaltenseinheit zu erhalten." (Bateson/Mead 1942: XII, zit. n. Steiger
1982: 94)

Wenn auch die Pionierarbeit *The Balinese Character* einzigartig blieb, wurde
doch die Bedeutung visueller Medien bei der Erforschung nonverbaler kultureller Verhaltensmuster zunehmend erkannt. Genannt seien hier die Untersuchungen von Hall (1966), Birdwhistell (1970) und Ekman (1971). Ihnen ist
gemein, dass sie wissenschaftliche Erkenntnis aus der Analyse von Bildern
ziehen. Fotos bilden dabei nicht nur eine Ergänzung zur direkten Beobachtung der Wirklichkeit, sondern werden zunehmend zu ihrem Ersatz, da sich
nach Auffassung der Wissenschaftler die Wirklichkeit an Hand der Bilder
sogar besser untersuchen lässt als in der direkten Beobachtung. Zu den Grund-
überzeugungen der Forscher gehört dabei, dass Fotografien objektiv seien.
So schreiben Bateson und Mead: „Jede einzelne Fotografie kann als fast völlig objektiv betrachtet werden." (Bateson/Mead1942: 53, zit. n. Steiger
1982: 79)

Im Gegensatz zu den voran genannten Autoren betrachtet *Paul Byers* in
Cameras don't take pictures Fotografie in erster Linie als soziale Interaktion.
Zeigt man ein fotografisches Bild einer Gruppe von Menschen, so wird man
die unterschiedlichsten Antworten bekommen. Fotografien enthalten Informationen, aber keine Bedeutungen. Diese ergeben sich erst aus dem Kontext,
in dem die Aufnahme entstanden ist, beziehungsweise in dem die Fotografie
betrachtet wird. Um das Verhalten der verschiedenen am fotografischen
Prozess beteiligten Personen zu untersuchen, kann der Ethnologe nicht nur
selbst Fotos machen, sondern auch die Reaktionen seiner Informanten beim
Betrachten von Bildern studieren. Damit bleiben die zu erforschenden Menschen nicht bloßes Studienobjekt; sie erhalten eine aktivere Rolle im
Forschungsprozess. Byers geht noch einen Schritt weiter, indem er die Möglichkeit aufzeigt, Mitgliedern der von ihm untersuchten Kultur Kameras in
die Hand zu geben. Auf diese Weise erhält der Ethnologe Auskunft über die

Sichtweise seiner Informanten, insbesondere darüber, was bewusst oder unbewusst als repräsentativ und wichtig an der eigenen Kultur angesehen wird.

Da Fotografieren immer Kontext gebunden ist, ist es wichtig, dass der Forscher eine Systematik dafür entwickelt und dass er beim Auslösen bereits weiß, wie die Realität ins Bild umgesetzt wird. Gelingt dies, so lässt sich die allgegenwärtige Kontextgebundenheit – wir könnten auch sagen: das subjektive Bildergebnis – besser kontrollieren. Byers fordert signifikante Fotos, die Informationen enthalten, die der Wissenschaftler nutzen kann. Denn der große Vorteil der Fotografie sei, dass kurze Momente der Realität eingefroren werden, die zu einem späteren Zeitpunkt in Ruhe analysiert werden können. (Byers1977a: 8–11, 20/1977b: 10f.; Steiger 1982: 96, 102)

1952 begann der Fotograf *John Collier* den Einsatz der Fotografie als Forschungshilfsmittel der Ethnologie an der Cornell University zu lehren. Collier wurde in der Folgezeit zu einem der führenden Vertreter der Visuellen Anthropologie. Sein Buch *Visual Anthropology – Photography as a Research Method*, das erstmals 1967 erschien und das er gemeinsam mit Malcolm Collier 1986 in einer zweiten erweiterten Auflage herausbrachte, ist als Lehrbuch für den fotografierenden Ethnologen bis heute unübertroffen. Nach John und Malcolm Collier wird bei Feldforschungen zwar häufig fotografiert, die Bilder seien jedoch nur Illustration von auf anderen Wegen ermittelten Daten. Ihrer Meinung nach kann das Medium aber auch direkt am Erlangen wissenschaftlicher Erkenntnisse beteiligt sein.

Fotografie dient als Hilfsmittel der Datenaufzeichnung. Durch ihre große Detailgenauigkeit und die Detailmenge, die sie wiedergibt, kann die Wahrnehmung erweitert werden. Darüber hinaus ermüdet die Kamera nicht, im Gegensatz zu dem – schriftliche Notizen machenden – Ethnologen. Das erste Bild ist so detailreich wie das letzte. Schließlich zeichnet die Kamera auch solche Daten auf, die der Ethnologe zum Zeitpunkt des Geschehens aufgrund der Fremdartigkeit und Komplexität der Feldforschungssituation noch nicht bemerkt oder nicht versteht. Auch hier wird der Fotografie die Qualität zugeschrieben, Abbilder der Realität zu liefern, die ein nachträgliches Untersuchen gestatten und damit in gewisser Weise das Untersuchungsobjekt ersetzen. Collier und Collier erkennen aber auch, dass sie einen Selektionsprozess beinhaltet und damit subjektiv ist. Um die Fotografie trotzdem wissenschaftlich einsetzen zu können, muss man sich der Subjektivität bewusst sein und eine Systematik für das Fotografieren entwickeln, die wissenschaftlichen Ansprüchen genügt.

Die Colliers fordern eine fotografische Inventarisierung des zu untersuchenden Gebietes, die in zwei Stadien vor sich gehen soll. In der Orientierungsphase erfolgt ein *fotografischer Überblick* über das Untersuchungsgebiet. Dazu gehören Luftbilder und Gesamtansichten wie beispielsweise Panoramaaufnahmen. Mit ihnen lassen sich nicht nur geografische Gegebenheiten, Verkehrslage, Siedlungsaufbau und Landnutzung aufzeichnen, sie erleichtern später auch das In-Beziehung-Setzen von Detailaufnahmen. Die zweite Phase ist das so genannte *inventorying*. Hierbei geht es darum, für eine eng begrenzte Fragestellung die zu untersuchenden Objekte fotografisch aufzuzeichnen. Dazu gehört neben einer *äußeren* Kulturbeschreibung, d. h. der fotografischen Aufzeichnung materieller Objekte, auch die Registrierung von Handlungsabläufen sowie die Aufzeichnung nonverbaler Verhaltensaspekte wie Körpersprache und Gefühlsausdruck.

Wenn die aufgenommenen Daten mehr als Illustration sein und wissenschaftlich nutzbar gemacht werden sollen, müssen sie in einem mehrstufigen Abstraktionsprozess bearbeitet werden. Das Fotomaterial ist zunächst zu klassifizieren, dann lassen sich mit ihm Kategorien bilden, Beziehungen erkennen, Interpretationen und Bewertungen durchführen. Die Resultate können nie absolut, sondern nur statistische Annäherungen sein. Im abschließenden Schritt ist dann die Abstraktion von den visuellen Daten hin zu verbalen Schlussfolgerungen zu vollziehen. Nur dadurch wird eine wissenschaftliche Nutzung der Fotografie erreicht.

Neben dem Einsatz zur Datengewinnung beschreiben die Colliers den Gebrauch der Fotografie als Mittel zur sozialen Interaktion. Das Fotografieren kann es dem Ethnologen erleichtern, Kontakte zur Bevölkerung zu bekommen. Einen breiten Raum nimmt bei den Colliers der projektive Einsatz der Fotografie bei Interviews ein. Auf der einen Seite dient das Medium hier dem Interesse des Ethnologen an der auf den Bildern wiedergegebenen physischen Realität. Der Informant tritt dann als Spezialist auf und erklärt dem Feldforscher beispielsweise einen Handlungsablauf. Auf der anderen Seite kann das Interesse des Ethnologen aber auch auf subjektive Äußerungen des Informanten gerichtet sein. (Collier/Collier 1986: 9, 13, 29, 45, 77, 99, 169; Steiger 1982: 95)

Eine weiterführende Anwendungsmöglichkeit der Fotografie bietet *Victor Caldarola* mit seinem *Medium Application Cycle*. Er geht von der Grundüberlegung aus, dass jede fotografische Bildaufzeichnung einmalig und nicht wiederholbar ist. Die Relevanz der Bildinhalte ergibt sich für den Forscher nicht nur aus dem Ereignis, das fotografisch abgebildet wurde, sondern auch aus dem Kontext, in dem die Aufnahme entstand. Fotografieren ist letztlich ein sozial interaktiver und kommunikativer Prozess, der fotografierenden Beobachter und den Beobachteten involviert. Auch Caldarolas Ansatz verlangt eine genaue Vorplanung des Feldforschungsvorhabens unter Berücksichtigung aller verfügbaren Informationen. Mit Hilfe des Vorwissens werden die für eine fotografische Erfassung geeigneten Ereignisse aufgelistet. Darauf baut dann der achtstufige *Medium Application Cycle* auf.

Erstens wird das zu beobachtende Ereignis hinsichtlich der zuvor formulierten Forschungshypothesen ausgewählt. *Zweitens* beschließt der Ethnologe, welche Aspekte des gewählten Ereignisses fotografisch aufgezeichnet werden sollen. Caldarola fordert dazu einen Beobachtungsplan, der signifikante Bildthemen berücksichtigt und geografische, zeitliche oder speziell auf eine Person oder ein Objekt hin sich ergebende Grenzen festlegt. Der Plan muss so weit gefasst sein, dass es dem Forscher erlaubt ist, ein Ereignis auch dann zu fotografieren, wenn er es noch nicht in allen seinen Einzelteilen verstanden hat. *Stufe drei* bezieht sich auf den eigentlichen Fotografiervorgang. Der Ethnologe nimmt mit Hilfe der Kamera als Beobachter teil und produziert einen ständigen Strom von Bildern. Caldarola fordert Bildsequenzen, ferner Weitwinkelaufnahmen, die viele Details vereinigen, und entsprechende Detailaufnahmen. Die Aufnahmen sollen visuell miteinander verbunden sein. Der im Vorfeld aufgestellte Beobachtungsplan ist zu verändern, wenn das Ereignis einen ungeplanten Fortgang nimmt. Die *vierte Stufe* beinhaltet Niederschriften mit dem Ziel, grundlegende Informationen für spätere Analysen des Materials festzuhalten. Dabei geht es um das Bild, die Umstände seiner Produktion und den gesamten damit verbundenen Kontext. Eine numerische Niederschrift der Fotoserien ist anzufertigen, und es bedarf eines Reports über den Fotografiervorgang, über die einzelnen Kamerastandpunkte, über die Reaktionen der Informanten und über sonstige Beobachtungen, die während des Fotografierens stattfanden. In der *fünften Stufe* stellt man die Fotos zu Analyseeinheiten für die weitere Bearbeitung zusammen und versieht sie mit Indizes und Verweisen. *Stufe sechs* dient der detaillierten Analyse des Fotomaterials. *Siebtens* werden zum besseren Verständnis der Bildinhalte Fotointerviews mit Informanten durchgeführt. In der *achten Stufe* schließlich wird aufgrund des nun neuen Informationsstandes die nächste Fotografierphase geplant. Caldarola nähert sich dem Forschungsgegenstand sukzessiv. Der Zyklus kann – auf Basis immer umfangreicherer Informationen über den Forschungsgegenstand – immer wieder von neuem beginnen. (Caldarola 1985: 33–37) Dabei sollte das Fotografieren grundsätzlich davon geleitet sein, dass „der Wert der Fotografie in der Anthropologie nicht darin liegt, Realität objektiv aufzuzeichnen, sondern dass dem Forscher und dem einheimischen Informanten – und damit zwei verschiedenen Kulturen – ein Medium der Kommunikation geboten wird." (Caldarola 1985: 41)

Im Zusammenhang mit der Frage nach der kommunikativen Funktion der ethnografischen Fotografie leistet *Jay Ruby* mit seinem Artikel *In a Pic's Eye* einen wichtigen Diskussionsbeitrag. Da Menschen alles, was sie sehen, interpretieren und mit Bedeutung versehen, gilt dies auch für das Anschauen von Fotografien. Sagt der Bildbetrachter „Die Fotografie ist schön", dann geht er von der Annahme aus, der Fotograf habe die Absicht verfolgt, dass sich die Bedeutung aus dem Bild selbst ergibt. Man spricht dann von *Kunstfotografie*.

Die *Dokumentarfotografie* impliziert hingegen, dass das Medium die Realität so aufzeichnet, dass das Bild als Kopie der Welt angesehen werden kann. Beim Betrachten wird dann nicht das Foto, sondern das darauf Dargestellte interpretiert. Das geschieht zum Beispiel, wenn man eine Fotografie betrachtet und sagt: „Das ist ein schöner Baum." Da der Bildbetrachter das Foto auf Grund seiner Kenntnis der Welt interpretiert, spielen soziale, kulturelle oder psychologische Aspekte und damit auch stereotype Ansichten eine entscheidende Rolle.

Verwenden wir die Fotografie als Aufzeichnungsmedium bei der Feldforschung, handeln wir im Sinne der *Dokumentarfotografie*. Um nicht den Fehler zu machen, das auf dem Foto Abgebildete mit der Wirklichkeit gleichzusetzen, muss die Bilderzeugung als Schaffung einer *fotografischen Realität* bezeichnet werden, die zu einem gewissen Grad die Welt, wie der Wissenschaftler sie wahrnimmt, reflektiert, insbesondere aber auch die Grenzen der Wahrnehmung des Fotografen aufzeigt. Auch geübten Ethnologen fällt es schwer, nicht nur die eigenen Vorstellungen über die Welt durch das Foto zu bestätigen, sondern *ethnologische Signifikanz* aus den Bildern herauszuziehen. Ruby spricht in diesem Zusammenhang von der Notwendigkeit, Systeme für die Erzeugung und Betrachtung von Bildern zu entwickeln, die auf ethnologischen und allgemeinen wissenschaftlichen Paradigmen basieren. Eine hierzu erforderliche verstärkte ethnologische Erforschung visueller Medien führe nicht nur zu einem besseren Verständnis dieses kulturellen Teilbereiches, sondern schaffe der Ethnologie gleichzeitig ein systematisch einsetzbares visuelles Kommunikationsmedium, und das sei nicht zuletzt auch für den Einsatz bei Feldforschungen von Vorteil. (Ruby 1976: 5ff.)

Vorschläge für eine pluralistische Vorgehensweise bei der Verwendung der Fotografie liefert der Beitrag von *Douglas Harper*: *The Visual Ethnographic Narrative*. Seiner Meinung nach sind Fotos einerseits durch den Menschen konstruiert und stellen damit eine Interpretation der Welt dar. Das macht den subjektiven Charakter eines jeden Bildes aus. Andererseits sind sie aber durch die Existenz der Welt entstanden – sie sind ein Abbild der dreidimensionalen Welt in einem spezifischen Moment. Diese Abbild-Eigenschaft macht den objektiven Charakter einer Aufnahme aus. Die Qualitäten *Subjektivität* und *Objektivität* mischen sich je nachdem, wie der Sozialwissenschaftler mit Fotografien umgeht.

Harper unterscheidet vier verschiedene Vorgehensweisen, um fotografische Bilder für ethnologische Fragestellungen zu erzeugen und zu verwenden. Beim so genannten *scientific mode* interessiert es den Forscher, visuelle Informationen zu klassifizieren, zu zählen und zu vergleichen. Nach Harper nutzt diese – bereits bei Collier beschriebene Methode – den objektiven Charakter der Fotografie. Er erkennt ferner, dass ein Foto verschiedene Bedeutungen haben kann, je nachdem, wer das Bild betrachtet. Beim so genannten *reflexive mode* untersucht der Forscher, wie ein fotografiertes Ereignis aus der Sicht der Informanten gesehen wird. Es handelt sich hier um das ebenfalls bei den Colliers beschriebene Fotointerview. Untersuchungen mit Fotografien unter Laborbedingungen bezeichnet Harper als *phenomenological mode*. Als Beispiel wird eine Multimedia-Installation genannt, mit der subjektive Wahrnehmungen architektonischer Räumlichkeiten erforschbar werden.

The Visual Ethnographic Narrative steht bei Harper im Zentrum der Betrachtung. Fotografische Bilder stellen seiner Meinung nach *eingefrorene Einzelmomente* eines Handlungsablaufes dar. Präsentiert man sie als narrativ strukturierte Sequenzen, so kann ein außenstehender Betrachter das fotografierte Ereignis als Bildgeschichte wahrnehmen – chronologisch, in Rückblenden oder in umgekehrter Zeitabfolge. Die Bilder sind dabei nicht Illustration einer in erster Linie verbal verfassten Geschichte. Sie sollen für sich selbst stehen. Ganz ohne schriftliche Erklärungen kommt Harper jedoch nicht aus. Das macht die von ihm veröffentlichte Fotosequenz über die Reise eines Landstreichers in die Erntegebiete der USA deutlich, der ausführliche Bildunterschriften beigegeben sind. Mit seinem Beispiel betont er aber den zentralen Aspekt der Organisation von Bildern zu Geschichten. Die narrative Struktur der Informationen, die Harper an den Betrachter weitergibt, basiert auf dem Verständnis, das er selbst von der beschriebenen Situation hat: Es ist nicht die *typische* Geschichte eines Landstreicher-Lebens, sondern die Geschichte von Harpers subjektiver Überzeugung, was ein typisches Landstreicher-Leben ausmacht.

Wie schon andere hier vorgestellte Vertreter der Visuellen Anthropologie macht auch Harper deutlich, dass Fotos nicht losgelöst vom Entstehungs- und Betrachtungskontext zu analysieren sind und auf der Wahrnehmung und dem Verständnis des Fotografen von dem auf den Bildern wiedergegebenen Ereignis basieren. Durch die Präsentation von Fotos gelingt es Harper, den *Leser* nicht primär über Text, sondern über ein visuelles Medium anzusprechen. (Harper 1987: 1–4, 6ff.)

11.2 Ethnographisches Fotografieren

In diesem Kapitel soll es praxisnäher um mögliche Einsatzbereiche ethnographischer Fotografie gehen, wobei die Ausführungen von John und Malcolm Collier den Leitfaden bilden. Ziel ist es, Anstöße zu geben, das Medium als primäres Forschungsinstrument zu nutzen.

11.2.1 Beobachten mit der Kamera

Der Erfolg einer Feldforschung hängt von der Mitwirkung der Bevölkerung ab. Der Feldforscher kann Vertrauen aufbauen, wenn er seine Fotografenrolle ernst nimmt, die Kamera nicht versteckt, sich langsam und ungehetzt bewegt und den Leuten Zeit lässt, seine Anwesenheit zu bemerken. Die Menschen erhalten so die Möglichkeit, zu entscheiden, ob sie das Fotografieren dulden wollen. In Kulturen, die das Ablichten von Personen z. B. aus Angst vor Zauberei ablehnen, muss von entsprechenden Fotografien abgesehen werden, es sei denn, dass es von den Betreffenden ausdrücklich erlaubt wird. Die eventuell vorhandene Scheu vor der Kamera kann überwunden werden, wenn der Feldforscher sich von seinen Informanten fotografieren lässt.

In jeder Kultur gibt es Bereiche, die als öffentlich gelten und in der Regel problemlos fotografiert werden können, gerade wenn der Einheimische davon ausgehen kann, dass die Fotos seine Art zu leben nicht *negativ* kritisieren. Jenseits davon bedarf es der persönlichen Kontakte. Viele Gesellschaften besitzen geheime oder heilige Objekte und Orte, die eine Benutzung der Kamera generell nicht zulassen.

Neben der Art der Beziehung zur untersuchten Bevölkerung spielt die Ausbildung des Wissenschaftlers in systematischer Feldarbeit eine entscheidende Rolle für die Qualität fotografischer Aufnahmen. Die Colliers schreiben dazu: „Es ist offensichtlich, dass das Auge die Bilder macht. Gute Beobachtung führt zu guter Fotografie." (Collier/Collier 1986: 210) Schon vor Beginn einer Feldforschung muss ein Plan als Richtschnur existieren. Ziel sind Fotos, die dem Forschungsziel dienen. Vermieden werden sollte das Ablichten einer Vielzahl nicht benötigter Daten. Der Einsatz des fotografischen Mediums entlang der Fragen nach dem *wo beginnen, was aufnehmen* und *wie beenden* soll im Folgenden beleuchtet werden. (Collier/Collier 1986: 24ff.,162)

11.2.2 Der fotografische Überblick

Zu Beginn einer Feldforschung in einer unbekannten Region bedarf es zunächst eines ethnografischen Überblickes. Die Fotografie kann hierbei sehr hilfreich sein. Die Kamera zeichnet Details auf, auch wenn sie – wie bereits erwähnt – der Feldforscher nicht bemerkt oder noch nicht versteht. Ferner können komplexe Zusammenhänge mit einem Bild erfasst werden.

John und Malcolm Collier beschreiben die Funktion der Fotografie in der ersten Phase einer Feldforschung als *mapping*, d. h. als Kartografieren des Gebietes. Beobachten, Identifizieren und In-Beziehung-Setzen sind hier die Leitbegriffe. Ziel ist es, die kulturellen Organisationsmuster aufzuzeigen. Ein Vergleich mit historischen Fotos kann dabei Veränderungen in der Zeit deutlich machen.

Abbildung 1: Aufnahme von einem hohen Berg: Landschaftsstrukturen bei Pisac, Peru. Foto: Jan Lederbogen, Kamera: Rolleicord (Normalobjektiv, 1/50 Sek., Blende 8, Filmempfindlichkeit: 100 ASA)

Luftbilder aus niedrig fliegenden Flugzeugen erfüllen hervorragend die Aufgabe der *Überblicksfotografie*. Ergänzend oder ersatzweise kann der Forscher Panoramen von Hügeln oder hohen Gebäuden der Umgebung aus anfertigen. In Bodennähe können 360°-Aufnahmen beispielsweise die Raumnutzung eines Platzes verdeutlichen. Schließlich gehören zur ersten Feldforschungsphase Bilder des öffentlichen Bereichs wie Straßenzüge, Häuser, Plätze, Läden, Kirchen, Parks, Restaurants und Kinos, ferner Felder und Grenzmarken, Wasserläufe und Wege. Je urbaner das Gebiet, desto komplexer sind die Daten und desto nutzbringender erscheint der Einsatz der Fotografie. (Collier/Collier 1986: 15ff, 29f, 36ff; vgl. Steiger 1982: 97)

11.2.3 Anlegen fotografischer Inventare

Zentralen Stellenwert erlangt die Fotografie auch bei den speziellen Fragestellungen der Feldforschung. Der Wissenschaftler kann beispielsweise fotografische Inventare anlegen. Zugänglich sind dem Medium alle sichtbaren
Erscheinungen einer Kultur, also Gebäude, Felder und Hecken oder die materiellen Objekte in Haushalten und Lagern, ferner Personen und deren soziale
Interaktionen.

Das Fotografieren muss immer das spätere Analysieren beachten, d. h. das
Zählen, Messen und *Vergleichen* der fotografisch aufgezeichneten Variablen
ist zu gewährleisten. Das Beispiel einer von John Collier beschriebenen Studie über die Akkulturation von Indianern in der Francisco Bay soll dies illustrieren: Innerhalb der Untersuchung wurden unter anderem 22 indianische
Haushalte ausgewählt und von jedem wurde ein fotografisches Inventar erstellt. Die Auswertung ergab für jeden Haushalt eine Liste der in ihm vorhandenen Gegenstände. In einem nächsten Schritt wurden die Haushalte nach
Qualität und Quantität der Gegenstände in Kategorien eingeteilt und diese
mit anderen Merkmalen in Beziehung gesetzt. So verglich man zum Beispiel
die Aufenthaltszeit in der Bucht mit dem Zustand der Einrichtung. Mit Hilfe
der Fotografie war es nicht nur möglich, schnell an Daten zu gelangen, sondern auch bei der Analyse ein Team von Forschern zu beteiligen. Anhand der
mit fotografischen Daten ermittelten Ergebnisse zeigte sich, dass traditionelle Untersuchungen die ethnische Identität überbewertet hatten. (Collier 1975:
212ff./1986: 15, 48f, 50f, 54f.)

11.2.4 Fotosequenzen

Einen weiteren Bereich der Feldforschungsfotografie stellt das Aufzeichnen
von Abläufen dar. Mit Hilfe von Bilderreihen werden Veränderungen in Zeit
und Raum dokumentiert. Dazu gehören z. B. Bilder von Märkten, Festen und
Ritualen, Fotos von kommunizierenden Personen mit ihren Gesten und Kör-
perhaltungen sowie das Abbilden handwerklicher Prozesse. Die Fotografie
gibt uns hier wiederum die Möglichkeit, einen uns eventuell unverständli-
chen Ablauf aufzuzeichnen. Indem wir beispielsweise einem Handwerker die
aufgenommenen Fotos zeigen, kann dieser uns – besser als während der Arbeit – die einzelnen Arbeitsschritte erklären. Als Spezialist der Materie macht
er uns auf fehlende Aspekte aufmerksam, und wir können den Ablauf unter
Umständen noch einmal fotografieren.

Die Aussagefähigkeit der Bilder hängt von der Wahl des Aufnahme-
zeitpunktes und des Bildausschnittes ab. Man muss sich vergegenwärtigen,
dass die Fotografie einen Abstraktionsprozess darstellt. Wie jedoch abstra-

Abbildung 2: Soziale Interaktionen: Markt in Chincheros, Peru. Foto: Jan Lederbogen, Kamera Rolleicord (Normalobjektiv, 1/100 Sek., Blende 5,6-8, Filmempfindlichkeit: 100 ASA)

hiert wird, hängt vom Fotografen ab. Für die Feldforschung gilt, Sequenzen
zu finden, die die Kontinuität eines Prozesses verdeutlichen. Darüber hinaus
ist das Motivfeld möglichst weit zu fassen. Bei einem handwerklichen Prozess
sollte die Bilderreihe vom Rohstoff bis zur fertigen Ware in Gebrauch reichen. (Collier/Collier 1986: 65–73)

11.2.5 Fotografie als Mittel zur sozialen Interaktion

Wie wir bereits im ersten Kapitel gesehen haben, kann Fotografie auch ein
Mittel zur sozialen Interaktion sein. Dabei muss der Feldforscher zeigen, dass
er mit der Kamera kommunizieren will. Die Colliers schreiben, dass die Tätigkeit des Fotografierens in den von der Ethnologie traditionellerweise untersuchten Gesellschaften häufig verständlicher wirkt als die rein schriftliche
Datenaufnahme. Die beiden Autoren schildern das Beispiel eines Feldforschers
in einer kanadischen Fischergesellschaft. Gefragt wird zunächst, wie ein Wissenschaftler die komplexe Technologie des Fischfangs durch Beobachten
verstehen könne, wenn er kein Vorwissen besitzt. Bei den Colliers geht der
Feldforscher mit seiner Kamera frühmorgens zum Hafen und fotografiert die

Fischer. Bald wird er auf seine Tätigkeit hin angesprochen. Man lädt ihn ein,
auf einem Boot mitzufahren, um den eigentlichen Fischfang aufzunehmen.
Nach der Rückkehr entwickelt und vergrößert der Ethnologe die Bilder und
präsentiert sie einem der Fischer. Dieser erklärt ihm die Aufnahmen und vermittelt weitere Kontakte zu anderen Fischern. So erweitert sich zunehmend
die Kenntnis des Ethnologen vom Fischfang und auch von den Personen in
der von ihm untersuchten Gesellschaft. (Collier/Collier 1986: 20ff.; Steiger
1982: 89)

11.2.6 Fotointerview

Der projektive Einsatz der Fotografie beim Interview ist eine Gesprächs-
situation, die durch das Präsentieren von Fotos strukturiert wird. Als positiv
stellt sich vor allem heraus, dass die Fotografien auf dem Tisch eine dritte
Partei darstellen, die im Zentrum des Gesprächs steht. Der Informant ist weniger gehemmt als in rein verbalen Interviews. Vor diesem Hintergrund können die Fragen des Ethnologen viel direkter sein und es gibt weniger Missverständnisse; umfangreiche Erläuterungen werden überflüssig. Ferner wird das
in rein verbalen Interviews häufig auftretende Abgleiten vom Thema dadurch
vermieden, dass der Feldforscher im geeigneten Moment ein neues Foto vorlegt
und das Gespräch zum eigentlichen Thema zurückführt. Der Informant hat bei
Fotointerviews auch nicht das Gefühl, er hätte schon alles gesagt.
   Fotointerviews bieten einen Zugang zu einheimischem Wissen. Dabei kann
auch festgestellt werden, wie vertraut ein Informant wirklich mit seiner Umwelt
ist und wo die Grenzen seines Wissens liegen. Beispielsweise kann die Aussage
„Wir kennen jeden hier in der Prärie" überprüft werden, indem der Forscher den
Informanten Fotos der Bewohner zeigt und nach dem Namen fragt.
   Durch Fotointerviews können Informanten zu subjektiven Einschätzungen
angeregt werden. John und Malcolm Collier berichten, dass ein Pfarrer den
Feldforschern beim Vorlegen von Fotos zunächst einen *klassischen* Vortrag
über traditionelle Sitten und Wertvorstellungen seines Dorfes gegeben hat.
Als das Foto einer Frau gezeigt wurde, deren Verhalten in den Augen des
Pfarrers in das gerade geschilderte Bild nicht hineinpasste, änderte sich die
Situation schlagartig und die Feldforscher bekamen einen völlig anderen Be-
richt über die Gemeinde zu hören.
   Fotointerviews stoßen dort an ihre Grenzen, wo die Vertraulichkeit beginnt.
Fotos, die in privatem Rahmen aufgenommen wurden, dürfen nur den Betei-
ligten präsentiert werden. (Collier/Collier 1986: 104f, 127, 132ff.; Steiger
1982: 101)

11.2.7 Auswertung

Wie bereits dargelegt, ist die Analyse der Fotos unabdingbar für den wissenschaftlichen Erkenntnisprozess. Dabei ermöglicht die Fotografie auch das Arbeiten im Team. Der einzelne Forscher kann sich den anderen Gruppenmitgliedern anhand der Fotos verständlich machen. Alle verfügen dann über den gleichen Kenntnisstand und können Beiträge zur Analyse leisten.

Im Gegensatz zu schriftlichen Aufzeichnungsarten bietet die Fotografie den Vorteil, dass ihre Abbildung der Daten sehr nahe an der sichtbaren Wirklichkeit ist. Ausgangspunkt sind immer die dem Auge und damit der Kamera sichtbaren Erscheinungen einer Kultur. Sie bilden die Basis, auf der der Forscher Rückschlüsse auf nicht sichtbare Kulturaspekte wie Akkulturation ziehen kann. Um zu brauchbaren Ergebnisse zu kommen, ist zunächst eine gute Kenntnis des Bildmaterials notwendig. John und Malcolm Collier schlagen dazu großräumige Präsentationen auf Tischen oder Wänden vor, weil so ein synchrones Betrachten mehrerer Bilder gelingt – ein Vorteil, den die begrenzte Bildschirmdarstellung eines Computers nicht bieten kann.

Im nächsten Schritt müssen die Fotos nach einem vordefinierten Kategoriensystem klassifiziert werden. Dabei sind ethnologische Termini und die Ziele der speziellen Feldforschung zu berücksichtigen. In diesem Zusammenhang sei auf Robert Bruce Inverarity (1960) verwiesen, der auf der Basis der *Human Relation Area Files* eine hierarchisch gegliederte Kategorien- und Schlagwortliste veröffentlicht hat.

Die Zuordnung eines Bildes zu mehreren Kategorien – der Kreuzverweis – war früher ein großes technisches Problem. Inverarity half sich, indem er Lochkartensysteme einsetzte. In der heutigen Zeit können stattdessen relationale Datenbanken benutzt werden. Bei digitalen Bildern bieten sich besondere Systeme wie beispielsweise die Datenbank Cumulus an. Sie liefert dem Benutzer kleine Vorschauen der Bilder. Kategorienamen können per *Drag and Drop* zugeordnet werden. Das Ergebnis einer Suchabfrage macht dann bereits am Bildschirm eine Kontrolle der Bildinhalte möglich und zeigt die Motivbreite von Variablen auf.

Auf Basis der klassifizierten Bilder erfolgt nach John und Malcolm Collier die *Mikroanalyse*. Hier geht es nun, abgestimmt auf das spezielle Forschungsziel, um die genaue Auswertung der einzelnen Bilder durch *Messen*, *Zählen* oder *Vergleichen* der auf den Fotos abgebildeten Gegenstände und Handlungen. Die so gewonnenen Resultate müssen dann mit den auf anderen Wegen (z. B. Fotointerviews) gewonnenen Daten verglichen werden. Im letzten Schritt sind dann die aufgestellten Hypothesen anhand der Analyseergebnisse zu überprüfen.

Natürlich können auch die von Informanten gemachten Fotos in die Analyse einbezogen werden. Sie ermöglichen vor allem, emische Sichtweisen kennenzulernen. (Caldarola 1985: 37; Collier/Collier 1986: 63, 173, 177ff., 185, 191; Inverarity 1960, Canto 2002; Steiger 1982: 96f.)

11.3 Fototechnik

Die bisherigen Ausführungen haben gezeigt, dass die Fotografie unsere Beobachtung schärfen und unsere wissenschaftlichen Untersuchungen unterstützen kann. Das Vorhaben gelingt aber nur, wenn der Feldforscher die fotografische Apparatur nicht nur theoretisch, sondern auch praktisch beherrscht. Die nachfolgenden Ausführungen sollen einige allgemeine und die Feldforschungssituation speziell betreffende fototechnische Aspekte zur Sprache bringen.

11.3.1 Kamera

Bei der Wahl der Kamera muss der Ethnologe zunächst entscheiden, ob er seine Bilder analog oder digital aufzeichnen will. Derzeit bietet die Fotografie mit Filmmaterial immer noch viele Vorteile. Dabei ist die *einäugige Spiegelreflex-Kleinbildkamera* an erster Stelle zu empfehlen. Ihr Mattscheibenbild entspricht dem Filmbild, man kann verschiedene Objektive ansetzen und es gibt ein umfangreiches auf die Kamera abgestimmtes Zubehör.

Gängige Sorten der 35 mm-Kleinbildfilme können vielerorts auf der Welt gekauft werden. Aufsichtsvergrößerungen von Kleinbildnegativen ergeben auch bei höheren Empfindlichkeiten noch scharfe detailreiche Bilder. In institutionellen Vortragsräumen sind in erster Linie Kleinbild-Diaprojektoren vorhanden.

John Collier hat lange Zeit mit einer Rollfilmkamera fotografiert, die Filme im Feld selbst entwickelt und Kontaktabzüge angefertigt. Die Bildgröße von 6 x 6 cm reichte aus, um sie Informanten vorzulegen (Collier/Collier 1986: 215). Das Filmformat der Kleinbildkamera ist dafür zu klein. Will der Ethnologe dennoch seine Bilder im Feld betrachten oder Informanten vorlegen, kann er heutzutage in der Regel lokale Labore aufsuchen, die die notwendigen Entwicklungs- und Vergrößerungsarbeiten durchführen.

Digitale Handkameras zu erschwinglichen Preisen werden immer leistungsfähiger. Ausgedruckte Aufsichtsbilder im Format bis 13 x 18 cm weisen bereits hinreichende Schärfen auf und die Bilddaten können in Datenbanken ohne zeitaufwendiges Scannen weiterverarbeitet werden. Durch Verschicken der Bilder per Email kann der Ethnologe bereits während der Feldforschung mit anderen Wissenschaftlern kommunizieren. Detailreiche Ausschnittsvergrößerungen können im Nachhinein allerdings nicht erstellt wer-

den. Hier ist die traditionelle Kleinbildkamera der Digitalkamera noch überlegen. Für die Feldforschung problematisch erscheint zudem der hohe Ener-
giebedarf digitaler Kameras und die Notwendigkeit zusätzlicher Geräte wie
Computer und Drucker für die Weiterverarbeitung.

Beim Kauf einer analogen wie digitalen Kamera ist darauf zu achten, dass
sie sich einfach bedienen lässt. Automatikfunktionen erleichtern die Belichtung, bei einer Vielzahl von Programmen leidet jedoch die Übersichtlichkeit,
was wiederum zu Bedienfehlern führen kann. Belichtungsprogramme sollten
abschaltbar sein, um manuelle Einstellungen bei schwierigen Lichtverhältnissen vornehmen zu können. (vgl. Heinrich 2002: 12ff.)

11.3.2 Objektiv

Während die Kamera im Grunde genommen für das Lichtbild nur den dunklen Raum zur Verfügung stellt, ist das Objektiv für die eigentliche Bilderzeugung verantwortlich.

Benötigt ein Forschungsvorhaben Bilder mit hoher Detailschärfe, kommen
nur gut korrigierte Objektive in Frage. Diese haben aber ihren Preis. Hohe
Qualität bedeutet gleichzeitig hohe Lichtstärke. Damit wird die größtmögliche Lichtdurchlassöffnung eines Objektives bezeichnet, was in erster Linie
der Helligkeit des Lichtbildes entgegenkommt – ein Vorteil, der das Einstel-
len unter schlechten Lichtverhältnissen bei einäugigen Spiegelreflexkameras
vereinfacht. Festbrennweiten liefern in der Regel immer bessere Abbildungs-
qualitäten als Zoomobjektive. Der Fotograf muss deshalb entscheiden, ob er
mit *einem* Objektiv mit fester Brennweite auskommt. Wenn nicht, gibt es die
Möglichkeit, mehrere Objektive zu benutzen und damit hohe Bildschärfen zu
erhalten. Oder er entscheidet sich für die schnellere Handhabung der Zoomobjektive und nimmt Qualitätsverluste in Kauf.

Die Wahl der Objektivbrennweite beeinflusst das Bildergebnis. Beim so
genannten Normalobjektiv entspricht die Brennweite der Diagonale des
Aufnahmeformates, Weitwinkelobjektivbrennweiten sind kürzer, Teleobjektiv-
brennweiten länger. Die tatsächlichen Brennweitenlängen beziehen sich bei
der analogen Fotografie auf die Kleinbilddiagonale von 50 mm, bei Digital-
objektiven schwankt der Wert je nach Chipgröße.

Weitwinkelobjektive erfassen einen großen Bildwinkel und stellen nahe gele-
gene Gegenstände gegenüber weit entfernten übertrieben groß dar. Ihre Verwendung macht dann Sinn, wenn sich der Fotograf nicht weit genug entfernt
vom Aufnahmeobjekt befinden kann, zum Beispiel beim Fotografieren von
Häuserzeilen in engen Straßen oder beim Ablichten von Innenräumen. Sie finden ferner Verwendung, wenn sich die Aufnahmeobjekte in großer Entfernung
befinden und der Fotograf Überblicksaufnahmen anfertigen will, bei denen vie-

le Details auf einem Bild vereinigt werden sollen. Weitwinkelobjektive haben bei der analogen Kleinbildkamera Brennweiten zwischen 28 mm und 35 mm.

Das *Normalobjektiv* ist so konstruiert, dass es einen Bildwinkel erfasst, der dem des Auges nahekommt. Ricabeth Steiger stellt in ihrer Veröffentlichung von 1982 fest, dass wir ein fotografisches Bild zunächst immer in der Annahme betrachten, es sei unter Normalbedingungen, d. h. mit einem Normalobjektiv, aufgenommen worden. Für den wissenschaftlichen Gebrauch fordert sie deshalb, möglichst immer mit dem Normalobjektiv zu fotografieren und die Wahl der verwendeten Brennweite zu notieren (Steiger 1982: 82). Das wird beim Fotografieren mit Zoomobjektiven aber leicht vergessen. Das Normalobjektiv der analogen Kleinbildkamera hat eine Brennweite von etwa 50 mm.

Objektive mit langen Brennweiten, so genannte *Teleobjektive*, besitzen einen kleinen Bildwinkel und bilden die Raumtiefe verkürzt ab. Nahe und weit entfernte Gegenstände erscheinen gleich groß. Verwendung finden Teleobjektive dann, wenn der Fotograf nicht nah genug an sein Aufnahmeobjekt herankommt. Allerdings schließt sich der Fotograf durch den weit entfernten Kamerastandpunkt vom Geschehen aus. John und Malcolm Collier lehnen deshalb die Verwendung von Teleobjektiven ab, denn der Fotograf soll sich als Beobachter am Geschehen beteiligen und Gespräche mitverfolgen können. Eine Ausnahme bilden Porträtfotos, denn bei Aufnahmen von Gesichtern mit Normalobjektiv befindet sich die Kamera zu nah am Aufnahmeobjekt. Die Folge ist, dass die Nase auf dem Foto übertrieben groß erscheint. Das Teleobjektiv dient hier der natürlichen Wiedergabe – entsprechend der allgemeinen Wahrnehmung menschlicher Gesichter. Die analoge Kleinbildkamera besitzt Teleobjektive mit Brennweiten ab etwa 80 mm. Für Porträtaufnahmen sind Brennweiten von etwa 90 mm bis 110 mm geeignet (vgl. Collier/Collier 1986: 213).

Entscheidet sich der Feldforscher für ein Objektiv mit veränderlicher Brennweite, kann er bei der analogen Kleinbildkamera in der Regel mit Zoomobjektiven von 28–80 mm oder 35–90 mm auskommen. Je größer der erfasste Brennweitenbereich, desto schlechter ist jedoch die Abbildungsqualität.

11.3.3 Filmmaterial und Speichermedien

In diesem Abschnitt müssen analoge und digitale Bildaufzeichnung unterschiedlich behandelt werden. Bei der *traditionellen Fotografie* hängt die Entscheidung für ein bestimmtes Filmmaterial von der Aufnahmesituation und dem Verwendungszweck ab. John Collier hat, wenn er seine Filme im Feld entwickelte, Schwarz-Weiß-Negativmaterial benutzt, das auch unter ungünstigen klimatischen Verhältnissen noch zu verarbeiten ist (Collier 1967). Heute ist hier der Farbnegativfilm zu empfehlen, da er im Kleinbildbereich die geringsten Kosten verursacht und die beste Basis für Aufsichtsbilder bietet. Sein Belichtungsspielraum ist besonders groß, der Fotograf muss also nicht so genau belichten. Da der Farbnegativ-Kleinbildfilm an vielen Orten auf der Welt entwickelt wird, erhält der Wissenschaftler zumeist die Möglichkeit, während der Feldforschung die Bilder zu analysieren und seinen Informanten zu zeigen. Durch ein Mehr an Information liefert Farbe darüber hinaus auch entscheidende Vorteile gegenüber Schwarz-Weiß.

Diafilme sind dann empfehlenswert, wenn der Feldforscher seine Bilder per Projektion einem großen Publikum zeigen will. Da das positive Bild bei der Filmentwicklung entsteht, entfallen die Kosten für Abzüge. Allerdings werden Diafilme nicht überall entwickelt und verlangen eine sehr genaue Belichtung. Es wird deshalb dringend empfohlen, neben der gemessenen Belichtung auch Varianten aufzunehmen.

Eine Sonderstellung nimmt Polaroid-Filmmaterial ein. Um eine auswertbare Bildgröße zu erhalten, bedarf es spezieller Kameras. Positiv ist, dass den Informanten die Bilder sofort vorgelegt werden können. Nachteilig sind die geringere Qualität der Aufnahmen und die hohen Kosten.

Filmmaterial gibt es in verschiedenen Empfindlichkeiten. Niedrig empfindliche Filme sind besonders feinkörnig, die Bilder weisen dann einen hohen Detailreichtum auf. Bei guten Lichtverhältnissen und immer dann, wenn mit langen Belichtungszeiten fotografiert werden kann, beispielsweise bei Stativaufnahmen, sollten niedrig empfindliche Filme eingesetzt werden. Bei Handaufnahmen unter ungünstigeren Lichtverhältnissen verzichtet man auf großen Detailreichtum und nimmt höher empfindliche Filme. Als niedrig empfindlich gelten heute Filme bis ISO 21/100, als hochempfindlich solche ab ISO 27/400.

Problematisch für die Haltbarkeit des Filmmaterials sind ungünstige klimatische Verhältnisse. Unter großer Hitze und extremer Kälte wird nicht nur die Funktionsfähigkeit von Kamera und Objektiv beeinträchtigt. Hitze schädigt insbesondere das Filmmaterial. Es sollte nicht der Sonne ausgesetzt und möglichst in Kühltaschen gelagert werden. Bei Kälte kann sich Kondenswasser bilden und zwar dann, wenn die Temperatur des Aufnahmematerials nicht mit der der Umgebung übereinstimmt.

Digitalkameras speichern die Bilder in der Regel auf Speicherkarten. Aufgrund der derzeitigen noch geringen Kapazität müssen die Bilddaten nach dem Fotografieren auf andere Medien übertragen werden. Für den Einsatz einer Vielzahl von Wechsel-Speicherkarten sind die Kosten noch zu hoch. Vor diesem Hintergrund ist bei Feldforschungen mit vielen tausend Bildern das *Handling* nicht unproblematisch. Kontraproduktiv erweist sich auch die rasche Entwicklung der Digitaltechnik. Heutige Dateitypen können schon bald veraltet und somit nicht mehr nutzbar sein. Schlechte Lichtverhältnisse wirken sich auch bei der Digitalfotografie negativ auf das Bildergebnis aus. Dann nämlich verstärkt die Kamera das Bildsignal, was zu unangenehmem Farbrauschen führt. Man kann dieses Phänomen mit der Grobkörnigkeit besonders hochempfindlicher Filme vergleichen. (Heinrich 2002: 73)

11.3.4 Belichtung

Beim Auslösen der Kamera wird die auf den Film bzw. den Chip treffende Lichtmenge durch die Größe der Blende – d. h. der Lichtdurchlassöffnung im Objektiv – und durch die Länge der Belichtung bestimmt. Die für ein brauchbares Bild notwendige Lichtmenge ermittelt der Belichtungsmesser. Er errechnet aus den verschieden hellen Partien des Aufnahmefeldes einen integralen Wert. Bei einem ausgewogenen Verhältnis von Hell und Dunkel ist der angegebene Wert richtig. In allen anderen Fällen muss die Belichtungsmessung korrigiert werden. Nur dann wird ein schneebedeckter Berg auf dem Bild weißlich hell, eine dunkle Ebenholzstatue schwärzlich dunkel wiedergegeben. Dies erreicht man beispielsweise durch das Anmessen einer mittelhellen Asphaltstraße im Vordergrund. Besitzt die Kamera die Möglichkeit der Spotbelichtung, kann eine andere mittelhelle Fläche im Motivfeld gesucht werden. Schließlich gibt es genormte Graukarten als Messhilfe.

Bei der analogen Fotografie gibt der Belichtungsmesser dem Fotografen auf Basis der eingestellten Filmempfindlichkeit eine Zeit-Blenden-Kombination an. Bessere digitale Kameras erlauben die Voreinstellung von ISO-Werten, womit die Höhe der Auflösung des Bildes geregelt wird. In beiden Fällen können wir dann entscheiden, ob mit großer Blende (= kleine Zahl) und kurzer Belichtungszeit oder mit kleiner Blende (= große Zahl) und entsprechend langer Belichtungszeit fotografiert werden soll. Je nach Wahl wird das Bildergebnis anders ausfallen.

Jeder Gegenstand wird entsprechend seinem Abstand von der Kamera in einer ganz bestimmten Entfernung vom Objektiv scharf abgebildet. Wenn man scharf stellt, verschiebt man das Objektiv so, dass die Objektpunkte des scharf gestellten Gegenstandes Bildpunkte auf dem Foto ergeben. Unscharf bildet sich ein Punkt als Zerstreuungskreis ab. Ist der Zerstreuungskreis kleiner als 0,1 mm, erscheint er dem Auge dennoch als scharfer Punkt. Auf diese Weise können Gegenstände auch vor und hinter der eingestellten Ebene scharf erscheinen. Diese so genannte *Schärfentiefe* hängt von verschiedenen Faktoren ab. Sie wird größer, je kürzer die Objektivbrennweite und je kleiner die eingestellte Blende ist. Wählt der Fotograf eine kleine *Schärfentiefe*, dominiert das scharfgestellte Motiv, weil es sich vor dem unscharf abgebildeten Hintergrund klar abheben kann. Große *Schärfentiefe* belässt dagegen alle Bildelemente gleichwertig. Gegenstände werden trotz unterschiedlicher Entfernung von der Kamera scharf und detailreich abgebildet.

Man kann die Blende, aber auch die Belichtungszeit bewusst wählen. Eine kurze Belichtungszeit verdeutlicht Bewegung, wenn der scharf abgebildete Gegenstand in einem Moment fotografiert worden ist, der nur innerhalb einer Bewegung stattfinden kann. Eine lange Belichtungszeit macht dagegen Bewegung durch Bewegungsunschärfe deutlich. Entweder erscheint dann das Objekt unscharf vor scharfer Umgebung, oder der Fotograf führt die Kamera mit der Bewegung. Das Objekt ist dann scharf, die Umgebung unscharf.

Um ungewollte Unschärfen zu vermeiden, sollte neben der Wahl kurzer Belichtungszeiten die Kamera richtig gehalten werden. Der Fotograf muss sich, wenn irgend möglich, abstützen oder ein Stativ verwenden. Häufig wird das Bildergebnis bei Stativaufnahmen dadurch begünstigt, dass der Bildausschnitt im Vorfeld der Aufnahme eingehend kontrolliert werden kann. Persönliche Erfahrungen haben ferner gezeigt, dass gerade das zeitaufwendige Aufbauen eines Stativs als positiv für die Entstehung sozialer Kontakte zu bewerten ist, weil der Fotografiervorgang so lange dauert, dass die Betroffenen reagieren können. Vielleicht fehlt auch die gewisse Aggressivität einer am Auge gehaltenen Kamera. Schließlich kann der Fotograf die Informanten durch die Kamera mit schauen lassen.

11.3.5 Licht

Fotografien entstehen durch Licht, das der Fotograf in der Regel indirekt nutzt, indem es seine Aufnahmeobjekte beleuchtet. Die Art und Weise der Beleuchtung trägt entscheidend zum Bildergebnis bei und kann vom Fotografen beeinflusst werden.

Licht aus Richtung der Kamera wirkt häufig flach. Besser ist es, mit seitlichem Licht zu fotografieren. Dann heben sich auch kleine Details durch differenzierende Licht- und Schattenbereiche voneinander ab. Unter Umständen kann es aber besser sein, auf dunstiges Wetter zu warten. Dann werden enge Gassen, die bei direkter Sonne starke helle und schattig-dunkle Bereiche aufweisen, detailreich wiedergegeben. Gegenlicht fügt Einzelheiten zu silouettenhaften Flächen zusammen und vermag hintereinanderliegende Bergketten, die bei anderen Beleuchtungsarten wie eine Masse wirken, durch verschieden helle Flächen deutlich voneinander zu trennen.

Feldforschungsfotografie ist in erster Linie so genannte *Available-Light-Fotografie*. Man versucht, die gegebenen Lichtverhältnisse – ähnlich wie in der Reportagefotografie – nicht künstlich zu verändern. Große Kontraste zwischen Hell und Dunkel kann der Film bzw. der Chip aber nicht überwinden. Hier muss der Fotograf die Schattenbereiche aufhellen, um nicht große Flächen ohne Zeichnung auf dem Foto zu erhalten. Am einfachsten zu bedienen sind Aufheller, deren Wirkung der Fotograf direkt beobachten kann. So können in Innenräumen, deren dunkle Bereiche in starkem Kontrast zu hellen Fensterflächen stehen, die Schatten durch ein weißes, mit Stativen oder Stangen aufgespanntes Laken aufgehellt werden (vgl. Collier/Collier 1986: 277ff.).

Ein möglichst leistungsstarker Elektronenblitz wird eingesetzt, wenn für eine Aufnahme zu wenig Licht vorhanden ist, z. B. bei Nachtaufnahmen. Die heutige Gerätegeneration ist einfach zu bedienen, da die Blitzstärke automatisch über die eingestellte Blende und die Entfernung geregelt wird. Leider liefert das direkt von der Kamera aus eingesetzte Blitzlicht flache Bilder. Ein etwas seitlich von der Kamera aufgestellter Blitz schafft Körperhaftigkeit, erzeugt aber wiederum harte Schatten. Diese können durch die Mitberücksichtigung vorhandenen Lichts oder durch einen Aufhellblitz aus Richtung der Kamera in ihrer Wirkung gemildert werden. Oder man blitzt indirekt über eine helle Innenraumdecke. Schließlich kann ein Diffusor für weicheres Licht sorgen. Blitzlicht kann ferner ein nützliches Aufhell-Licht darstellen, das beispielsweise bei dunkelhäutigen Menschen zu besserer Gesichtszeichnung führt. Das richtige Zusammenspiel von natürlichem Licht und Blitzlicht muss jedoch beherrscht werden.

Die Art einer Beleuchtung beeinflusst die Wiedergabe von Personen entscheidend (Collier/Collier 1986: 224; Steiger 1982: 82f.). Der Fotograf sollte sich hier um Körperhaftigkeit bemühen, indem er z. B. ein seitliches bis gegenläufiges natürliches Licht nutzt, das von vorn aufgehellt wird. Wichtig ist, den Porträtierten nicht zu blenden, da er sonst die Augen schließt.

Beim Abfotografieren zweidimensionaler Vorlagen ist ein besonderer Beleuchtungsaufbau gefordert. Zwei gleich starke Lampen in gleicher Entfernung von der Kamera sorgen für gleichmäßiges Licht.

Farbfilmmaterial und Licht müssen sich in der Farbtemperatur entsprechen. Es gibt Kunstlichtfilme für Glühlampenlicht und Tageslichtfilme für Tages- und Blitzlicht. Stimmt das Filmmaterial mit der Farblichttemperatur des Lichtes nicht überein, bilden sich Farbstiche, die jedoch mit Filtern weitgehend korrigiert werden können. Spezielle Probleme entstehen aber bei den diskontinuierlichen Spektren von Leuchtstoffröhren. Bei Digitalkameras wird zur Vermeidung von Farbstichen ein Weißabgleich durchgeführt.

11.3.6 Perspektive

Der Betrachter kann das auf dem Foto Abgebildete als ursprünglich dreidimensional interpretieren, weil das Bild weitestgehend unserem Augeneindruck entspricht. Gegenstände werden als nah und weiter entfernt erkannt, weil sie mit zunehmender Entfernung immer kleiner erscheinen. Es handelt sich dabei um eine zentralperspektivische Abbildung: Parallele Linien konvergieren, d.h. sie treffen sich scheinbar in einem Fluchtpunkt, immer dann, wenn Bildebene und Gegenstandsebene nicht parallel verlaufen.

Abbildung 3: Architekturauf-
nahme mit ausgerichteter Kamera: Der Vordergrund nimmt
einen Großteil des Bildes ein.
Italien, Tremosine. Foto: Jan
Lederbogen, Kamera Rolleicord (Normalobjektiv, 1/100
Sek., Blende 11–16, Film-
empfindlichkeit: 100 ASA)

Entsprechend den Gesetzen der Perspektive gibt es auf dem Foto konvergierende Linien in allen Raumtiefen. In diesem Punkt unterscheidet sich die
fotografische Perspektivenwiedergabe aber entscheidend von der Perspektive, wie der Mensch sie wahrnimmt. Wir haben beispielsweise gelernt, dass
bei Bauwerken senkrechte Linien parallel verlaufen. Richten wir – auf der
Straße stehend – den Kopf nach oben, um ein Gebäude vom Erdgeschoss bis
hin zum Dach zu erfassen, so ist im Grunde genommen das Dachgeschoss
weiter von uns entfernt als das Erdgeschoss. Die Fluchtlinien der senkrechten
Fassadenbegrenzungen streben damit auf einen Fluchtpunkt zu. Das wird aber
vom menschlichen Bewusstsein ignoriert. Die Kamera ist hier genauer: Richten wir sie nur ein wenig nach oben, treten bereits konvergierende Linien auf.
Zum Problem wird dies bei der Feldforschung. Wir wissen im Nachhinein
nicht mehr unbedingt, wie die Kamera gehalten wurde, ob sich Türen und
Fenster oder Türme also wirklich verjüngen oder ob die Kamera nach oben
gerichtet wurde, um das Bauwerk bis zur Spitze aufs Bild zu bekommen.
     Um Interpretationsprobleme zu vermeiden, sollte, wann immer möglich,
eine spezielle Fotografier-Wasserwaage verwendet werden. Mit ihr richten
wir die Kamera so aus, dass die Bildebene senkrecht verläuft. Genau gelingt
dies nur mit einem Stativ. Um mit ausgerichteter Kamera höhere Gebäude
vollständig abzulichten, muss der Apparat weiter vom Gebäude entfernt oder
an einem erhöhten Standort aufgebaut werden. Um näher am Gebäude die
ausgerichtete Kamera einzusetzen, kann man ein Shift-Objektiv benutzen.
Dabei wird die optische Achse des Objektivs so verschoben, dass ein Feld,
welches sich normalerweise außerhalb des Bildes befindet, zur Abbildung
kommt. Bei Panoramaaufnahmen ist der genaue waagerechte Aufbau der

Abbildung 4: Aus 6 Einzelbildern zusammengesetztes 180 -Panorama, aufgenommen mit ausgerichteter Kamera. Italien, Tremosine. Foto: Jan Lederbogen, Kamera Rolleicord (Normalobjektiv, 1/100 Sek., Blende 11–16, Filmempfindlichkeit: 100 ASA)

Kamera wichtig, weil sich nur dann die durch Drehung der Kamera entstandenen Einzelbilder zu einem ungebogenen Gesamtbild verbinden lassen. Beim Reproduzieren einer Vorlage schließlich wird diese nur dann unverzerrt wiedergegeben, wenn Kamera- und Vorlagenebene parallel zueinander verlaufen, also am besten jeweils mit Wasserwaage ausgewogen wurden.

11.4 Schlussbemerkung

Der vorliegende Beitrag hat gezeigt, dass während der vergangenen 60 Jahre unterschiedliche Auffassungen über die Bedeutung der Fotografie für die ethnologische Forschung formuliert worden sind. Als zwei zentrale Ideen sind dabei ihre Verwendung zum Aufzeichnen von Daten sowie ihre Bedeutung als Mittel zur sozialen Interaktion zu nennen. Die Nutzung des Bildmaterials für Fotointerviews stellt gewissermaßen die Synthese beider Verwendungsmöglichkeiten dar.

Ob einer einzelnen und welcher Einsatzmöglichkeit der Fotografie bei der Feldforschung größeres Gewicht beigemessen wird, kann von mehreren Überlegungen abhängen. Mögliche Aspekte können u. a. sein: das spezifische Forschungsinteresse, die Komplexität der Feldforschungssituation, die zur Verfügung stehende Zeit im Feld, eventuelles Misstrauen der Menschen vor Ort gegenüber einer Kamera oder gar ihre Ablehnung, fotografiert zu werden. Egal in welcher Funktion die Fotografie zum Einsatz gebracht wird, wichtig ist letztlich immer das Analysieren der Fotos und die Formulierung wissenschaftlicher Schlüsse. Nur dann hat das Medium einen Nutzen für den Forschungsprozess.

Lediglich kurz angesprochen wurde in diesem Artikel die Möglichkeit, den Menschen in der zu untersuchenden Gesellschaft selbst eine Kamera in die Hand zu geben und Aspekte ihrer Kultur quasi mit ihren Augen zu betrachten. Hier eröffnet sich ein weites Feld möglicher Forschungsabsichten, die weiter in den Bereich der *Visuellen Anthropologie* eindringen. Der interessierte Leser sei hier auf weiterführende Literatur verwiesen.

Unabhängig von der Wahl der Einsatzmöglichkeit der Fotografie ist es in jedem Fall dringend erforderlich, dass der Forscher, der dieses Medium erfolgreich einsetzen möchte, über ausreichende fototechnische Kenntnisse verfügt sowie den Umgang mit der Kamera sicher beherrscht.

11.5 Literatur

11.5.1 Weiterführende Literatur zur Fototechnik

Burian, Peter K. / Robert Caputo
2001   Der große Fotoguide. Hamburg.

Caputo, Robert
2002   Der große Fotoguide – Portraits und Menschen. Hamburg.

Caputo, Robert
2002   Der große Fotoguide – Landschaftsaufnahmen. Hamburg.

Harris, Michael
2002   Professional Architectural Photography. Oxford.

11.5.2 Weiterführende Literatur zur Visuellen Anthropologie

Neueste Forschungsberichte, Buchrezensionen in der Zeitschrift:
Visual Anthropology. Jg. 1 (1987)–15 (2002)

11.5.3 Zitierte Literatur

Bateson, Gregory und Margaret Mead
1942   The Balinese Character. A Photographic Analysis. New York.

Birdwhistell, Ray L.
1970   Kinesics and Context. Philadelphia.

Byers, Paul
1977a   Still Photography in the Systematic Recording and Analysis of Behavioral Data.
            In: Afterimage 4/1970: 10, 11, 20. (Reprint von 1964)

Byers, Paul
1977b   Cameras don't take pictures. In: Afterimage 4/1977: 8, 9. (Reprint von 1966)

Caldarola, Victor J.
1985   Visual Contexts: A Photographic Research Method in Anthropology. In: Studies
            in Visual Communication. 11(3): 33–53. Philadelphia.

Canto
2002   Cumulus 5.5. Benutzerhandbuch für das Canto Cumulus Digital Asset Manage-
            ment System. San Francisco/Berlin.

Collier, John
1967   Visual Anthropology: Photography as a Research Method. New York.

Collier, John
1975   Photography and Visual Anthropology. In: Hockings, Paul (Hg.): Principles of
            Visual Anthropology. 211–230. The Hague/Paris.

Collier, John und Malcolm Collier
1986   Visual Anthropology. Photography as a Research Method. Rev. and Exp. Editi-
            on. Albuquerque.

Ekman, Paul
1971   Constants across Cultures in the Face and Emotion. In: Journal of Personality
            and Social Psychology. Vol. 17, No. 2, 124–129.

Hall, Edward T.
1966   The Hidden Dimension. New York.

Harper, Douglas
1987   The Visual Ethnographic Narrative. In: Visual Anthropology. 1(1):1–19. Chur/
            London/Paris/New York/Melbourne.

Heinrich, Volker
2002   Reisefotografie digital. Fernwald.

Hitchcock, Michael
1989   Field Photography. A Guide to Basic Equipment. In: Journal of Museum
            Ethnography. No. 1, 4–6. Hull.

Inverarity, Robert Bruce
1960   Visual Files Coding Index. In: International Journal of American Linguistics.
            Part 3–26(4)/(Oct. 1960) Bloomington.

Ruby, Jay
1976   In a Pic's Eye: Interpretive strategies for deriving significance and meaning from
            photographs. In: Afterimage. 3(9): 5–7. Rochester: Visual Studies Workshop.

Steiger, Ricabeth
1982   Fotos schaffen neue Bilder. Über die Nützlichkeit der Fotografie in der Ethnolo-
            gie. In: Brauen, M. (Hg.): Fremden-Bilder. 78–104. Zürich.

Barbara Keifenheim

12. Der Einsatz von Film und Video

12.1 Die „Videoversuchung" 250
12.2 Der Konstruktcharakter von Bildern 252
12.3 Kameragestützte Recherchen 252
12.4 Der ethnographische Film 255
12.5 Weiterführende Literatur 262

Jedem Foto, jedem Filmbild geht ein Blick voraus. Bei der ethnographischen Datenerhebung entstehen sinnvolle Blicke als „Resultat eines Annäherungsprozesses an Relevanzen des Feldes, wie auch an Perspektiven des eigenen Forschungskontextes" (Mohn 2002: 84). Dies setzt unter anderem bereits vor Beginn einer Feldforschung die Herausarbeitung einer klaren Fragestellung auf der Grundlage der Wissenschaftsdebatten innerhalb unseres Faches voraus und verlangt vor Ort menschliche Qualitäten, dialogische Kompetenz und Reflexivität. Wenn wir die Kamera in unsere Forschungsarbeit integrieren wollen, haben wir uns daneben aber auch mit grundsätzlichen Fragen der bildlichen Umsetzung zu beschäftigen. Da Bilder keine Abbilder oder Analoga von Wirklichkeit sind, sondern Aussagen über Wirklichkeit darstellen, ist es unabdingbar, sich ihres Konstruktcharakters bewusst zu werden und sich gründlich mit den visuellen Ausdrucksmitteln und Konventionen auseinander zu setzen. Hinzu kommt selbstverständlich der unerlässliche Erwerb technischer Kenntnisse und Fertigkeiten. Filmen ist einer weit verbreiteten Meinung zum Trotz nicht der leichtere Weg ethnologischer Forschung, sondern verlangt ein hohes Maß an Mehrarbeit.

Ziel meines Beitrags ist es, die notwendige Verknüpfung von theoretischer und praktischer Arbeit für jede Arbeitsphase des Film- und Videoeinsatzes aufzuzeigen. Dabei stütze ich mich zum Teil auf eigene Erfahrungen als Ethnologin und Filmemacherin, ganz besonders aber auch auf meine Lehrerfahrungen am *East Asia Institute of Visual Anthropology* der Yunnan University in Kunming (VR China). Das EAIVA stellt ein aus Mitteln der *Volkswagen-Stiftung* gefördertes Pilotprojekt dar und hat die Umsetzung einer zeitgemäßen Visuellen Anthropologie zum Ziel. Hier habe ich zum ersten

Mal die Gelegenheit, Visuelle Anthropologie nicht nur als Theorie zu unter-
richten oder Seminare zum ethnographischen Film abzuhalten, sondern verfüge auch über die notwenige technische Ausrüstung, um studentische Filmprojekte von der Filmidee über die Feldforschung bis hin zum Endschnitt zu
betreuen. Darüber hinaus können Recherchen zu Themen in die Wege geleitet werden, welche über den engen Bereich des ethnographischen Films
hinausgehen und beispielsweise die geschichtliche und kulturelle Prägung
des menschlichen Sehens oder die Komplexität der zunehmend medialen
Konstruktion von Wirklichkeit zum Gegenstand haben.

Da im Programm des EAIVA mehrere Fassetten des Film- und Videoeinsatzes
enthalten sind, eignen sich meine hiesigen Lehrerfahrungen in besonderer Weise, Probleme und Fragen zu diskutieren, die sowohl bei kameragestützten Recherchen als auch bei der Realisierung von ethnographischen Filmen entstehen.
Daher werde ich meine Argumente vornehmlich im Verweis auf typische Schwierigkeiten entwickeln, mit denen die StudentInnen des EAIVA in den unterschiedlichen Phasen ihrer Recherchen- und Filmprojekte konfrontiert waren bzw. sind.
In ihrem beispielhaften Charakter weichen sie zudem kaum von dem ab, was
auch anderswo Studierende zu bewältigen haben.

Es erscheint mir sinnvoll, mich auf den Einsatz von Video zu konzentrieren, da es den meisten Studierenden schon aus Kostengründen nicht möglich
sein dürfte, ihre Arbeiten im 16 mm Filmformat durchzuführen. Diese Einschränkung veranlasst mich allerdings auch, auf spezifische Gefahren der
Videofilmerei einzugehen.

12.1 Die „Videoversuchung"

In der Tat verführen die geringen Kosten, die einstündige Aufnahmekapazität
von Mini DV-Kassetten sowie die anscheinend einfache Kamerahandhabung
dazu, endlos, sprich wahllos Materialien aufzunehmen und zu hoffen, irgend
etwas Sinnvolles werde bei der Fülle schon herauskommen. Dies ist allerdings ein großer Irrtum. Ganz gleich, ob die Aufnahmen als *footage*, als Vor-
führmaterial für unsere Gesprächspartner vor Ort oder als Rohmaterial für
einen späteren Film gedacht sind, konzeptloses „Draufhalten" ist fatal. Es
führt nur zu einem unzumutbaren Seherlebnis bei der Sichtung und zu Frustrationen beim *editing*, wenn man feststellen muss, dass sich ein großer Teil
der im wahrsten Sinne des Wortes „bewegten" Bilder nicht schneiden lässt
und sich keine Sinnzusammenhänge herstellen lassen.

Die Versuchung der „Materialschlacht" entsteht bei 16 mm Filmen erst gar
nicht, da man sich schon aufgrund der zeitlichen Aufnahmebeschränkung von
maximal 10,5-minütigen Filmrollen sowie im Wissen um die hohen En-

Abbildung 1: „Die Welt mit einem Kameraauge entdecken".

twicklungs- und Kopierkosten genau überlegen muss, wann und wie man die
Kamera einsetzt. Dies setzt bereits vor dem Anschalten der Kamera eine gezielte Beobachtung voraus. Dabei geht es nicht nur darum, sich mit örtlichen
Gegebenheiten, Lichtverhältnissen, Situationsabläufen und dergleichen vertraut zu machen, sondern sich auch möglichst genaue Gedanken über die filmische Auflösung von Situationen zu machen. Wo platziere ich meine Kamera? Wann und wie wechsle ich die Kameraperspektive, um einen rituellen
Tanz, einen Marathonlauf, eine Versammlung oder einen alltäglichen Vorgang so zu filmen, dass Sinnzusammenhänge erkennbar werden und dass ein
Zuschauer das Geschehen nachvollziehen kann. Kurz, man muss inhaltlich
und gestalterisch genau wissen, was man eigentlich auf Filmmaterial bannen
möchte. Video hingegen verführt dazu, die Beobachtung des natürlichen Auges und die Analyse des Gesehenen außer Acht zu lassen. Oft wird erst bei
laufender Kamera gesucht, was man „so alles filmen könnte". Dadurch entstehen dann stundenlange Videoaufnahmen, in denen wild vor- und zurück-
gezoomt, nach links und nach rechts geschwenkt oder gar gleichzeitig gezoomt und geschwenkt wird. Ein filmisches Objekt entsteht dadurch jedenfalls
nicht, auch keine Erkenntnis. Diese Erfahrung blieb auch den Studierenden des
EAIVA nicht erspart. Sie mussten einsehen, dass selbst das benutzerfreundlichste
Film-*equipment* nicht von der Notwendigkeit entbindet, filmisches Denken zu
lernen. Dies setzt jedoch die gründliche Kenntnis der visuellen Ausdrucksmit-
tel, ihrer kommunikativen Regeln und Konventionen voraus.

12.2 Der Konstruktcharakter von Bildern

Um einen solchen Lernprozess zu fördern, begann ich mit systematischen Übungen, in denen die verschiedenartigen Kameraeinstellungen und -bewegungen nicht als Varianten technischer Machbarkeit erfahren werden sollten, sondern als Mittel, die unterschiedliche Aussagen hervorbringen. Eine der ersten praktischen Übungen bestand z. B. darin, dass alle zur gleichen Zeit das Geschehen an einem vorgegebenen Ort mit den unterschiedlichsten Einstellungsgrößen (Großeinstellungen, Nah-, Halbnah-, Halbtotal- und Totaleinstellungen) und Kamerabewegungen filmen sollten. Bei den Sichtungen hatten sie dann gemeinsam herauszuarbeiten, welch unterschiedlichen Bedeutungsakzente durch die von ihnen gewählten Einstellungen und Bewegungen hervorgebracht worden waren. Welche Nähe-Distanz-Relation wird durch die Wahl der Einstellungsgröße konstruiert? Was bewirkt das Spiel mit unterschiedlichen Einstellungslängen? Wie verändert sich die Aussage, wenn eine Menschenschlange per Schwenk gefilmt oder durch aufeinanderfolgende Standbilder dargestellt wird? Welche Aussagen entstehen, wenn ich einen Markt mit einer bewegten Kamera filme oder sie auf einem Stativ fixiere? Was verändert sich, wenn ich ihn aus Schulterhöhe aufnehme, aus der Perspektive eines Kindes oder der eines Hundes?

Mit fortschreitenden Übungen wurde meinen StudentInnen der Konstruktcharakter von Bildern immer einsichtiger, und dies brachte einige Verunsicherung mit sich. Immerhin hatten die meisten ihr Interesse für den Studiengang damit begründet, dass Bilder im Unterschied zu Worten „nicht lügen". Die Erkenntnis, dass Filmbilder Repräsentationen sind, frappiert westliche Studierende sicher nicht in solch einem Maße. Wohl aber haben sie in gleicher Weise wie ihre chinesischen KommilitonInnen die spezifischen Eigenschaften der Konstruktionsmittel zu lernen, um sie zu beherrschen und für ihre filmischen Aussagen zu nutzen.

12.3 Kameragestützte Recherchen

Nach Ablauf des ersten Semesters, in dem vor allem der überlegte Einsatz der Kamera eingeübt und reflektiert worden war, führten die StudentInnen rund 2 Monate lang ihre erste kameragestützte Recherche durch. Einige forschten in ethnischen Minderheiten der Provinz Yunnan, andere hatten ein Thema der *Urban Anthropology* gewählt und arbeiteten in Kunming. Bei ihren Recherchen profitierten sie von Einsatzmöglichkeiten der Videokamera, die teilweise auch unabhängig von einer Filmvorbereitung von großem Nutzen sind und auf die ich im Folgenden eingehen möchte, bevor ich mich ausführlicher dem ethnographischen Film zuwende.

12.3.1 Footage

Hierbei handelt es sich um ungeschnittene Film- und Videoaufnahmen, die vornehmlich dazu gedacht sind, Vorgänge nachträglich immer wieder sichten zu können, um eine Analyse präziser Abläufe vorzunehmen. Oft zeigt es sich, dass einem Dinge, deren Relevanz weder bei der „natürlichen" Beobachtung noch beim Filmen ins Auge sprangen, erst nach x-maligem Sichten als bedeutsam auffallen. Dieser Einsatz der Videokamera ist sehr lohnenswert bei allen Vorgängen, die auf genauen Bewegungsabläufen oder Handlungsabfolgen beruhen, wie etwa Tanzmuster, rituelle Gesten, handwerkliche Verfahren und dergleichen. Schon bald nach der Entstehung des Mediums Film nutzten Ethnographen eine solche Arbeitsweise, aber es leuchtet ein, dass die Videofilmerei schon aus Kostengründen eindeutige Vorteile gegenüber dem Zelluloid-Film aufweist. Hierbei braucht man kaum lange zu überlegen, ob man ein stundenlanges Geschehen tatsächlich aufnimmt oder nicht.

Footage-Aufnahmen haben aber auch in vielerlei Hinsicht den klassischen Notizblock unserer Vorgänger ersetzt, und niemand möchte heute darauf verzichten müssen. So haben z. B. gefilmte Gesprächsverläufe und Interviews gegenüber schriftlichen Protokollen und Tonaufnahmen den ernormen Vorteil, dass der wichtige Anteil nonverbaler Ausdruckmittel transparent wird, der einem bei anderen Aufzeichnungsverfahren entgeht. Gestik, Mimik, Körperhaltung und -bewegung, Habitus etc. stellen aber unverzichtbare Informationen dar, die der Gefahr einer einseitig semantisch fokussierten Analyse entgegenwirken.

12.3.2 Materialsichtung vor Ort

Die sofortige Wiederabspielmöglichkeit von Videoaufnahmen stellt ebenfalls einen immensen Vorteil gegenüber der 16 mm Filmtechnik dar. Ich erinnere mich an meine ersten Feldforschungen bei den *Kashinawa*-Indianern des peruanischen Amazonasgebietes, wo es keinerlei Möglichkeiten gab, aufgezeichnete Filmrollen in ein Kopierwerk zu schicken. Während der sechs Monate, in denen Patrick Deshayes und ich 1983 den Film „Naua Huni" drehten, konnten wir uns nur in doppelter Hinsicht in blindem Vertrauen üben: Hoffen, dass die Aufnahmen erstens gelungen waren und dass sie zweitens die Lagerung im feucht-heißen Klima unbeschadet überstehen würden. Zumindest der erste Punkt braucht Video-FilmerInnen nicht mehr zu beunruhigen. Selbst wenn sie sparsam mit ihren Akkus umgehen müssen, werden sie dennoch ihre Aufnahmen vor Ort prüfen und im Zweifelsfall Situationen nochmals filmen können.

12.3.3 Sichtungsmaterial vor Ort

Da das Fernsehen mittlerweile in immer entlegenere Regionen Einzug gehalten hat, haben wir in vielen Feldforschungsgebieten die Möglichkeit, unsere Video-Kamera an einen Fernsehapparat anzuschließen und so das gedrehte Material akku-unabhängig beliebig oft zu sichten. Dadurch ergibt sich die Chance, den gefilmten Menschen die entstandenen Aufnahmen gleich vor Ort zu zeigen. Einerseits ist dies bereits eine Vorstufe der „Rückkehr der Bilder", die mittlerweile zum moralischen Vertrag zwischen Filmern und Gefilmten gehört und in der Regel ihren Abschluss darin findet, dass wir eine Kopie unseres Endprodukts zurückbringen. Andererseits hat sich die gemeinsame Sichtung aber auch als ein hervorragendes interaktives Instrument der Feldforschung erwiesen. Oft ergibt sich bereits nach kurzer Zeit, dass sich abends interessierte Zuschauer zusammenfinden, um das filmische Tagewerk des Ethnologen oder der Ethnologin in Augenschein zu nehmen und das Gesehene – zumeist vergnügt – zu kommentieren. Derartige „Sichtungsgemeinschaften" tragen in der Regel wesentlich zu einem guten Beziehungsklima zwischen ForscherIn und Einheimischen bei. Doch vom gemeinsamen Spaß abgesehen sind die Reaktionen und Kommentare der Versammelten auch wiederum eine kostbare Quelle relevanter Informationen. Gefilmte Vorgänge werden oftmals kontrovers diskutiert, und ich habe so manches Mal erlebt, dass regelrechte Expertendebatten unter den Zuschauern entstehen: *Multivocal ethnography* pur.

Weiterhin bieten Sichtungen in kleinen Gruppen oder mit einzelnen Gesprächspartnern eine hervorragende Möglichkeit der gezielten Befragung. So kann man sich vom Filmmaterial ausgehend sehr viel leichter Handlungsabläufe oder Zusammenhänge erklären lassen, die einem beispielsweise bei einem Ritual unverständlich blieben.

12.3.4 Die Gefilmten filmen in eigener Regie

Die Diskussion um das Reziprozitätsproblem in der Feldforschung hat einige EthnologInnen u. a. auch dazu gebracht, die Einseitigkeit des Verhältnisses Filmer-Gefilmte zu durchbrechen und die Menschen, bei denen sie ihre Untersuchungen durchführen, in den Umgang mit der Kamera einzuweihen, damit sie in eigener Regie filmen und die so entstehenden Filme zu ihren eigenen Zwecken einsetzen können. Das soll nicht heißen, dass „natives" *per se* die besseren Anthropologen seien; vielmehr geht es um die Vielfalt der Perspektiven.

Die Vorgänge, Geschehnisse und Dinge, welche die Menschen vor Ort filmen, sind von großem Forschungsinteresse. In vielen Fällen halten sie ganz

andere Ausschnitte von Wirklichkeit für „filmwürdig" als diejenigen, welche
die ForscherInnen erwartet hätten oder die sie selbst filmisch behandeln bzw.
behandeln würden. Diese Themenwahl mit ihren Gewichtungen und Ausspa-
rungen ist eine eigene Analyse wert und erlaubt häufig einen neuen Zugang
zu Eigen- und Fremdbildern.

Auch die Filmweise ist von großem Informationswert, da sie in manchen
Fällen von den uns in Fleisch und Blut übergegangenen Konventionen der
Bildgestaltung und narrativen Muster abweicht. Die Wahl von ungewöhnlichen Kameraeinstellungen und -bewegungen, andere Höhen der Kamera-
positionierung, eine dezentrierende Betonung von Bildausschnitten etc. gehen nicht automatisch auf das Konto ungeschickten Umgangs mit der Technik, sondern verweisen unter Umständen auf kulturspezifische Seh-
gewohnheiten und Repräsentationsmuster, die wiederum ein eigenes Forschungsgebiet der neueren Visuellen Anthropologie darstellen.

12.4 Der ethnographische Film

Einen ethnographischen Film von anspruchsvoller Qualität herzustellen, setzt
grundsätzlich voraus, Recherche und filmische Umsetzung gleichzeitig im
Auge zu haben. Steht die Feldforschung auf wackeligen Füßen, schwankt
auch das Filmkonzept. Und ist die filmische Umsetzung dilettantisch, wird
auch die beste Recherche im wahrsten Sinne des Wortes nicht einsichtig.

12.4.1 Feldforschung und Filmrecherche

Eine große Schwierigkeit, mit der fast alle akademisch gebildeten Anfänger
zu kämpfen haben, liegt darin begründet, dass sie mit viel zu abstrakten Fragestellungen in die Feldforschung gehen und diese dann nicht mit der Alltags-
wirklichkeit der Menschen auf einen Nenner bringen können. Sie erfahren
die zumeist als Frustration erlebte Notwendigkeit, ihre vornehmlich auf Buch-
wissen beruhende Forschungsthematik sozusagen einem Übersetzungsprozess
unterziehen zu müssen, um überhaupt alltags- und situationsbezogen mit
Menschen kommunizieren und Situationen als beobachtungsrelevant erkennen zu können. Wenn man beispielsweise Themen wie „die kulturspezifische
Konstruktion von Identität" erforschen möchte, so geht es sicher nicht an,
jemanden zu fragen: Und wie steht's mit Deiner Identität? (Ich mache mich
hier nicht lustig; einer meiner Berliner Studenten stellte einem aus Indonesi-
en stammenden Straßenkünstler tatsächlich diese Frage.) Was aber kann man
fragen? In welchen Äußerungsformen und Situationen wird denn Identität
überhaupt beobachtbar und greifbar?

So besteht, noch bevor wir überhaupt an eine Kamera denken, die erste Aufgabe darin, die möglichen Beobachtungsdimensionen und inhaltlich enthaltene oder angrenzende Themenfelder eines Untersuchungsgegenstandes herauszuarbeiten und sich gleichzeitig dafür offen zu halten, dass sich diese im Feldforschungskontext unter Umständen modifizieren. Eine meiner derzeitigen Studentinnen bereitet einen Film vor, in dem sie die Tradition schwarz gefärbter Zähne bei den Frauen der ethnischen Minderheit der *Dai* behandeln möchte. Zum Zeitpunkt der Themenfindung bat ich sie, sich Fragen auszudenken, die sie ihren potentiellen Gesprächspartnerinnen stellen könnte. Mehr als „W-Fragen" kamen ihr dabei nicht in den Sinn: Warum, wann und wie schwärzt Ihr Eure Zähne? Ich machte sie darauf aufmerksam, dass man ihr mit einiger Wahrscheinlichkeit erzählen werde, *Dai*-Frauen hätten schon seit jeher ihre Zähne geschwärzt, man tue es speziell immer dann, wenn man besonders schön aussehen wolle, und benutzte diese oder jene Ingredienzien. Die Studentin war ratlos. Erst nachdem die junge Frau hinter den „schwarzen Zähnen" sich überschneidende kulturspezifische Themenfelder erblicken konnte wie z. B. Körperbilder, Schönheitsvorstellungen, Gesundheitskonzepte, *gender*-Prägung, Markierung von sozialer und ethnischer Identität, fühlte sie sich bereit, sich ihrem Feld zu stellen.

Erst durch sorgfältige Vorarbeit werden wir also überhaupt in die Lage versetzt, abstrakte Konzepte in lebensbezügliche Fragen zu übersetzen und umgekehrt, in den Antworten von GesprächspartnerInnen sowie in der Fülle alltäglicher Aussagen und Situationen themenrelevante Aspekte zu erkennen, diese zu bündeln und der Analyse zuzuführen. Abschließend möchte ich noch erwähnen, dass ich meinen StudentInnen stets den Rat gebe, bei der Feldforschung daran zu denken, dass viele Informationen nicht nur im verbalen Austausch entstehen, sondern auch mittels unterschiedlicher Visualisierungsformen. In der Tat ist es in vielen Untersuchungsfeldern möglich, sich von GesprächspartnerInnen Zeichnungen oder Objekte anfertigen zu lassen und dadurch eine Situation hervorzurufen, die sowohl von großem Informationswert als auch filmisch ansprechend ist. Auch das Spiel mit körperlichen Ausdrucksformen sollte nicht unterschätzt werden. Eines Tages berichteten junge Männer einem Studenten, wie sie auf einem einsamen Wege wieder einmal von Jugendlichen der benachbarten Ethnie provoziert worden waren. Er filmte die Erzählsituation. Da er mit seinen Gesprächspartnern bereits seit langem vertraut war, kam ihm eine zusätzliche Idee: Er bat sie, die Begegnung mit verteilten Rollen vor der Kamera nachzuspielen. Das Ergebnis war für seinen Film ungleich lebendiger und förderte emotionale Dimensionen der Begegnung zutage, die in dem Wortbericht nicht in gleicher Intensität zum Ausdruck gekommen waren.

Abbildung 2: „Lernen, sich mit der Kamera im Feld zu bewegen".

12.4.2 Von der Recherche zur filmischen Konstruktion

Bei der Rückkehr von ihrer ersten Feldforschung hatten meine StudentInnen nicht nur relevante Recherchenergebnisse im Kopf, sondern auch mehrere Stunden Videomaterial im Gepäck. Ein wesentlicher Schritt bestand nun darin zu prüfen, ob und inwieweit die Aufnahmen ihre ethnologischen Analysen unterstützten, bzw. geeignet waren, diese bildlich umzusetzen. Zu ihrer großen Enttäuschung mussten sie bald erkennen, dass zwischen beiden Ebenen eine riesige Kluft bestand und die Bilder für Außenstehende nicht das aussagten, was sie ihrer Meinung nach beinhalteten. Einer der Gründe dafür war, dass sie – wie viele Anfänger – in ihre Bilder ein Vorwissen projizierten, welches dem Zuschauer fehlt.

Ich erinnere mich an eine Studentin, die begeistert ankündigte, sie habe ihre Protagonistin bei einem Divinations-Ritual gefilmt, welches jene ausgeführt habe, um zu erfahren, ob ihr schwerkranker Mann gesunden würde oder nicht. Wir saßen alle gespannt da, konnten aber nichts dergleichen in den Aufnahmen erkennen. Die Studentin spulte enttäuscht zurück und wiederholte eine Filmsszene, in der man in einem vollgestopften Raum von hinten eine Frau sieht, die vor einem riesigen Berg ungespülten Geschirrs hockt und mit

flinken Gesten hantiert. Dabei bewegen sich ganz kurz zwei Stäbchen in einer kleinen Schüssel. Dies sollte nun die Divination sein: Blieben die Stäbchen im Wasser stehen, so verhieße dies Genesung, fielen sie um, würde sich
die Krankheit verschlimmern. In diesem Beispiel verhinderte der viel zu weite Bildausschnitt, überhaupt auf das Zusammenspiel von Stäbchen, Schüssel
und Hand aufmerksam zu werden, denn das Auge des Zuschauers war voll
damit beschäftigt, die disparaten Elemente des übervollen Raums zu erfassen. Ohne das Vorwissen der Filmmacherin konnte die Szene lediglich als
eine Variante des Motivs „Hausfrau beim Spülen" wahrgenommen werden.

Ein anderer Student hatte in Kunming einen Konflikt zwischen Einheimischen und ländlichen Wanderarbeitern dokumentiert, der tagelang zu fortge-
schrittenen Abendstunden ausgetragen wurde und bei dem es zu Handgreif-
lichkeiten gekommen war. Bei der Sichtung seiner Aufnahmen kommentierte
er die Wichtigkeit einer Szene sinngemäß etwa so: „Und nun seht Ihr rechts
hinten im Bild den Onkel von N. N., der ihm zur Hilfe kommt, obwohl sie
schon seit Jahren kein Wort mehr miteinander geredet haben." Trotz dieser
aufklärenden Worte konnten wir aber nur eine schwarze Silhouette unter vielen ebenso schwarzen Umrissen erkennen und diese natürlich in keinen Bezug zu irgendeinem Onkel und seinem Verhältnis zu N. N. setzen. Hier lag
das Verständnisproblem nicht nur an bildtechnischen Mängeln, sondern auch
an der Nichtbeachtung der narrativen Notwendigkeit, dass Personen filmisch
eingeführt werden müssen, wenn ihre Beziehung zu anderen Protagonisten
von Bedeutung ist. Die alleinige Abbildung eines Mannes sagt weder etwas
über seine Verwandtschaftsbeziehungen noch über die Geschichte und Qualität dieser Beziehungen aus.

Doch nicht nur die mangelnde Vermittlungskraft des Videomaterials stellte
ein Problem dar, sondern es zeigte sich auch, dass für viele analytische Aussagen nicht einmal ansatzweise filmische Umsetzungen existierten. Dies liegt
am schwierigen Übergang von verbalen zu filmischen Aussagen. Um diesen
Problempunkt in seiner vollen Schärfe deutlich zu machen, bat ich meine
StudentInnen, schriftlich mit einem einzigen Satz zu formulieren, was sie in
ihrem Film zeigen wollten. Es kamen dann Sätze heraus wie etwa: „Ich will
darstellen, wie die jungen Männer in dem Dorf XY der ethnischen Minderheit der *Dai* den Modernitätsprozess rapide vorantreiben und welche Konflikte dabei entstehen." Wir arbeiteten dann heraus, dass sämtliche Elemente
dieser verbalen Aussage einer eigenen filmischen Heranführung bedürfen, da
sie entweder Prozesshaftigkeit beinhalten (Modernitätsprozess, rapid, vorantreiben, Konflikt) oder nur im Aufzeigen von Kontrasten fasslich werden (*Han*-
chinesische Modernität – ethnische Tradition, junge Generation – alte Generation, junge Männer – junge Frauen). Die Aufnahme eines jungen *Dai*-Man-
nes auf einem Traktor ist sozusagen nur eine bildliche Ist-Aussage. Sie zeigt
zwar die Existenz eines Attributs von *Modernität*, gibt aber keinerlei

Aufschluss über den Modernitäts*prozess*, seine Schnelligkeit und über die aktive Rolle der Jungen. Was also so locker in einen einzigen Satz gepackt werden kann, muss filmisch erst entwickelt, sprich konstruiert werden.

12.4.3 Vorbereitung der Dreharbeiten

Nach der intensiven Evaluierung der ersten kameragestützten Recherche erhielten die Studierenden die Möglichkeit, eine weitere, vertiefende Feldforschung durchzuführen, ehe sie dann die eigentlichen Dreharbeiten begannen. Um Letztere vorzubereiten, ließ ich sie einen schriftlichen Drehplan ausarbeiten. Dabei konnte es sich selbstverständlich nur um eine Art Sicherheitsplan handeln, der sich gewiss im Drehkontext modifizieren würde, der aber dazu verhalf, sich über folgende Frage Klarheit zu verschaffen: Welche Art von Situationen, welche Vorgänge, Bildmotive, Aussagen etc. gehören als unverzichtbar in meinen Film, um diejenigen Dimensionen meines Themas zutage zu fördern, die ich dem Zuschauer vermitteln will? Die ersten Entwürfe zeigten, dass die meisten StudentInnen für die filmische Behandlung speziell von komplexeren Bedeutungsebenen keine andere Lösung vorsahen als Interviews zu führen. Sie erkannten allerdings von sich aus, dass ihr Drehplan zu einem extrem wortlastigen Film führen würde. Nicht, dass Interviews *per se* zu verwerfen wären, aber dennoch ist nichts langweiliger als ein Ethnofilm, in dem es nur so vor *talking heads* wimmelt. Wie aber kann man Themen wie „kulturelles Gedächtnis" oder „Lebensträume" filmisch anders als mit Hilfe von verbalen Aussagen umsetzen?

Ein Denkprozess setzte ein, der ein wenig an die Zeit der Themenfindung und Recherchenvorbereitung erinnerte, nur mit dem großen Unterschied, dass die Studierenden nun viel geübter darin waren, kreativ mit den unterschiedlichen Möglichkeiten filmischer Gestaltung umzugehen. Als Beispiel möchte ich auf ein aktuelles Filmprojekt eingehen, bei dem es um das Porträt eines Jugendlichen in einem entlegenen Minderheitendorf geht.

Mein Student war auf den Sohn des Dorfchefs aufmerksam geworden, weil er offensichtlich von etwas anderem träumte als davon, die ihm zugedachten traditionskonformen Rollen zu übernehmen. Es stand zu erwarten, dass sich in der Zeit der Dreharbeiten genügend dichte Situationen ergeben würden, in denen die Strategien der Arbeitsverweigerung, die Heiratsunwilligkeit, der hohe Alkoholkonsum, rebellische Spontanreaktionen und die depressive Grundstimmung des Protagonisten zum Ausdruck kommen konnten. Die Traumwelt aber blieb diffus. Ein Zugang zu ihr war jedoch unabdingbar, sollten die gefilmten Situationen das Porträt nicht grob verzerren.

Bei der Recherche hatte mein Student beobachtet, dass der junge Mann massenweise Hong Kong-*Action*-Filme „verschlang", die er sich als DVDs für wenig Geld besorgte. Außerdem war ihm aufgefallen, dass die Fragen, die ihm sein Protagonist über das Leben in Kunming stellte, immer davon ausgingen, er lebe im Luxus und verbringe seine Tage mit Spaßaktionen.

Ich forderte meinen Studenten zu einem Zwischenbesuch im Dorf auf, um gemeinsam mit dem jungen *Dai* möglichst viele dieser Filme anzuschauen und zu versuchen, im Gespräch herauszufinden, ob die durchgängigen Motive des Genres „Hong Kong-*Action*-Film" den „Stoff" für seine Träume abgaben. Diese Vorgehensweise brachte den Durchbruch. Es zeigte sich, dass der junge Mann, der noch nicht weiter als in die nächste Kreisstadt gereist war, die Filmbilder als Wirklichkeitsaussagen über das Leben in einer Großstadt auffasste. Im Gegensatz zum ungemein beschwerlichen Arbeitsalltag der *Dai* erschien ihm das Stadtleben als Inbegriff von *fun*: Die Akteure arbeiten nie, gelangen aber in spektakulären Blitzaktionen zu viel Geld, fahren dicke Autos und amüsieren sich mit schönen Frauen. Gleichzeitig wusste er, dass es ihm nie gelingen würde, an einem solchen Leben teilzuhaben. Dennoch war die Film*message* wirkmächtig genug, um eine Verweigerungshaltung hervorzurufen, die empfindliche Störungen in seinen sozialen Beziehungen zur Folge hat.

Um den Stellenwert von Hong Kong-Filmen im Leben seines Protagonisten deutlich zu machen, möchte mein Student mehrere Wege versuchen. Während der Dreharbeiten will er einerseits ein Interview mit seinem Gesprächspartner filmen, ihn andererseits aber auch bitten, eine *Action*-Filmszene zu entwerfen und diese zusammen mit seinen Freunden mit Hilfe von selbstgemachten Requisiten zu spielen. Sollte dies nicht gelingen oder zu keinem aussagekräftigen Ergebnis führen, möchte er beim *editing* versuchen, Szenen eines beliebigen Hongkongfilms mit denen der Alltagsrealität seines Protagonisten parallel zu schneiden. Möglicherweise wird keiner der beiden letzten Wege beschritten werden, aber dieses Beispiel zeigt, dass es Ausdrucksmöglichkeiten seitens der Protagonisten, aber auch seitens des Filmemachers gibt, innere Erlebensebenen filmisch anders als „wortlastig" umzusetzen.

Es ist mir bewusst, dass ich bereits an mehreren Stellen meines Beitrags auf filmische Umsetzungsmöglichkeiten angespielt habe, die darauf beruhen, Situationen in eigener Initiative herbeizuführen oder zu provozieren. Manchen LeserInnen mag dies vielleicht als zu „künstlich" oder gar als spielfilmverdächtig vorkommen. Ich möchte in diesem Punkt meine persönliche Haltung nicht verbergen. Ich halte nicht viel vom bloßen „Abfilmen" von Vorgängen und Geschehnissen, die sich gerade vor unserem Auge abspielen. Dies führt nicht nur zur Gefahr von flachen und oberflächlichen Darstellungen, sondern engt auch das Spektrum ethnologisch relevanter Themen ein, die sich für eine filmische Behandlung eignen. Wie es Manfred Krüger, ein erfahrener Kameramann und Filmemacher, der in das hiesige Projekt involviert ist, einmal treffend auf den Punkt brachte, gibt es einen beträchtlichen Unterschied zwischen „bestellt" und „gestellt". Ich muss nicht ab dem ersten Hahnen-

schrei darauf lauern, dass ein Dorfbewohner auf sein Feld geht. Ich kann
mich durchaus mit ihm einigen, dass er an dem Tag, an dem ich seine Feldarbeit filmen möchte, auch tatsächlich dorthin geht. Sein Gang ist also in gewisser Weise bestellt. Deshalb muss aber seine Arbeit noch lange nicht gestellt sein. Ebenso kann ich experimentelle Situationen herbeiführen, die eventuell geeignet sind, etwas zum Ausdruck zu bringen, was ich in Reinform
schlichtweg niemals filmen kann, wie Gefühle, Gedanken, kulturelle Konzepte und dergleichen. Der gesamte von P. Deshayes und mir co-realisierte
Film „Naua Huni" basiert auf solch einem Experiment. Wir wollten das Bild
des weißen Mannes bei den *Kashinawa*-Indianern zum Thema unseres Films
machen. In unseren vorangegangenen Untersuchungen über Identität und
Alterität hatten wir uns diesem Bild vornehmlich durch die Analyse der
emischen klassifikatorischen Kategoriensysteme und die Untersuchung unterschiedlicher Diskursebenen genähert. Nun aber provozierten wir ein spezifisches Wahrnehmungsereignis, indem wir den *Kashinawa*, die noch nie
mit Filmbildern in Berührung gekommen waren, etwa ein Dutzend Filme aus
unserer Welt vorführten und ihre Kommentare und Reaktionen während und
nach den Vorführungen aufnahmen. Es zeigte sich, dass dieses Vorgehen in
besonderer Weise dazu geeignet war, bislang getrennt erschlossene Dimensionen des Fremdbildes (mythologische, eschatologische, historische etc.) *ad
hoc* und gebündelt zum Ausdruck zu bringen.

Abschließend möchte ich zu bedenken geben, dass wir aus einer Wort-
wissenschaft kommen und von daher bei der Feldforschung Fragen, Gespräche und Interviews allzu leicht als „natürlich" ansehen. Ist es aber nicht auch
künstlich, sich einen Ursprungsmythos an einem Stück erzählen zu lassen,
wenn wir wissen, dass Mythen in der Regel situativ zur Sprache kommen und
meist nur in assoziativ begründeten Fragmenten? Oder war es vielleicht nicht
künstlich, als ich meine *Kashinawa*-GesprächspartnerInnen wochenlang mit
Fragen über Totengeister und Jenseitsvorstellungen plagte, während sie genug mit Diesseitssorgen beschäftigt waren?

12.4.4 Der editing-*Prozess*

Auf diese Phase der Filmherstellung werde ich hier nur kurz eingehen, weil
sich viele Aspekte nur in der gemeinsamen Schau konkreter Bilder verdeutlichen lassen. Herausstreichen möchte ich allerdings, dass meinen StudentInnen
der prinzipielle Konstruktcharakter von Filmen in dieser Phase nochmals in
besonderer Weise deutlich wurde. Konstruktion ist eng verknüpft mit Selektion. Stundenlanges Filmmaterial muss auf eine bestimmte zeitliche Länge
reduziert werden, die Abfolge von Bildern und Bildsequenzen muss entschieden, das narrative Grundmuster, der Rhythmus und dergleichen müssen sorg-

fältig herausgearbeitet werden, um das, was man in seinem Film zeigen möchte, optimal zu gestalten. Die nervliche Anspannung ist enorm und beginnt bereits mit der Wahl des ersten Filmbildes. Nehmen wir an, dass ein Film die Geschichte eines Mannes erzählen soll, der in einer abgelegenen Gebirgsgegend lebt. In der Fülle des Filmmaterials befinden sich zwei Aufnahmen, die sich gut für die Eröffnung des Films eignen. Die erste ist eine Totale und zeigt die steile Gebirgswelt. Die zweite ist halbnah und zeigt den Protagonisten vor seinem Haus. Welcher Unterschied wird implizit konstruiert, wenn ich den Film mit der Totalen oder der halbnahen Aufnahme beginne? Entscheide ich mich für die erste Möglichkeit, betone ich – etwas überspitzt gesagt – die Bedeutung der natürlichen Umwelt, in dem sich das Leben des Mannes abspielt. Demgegenüber vermittelt die halbnahe Einstellung eine stärker individuumszentrierte Sichtweise. Die Wahl ist also nicht neutral.

Meine StudentInnen hatten fast alle große Probleme, den Unterschied zwischen beobachteter bzw. gefilmter Wirklichkeit und filmischer Wirklichkeit nachzuvollziehen. So fanden es viele schwierig, ihre Fixierung auf die realzeitlich-chronologische Entstehung ihrer Filmaufnahmen aufzugeben und zu erkennen, dass filmische Zeit durch Verdichtung von Zeitmomenten hergestellt wird, welche nicht automatisch die Chronologie ihrer Entstehung wiederholt. Die Konstruktion von filmischem Raum warf ähnliche Probleme auf. Ich erinnere mich an den Versuch eines Studenten, den Übergang vom Ende eines Hochzeitsfestes zu der am nächsten Morgen stattfindenden Diskussion der Brauteltern über den Kostenaufwand herzustellen. Er fand aber keine geeigneten Aufnahmen in seinem Material. Als ihm jemand den Vorschlag machte, die Nachtaufnahme eines Hausdaches mit rauchendem Schornstein zu benutzen, geriet er in einen Gewissenskonflikt, weil das abgebildete Dach nicht zum Hause der Brauteltern gehörte. Die Gewissensfrage stellte sich auch bei der Porträtierung von Personen. Selektion und Verdichtung sind auch hierbei die wesentlichen Konstruktionsprinzipien. Die Frage, ob dieses Verfahren einen Verrat an der gezeigten Person darstellt, beschäftigte die Gemüter aufs heftigste. Erst mit fortschreitender *editing*-Erfahrung entdeckten sie, dass die Konstruktionsnotwendigkeiten, die dem Medium Film zugrunde liegen, die beabsichtigte *message* nicht pervertieren, sondern überhaupt erst möglich machen.

12.5 Weiterführende Literatur

Ballhaus, Edmund und Beate Engelbrecht (Hg.)
1995   Der ethnographische Film. Einführung in Methoden und Praxis. Berlin.

Hattendorf, Manfred
1994   Dokumentarfilm und Authentizität. Ästhetik und Pragmatik einer Gattung. Konstanz.

Husmann, Rolf (Hg.)
1987   Mit der Kamera in fremden Kulturen. Aspekte des Films in Ethnologie und Volks-
          kunde. Emsdetten.

von Keitz, Ursula und Katja Hoffmann
2001   Die Einübung des dokumentarischen Blicks. Marburg.

Kiener, Wilma
1999   Die Kunst des Erzählens. Narrativität in dokumentarischen und ethnographi-
          schen Filmen. Konstanz.

Mohn, Elisabeth
2002   Filming Culture. Spielarten des Dokumentierens nach der Repräsentationskrise.
          Stuttgart.

Monaco, James
2000   Film und neue Medien. Reinbek.

Radiger, Michael
2000   Dokumentarfilme drehen. Frankfurt/M.

Schändlinger, Robert
1998   Erfahrungsbilder. Visuelle Soziologie und dokumentarischer Film.

Für LeserInnen, die in eigener Initiative praktische Übungen im Sinne des in Kapitel 2 beschriebenen Lernprozesses durchführen möchten, finden dazu einige Anleitungen in folgendem Werk:

Schult, Gerhard und Axel Buchholz (Hg.)
1997   Fernsehjournalismus. Ein Handbuch für Ausbildung und Praxis, 11–116. Mün-
          chen.

Hans Fischer

13. Dokumentation

13.1 Dokumentation im Feld 265
13.2 Entwicklungen 266
13.3 Feldaufzeichnungen 268
13.4 Briefe 282
13.5 Skizzen, Zeichnungen, Pläne 282
13.6 Archivierung 284
13.7 Sammeln 285
13.8 Dokumente aus späteren und früheren Kontakten 291
13.9 Literatur 292

13.1 Dokumentation im Feld

Unter *Dokumentation* soll hier ganz wörtlich die Sicherung von Daten der Feldforschung in Dokumenten verstanden werden, ihr Erhalt in Niederschriften, Zeichnungen, Fotos, Filmen, Tonaufnahmen, Computern (zusammengefasst: Feldaufzeichnungen) und in Sammlungen. Es ist der Schritt nach der sinnlichen Wahrnehmung von Tatsachen, der aus der Wirklichkeit erst überprüfbare wissenschaftliche Daten macht, die dann zur Publikation weiter bearbeitet werden können. Die Bezeichnungen in der Literatur sind hierfür nicht einheitlich. Im Englischen wird meist von „fieldnotes" oder dem „ethnographic record" geschrieben. Spradley (1979: 69) verstand unter letzterem etwa „field notes, tape recordings, pictures, artifacts, and anything else which documents the cultural scene under study."

Manches wird im Feld dokumentiert, was tatsächlich nicht (oder nicht bewusst) sinnlich wahrgenommen wurde: Fotos enthalten Einzelheiten, die man gar nicht festhalten wollte, Tonaufnahmen (etwa Mythentexte) lassen sich später auf Fragen untersuchen, deretwegen sie nicht gemacht wurden (etwa Grammatik). Das menschliche Gedächtnis speichert Informationen, die der Untersuchende nicht schriftlich niedergelegt hat, weil sie ihn in diesem Augenblick nicht interessierten, weil er sie nur ganz nebenbei wahrnahm, weil es eher körperliche Erfahrungen waren (wie man ein Werkzeug hält), weil man das nicht schriftlich formulieren kann (ein Gesichtsausdruck) oder weil sich Erfahrung nach und nach ansammelte (etwa die Einschätzung der Reife von Früchten). Manches davon bleibt unbewusste Grundlage der Beurteilung, des Verständnisses dokumentierter Daten. Anderes kann noch nach Jahren, etwa durch bestimmte Anlässe, bewusst werden. Insgesamt aber muss man davon ausgehen, dass die menschliche Erinnerungsfähigkeit äußerst begrenzt ist und erst durch möglichst sofortige und ausführliche Dokumentation die Ergebnisse von Feldforschungen erhalten werden.

13.2 Entwicklungen

Die Möglichkeiten der Dokumentation von Feldforschungsergebnissen befinden sich in zweierlei Hinsicht in rapider Veränderung. Zum einen im Hinblick auf die Bedingungen ethnologischer Felduntersuchungen – zum anderen bezogen auf technische Entwicklungen.

Die *Situation* der Feldforschung wird bestimmt durch den *Gegenstand* der Ethnologie, der von wenig kontaktierten Gemeinschaften in abgelegenen Gebieten der Welt bis zu Menschen in Millionenstädten der Industriegesellschaften reichen kann. Dabei befinden sich alle von Ethnologen untersuchten Gesellschaften in Veränderung, und der „völlig isolierte Stamm" im Innern Neuguineas oder Brasiliens ist längst eine Fata Morgana. Aber noch heute leben Menschen dort und anderswo ohne Strom und fließendes Wasser, ohne Straßenanbindung und ohne Schule; sie sind schwierig zu erreichen, nicht alle sprechen die offizielle Landessprache und mancher hat noch nie eine Kamera, einen Kassettenrecorder, einen Weißen gesehen. Die Forschung mit und unter ihnen ist notwendig anders als die unter Obdachlosen in München oder in einer Berliner Zeitungsredaktion. Im ersten Fall wird zunächst exploratives Vorgehen im Vordergrund stehen, Aufnahme von Basisdaten, Ganzheitlichkeit, langdauernder Aufenthalt, Erlernen der Sprache, Teilnahme und Überwindung von Fremdheit und nicht zuletzt vielleicht Probleme mit Umwelt und Klima. In einer Industriegesellschaft, einer Stadt – eventuell sogar der eigenen – wird sich jede Forschung auf Vorkenntnisse beziehen können, wird stärker problemorientiert sein, thematisch eindeutiger begrenzt. Klimatische, technische, sprachliche Probleme und solche der Fremdheit entfallen oder sind minimiert. Der Unterschied zwischen *Feld* und *Heimat* ist nur noch einer des Aspektes. Feldforschung unterscheidet sich kaum noch von der üblichen Schreibtisch- und Archivarbeit – zumindest nicht, so weit es die hier behandelte Dokumentation der Daten betrifft.

Die andere Seite der Veränderung ist die *technische*: In den 1950er Jahren noch war eine Schreibmaschine bei Feldforschungen in Neuguinea zu viel an

Gewicht, heute kann man auch hierhin einen Laptop mitnehmen. Man braucht keine Trägerkolonnen mehr, um „sein Dorf" zu erreichen, und die Möglichkeiten, den (morgen noch leichteren und kompakteren) Computer zu betreiben, reichen von Strom aus der Steckdose über Autobatterien bis zu Sonnenkollektoren. Man muss sich manchmal erst bewusst machen, dass vor der hier beschriebenen Ausgangssituation der fünfziger Jahre noch schwierigere Zeiten lagen und die Entwicklung von Feder und Bleistift zu Füllfederhalter und Kugelschreiber, zu Durchschreibebüchern und Kohlepapier gar nicht so lange her ist und noch in der Zeit erster ethnologischer Feldforschungen liegt.

Kameras (selbst schon ein Fortschritt gegenüber dem alleinigen Zeichnen früher Reisender) veränderten und verändern sich rapide. Von großen Plattenkameras, die man auf Stative schraubte und deren schwere und zerbrechliche Platten lange belichtet und im Feld entwickelt werden mussten, zu immer leichteren, kleineren, robusteren, „idiotensicheren", die man in die Tasche stecken kann. Bald wird es die chemisch zu entwickelnden Filme nicht mehr geben, aus den Kameras sind Computer geworden. Dasselbe gilt für Filmkameras, und es gilt für die Möglichkeiten der Tonaufnahme, die sich von Walzen über Platten zu Bändern und Kassetten veränderten und zu Recordern, die ebenfalls leicht und handlich geworden sind.

Das alles bedeutet ganz erhebliche Erleichterungen der Arbeit. Nicht nur physisch, wenn man sich den Feldforscher mit zwei umgehängten Kameras (für Farbdias und Schwarz/Weiß-Negativfilm) und dem Tonbandgerät von 20 kg Gewicht in der Hand vorstellt – neben Notizheft oder Schreibunterlage und Bleistift. Es bedeutet auch Zeitersparnis, wenn man alles nur einmal (und ohne Durchschläge) in den Laptop schreibt, nach Belieben neu ordnen kann und jedes Stichwort sofort wieder findet. Die Massen an Papier für mehrere Durchschläge und das Kohlepapier entfallen außerdem. Und es bedeutet schließlich Möglichkeiten, die man vor wenigen Jahren noch nicht hatte: durch die Videokamera etwa, aber auch durch technische Möglichkeiten der Standortbestimmung und Vermessung.

Wenn allerdings *Teilnahme* in der ethnologischen Feldforschung noch eine Rolle spielen soll, wird man die Nutzung technischer Möglichkeiten unter diesem Gesichtspunkt überlegen müssen. Trennt und entfernt uns nicht ein Mehr an Geräten von den Untersuchten, aus optischen, akustischen oder finanziellen Gründen? Macht sie den Feldforscher zum Geräte-bepackten Kapitalisten? Stört das Geräusch der vielen Maschinen? Lenkt der Aufwand an teurem Gerät ab? Schensul, Schensul und LeCompte (1999:116) warnen sogar vor dem Geräusch des Computers: "Generally, we do not advise using computers in the field for recording observations because the sound of the keyboard is intrusive, and in some settings, new technology may be distracting."

Die folgende Darstellung muss auf beide Aspekte Rücksicht nehmen: auf die Möglichkeiten und Notwendigkeiten unterschiedlicher Forschungsgebiete ebenso wie auf die technischen Veränderungen der Ausrüstung, die manche Probleme immer schneller unwichtig werden und andere entstehen lassen. Ausgegangen wird also jeweils von dem sozusagen „schlimmsten Fall": der Forschung in schwierigen, abgelegenen, wenig entwickelten, technologisch nicht versorgten und noch nicht untersuchten Gebieten, die noch immer der spezifische Gegenstand nur von Ethnologen sind.

Eines sollte man sich aber bewusst machen: Die Prinzipien wissenschaftlicher Arbeit, die Techniken des Notierens und Mitschreibens, von Stichwortnotizen, Abkürzungen und Symbolen, des Ausarbeitens und Umschreibens von Notizen, der Organisation schriftlichen und anderen Materials und selbst des Nachfragens und der Diskussion sind keine anderen als die jeder wissenschaftlichen Arbeit auch außerhalb des Feldes (Beer und Fischer 2000). Was man als Studierende/r in Vorlesungen und Seminaren gelernt und später an Schreibtisch und in Bibliothek weitergeführt hat, das gilt auch bei der Feldforschung. Nicht zuletzt eben auch, dass das alles sehr viel Zeit kostet, auch Zeit „am Schreibtisch". Relativ immer mehr, je länger die Feldforschung dauert und die Daten sich ansammeln. Eineinhalb bis sieben Stunden pro Tag gaben amerikanische Kollegen dafür an (Bernard 2000: 355). Nur wem es zu Hause gelingt, seinen Schreibtisch, seinen Computer und seine Regale überblickbar zu organisieren, dem wird das auch mit seinen Feldforschungmaterialien gelingen.

13.3 Feldaufzeichnungen

Unter *Aufzeichnungen* soll alles verstanden werden, was als Schrift, Zeichnung, Bild oder Ton festgehalten („aufgezeichnet") wird und damit als Dokument später dem Feldforscher und/oder anderen zur Verfügung steht.

Nieder*geschriebenes* macht den größten Teil aller Aufzeichnungen während einer Feldforschung aus. Darunter sind mehrere unterschiedliche Formen zu verstehen, die alle von Bedeutung sind. Technisch gesehen können es handschriftliche, maschinenschriftliche, computergeschriebene oder auf Diktiergerät gesprochene und später umgeschriebene oder umzuschreibende Aufzeichnungen sein. Es können auch die Aufzeichnungen eines anderen – etwa eines Einheimischen – sein, die unter *Sammlungen* behandelt werden. Dass alle Arten von Aufzeichnungen nicht die Wirklichkeit selbst sind (auch Filme nicht), sondern Auswahl und Blickwinkel des Aufzeichnenden, braucht nicht weiter betont zu werden. Aber dies sind die Daten, die von der Feldforschung übrig bleiben, die das Ergebnis darstellen.

Sicherlich wird meist das *Geschriebene* überbetont. Tatsächlich sind viele Notizen Skizzen unterschiedlichster Art: Zeichnungen, Noten und Symbole (etwa die der Genealogie oder Tanznotation). Meine eigenen Notizhefte waren jeweils ein wildes Durcheinander von Schrift, Zeichnungen, Musiknoten, selbst Abreibungen von Mustern und gepressten Pflanzen und Kürzeln unterschiedlichster Art. Das ist übrigens ein Vorteil handschriftlicher Aufzeichnungen gegenüber solchen direkt in den Laptop.

Um welche Art von Notizen und Niederschriften es sich auch immer handeln mag: Datum, Uhrzeit und genauer Ort müssen festgehalten werden. Das gilt auch für Gedächtnisprotokolle (so kurz wie möglich nach dem Ereignis angefertigt), es gilt für Tonaufnahmen (als die man diese Daten vorher oder nachher sprechen kann) und es gilt auch für optische Aufzeichnungen, zu denen man grundsätzlich Notizen machen sollte (Filme nummerieren, Aufnahme nach Filmzählwerk). Datum und Uhrzeit stellen kein Problem dar. Genaue Ortsangaben werden häufig vergessen, etwa: „im Weiler Gabamos", „beim Haus von Gari", „am Bach Moisantson" etc. Es geht also nicht nur um das gezielt aufgenommene Objekt (eine Person, ein Gegenstand, eine Landschaft), sondern um weitere Informationen zum Kontext.

13.3.1 Gedächtnisprotokolle

Weil das menschliche Gedächtnis selektiv und unzuverlässig ist, geht es darum, so schnell wie möglich Informationen, Daten, Gehörtes oder Beobachtetes in anderen Speichern zu sichern. Dennoch bleiben unterschiedlich lange Zeiträume zwischen Beobachtung oder Erfahrung und ihrer Sicherung in Schrift, Ton oder Bild. Es kann sich um Minuten oder Stunden handeln, aber auch um Tage oder sogar Jahre, nach denen das Gedächtnis plötzlich wieder etwas freigibt, was nicht als Dokument niedergelegt worden war. So lange sind es „mental notes" oder „headnotes", die man gespeichert hat (Ottenberg 1990: 144; Emerson, Fretz, Shaw 1995: 19).

Haben sich Menschen daran gewöhnt, dass ein Feldforscher dauernd Notizen macht, kann jemand auch beleidigt sein, wenn man seine Informationen nicht sofort notiert. Hortense Powdermaker (1966: 86f.) schrieb über ihren Aufenthalt in Neu-Irland 1929–30: "The custom of being present and recording in my notebook had been established and if I did not follow it, the people would be offended and think that I did not regard the rite as important."

Sie musste schließlich an viel mehr Begräbnisritualen teilnehmen als sie eigentlich wollte.

Schwieriger (und häufiger) sind Situationen, in denen man nichts notieren *kann*: aus Gründen der Teilnahme etwa (wenn der Untersuchende selbst mit auf Jagd ist oder beim Hausbau hilft), aus Gründen der Pietät (bei einer Beerdigung), aus praktischen Gründen (weil man vielleicht mit Kameras und Tonbandgerät völlig ausgelastet ist) oder weil man eine Situation persönlicher Unterhaltung nicht stören will. Vertrauliche Informationen werden häufig nur gegeben, wenn und unter der Voraussetzung dass sich der Ethnologe nichts aufschreibt. Vorschläge, heimlich mit einer Hand in der Hosentasche Stichworte auf einen kleinen Block zu kritzeln (Sturtevant 1959), halte ich für eher komisch. Hier bleibt nur das Gedächtnisprotokoll, die nachträgliche Niederschrift des Erinnerten. Sie muss so schnell wie möglich nach der Situation erfolgen. In solchen Fällen hat sich die Benutzung eines Diktaphons oder anderen Aufnahmegerätes als praktisch erwiesen. Sprechen geht schneller als Schreiben. Nach stundenlangen, manchmal den ganzen Tag ablaufenden Ereignissen (einer Initiation etwa) bleibt oft nichts anderes übrig, als wenigstens Stichwörter zwischendurch (in städtischer Umgebung etwa auf der Toilette) oder danach niederzuschreiben oder zu sprechen, die man in einem zweiten Schritt später umschreibend erweitert. Und eben das ist eine der Notwendigkeiten aller Notizen: Sie müssen als Texte auch später verständlich sein, wenn man sich nicht erinnert und Stichwörter längst nicht mehr zusammenreimen kann.

13.3.2 Feldnotizen

Feldnotizen im engeren Sinne sind Aufzeichnungen, die man direkt, im Augenblick der Beobachtung oder Befragung, der Unterhaltung oder Teilnahme macht. Es sind Notizen, die nicht das Ergebnis formaler Interviews oder systematischer Beobachtung sind, mit Fragebögen oder vorgegebenen Beobachtungskategorien. Es ist alles das, was unerwartet, ungeplant und ungeordnet niedergeschrieben wird. Das, wofür die meisten Feldforscher ein kleines Notizheft immer bei sich tragen. In dem findet sich dann die Bemerkung, dass man auf dem Weg zum übernächsten Gehöft die Markierungen des Kinderspiels „Himmel und Hölle" im Boden gesehen hat; dass der Nachbar im Vorbeigehen sagte, jemand habe seine Betelnüsse geklaut; meine eigene plötzliche Erinnerung, dass ich nach der Bedeutung des Wortes *ufir* fragen muss oder morgen an diese Stelle zurückkehren sollte, weil mir die Farbe des Bodens auffiel. Hortense Powdermaker schrieb (1966: 61):

"Nothing was too small to escape my notebook: how women held their babies; the way two adolescent boys walked with the arm of one thrown casually around the shoulders of the other; a man putting powdered white lime on his hair to cleanse and beautify it, and so ad infinitum."

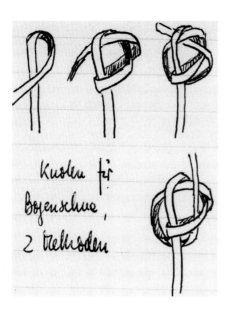

Abbildung 1: Skizze in Feldnotizen (Knoten für Bogenseh-
nen). Lower Watut, Neuguinea
1958.
(s. a. Fischer 1963: Fig. 18)

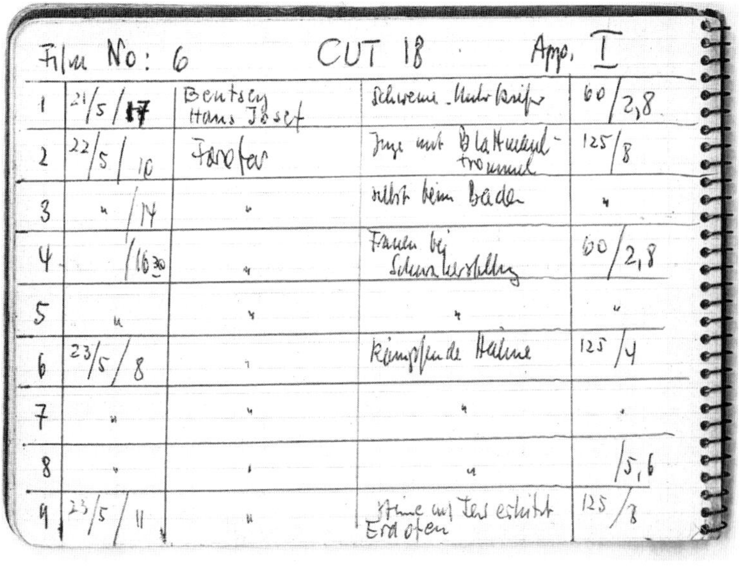

Abbildung 2: Fotoheft mit Eintragungen der Aufnahmen im Feld (laufende Num-
mer/Datum+Uhrzeit/Ort/Gegenstand/Belichtungszeit+Blende). Lower Watut, Neuguinea 1958.

Feldnotizen wird man in dieser Form nicht aufbewahren, sondern entweder in entsprechenden Zusammenhängen als Reinschrift umschreiben oder (wenn es solche Zusammenhänge nicht gibt), in das Tagebuch eintragen.

In den englischsprachigen Einführungen und Handbüchern wird unter „field notes" oder „fieldnotes" alles verstanden, was im Feld niedergeschrieben wird. Die Bedeutung von *Feldnotizen* ist hier also eingeschränkter. Es ist das, was englisch gelegentlich als „jottings" oder „scratch notes" bezeichnet wird (Bernard 2000: 357f.), bei Spradley (1979: 75) als „condensed account". Ein ganzes Vokabular für „fieldnotes", von „headnotes" über „scratch notes", „descriptive field notes" bis zu „journals and diaries" findet sich bei Sanjek (1990b).

13.3.3 Sachnotizen

Es kann sich als nützlich erweisen, für bestimmte Sach- oder Problembereiche weitere und andere Schreibmaterialien bei sich zu haben. So benutzte ich kleine Ringhefte für Fotos und für Bandaufnahmen. Allerdings war das zu einer Zeit (in den fünfziger bis siebziger Jahren), als es noch auf fast jedes Gramm Gewicht in einem sehr abgelegenen Gebiet ankam. Deshalb schrieb ich diese Notizen nicht später um. Es scheint mir heute sinnvoller, solche Daten in das eine Notizheft zu schreiben und sie abends in spezielle Dokumente im Laptop einzugeben. Längere Beobachtungen oder Befragungen sollte man allerdings weiterhin von anderen Notizen getrennt und zusammenhängend niederschreiben (oder in ein Diktaphon sprechen).

13.3.4 Protokolle und Formulare

Bei längeren und meist vorher abgesprochenen Befragungen oder Beobachtungen zu bestimmten Themen – etwa zur Grammatik, zu Genealogien oder zum Hausbau – wird man zur Niederschrift eher größere Formate von Papier (DIN A4) auf praktischen Unterlagen (Klemmheftern) verwenden. Bei systematischer Beobachtung, Zensusaufnahmen, vergleichenden Vokabelaufnahmen nach den 100- oder 200-Wörterlisten von Swadesh oder bei Tests wird man mit vorgefertigten Beobachtungsbögen, Formularen oder auszufüllenden Listen arbeiten, bei Vokabelaufnahmen eventuell auch mit Karteikarten. Mit den zunehmenden Möglichkeiten von Laptops, ihrem immer geringeren Gewicht und natürlich in „zivilisierten" Forschungsgebieten kann man auch solche Protokolle immer häufiger direkt in den Computer schreiben.

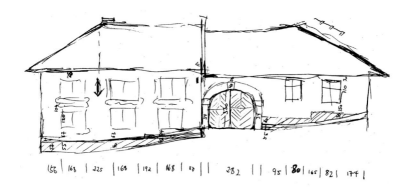

Abbildung 3: Skizze eines Gehöftes in Feldnotizen. St. Leonhard, Oberösterreich 1985.

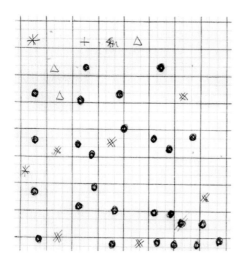

● Banane
✳ Taro Kongkong
✳ Taro
+ Zuckerrohr
△ Arecapalme

Abbildung 4: Skizze der vermessenen Verteilung von Pflanzen in einem Garten (Ausschnitt). Wampar, Papua-Neuguinea 1988.

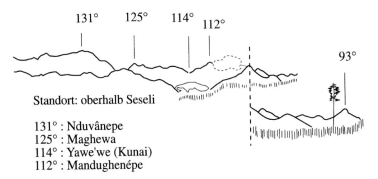

Abbildung 5: Skizze und Kompassmessungen (Reinzeichnung) des Panoramas um Seseli, Banir River, Neuguinea 1958.

13.3.5 Textaufnahmen

Eine besondere Form stellen Textaufnahmen dar. Ein Erzähler spricht im Idealfall einen Text in seiner Sprache. Auch die Möglichkeit, ihn direkt nach Diktat niederzu*schreiben*, kann und sollte man nutzen, vorausgesetzt, man hat bereits Grundkenntnisse dieser Sprache. Das gilt besonders dann, wenn es sich um nur kurze Feststellungen, Beispielsätze zur Grammatik, Darstellungen von Normen und Sitten oder um Formulierungen handelt, die bestimmte Ausdrücke in einen Zusammenhang stellen sollen. Dabei sind sofortige Zwischenfragen und Erläuterungen zu einzelnen Wörtern möglich. Ich habe selbst solche Aufnahmen intensiv genutzt und fand die Kommunikation direkter und fruchtbarer als bei der Aufnahme langer Texte mit Bandgerät. (Fischer 1975: 40ff.)

Längere Texte (etwa Erlebnisberichte) und vor allem solche von standardisierten Erzählungen (etwa Mythen) wird man in jedem Fall mit Bandgerät oder Kassettenrecorder aufnehmen. Diese Situation kann variieren. Ein Text wird eventuell nicht speziell für die Aufnahme gesprochen: eine Predigt, eine Wahlrede, eine Vorlesung, eine Anklage. Deutlich wird, dass der Übergang zur aufgenommenen Gesamtsituation fließend ist, fließend vor allem im Hinblick auf die klare Abgrenzbarkeit einer einzelnen sprachlichen Äußerung und von *Text* überhaupt: Diskussionen in einer Versammlung, die Unterhaltung zweier Personen, eine Verhandlung vor Gericht, Verkaufsgespräche, Streit eines Ehepaares, begeistertes Geschrei von Fußballfans – die Aufnahmen werden immer komplexer, werden immer schwieriger zu verstehen.

Die zuletzt genannten Möglichkeiten wird man erst nach intensiverer Kenntnis der jeweiligen Sprache nutzen. Am Anfang stehen einfache, von nur einer Person gesprochene Texte, die man dann auch noch bitten kann, langsam, vielleicht mit Pausen und nicht zu leise zu sprechen. Bei den Wampar in Neuguinea erreichte ich sogar, dass ein Informant satzweise abwechselnd auf Wampar und auf Pidgin sprach. In anderen Fällen gelang das mit zwei Erzählern, also direkter abschnittweiser Übersetzung.

Hier gab es andere Probleme, nämlich solche der Situation: Wer darf dabeisitzen, wer darf das hören? Ändert der Erzähler seinen Vortrag und seinen Text, wenn Frauen, wenn Kinder dabei sind? Die Tatsache von Publikum allein schien mir die Erzähler lebhafter und ausführlicher werden zu lassen. Ich hätte gern Gestik und Mimik ebenfalls aufgenommen, auch die Reaktionen der Zuhörer. Andererseits wollte ich aber auch wissen, ob andere Leute diesen Mythentext kannten, wie sie ihn erzählten, und sie sollten ihn hier nicht zur Auffrischung mithören.

Mit der Aufnahme ist es nicht getan. Der nächste Schritt ist die Übertragung des Gesprochenen, also die phonetische bzw. phonematische Umsetzung in einen geschriebenen Text. Das kann aber erst geschehen, wenn man sich für eine Schreibweise dieser Sprache entschieden hat oder bereits eine vorliegt. Ich habe dann erlebt, dass der berühmte Erzähler von Mythen absolut keine Lust hatte, mir den aufgenommenen Text nun auch noch Satz für Satz und Wort für Wort nach Anhören der Aufnahme zu wiederholen, damit ich ihn niederschreiben konnte. Das war offenbar unter seiner Würde, vor allem aber langweilig. Dafür musste ich jüngere Leute beschäftigen, die diese Texte nicht mehr kannten und an ihnen interessiert waren.

Erst für den dritten und vierten Schritt fand ich dann einen begeisterten Helfer: für das Übersetzen des nun übertragenen Textes und die grammatischen und lexikalischen Erläuterungen des Gesprochenen. Manuel war darin eine Besonderheit (und andere sind in anderem die Besonderheiten, wie man erst nach längerem Kontakt erkennt).

Mit dem fünften und letzten Schritt muss man wieder zurück zum Erzähler. Mit der Bitte um Erläuterungen, mit Verständnisfragen. Das konnten in meinen Untersuchungen die Jüngeren eben nicht. Mythen waren nur noch den Älteren bekannt, und die konnten mir etwa die nicht genannten Namen in der Erzählung ergänzen, die Orte genauer identifizieren, Begründungen für das Verhalten der Personen der Handlung geben: Spezialisten, so wie sich für das Übertragen, das Übersetzen, die grammatischen Erläuterungen eben auch Spezialisten fanden (Fischer 1994).

Ein in sehr fremden Kulturen relativ selten möglicher Typ von Tonaufnahmen ist die Aufzeichnung eines ganzen Interviews, samt eigenen Fragen. Dafür ist die Beherrschung der jeweiligen Sprache Voraussetzung und eigentlich auch schon Kenntnis des kulturellen Hintergrundes. Anders wären sinnvolle

Fragen nicht möglich. Immerhin ist ein solches Verfahren aber auch bei bestimmten Forschungsthemen anwendbar, bei denen der Untersuchende immer dieselben, vorher mit anderen Informanten sorgfältig ausformulierten Fragen stellt. Eine Art Fragebogen, der nicht handschriftlich, sondern akustisch ausgefüllt wird. Ich bin bei der Untersuchung der Arbeitsteilung bei den Wampar schon früh so vorgegangen, obgleich ich weder Sprache noch Kultur perfekt beherrschte. Aber einige Frauen sprachen noch kein Pidgin, und ich wollte ihre Meinung ohne daneben sitzenden Mann hören. Die aufgenommenen Antworten konnte ich später wiederum mit Informanten übertragen, übersetzen und kommentieren lassen.

Wichtig ist die Feststellung, dass bloße Bandaufnahmen von Texten ohne Übertragung, Übersetzung und Erläuterung geringen Wert haben, wenn der jeweilige Feldforscher die Sprache (und die Kultur) nicht fast vollkommen beherrscht. Andererseits ist der Umgang mit ihnen, der Zugang zur Kultur über Texte einer der fruchtbarsten überhaupt. Dass es ein sehr zeitaufwendiges Vorgehen ist, wird aus der Darstellung deutlich. Die Angabe, man brauche sechs bis acht Stunden zur Übertragung einer Bandaufnahme von einer Stunde (Bernard 2000: 355), ist vage und zu knapp. Denn mit der bloßen Verschriftlichung einer Tonaufnahme ist es ja nicht getan.

13.3.6 Reinschrift

In ungünstigsten Forschungsgebieten, in denen alles von Hand geschrieben werden muss, bleibt nichts anderes übrig, als auch die Notizen aus den Notizheften sorgfältiger, lesbarer und ausführlicher – meist am Abend – umzuschreiben (Spradley 1979: 75: „expanded account"), nach Themen und Sachgebieten geordnet. Ein System von Kodierungen, von Verweisen, Hervorhebungen, Anmerkungen am Rand, einem Index kann die Übersicht ermöglichen. Dasselbe gilt im Prinzip für eine Umschrift mit Schreibmaschine. Dass man allerdings jeweils sechs Durchschläge anfertigen sollte, wie das ein amerikanischer Kollege vorschlug, scheint mir doch leicht übertrieben. Schon wegen des gewaltigen Verbrauchs an Papier und Kohlepapier. Nach einem Jahr hatte er nach eigener Angabe mit seinem System jedenfalls über 5.000 Seiten (ohne Durchschläge), „filed in a large number of file boxes" (Williams 1967: 38).

Ältere Forschungen Anfang des zwanzigsten Jahrhunderts nutzten Durchschreibhefte mit Kohlepapier, um wenigstens eine Kopie aller Notizen zu haben. Diese Kopien konnten neben der Einordnung in unterschiedliche Zusammenhänge auch anderen Zwecken dienen. So erhielt während der Hamburger Südsee-Expedition von 1908–10 der Expeditionsleiter die Kopien von den anderen Wissenschaftlern zur Kontrolle (Fischer 1981). Kopien können

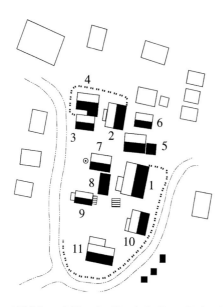

Abbildung 6: Plan des Haushalts Dare (Reinzeichnung). Wampar, Papua-Neuguinea 1993. (s. a. Fischer 1996a: Fig. 5)

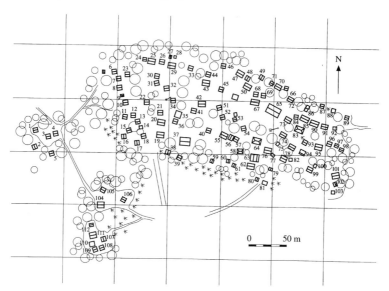

Abbildung 7: Plan des Dorfes Gabsongkeg (Reinzeichnung). Wampar, Neuguinea 1971. (s. a. Fischer 1975: Karte 4)

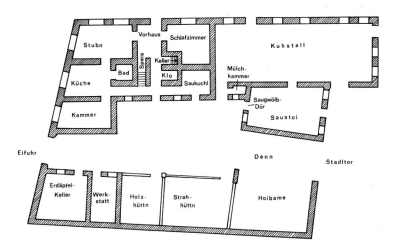

Abbildung 8: Plan eines Gehöftes (Reinzeichnung). St. Leonhard, Oberösterreich 1985.

auch heute noch zur gegenseitigen Information zwischen mehreren Mitgliedern eines Vorhabens dienen, zur Information des Betreuers zu Hause und nicht zuletzt als an anderer Stelle aufbewahrte Sicherheitskopien für den Fall von Verlust.

Eine besonders zeitsparende Methode der Reinschrift fand Hortense Powdermaker schon während Forschungen in den Jahren 1946–47. Allerdings fanden diese Forschungen in Hollywood statt, sie konnte während Interviews keine Notizen machen und sprach Gedächtnisprotokolle sofort danach in ihrem Auto in ein Diktaphon. Eine Sekretärin schrieb später alles ins Reine (Powdermaker 1966: 215). Eine Methode, die vielleicht nicht bei jeder Feldforschung außerhalb Hollywoods zu nutzen ist.

Insgesamt gilt, dass späteres Umschreiben, eine Reinschrift – selbst wenn sie wieder nur handschriftlich ist – unbedingt notwendig und immer von Vorteil ist: für Lesbarkeit, ausführliche zusammenhängende Formulierungen, sinnvollere Anordnung und vor allem Durchdenken des Materials und die Planung von Ergänzungsfragen. *Reinschrift* bedeutet vielfach übrigens auch *Reinzeichnung*, also Umzeichnen der ersten Skizzen von Dorfanlage oder Panorama, Objekten oder Mustern. Dieses spätere Aufarbeiten und Ordnen gilt auch für die Arbeit mit Laptop. Und noch etwas ist auch bei ausgefeilter Technik unabdingbar: Man muss seine Aufzeichnungen im Feld immer wieder einmal nachlesen, um sich zu erinnern und auf Widersprüche und Probleme zu stoßen.

13.3.7 Tagebuch

Tagebücher sind Gegenstand der Forschung (wenn man sie von anderen bekommen kann), und sie sind eines der wichtigsten Hilfsmittel in der Feldforschung. Ob man handschriftlich in gebundene Bücher schreibt oder in den Computer, ist dabei sekundär. Der Unterschied ist einer der Lesbarkeit und des Wiederfindens relevanter Informationen.

Das Tagebuch wird man meist am Abend schreiben, ebenso wie die Reinschriften. Die Grenzen zwischen beiden Formen sind fließend. So haben manche Kollegen das persönliche Tagebuch vom wissenschaftlichen unterschieden. Mit der Benutzung des Laptops löst sich das Problem. Man sollte alles niederschreiben, was einem gerade einfällt: Tagesablauf und Tagesereignisse, Ärger mit anderen, die Wetterlage, Ideen zu theoretischen Aspekten, durchgeführte Arbeiten, Fragestellungen, die man verfolgen könnte, persönliche Befindlichkeit, Sorgen um die Gesundheit, etc. Mit dem Computer kann man das später problemlos wieder auseinanderpflücken. Und selbst das handgeschriebene Tagebuch lässt sich am Rand jeder Seite mit Stichwörtern oder Zeichen versehen, die die unterschiedlichen Themen erkennen lassen. Ich habe meine bis in die neunziger Jahre handschriftlich geführten Tagebücher nach der Feldforschung umgeschrieben – mit Schreibmaschine und später Computer – und erst dann die einzelnen Bereiche auseinander geschnitten bzw. getrennt.

Tagebücher dienen mehreren Zwecken. Zum ersten und wichtigsten sind es Möglichkeiten, seine Wut und Frustration, seine unerfreulichen Neigungen oder Hoffnungen niederzuschreiben (statt sie an den Untersuchten auszulassen). Denn Feldforschung bedeutet häufig auch Einsamkeit und Trennung, Misserfolg und Krankheit, vielleicht sogar Angst und Hoffnungslosigkeit. Die Feldforschung kann beruflich von großer Bedeutung sein, und die Verantwortung gegenüber anderen Menschen, den Untersuchten, kann den Untersuchenden erheblich belasten. Tagebücher sind einerseits etwas ganz Persönliches. Man kann deshalb sehr unterschiedlicher Meinung darüber sein, ob Malinowskis Witwe das Recht hatte, seine Tagebücher zu veröffentlichen. Sie geben andererseits die Bedingungen, unter denen Daten entstanden, erst annähernd verstehbar wieder und sind deshalb eine der wichtigsten Grundlagen für Quellenkritik. Tagebücher sind aber auch eine Möglichkeit, sozusagen wissenschaftlich unverantwortlich zu spekulieren, Ideen frei zu entwickeln, sich selbst Fragen zu stellen und Isoliertes erst einmal festzuhalten.

Amerikanische Lehrbücher unterscheiden noch zwischen einem „diary", was dem *Tagebuch* als persönlicher Niederschrift entspricht, und einem „log" oder „journal". Das sollte ein gebundenes Buch sein, in dem geplanter und tatsächlicher Ablauf jedes Tages (auf gegenüberliegenden Seiten) und etwa Geldausgaben eingetragen werden. Inzwischen gibt es auch Programme dafür (Bernard 2000: 358ff.). Ob man diese immer weitergehende Trennung von Feldaufzeichnungen will, muss jeder nach Erfahrungen bereits am eigenen Schreibtisch für sich selbst entscheiden. Das gilt auch für die Frage, ob man „methodologische", „deskriptive" und „analytische" Aufzeichnungen voneinander trennen will, wie das gelegentlich vorgeschlagen wird.

13.3.8 Vorlagen zur Weiterarbeit

Manche Arbeitsvorlagen wie Fragebücher, Formulare für Zensusaufnahmen etc. werden bereits zur Feldforschung mitgebracht. Aber die Vorlagen für die tägliche Arbeit müssen aus Notizen, Reinschriften und Tagebucheinträgen jeden Abend neu entwickelt und als Stichwortliste niedergeschrieben werden. Diese Liste sollte man in das tägliche Notizheft eintragen. Dort würde also stehen, mit welchen Personen man noch worüber sprechen möchte, die Bedeutung welcher Wörter man noch klären will, was wo am heutigen Tag geschehen soll, welchen Kranken man besuchen wird usw. Solche Listen unterscheiden sich nicht von dem, was man auch zu Hause und im Zusammenhang der alltäglichen Arbeit anfertigt und „abarbeitet".

13.3.9 Verwendete Sprachen

Gerade dann, wenn die Ruhe oder Zeit für ausformulierte Niederschriften fehlt, wird man Kürzel, Abkürzungen, Zeichen oder Symbole verwenden. Damit sollte eigentlich jeder während des Studiums ausreichend Erfahrungen gemacht und vielleicht für sich ein eigenes System solcher Zeichen entwickelt haben. Vor einer ersten Feldforschung kann man sich seine Aufzeichnungen und Exzerpte ansehen und überlegen, was davon im Feld zu verwenden ist. Je nach Thema und untersuchtem Problem kann man dann eine Reihe solcher Abkürzungen und Symbole festlegen. Manche sind allgemein bekannt (etwa: * für „geboren", † für „gestorben"), andere in der Ethnologie allgemein gebräuchlich (etwa △ für „männlich", O für „weiblich"), wieder andere kann man problemlos bestimmen, etwa *M*, *Mw* und *Ow* für die Namen von Klans ("Montar", „Moswarang", „Orogwangin"); *Hz*, *Bmb*, *Wbl* für „Holz", „Bambus", „Wellblech" bei der Untersuchung materieller Kultur.

Geht es hierbei um Zeichen und Abkürzungen in der eigenen Sprache, bleibt die Frage, ob man überhaupt oder nur diese Sprache benutzt. Es zeigt sich, dass Feldforscher im Laufe der Zeit zunehmend auch in der Sprache der Untersuchten notieren. Nicht nur, um wörtliche Aussagen festzuhalten, etwa in der Weise: „Er sagte, Y sei ein *ngaeng faring*." Eine direkte Aussage in der Sprache der Wampar (Papua-Neuguinea), ein bestimmter Mann sei ein „gro-

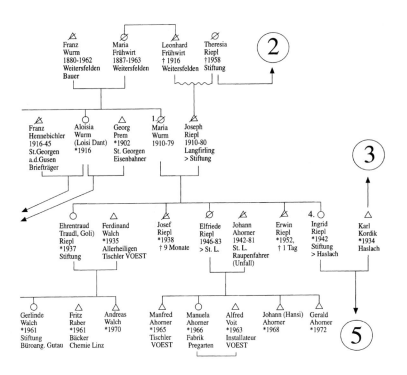

Abbildung 9: Ausschnitt aus der Genealogie der Familie Kordik. St. Leonhard, Oberösterreich 1985. (Vollständige Genealogie siehe Fischer 1996b: Abb. 22, 24, 25)

ßer Mann". Aber die Formulierung *ngaeng faring* ist eben mehr, mehrdeutiger und vielsagender als nur „großer Mann" und deshalb im Forschungszusammenhang genauer.

Man neigt mit der Zeit auch dazu, in seine Niederschriften fremdsprachige Ausdrücke oder Formulierungen zu bringen, die nicht als wörtliche Aussage gemeint sind, aber dem Tenor der Unterhaltung näher stehen. So notierte ich etwa: „Die meinten, dass das alles bloß wieder *tok nating* sei." Ich hatte mich mit einigen Männern auf Pidgin unterhalten, die zu einer bestimmten Angelegenheit meinten, das sei bloß wieder dummes Geschwätz, leeres Gerede, nicht zutreffend. *Tok nating* gibt das alles wieder. Ich weiß aber nicht, ob der Ausdruck direkt gefallen ist. Man beginnt mit der Zeit sogar in den Ausdrücken seiner Umgebung zu denken. Ganz besonders, wenn das mit bestimmten Haltungen verbunden ist. Im Pidgin unübertrefflich ist *maski* – etwa „egal, schadet nicht, kanns nix machen, gahnich um kümmern" – ein Wort, das man samt damit zusammenhängender Einstellung mit der Zeit so häufig wie die Einheimischen verwendet. James P. Spradley (1979: 71) beschreibt, dass er bei der Untersuchung von *tramps* in den USA neben der Sprache des Untersuchenden (also seiner eigenen) die der Nichtsesshaften, die Sprache der Gerichtssäle und die des Behandlungszentrums für Alkoholismus verwendet hat.

Bei längeren Feldaufenthalten werden die Formulierungen in der einheimischen Sprache, mit der man monatelang täglich umgeht, immer länger. Es werden Sätze und ganze Absätze. Das schadet keineswegs, ist eher von Vorteil, wie das erste Beispiel zeigte. Nur für einen Aspekt ist es negativ: wenn andere das Material eventuell nutzen sollen oder müssen.

Nur erwähnt sollte noch werden, dass es außer um Sprachen auch um unterschiedliche Schriften gehen kann. Gemeint sind damit nicht nur andere Alphabete (wie das Griechische oder Russische) und Arten von Schriften (wie die chinesische). Gemeint sind auch Notationen, die zum Beispiel in der Musik- oder Tanzethnologie gebraucht werden, also die Notenschrift und Tanznotationen.

13.4 Briefe

Ob an Verwandte oder Freunde, Kollegen oder Betreuer geschrieben, Briefe sollten in Kopie aufbewahrt werden. Falls das in ungünstigen Situationen (nur Handschriftliches) nicht möglich sein sollte, kann man die vorhersehbaren Empfänger bitten, Briefe aufzubewahren und sie nach der Forschung zum Kopieren zur Verfügung zu stellen. Man neigt im Allgemeinen dazu, nichts mehrfach ganz gleich zu schreiben, also etwa in das Tagebuch dieselben Sätze wie in einen Brief. Deshalb finden sich dann in Briefen eventuell Bemerkungen, die in den Feldaufzeichnungen nicht enthalten sind.

13.5 Skizzen, Zeichnungen, Pläne

Noch die Hamburger Südsee-Expedition 1908–10 hatte ganz selbstverständlich in jedem der beiden Jahre einen Zeichner bzw. eine Zeichnerin als Teilnehmer. Aber auch ethnologische Veröffentlichungen der letzten Jahre enthalten noch Zeichnungen: Gegenstände der materiellen Kultur, schematische Darstellungen, Hauskonstruktionen, Ornamente, Dorfpläne, Kartenskizzen.

Es sind unterschiedliche Notwendigkeiten, die Zeichnungen in der Feldforschung oder den Veröffentlichungen daraus noch immer erforderlich ma-

A			Gabsongkeg 2000	Pupuafin, Nugagar			
■	+	▲	**Afef - Abel** (Mpo) [9113] Heiler	1937	+	–	Omot -Atao Garafu
	= 1	O	**Ngangkoa - Rut** (F) [21210] † bei Geburt	1938-73	+	–	Apin-Abram
	–	▲	Gari-Ruben	1956	+	=	> Ngasa- wapum
	–	Δ	Tsamun-Manoa	1958-99	+	=	
	–	▲	Waref-Michael	1963	+	=	
	–	●	Dzeag-Aboasu	1964	+	=	George (Pindiu)
	–	▲	Dare-Darius	1966	+	=	
	–	Δ	-Por	1967-67			
	–	●	Rosi	1968	+	=	Rarub-Set (M)
	–	▲	Barob-Jonatan	1969	+	=	
	–	Δ	Apin-Abram	1973-73			
■	= 2	●	**Amburang** (Boana); war verheiratet, 3 Kinder aus früherer Ehe:				
		●	Dorothy (Boana) Tochter aus früherer Ehe		+	=	Narokini (Erap)
		●	Sabet (Boana) Tochter aus früherer Ehe		+	=	Wasa (Mw)
		▲	Pita (Boana) Sohn aus früherer Ehe		+	=	
f			**Teilhaushalt**: Narokini (Erap), s. Dorothy				

Abbildung 10: Ausschnitt aus dem Zensus 2000 des Dorfes Gabsongkeg. Haushalt von Afef-Abel. Die erste Zeile gibt den Typus des Haushalts an (A), Dorf und Aufnahmejahr (Gabsongkeg 2000), Siedlungsplatz (Pupuafin, Nugagar). Die Spalten geben die derzeitige Zugehörigkeit zum Haushalt an (■), die Beziehung zum Haushaltsvorstand (+, =, –), Geschlecht und Lebendstatus (etwa: ▲ Mann, lebend, O Frau, verstorben), alte und christliche Namen und Klanzugehörigkeit in Abkürzungen (etwa Mpo = Mporenan), die genealogische Nummer [9113], Geburts- und Todesjahr, Verweis auf anderen Haushalt (+), Beziehung dazu (– Vater), Name dieses Haushaltsvorstands. (Zu Zensusaufnahmen siehe Fischer 1975: 358ff.; 1997)

chen: die Möglichkeit oder Unmöglichkeit, überhaupt etwas optisch anders
zu dokumentieren; die begrenzten Möglichkeiten der Fotografie, finanzielle
Bedingungen (Zeichnungen sind billiger zu drucken als Fotos) und schließlich unverändert adäquateste Darstellung durch Zeichnungen (Schemata, Pläne,
Karten). Für die Feldforschung ist – sicherlich unterschiedlich nach Fragestellung und Situation des Gebietes – eine gewisse Erfahrung im Skizzieren
und Zeichnen noch heute nützlich und teils notwendig. Das betrifft nicht mehr
Landschaft, Menschen, Dörfer und Gegenstände im Allgemeinen. Es betrifft
aber noch immer Panoramaskizzen, Pläne und Karten (selbst wenn das Gebiet noch so gut kartografisch erfasst ist), Schemata und Konstruktionen, die
mit der Fotografie nicht erfasst werden können (Crane und Angrosino 1974:
28ff; Trotter und Schensul 1998: 713f.; Aldenderfer und Maschner 1996;
Barsch und Billwitz [Hg.] 1990).

13.6 Archivierung

Wo bleiben die Sicherheitskopien von Feldforschungsmaterialien, wo bleiben nichtveröffentlichte Daten, Negative, Tonbänder, wo bleiben derartige
Nachlässe verstorbener Kollegen? Die meisten Institute, Bibliotheken und
Museen haben Archive, in denen neben anderen Materialien gelegentlich auch
Feldforschungsnotizen, häufiger Fotos, Filme oder Tonaufnahmen aufbewahrt
werden. Es gibt einige Institutionen, die systematisch Tonmaterial von Walzen bis zu Kassetten archivieren – etwa das Berliner *Phonogramm-Archiv* –
oder solche, die eher regionale Materialien sammeln, etwa das *Melanesian
Archive* an der *University of California*, San Diego. Ein zentrales oder auch
nur allgemein bekanntes Archiv für Feldaufzeichnungen gibt es (noch) nicht.
Dewalt, Dewalt und Wayland (1998: 272) schrieben dazu: "Although
anthropologists once deposited copies of their field notes in libraries for other
researchers to consult, this practice is unfortunately being lost." (siehe auch
Ottenberg 1990: 152ff.; Sanjek 1990d: 336; Whiting und Whiting 1970: 292).
    Das hier aufgegriffene Problem ist zunächst eines der Verwendung von
Feldforschungsdaten durch andere als den Feldforscher selbst. Zum Ersten
würde ein solches Ziel bedeuten, dass die Daten in einer Form vorliegen
müssen, die sie für andere überhaupt verwendbar macht. Das betrifft nicht
nur die Handschrift, sondern auch Abkürzungen und Symbole und die Verwendung verschiedener Sprachen. In dem oben beschriebenen Prozess mehrfachen Umschreibens ist auch die Frage, welches Stadium in diesem Prozess
soll oder muss aufbewahrt und sollte archiviert werden? Weiter: Was ist die
Zielsetzung einer solchen Archivierung?

Es sind mehrere Aspekte, die hier eine Rolle spielen: Zum einen die Tatsache, dass die Datenmassen jeder (vor allem jeder explorativen) Feldforschung so umfangreich sind, dass der Feldforscher selbst sie bis an sein Lebensende meist nicht veröffentlichen kann. Zum zweiten ist es die Tatsache, dass solche Aufzeichnungen viel isoliertes Datenmaterial enthalten, dass auch im Zusammenhang einer problemorientierten Forschung nebenbei anfällt. Es lässt sich in den den Feldforscher interessierenden Zusammenhängen nicht publizieren, kann aber für ganz andere Fragestellungen und Untersuchende von Bedeutung sein. Schließlich spielen Wiederholungsuntersuchungen, Forschungsschwerpunkte und Forschergruppen eine immer größere Rolle auch in der Ethnologie. Hier sollte von vornherein die gegenseitige Zugänglichkeit von Daten gewährleistet werden. Allerdings dürfte das Problem mit zunehmenden technischen Möglichkeiten, vor allem der Verwendung von Computern, immer geringer werden.

Relativ selten sind Fälle, in denen nach dem Tod eines Feldforschers sein Material von einem Kollegen/einer Kollegin bearbeitet und herausgegeben wurde. Arthur Barnard Deacon etwa starb 1927 kurz vor seiner Abreise aus dem Feld und Camilla H. Wedgwood gab sein Material bearbeitet unter seinem Namen heraus (Deacon 1934; Sanjek 1990d: 334).

Bleibt ein letzter Aspekt der Archivierung von Feldforschungsaufzeichnungen: der in der Ethnologie wohl insgesamt vernachlässigte der Überprüfbarkeit und nachträglichen Kontrolle. So wie Versuchsaufzeichnungen und Protokolle von Experimenten in den Naturwissenschaften aufbewahrt werden (sollen), müsste das mit Feldforschungsdaten wohl ebenfalls geschehen. War der „Feldforscher" überhaupt im Feld? Hat er tatsächlich diesen Text in der einheimischen Sprache aufgenommen? Ist es nach seinen Notizen wahrscheinlich, dass er den Vorgang direkt beobachten konnte? – Ob allerdings angesichts der Datenmassen eine solche Forderung realistisch ist, ist eine andere Frage. Aber auch hier dürften sich mit der Entwicklung immer neuer technischer Möglichkeiten bald Lösungen finden lassen.

13.7 Sammeln

Es gibt offenbar geborene *Sammler* und es gibt *Wegwerfer*. Ihre Schreibtische belegen es. Aber auch der konfirmierte Wegwerfer sammelt während einer Feldforschung erstaunlich viele Dinge an, selbst wenn er nicht am Museum arbeitet und wenn ihn die materielle Kultur nicht interessiert. Dinge dokumentieren vieles besser und nachprüfbarer als alle Abbilder. Mehr als eine Aufzählung des zu Sammelnden ist allerdings angesichts des Umfangs der Möglichkeiten hier kaum zu geben, und es wird wieder vom Extremfall der

ganzheitlichen Forschung in einer weit entfernten, schwer zugänglichen, wenig erforschten Gegend ausgegangen. Die früher üblichen Anleitungen zum
Sammeln (etwa Ribbe 1931) sind in den letzten Jahrzehnten sehr selten geworden (etwa Sturtevant 1977).

13.7.1 Objekte der materiellen Kultur.

Zu Zeiten eines Frobenius etwa konnten Feldforscher durch den Verkauf von
Sammlungsobjekten einen Teil ihrer Gesamtkosten decken. Einerseits dürften diese Kosten heute im Normalfall abgedeckt sein (etwa durch die DFG),
andererseits haben Museen nicht mehr die nötigen Mittel (und das Interesse?), um Sammlungen anzukaufen. Eine vorherige Kontaktaufnahme mit
Kollegen an einem Museum ist dennoch zu empfehlen. Nicht nur wegen eventuell interessierender Objekte, sondern auch wegen Hinweisen zu Preisen,
Sicherung, Transport etc. Jedes mitgebrachte Objekt stellt ein Dokument dar,
das nach unterschiedlichsten Fragestellungen (Material, Herstellung, Größe,
Vergleich mit vorhandenen Sammlungsstücken) untersucht werden kann. Auch
lehrende Ethnologen können im Unterricht eine ganze Menge mit solchen
Objekten der materiellen Kultur anfangen. Eine ostfriesische Bossel-Kugel
oder eine Peniskalebasse aus Neuguinea können eindrucksvolle didaktische
Mittel sein.

  In der ersten Hälfte des zwanzigsten Jahrhunderts war es noch üblich, *Modelle* anfertigen zu lassen. Modelle von Häusern, von Booten und anderen
Gegenständen, die zu groß waren, um sie selbst zu sammeln. Diese Modelle
machen sich später in Museums-Austellungen ausgesprochen gut. Die Anfer-
tigung von Modellen ist aber auch ein in anderen Zusammenhängen nutzba-
res Verfahren. Dann etwa, wenn die tatsächliche Herstellung eines Objekts
bereits aufgegeben ist. So stellte mir der alte Ngereng bei den Wampar eine
Schleuder her und später eine Panpfeife. Beides Dinge, die schon seine Söh-
ne nicht mehr gesehen hatten, die Gewehr und Kassettenrecorder für dieselben Zwecke bevorzugten. Andererseits gibt es Objekte, die nur zu bestimmten Zeiten oder an schwer zugänglichen Orten hergestellt werden. Das gilt
etwa für Fallenarten, deren Herstellung und Wirkungsprinzip man mitten im
Dorf viel besser (und fotografierbar) demonstrieren kann. Zudem stören lär-
mende Besucher nicht die Stelle der tatsächlichen Falle im Wald.

13.7.2 Schriftliche Dokumente

Man vergisst manchmal, dass es auch in modernen Gesellschaften viele alltägliche Objekte gibt, die anders sind als in der eigenen Umwelt. Viele ent-

halten Auf- oder Inschriften, Aufkleber und Etiketten. Daneben lassen sich aber auch direkt schriftliche Dokumente sammeln: Briefmarken und Bildpostkarten, Wahlplakate und Rechnungen, Zeitungen, Zigarettenpackungen, Streichholzschachteln, Schulhefte. Und selbst in abgelegenen Gebieten, wo Schriftlichkeit erst seit relativ kurzer Zeit besteht, finden sich Schriftdokumente: Briefe, Taufurkunden, Schülerlisten, vervielfältigte Texte von Kirchenliedern, Inschriften auf Grabsteinen. Eine Zusammenstellung von Schriftdokumenten, die in ethnologischer Feldforschung gesammelt werden können, findet sich in Fischer 1998.

13.7.3 Bild- und Tondokumente

Kinder ritzen Zeichnungen oder Vorgaben für Spiele in den Boden (etwa „Himmel und Hölle"), auch bei Älteren sind Einkerbungen in Bäume und Ritzungen in Felsen beliebt – zum Vergnügen, als Hinweis oder in der Hoffnung auf magische Wirkung. Solche Ziele haben wohl auch die Herzen in der hölzernen Bank („Max liebt Minni"); und welche höhere Bedeutung die Schmierereien auf Hauswänden haben (Graffiti), weiß ich nicht einmal für meine eigene Kultur. Dokumentieren und Nachfragen lohnt sich aber immer.

Sobald es erste Möglichkeiten gibt, sich fotografieren zu lassen, nutzen Menschen diese Chance, eventuell bei Fotografen in der nächsten Stadt. In Samoa brauchte ich nur meine Kamera zu heben, schon sprangen Jugendliche und Kinder hastig auf und ins Bild. Fotografiertwerden muss mit wahrem Lustgewinn verbunden sein. In meinem Forschungsgebiet in Papua-Neuguinea konnte ich mir sogar im Dorf eine Kamera leihen, als meine eigene nicht funktionierte. Es gab mehrere bei Nachbarn, auch wenn das Geld nicht da war, Filme zu kaufen oder sie entwickeln zu lassen. Aber jede Familie hatte auch Fotos: von Töchtern, die in anderen Provinzen arbeiteten, von Söhnen in der Armee, Abschlussklassen der Highschool, von feinen Hochzeiten im Hotel der Stadt. Man erlaubte mir gern, Kopien herzustellen. Besonders schöne Fotos einiger Dorfbewohner fanden sich auf Wahlplakaten von der letzten Wahl.

Stellt das Aufgezählte schon vorhandene Bilddokumente dar, so sollte man auch an ein Sammeln durch Bilddokumentation denken. Gemeint ist damit, dass man im Feld die Kamera zu mehr als den üblichen Fotos einsetzen kann, also für Objekte, Personen, Arbeitsabläufe, Landschaft etc. Man kann sie als Kopiergerät verwenden (um schriftliche Texte oder Bilder zu kopieren), kann das Fernsehbild abfotografieren, Muster von Töpfen, Mimik und Gestik, und kann, statt sie mitzuschleppen, auch gesammelte Pflanzen und Tiere fotografisch dokumentieren.

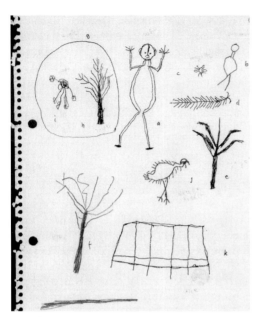

Abbildung 11: Zeich-
nungen eines jungen Bur-
schen von Pflanzen, Tie-
ren, Menschen und einem
Haus im Notizheft des
Ethnographen. Jeghuje,
Neuguinea 1959. (s. a.
Fischer 1968: 191ff.)

Record of Pupils Enrolled at _GABMAZUNG_ **School**

Register No.	PUPIL'S NAME (Father's name in block letters)	Sex (M/F)	Date of Admission	Date of Birth	Religious Denomination	Distance from school (miles)	Father's name or GUARDIAN Name	Address	Date of 1st Year	2nd Year
825	APIN · ETEP	M	11-80		Luth.	1 Km	APIN	NASUAPUM		
885	AMU · WABI	M	"	12-74	"	"	AMU	GABSONGKEG	"	"
708	ELIAKIM · ELOM	M	"		"	"	ELIAKIM	"	"	"
527	FRANK · STEVEN	M	"	12-71	"	"	FRANK	"	"	"
884	JOSHUA · BROWN	M	"	12-73	"	"	JOSHUA	"	"	"
606	JOSHUA · ELIZAR	M	"		"	"	JOSHUA	"	"	"
706	MATHIAS · JOHN	M	"	8-72	"	"	MATHIAS	"	"	"
700	MORITZ · GABRIEL	M	"	5-71	"	"	MORITZ	"	"	"
886	NAIMAN · PETER	M	"	6-74	"	"	NAIMAN	"	"	"
607	NAKO · JEPET	M	"		"	"	NAKO	"	"	"
574	SAB · MICHAEL	M	"		"	"	SAB	"	"	"
867	SOLOM · MORITZ	M	"	10-73	"	"	SOLOM	"	"	"

Abbildung 12: Ausschnitt aus einem Schülerverzeichnis der Gabmazung
Community School. Wampar, Papua-Neuguinea 1988.

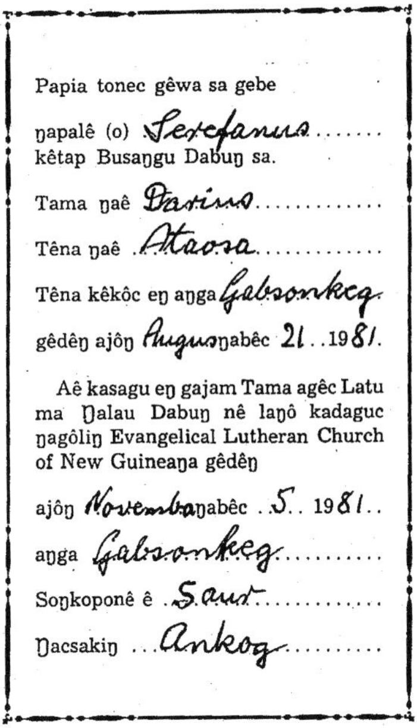

Papia tonec gêwa sa gebe

ŋapalê (o) *Serefanus* ....
kêtap Busaŋgu Dabuŋ sa.

Tama ŋaê *Darius* ....

Têna ŋaê *Ataosa* ....

Têna kêkôc eŋ aŋga *Gabsonkeg*

gêdêŋ ajôŋ *Augus*ŋabêc 21 . . 1981.

Aê kasagu eŋ gajam Tama agêc Latu
ma Ŋalau Dabuŋ nê laŋô kadaguc
ŋagôliŋ Evangelical Lutheran Church
of New Guineaŋa gêdêŋ

ajôŋ *November*ŋabêc . 5. . 1981. .

aŋga *Gabsonkeg* ....

Soŋkoponê ê . S. *aut* ....

Ŋacsakiŋ . . *Ankog* ....

Abbildung 13: Taufurkunde für Serefanus [Stefanus] aus Gabsongkeg. Evangelical Lutheran Church of New Guinea. Sprache Jabêm. Wampar, Papua-Neuguinea 1981.

Abbildung 14: Wahlplakat für die Wahlen zur Provinzregierung. Morobe Provinz, Papua-Neuguinea 1988. (s. a. Fischer1998)

1991 MOROBE PROVINSEL GAVMAN ELEKSEN

MAKIM M.A. KENDIDET

WAMPAR KONSTITUENSI

VOT

JAMES LABAN

M.A. BAI STRETIM MOROBE IGO LONG NIUPELA NA GUTPELA GAVMAN BILONG OL PIPOL BILONG MOROBE.

MAKIM MELANESIAN ALLIANCE KENDIDET TASOL!

Authorised by: TONY MORITZ O.B.E., M.B.E., P.O. BOX 5663, LAE.
Printed by: Kapela Press Pty. Ltd., P.O. Box 3670, Lae.

Noch besser stand es in „meinem Dorf" um Tondokumente. Radios gab es
seit Jahrzehnten in den Dörfern, ich überspielte Nachrichtensendungen und
Musik. Die nächste beliebte Anschaffung waren Kassettenrecorder. Für meinen Schlaf war beides nicht besonders positiv. Aber die *bands* des Dorfes
mussten ihre Leistungen festhalten. Und mehr noch: von einer der *bands* konnte
und kann man Kassetten in den Läden der Stadt kaufen. Popmusik. Aber auch
das sind Dokumente dessen, was tatsächlich gehört, gespielt, geliebt wird.
Die Kopien solcher Dokumente können ebenso genutzt werden wie selbst
aufgenommene. Sie dokumentieren die jeweilige Wirklichkeit, und sie können vor allem Anlass zu Nachfragen sein, zu Erläuterungen und Geschichten
um diese Dokumente.

Und auch mit Tonbandgerät oder Kassettenrecorder ist mehr als Musik und
Sprache zu dokumentieren: Arbeitsgeräusche (wie das Klopfen von Bast) und
Hintergrundlärm (von betrunken gröhlenden Männern, von jaulenden Hun-
den und grunzenden Schweinen), Essgeräusche und der klatschende Regen,
Tierstimmen und Totenklage. Vieles davon ist durch Niederschriften nicht zu
dokumentieren.

13.7.4 Steine und Erden, Pflanzen und Tiere

Die *Notes and Queries on Anthropology* von 1929 führten noch aus, dass und
wie man Pflanzen und Tiere sammeln sollte. Die Formulierungen klangen
den Fähigkeiten der Ethnologen gegenüber allerdings etwas skeptisch (ebd.:
385):

"The preservation of most animals is a difficult business and can only be
attempted when the requisite skill and time are available. The most that the
ethnologist can be expected to do is provide sufficient material for the
systematist at home."

In den letzten Jahrzehnten sind Hinweise auch in dieser Richtung selten geworden (etwa Sterly und Alther 1974). Ob es um Erdproben zur Analyse des
Materials für die Töpferei, für Farben oder Heilmittel geht, um Gesteine für
Werkzeug, um Harz als Klebstoff, das Sammeln von Proben ist für Analysen
unerlässlich und eine relativ einfache Methode der Dokumentation. Das gilt
ebenso für Pflanzen und Tiere, die für materielle Kultur, Medizin oder Ernäh-
rung eine Rolle spielen. Gewöhnlich sind Ethnologen nicht in der Lage, sie
botanisch oder zoologisch zu bestimmen. Dabei ist weniger an Süßkartoffeln
und Mais, an Hunde und Hühner gedacht, die selbst Ethnologen erkennen
(und die man fotografieren kann), sondern etwa an Käfer und Würmer, Vögel
und Insekten. Wie und was man sammelt und wie man aufbewahrt und trans-

portiert, damit es später von Botanikern und Zoologen bestimmt werden kann, dazu sind einige Kenntnisse notwendig. Hierfür gibt es gewöhnlich auch Handbücher (Kontaktaufnahme zu den genannten Disziplinen und Vorbereitung vor der Feldforschung).

13.8 Dokumente aus späteren und früheren Kontakten

Mit dem Ende des Aufenthalts im Feld muss die Untersuchung als Datensammlung und Dokumentation und selbst als Teilnahme noch keineswegs zu Ende sein. In Situationen der Forschung in noch nicht alphabetisierten Gebieten hielt man möglichst Kontakt mit anderen Europäern im Land: mit Missionaren, Kolonialbeamten, einem Pflanzer, einer Familie einheimischer Evangelisten. Briefe wurden getauscht, Bitten, Wünsche und Fragen auf diese Weise indirekt übermittelt, ein Todesfall gemeldet, eine Trockenheit. Man sandte seinerseits Grüße und Fotos, später dann die Veröffentlichungen, bat solche Mittelsmänner um Unterstützung bestimmter Familien und schickte Geld, für das der Missionar etwa die Ausbildung eines Familienmitgliedes bezahlen sollte. Zum Dank kam umgekehrt ein Päckchen mit einer neuen Netztasche. Später kamen die ersten ungelenken Briefe (Fischer 1996a), schließlich schrieben Schüler von der High School auf Englisch.

Diese Art der Kontakte mit dem *Feld* kann so weit gehen, dass ganze Briefesammlungen entstehen und eine neue Art von Daten und Dokumenten (Beer 1998). Der Ethnologe kann einen kleinen Kassettenrecorder hinterlassen (oder das Geld dafür schicken), und die Kontakte laufen über den Austausch von Kassetten. Schließlich werden alle modernen Medien der Kommunikation genutzt: Der Sohn meiner Gastfamilie in Neuguinea, tätig bei einer Versicherung in der Hauptstadt, rief mich mal eben vom Telefon dieser Firma an. Alma, mit der Bettina Beer über lange Zeit Briefe ausgetauscht hatte, mailte schließlich vom Internet-Café der nächsten Kleinstadt in den Philippinen. Bleibt als Letztes der umgekehrte Weg direkten Kontaktes: ein Besucher aus dem *Feld* am Ort, am Schreibtisch des Ethnologen. Das war schon sehr früh bei Franz Boas der Fall, es geschah häufiger bei Linguisten, es gab solche Besuche auch eher nebenbei, etwa durch Mitglieder von kirchlichen Delegationen zu Konferenzen in Europa.

Zwei Schritte in die genannten Richtungen verbleiben noch: Der eine ist die Rückkehr des Ethnologen in das Untersuchungsgebiet. Jetzt mit dem aufgearbeiteten Material der vorhergehenden Untersuchung, mit Fotos, deren Bedeutung geklärt werden muss, mit nicht verständlichen Tonaufnahmen und unübersetzbaren Textstellen, mit vorbereiteten Fragen und natürlich mit Fotos der Dorfbewohner und mit Geschenken. Umgekehrt trifft man auf Neuigkeiten, die sofort vermittelt werden sollen, auf Erinnerungen an die Zeit zwischen den Feldaufenthalten. Und hier kann man einen zweiten Schritt gehen. Ich hatte einen Mann in *meinem* Dorf gebeten, alle Geburten in der Zeit meiner Abwesenheit zu notieren, was er mit großer Sorgfalt auch tat. Mein wichtigster Sprachinformant hatte von sich aus Texte aufgeschrieben und gab sie mir, als ich wiederkam. Noch weiter ging die genannte Alma in den Philippinen: Sie führte nach dem Vorbild der Ethnologin ein Tagebuch. Die Zeit zwischen den Phasen *im Feld* wird so dokumentiert, die Forschung wird zur Langzeituntersuchung, manchmal zur fast lebenslangen Untersuchung, Langzeitprozesse werden erkennbar. Mehr noch: Aus der *Informantin* wird eine Ethnographin der eigenen Kultur. Auch das ist eine schon sehr frühe Erscheinung in der Entwicklung ethnologischer Forschung, verbunden etwa mit den Namen Franz Boas und George Hunt.

13.9 Literatur

Aldenderfer, Mark und Herbert D. G. Maschner
1996   Anthropology, Space, and Geographic Information Systems. New York.

Atkinson, Paul, et al. (Hg.)
2001   Handbook of Ethnography. London, Thousand Oaks, New Delhi.

Barsch, H. und K. Billwitz (Hg.)
1990   Geowissenschaftliche Arbeitsmethoden. Ein Lehrbuch. Thun und Frankfurt/M.

Beer, Bettina
1998   Post von den Philippinen. Ethnologische Forschung durch Briefe. Hamburg.

Beer, Bettina und Hans Fischer
2000   Wissenschaftliche Arbeitstechniken in der Ethnologie. Berlin.

Bernard, H. Russell
2000   Social Research Methods. Qualitative and Quantitative Approaches. Thousand
            Oaks, London, New Delhi.

Bernard, H. Russell (Hg.)
1998   Handbook of Methods in Cultural Anthropology. Walnut Creek, London, New
            Delhi.

Clifford, James
1990   Notes on (Field)notes. In: Sanjek (Hg.): 47–70.

Crane, Julia G. und Michael V. Angrosino
1974   Field Projects in Anthropology. A Student Handbook. Morristown, NJ.

Deacon, Arthur Barnard
1934   Malekula: a Vanishing People in the New Hebrides. Hrsg. von C. H. Wedgwood.
            London.

Emerson, Robert M.; Rachel I. Fretz und Linda Shaw
1995   Writing Ethnographic Fieldnotes. Chicago und London.
2001   Participant Observation and Fieldnotes. In: Atkinson et al. (Hg.): 353–368.

Fetterman. David M.
1998   Ethnography. Step by Step. (Applied Social Research Methods Series, Vol. 17)
          Zweite Auflage.Thousand Oaks, London, New Delhi.

Fischer, Hans
1963   Watut. Notizen zur Kultur eines Melanesierstammes in Nordost-Neuguinea.
          Braunschweig.
1968   Negwa. Eine Papua-Gruppe im Wandel. München.
1975   Gabsongkeg '71. Verwandtschaft, Siedlung und Landbesitz in einem Dorf in
          Neuguinea. München.
1981   Die Hamburger Südsee-Expedition. Über Ethnographie und Kolonialismus.
          Frankfurt am Main.
1994   Geister und Menschen. Mythen, Märchen und neue Geschichten. Berlin.
1996a   Der Haushalt des Darius. Über die Ethnographie von Haushalten. Berlin.
1996 b   Lehrbuch der Genealogischen Methode. Berlin.
1997a   Zensusaufnahmen – das Beispiel Gabsongkeg, 37–91. In: Walter Schulze, Hans
          Fischer und Hartmut Lang: Geburt und Tod. Berlin:
1998   Protokolle, Plakate und Comics. Feldforschung und Schriftdokumente. Berlin

Jackson, Jean
1990   "I am a Fieldnote": Fieldnotes as a Symbol of Professional Identity. In: Sanjek
          (Hg.): 3–33.

Notes and Queries on Anthropology
1929   Notes and Queries on Anthropology. Edited for the British Association for the
          Advancement of Science by a committee of Section H. Fünfte Auflage. London.

Ottenberg, Simon
1990   Thirty Years of Fieldnotes: Changing Relationships to the Text. In: Sanjek (Hg.):
          139–160.

Powdermaker, Hortense
1966   Stranger and Friend. New York.

Ribbe, C.
1931   Anleitung zum Sammeln in tropischen Ländern. Stuttgart.

Sanjek, Roger
1990a: Fire, Loss and the Sorcerer's Apprentice. In: ders. (Hg.): 34–44.
1990b: A Vocabulary for Fieldnotes. In: ders. (Hg.): 92–121.
1990c: The Secret Life of Fieldnotes. In: ders. (Hg.): 187–270.
1990d   Fieldnotes and Others. In: ders. (Hg.): 324–340.

Sanjek, Roger (Hg.)
1990   Fieldnotes. The Makings of Anthropology. Ithaca und London.

Schensul, Stephen L.; Jean J. Schensul und Margaret D. LeCompte
1999   Essential Ethnographic Methods. 2. Ethnographers Toolkit. Walnut Creek, Lon-
          don, New Delhi.

Spradley, James P.
1979   The Ethnographic Interview. New York.

Sterly, Joachim und Kurt Walther
1974   Anleitung zum Pflanzen-Sammeln für Mediziner und Ethnologen. In:
            Ethnomedizin 3 (1/2): 7–26.

Sturtevant, William C.
1959   A Technique for Ethnographic Notetaking. In: American Anthropologist 61: 677–
            678.
1977   Guide to Field Collecting of Ethnographic Specimens. (Smithsonian Informati-
            on Leaflet 503) Second Edition. Washington.

Trotter, Robert T. und Jean J. Schensul
1998   Methods in Applied Anthropology, 691–735. In: H. Russell Bernard (Hg.),
            Handbook of Methods in Cultural Anthropology. Walnut Creek, London, New
            Delhi.

Whiting, Beatrice und John Whiting
1970   Methods for Observing and Recording Behavior, 282–315. In: Raoul Naroll und
            Ronald Cohen (Hg.), A Handbook of Method in Cultural Anthropology. New
            York und London.

Williams, Thomas Rhys
1967   Field Methods in the Study of Culture. New York.

Angaben zu den Autorinnen und Autoren

Bettina Beer, Privatdozentin, Heisenberg-Stipendiatin am Institut für Ethnologie der Universität Heidelberg. Publikation u. a.: „Körperkonzepte, interethnische Beziehungen und Rassismustheorien" (Berlin 2002). Feldforschungen in Hamburg, auf den Philippinen (Visaya-Region) und in Papua-Neuguinea.

Hans Fischer, emeritierter Professor für Ethnologie, Universität Hamburg. Feldforschungen seit 1958 in Papua-Neuguinea (Anga, Watut und Wampar), in Samoa, Oberösterreich und Irland.

Brigitta Hauser-Schäublin, Professorin für Ethnologie an der Universität Göttingen. Forschungsprojekte in Papua-Neuguinea (1972–1985) und Indonesien (seit 1988) sowie in Deutschland (1996–2001).

Verena Keck, Lehrbeauftragte an der Universität Heidelberg, habilitiert sich derzeit mit einer Untersuchung über eine neurodegenerative Erkrankung in Guam, Mikronesien. Feldforschungen in Papua-Neuguinea, in Guam und Bali, Indonesien.

Barbara Keifenheim, Professorin am Institut für Vergleichende Sozial- und Kulturanthropologie an der Europa-Universität Viadrina in Frankfurt/Oder. War am Aufbau des ersten Ostasiatischen Instituts für Visuelle Anthropologie beteiligt. Seit 1977 Feldforschungen im peruanischen Amazonasgebiet.

Jan Lederbogen, Fotodesigner und Ethnologe, Hamburg. Dozent im Bereich Visuelle Anthropologie. Mitarbeit bei Ausstellungen zur ethnographischen und historischen Fotografie. Tätigkeit in diversen Bildarchiven.

Julia Pauli, wissenschaftliche Assistentin am Institut für Völkerkunde der Universität zu Köln. Feldforschungen zu Ursachen und Folgen des demographischen, wirtschaftlichen und sozialen Wandels im ländlichen Mexiko und in Namibia.

Martin Rössler, Professor am Institut für Völkerkunde der Universität zu Köln. Hauptarbeitsgebiete: Wirtschaftsethnologie, Sozialethnologie, Religion, Politische Anthropologie. Regionale Interessen: Südostasien, Ozeanien, West- und Nordafrika. Publikation u. a.: Wirtschaftsethnologie: Eine Einführung (Berlin 1999).

Judith Schlehe, Professorin am Institut für Völkerkunde der Universität Freiburg, Feldforschungsregionen: Indonesien und Mongolei. Publikation u. a.: Die Meereskönigin des Südens, Ratu Kidul. Geisterpolitik im javanischen Alltag (Berlin 1998).

Gunter Senft, Wissenschaftlicher Mitarbeiter am Max-Planck-Institut für Psycholinguistik in Nijmegen und apl. Professor für Allgemeine Sprachwissenschaft an der Universität zu Köln. Feldforschungen in Kaiserslautern und auf den Trobriand-Inseln in Papua-Neuguinea.

Martin Sökefeld, wissenschaftlicher Assistent am Institut für Ethnologieder Universität Hamburg. Arbeitsgebiete: Identität, Migration undDiaspora, Kulturkonzepte. Feldforschungen in Pakistan, Deutschland und der Türkei.

Jürg Wassmann, Professor am Institut für Ethnologie der Universität Heidelberg. Thematische Interessen: Kognitive Ethnologie, Psychologische Ethnologie, Verbindung der Ethnologie zu den Kognitionswissenschaften. Feldforschungen in Nord-Schweden, Papua-Neuguinea und Bali, Indonesien.

Register

Abkürzungen 130, 280
Ablauf 76
Adoption 42
Alles-oder-Nichts-Kategorien 132
Alltagspraxis 11
Alter 51
Analyse 144
Analysemethoden, ethnodemographische
     184
Analyseprogramme, demographische 195
–, genealogische 195
Angaben, falsche 104
Animals in a Row 177
Anonymisierung 27
Anonymität 74, 104, 111
Ansatz, holistischer 41
Anthropologie, Kognitive 174
Anthropologie, Visuelle 231, 247, 250
Antwortkategorien 114
Antwortmöglichkeiten, vorgegebene 103
Anwendungsfeld, interkulturelles 71
Anwesenheit eines Forschers 126
apt illustration 146
Äquivalenztest 178, 179
Arbeitsvorlage 280
Archivdaten 184, 189, 196, 200
Archive 24
Archivierung 284, 285
Assistenten 110, 123
Audiogeräte 63
Aufnahmen (auf Kassette) 86
Aufzeichnungen 49, 268
Ausbeutung 52
Ausbildung 13
Ausdruckmittel, nonverbale 253
Aushandlungsprozesse, transkulturelle 84
Ausrüstung 20
Auswahl 46

Auswertung 112
Auswertungsverfahren 27
Autoritätspersonen 22
Available-Light-Fotografie 243

Basisdaten 266
Bateson, Gregory 226
Bedeutung, kulturelle 73
Befragung 120, 171
–, mündliche 109
–, postalische 111, 112
–, schriftliche 109, 111
–, standardisierte 100
–, telefonische 109, 110
Befremden, systematisches 85
Belichtung 242
Belichtungszeit 243
Beobachter-Paradox 62
Beobachtung, Dimensionen der 121, 256
–, distanzierte 126
–, strukturierte 140
–, systematische 24, 119, 121, 122, 126,
     128, 129, 134, 136, 137, 138
–, teilnehmende 24, 33–54, 72, 75, 82, 95,
     120, 121, 128, 135, 138, 171–173
–, verdeckte 122
–, wissenschaftliche 119
Beobachtungen, Anzahl von 135
Beobachtungsbogen 132, 137, 272
Beobachtungseinheiten 130, 134, 138
Beobachtungskategorien 122, 130, 136–138
Beobachtungskontext 131
Beobachtungsplan 229
Beobachtungsprotokoll 131
Beobachtungssituation, Beeinflussung der
     139
–, Notieren in der 131
Beobachtungsverfahren 121

Bericht 27, 28
Beschreibung 48
Besuch 109
Bevölkerungsstatistiken 191
Bezahlung 84
Beziehungen, sexuelle 39
Bilddokumente 287
Bilder, mentale 162, 178
Bildwörterbuch 61
black box 163
Blende 243
Briefe 282, 291
British Social Anthropology 143

Cambridge Anthropological
    Expedition 205
case histories 145
Chat-Kommunikation 83
Chicagoer Schule der Soziologie 146
Cluster Samples 108
Codebuch 113
cognitive maps 162
Computer 279
condensed account 272
continuous monitoring 134, 140
cultural models 165, 166
cultural schemata 165
Cushing, Frank Hamilton 35

Daten, Codierung der 113
–, fehlende 115
–, genealogische 195
–, numerische 114
Datenaufzeichnung, Hilfsmittel der 227
Datenauswertung 112
Datendokumentation 61
Dateneingabe 115
Datenelizitierungshilfen 61
Datenerhebung, linguistische 62
Datenerhebungsverfahren, qualitative 11
–, quantitative 11
Datengewinnung, Darstellung der 28
Datenlernen 61
Datenmatrix 115
Daten-Nutzung 64
Datensatz 115
Datenschutz 104, 111
Datentabelle 115
Datum und Uhrzeit 269
declarative memory 165

Deduktion 13
Definition, emische 97
–, etische 97
Degérando, Joseph-Marie 55
Denken, filmisches 251
Denkmuster 164
Denkprozesse 164
Diafilme 241
Dialog, interkultureller 221
diary 279
Digitalkamera 239, 241
Diktaphon 270, 272
Dimension, diachronische 148, 156
–, synchronische 148, 156
direkt – indirekt 121
disjunkt 114
Distanz 26, 39
Distanz und Nähe 43
Distanzierung 50
distributed cognition 167
Dokumentarfotografie 230
Dokumentation 25, 130, 131, 265–294
–, visuelle 49
Dokumentationsmedien 153
Dokumente 25, 190, 265
Dokumente, schriftliche 24, 286
Dokumentieren 86
Dolmetscher 61
Domänenanalyse 10
Dorfplan 131, 277
Dreharbeiten, Vorbereitung der 259
Durchschreibhefte 276

echo probe 86
ECM 143, 145, 149
editing 250, 260
editing-Prozess 261
Eifersüchteleien 22
Eignung 19
Einbettung, kommunikative 109
Einheit, Definition einer 97–99
Einheiten 96
Ein-Mann-Unternehmen 218
Einstellungsgrößen 252
Einstiegsfrage 78
E-Interviews 81
Elektronenblitz 244
elizitieren 61
emische Perspektive, s. Perspektive, emische
Empathie 38

Entschädigung von Informanten 27
Entscheidungs-Modell 170
Ereignisketten 156, 158
Ereignisse 158
Erfahrungsberichte, persönliche 10
Erfahrungsräume 221
Ergebnisse, Darstellung der 27
Erhebung, Standardisierung der 99
Erhebungsinstrumente, standardisierte 96
Erhebungsmethoden, ethnodemographische 184
Erkenntnisprozess, Abhängigkeit des 89
Erlernen der Sprache, Motivation 60
Erwartungen, falsche 27
Erweiterte-Fall-Methode 143
Erzählaufforderung 77
Ethik s. Prinzip, ethisches; Probleme ethische
Ethnodemographie 183
ethnodemographische Methoden,
    s. Methoden, ethnodemographische
Ethnograph, Rolle des 158
ethnographic record 265
Ethnographie, problemzentrierte 46
–, sammelzentrierte 46
–, theoriezentrierte 46
ethnographisches Interview
    s. Interview, ethnographisches
Ethnologe, Rolle des 48
Ethnologie, analytische 95
–, dialogische 221
–, Gegenstand der 266
–, interpretative 95
Ethnopsychoanalyse 10, 90
Ethnoscience 167
Ethnozentrismus 163
etische Perspektive, s. Perspektive, etische
Excel 191
expanded account 276
Experiment, naturalistisches 123
experimental anthropology 173
Experimente 123, 124, 173, 174
Experten 73, 196
explicit memory 165
Exploration 45
Exposé 16, 28
Extended-Case Methode 143–160
Externalisierung 164, 174

Fähigkeiten 21
Fälle 156

–, Auswahl der 149, 150
Fallstudien 146
Familienrekonstitution 191, 193
Family Tree Maker 195
Farbnegativfilm 240–241
Fehlerquellen 115
Fehlinterpretationen 138, 139
Feld 11, 266
–, analytisches 150
–, semantisches 170
–, Zugang zum 76
Feldassistenten 138, 140
Feldaufzeichnungen 265, 268
Feldexperiment 123, 124
Feldforschung 11
–, explorative Phase der 121
–, interdisziplinäre 205, 218
–, intersubjektive Praxis der 72
–, Situation der 266
–, stationäre 35
–, Vorbereitungsphase der 60
Feldforschungsbericht 27
Feldforschungsdauer 147
Feldforschungsregion, Auswahl der 14
Feldnotizen 49, 50, 270, 272
fieldnotes 265, 272
Film 249–263
–, ethnographischer 255
Filmmaterial 240
–, Haltbarkeit 241
Filmrecherche 255
Finanzierung 19
focal subject sampling 134
Fokus-Gruppen 82
footage 250, 253
Formblatt 131, 132
Formulare 272, 280
Forschende als Außenseiter 76
Forscher als Berater 221
Forschung, holistische 12
–, interdisziplinäre 216
–, multilokale 39
Forschungsassistenten 87, 110
Forschungsethik 104
Forschungsfragen 50
–, Evaluierung von 45
Forschungsgenehmigung 20
Forschungsinstrument 74
Forschungsvorhaben, Veränderung des 28
Fotografie 225–248

Fotografier-Wasserwaage 245
Fotointerview 231, 236
Fotos, Analyse der 237
Fotosequenzen 234
Fototechnik 238
Fragebogen 95, 99, 100, 105, 111
Fragebögen, Konstruktion von 100
Fragebücher 280
Fragen, deskriptive 85
–, Formulieren von 102
–, geschlossene 102, 114
–, offene 102, 114
–, problematische 103
–, strukturelle 85
Fragestellung 12, 14, 15, 16, 126
Fragetechniken 85
Fragetypen 85
Fragewörter 61
frame 165, 166
Fremdbeobachtung 124
Fremder 42
Freundschaft 22, 75, 91, 219

Gastgeschenke 21
Geburtengeschichten 187
Geburtenziffern 186
Gedächtnis 129, 164
–, deklaratives 165
–, episodisches 165
–, explizites 165
–, implizites 165, 172
–, individuelles 164
–, kulturelles 167, 168
–, prozedurales 165
–, semantisches 165
Gedächtnisprotokoll 49, 87, 269. 270
GEDCOM 195
Gegenleistung 84
Geld 52, 53
Genealogien 184, 194, 195, 196, 200
general-purpose-Modelle 166
Geräte 20, 239
Gesamtansichten 227
Gesamtheit 134
Gesamtsamples 107
Geschichte, orale 197, 200
Geschlecht 51
Gespräch 74, 77, 261
–, ethnopsychoanalytisches 90
–, informelles 75, 135

Gesprächseröffnung 78
Gestik 86, 128
Gluckman, Max 143, 144, 145, 146
going native 38
Grammatik 56, 68
Gruppen, natürliche 82
Gruppenarbeit 211, 214
Gruppendiskussion 82
Gruppen-Feldforschung 207
Gruppeninterview 82

habitus 165, 169
Hamburger Südsee-Expedition 205
Handkamera, digitale 238
Handlungsstränge 157, 158
Häufigkeiten 117
Häufigkeitsverteilung 116
Hauptinformant 23, 60, 62, 168
headnotes 269
Hierarchien 22
Hilfsmittel, mnemonische 168
Hintergrundwissen durch Sprache 67
Hoffnungen, falsche 27
Human Relations Area Files 237
husband/wife team 208
Hypothesen 18, 128

Ideal 126
Illustration, angemessene 146
image schemata 165, 178
Impfungen 20
implicit memory 165
Induktivismus 12
Informanten 47, 78
–, allwissende 168
–, Auswahl der (sampling) 83
Informantenschutz 86
Informationen, vertrauliche Behandlung
    von 22
informelles Gespräch,
    s. Gespräch, informelles
Inhaltsanalyse 10
Inkonsistenzen 149
instantenous sampling 134
Integration 43, 122
Interaktion, soziale 235
Interaktionsprozess, interkultureller 71
interdisziplinäre Projekte,
    s. Projekte, interdisziplinäre
Interdisziplinarität 204

Internationales Phonetisches Alphabet (IPA) 63
Internet-Café 291
Intersektion 170
Intervall Sampling 107
Interview 84, 259, 261
–, Beziehungsaspekte 88
–, biographisches 79
–, ethnographisches 71–93, 95–118
–, face-to-face 81
-, Formen 76
–, freies 77
–, halbstrukturiertes 78
–, informelles 77
–, narrativ-biographisches 77
–, narratives 77
–, nicht-standardisiertes 71, 77
–, offenes 71, 73, 74, 95
–, per E-Mail 81
–, problem- bzw. themenzentriertes 77, 78
–, qualitatives 71–93
–, standardisiertes ethnographisches 72
–, strukturiertes 95–118
–, unstrukturiertes 77
–, verstehendes 76
Interviewer, Training von 110
Interviewführung 83–88
Interviewsituation 71
–, Aushandeln der 75
Inventare, fotografische 234
inventorying 228
IPA-Tutor 63
Items 101
Items, Liste der 101

jottings 272
journal 279

Kamera 238, 267
–, Scheu vor der 232
Karten 284
Kenntnisse 21
Kirchenregister 190, 191
knowing 165
knowledge 165
Kognition 163, 167, 169
Kognitionswissenschaft 163
kognitive Methoden,
    s. Methoden, kognitive
Kohortenanalyse 186, 187

Kommunikation 68
–, (inter)kulturelle 86
–, nicht-verbale 44
–, rituelle 66
–, verbale 45
Kommunikationsprozess,
    interkultureller 71
Kompetenz 174
–, interkulturelle kommunikative 71
Kompetenzen, kommunikative 83
Konflikte 26
Konkurrenz ums Wort 82
Konstruktion, filmische 257
Konstruktion, verbale 162
Konstrukturcharakter von Bildern 252
Kontaktaufnahme 20, 22, 76
Kontakte, erste 22
Kontext 130, 269
–, ethnographischer 19
Kontextwissen 75
Kontrast- und Konfrontationsfragen 85
Kontrollen 124
Kooperationsbereitschaft 129
Kopien 276
Körpersprache 86, 128
Kosten/Nutzenrechnung 136
Krankenversicherung 20
Kreuzverweis 237
Krise der ethnographischen
    Darstellung 221
Krisen- und Konfliktsituation 150
Kultur 56, 169
Kulturen, schriftlose 35
Kulturphänomene, translokale 73
Kulturschock 10, 23
Kunstfotografie 229
Kürzel 280

Landschaft 167
Langzeit-Gedächtnis 165
Langzeitstudien 10
Langzeituntersuchung 292
Laut- und Phonemanalyse 67
Lautschrift 61
Lebensgeschichten 79, 196, 197, 198, 200
Lebensräume, moderne 24
Leitfaden 79
Leitfadenfragen 78
Leitfadeninterviews 78
Lernen, kulturelles 41

Leserschaft 77
Lexeme 170
Linguistik 56
Listen 25
Listendaten 196
log 279
lonely wolf 206
lost-letter-technique 123
Luftbilder 227, 233

Macht 52
Machtbeziehungen 39
Machtgefälle 52
Machtverhältnisse 72, 89, 221
Makromodell 149
Malaria-Prophylaxe 20
Malinowski, Bronislaw 35, 37, 40, 56, 57,
    62, 206
Manchester-Schule 144, 145
Mann-Frau-Teams 207, 208
mapping 232
Matrix 115
Max-Planck-Institut für
    Psycholinguistik 63, 174
Mead, Margaret 226
Median 116
Medien, visuelle 226
Medium Application Cycle 228
Meinungsbildungs- und
    Aushandlungsprozesse 82
mental notes 269
Messen 96
Methode, biographische 80
Methoden 11
–, ausgewählte 18
–, ethnodemographische 183–202
–, kognitive 161–182
–, qualitative 95
–, quantitative 95, 96, 117
–, subjektzentrierte 90
Methoden-Vielfalt 11
Mikroebene 149
Mimik 86, 128
Misstrauen 41, 104
Missverständnisse 89
Mitarbeiter 87
Mitbringsel 21
Mitchell, Clyde 144, 145, 146
Mithören 119
Mittel, arithmetische 116

Mittelspersonen 104
Mittelwerte 116
Mitwisser 150
Mnemotechnik 167
Modalwert 116
Modelle 162, 169, 286
–, mentale kulturelle 165
Modus 116
Multidisziplinarität 204, 215
Multivocal ethnography 254

Nachfragen 78, 153
Nachgespräche 48
Nähe und Distanz 37, 50, 72
Ndembu 145
Netzwerkanalyse 10
nicht-standardisiertes Interview,
    s. Interview, nicht-standardisiertes
Niederschriften 229
Nominalvariablen 114
Nominalwerte 137
Normalobjektiv 240
Notenschrift 282
notieren 22
Notizen 49, 153, 227
–, analytische 153
–, methodologische 153
–, substantive 153
Nyasaland 145

Objekte anfertigen 256
Objekte der materiellen Kultur 286
Objektiv 239
offen – verdeckt 121
offenes Interview, s. Interview, offenes
omniscient informants 168
Operationalisierung 18
opinion leaders 168
oral history 79
Orthographie 63
Ortsangaben 269

Paar-Interviews 82
Panoramaaufnahmen 227, 245
Panoramen 233
Paradigma 169, 170
Parteinahme 43
Pass 20
Pause 26
Performanz 174

Person des Ethnologen 50
Personenregister 190
Perspektive, emische 64, 73, 98
–, etische 64, 98
Perspektivenwiedergabe, fotografische 245
Phase, explorative 24, 128
–, problemorientierte 19, 24
phenomenological mode 231
Pläne 282, 284
Pluridisziplinarität 204
point sampling 134
Polaroid-Filmmaterial 241
Polydisziplinarität 204
polytom 113
Präsentation 158
Praxis, soziale 149
Pretest 19, 105, 138, 140
Prinzip, ethisches 74
Probeinformanten 110
Probleme, ethische 26, 29, 150
processual memory 165
professional strangers 57
Projekte, interdisziplinäre 203–223
proposition schemata 165, 166
Protokoll 130, 132, 138, 272
Protokollbögen 125
Prototyp 170
Prozesse 162
–, soziale 149

qualitative Interviews,
    s. Interview, qualitatives
qualitative Methoden,
    s. Methoden, qualitative
Quantifizierungen 96
quantitative Methoden, s. Methoden,
    quantitative
Quellenkritik 9, 28

Radcliffe-Brown, A. R. 143
reaktiv 121
Realität, fotografische 230
Recherchen, kameragestützte 252
Redundanz 196
reflexive mode 230
Registerdaten 191, 196
Reinschrift 276, 278
Reinzeichnung 278
Rekonstruktion, ethnolinguistische 66
Repräsentationen, kognitive 162

Repräsentativität 80, 106, 149
–, statistische 83
Respondenten 78
Restudies 10
Reziprozität 72
Reziprozitätsproblem 254
Rhodes-Livingstone Institute 144–145
Rivers 35
Rollenkonflikt 151
Rollenzuweisungen 89
Rollfilmkamera 238
Routine 172

Sachnotizen 272
Sammeln 285
Sammlungen 265
Sample 106, 134
Samplegröße 108
Samples, nicht-proportionale 108
–, proportionale 108
Sampling 106, 134
– frame 106, 108
– Intervall 107
Schärfentiefe 242
Schema 166, 172
Schemata 165, 284
–, implizite 173
Schlüsselinformanten 196
Schlüsselinformanten- und
    Experteninterviews 80
Schlüsselkonzepte 171
Schneeballsystem 23, 111
Schreibarbeit 25
Schreiben wissenschaftlicher Texte 28
Schriften 282
Schwarz-Weiß-Negativmaterial 240
schweigen 86
scientific mode 230
scratch notes 272
script 165, 166
script headers 171
Selbstbeobachtung 124, 125
Selbstdarstellung, explizite 49
–, implizite 49
Selbstreflexion 71
serendipity-Prinzip 71
Sichtbarmachung 164
Sichtungsmaterial 254
Sichtweise, emische 64
Situation, herbeigeführte 173, 176

–, künstliche   124
–, natürliche   124, 128
–, Offenlegung der   74
–, soziale   144
Situationsanalyse   146
Six Cultures Study   125, 205
Skalen   132
Skizzen   282
Smalltalk   109
social dramas   145
Sondierungsfragen   85
sorting task   178
Sozialanthropologie, britische   143
Soziale Dramen   146, 149
Space games   174, 175
Spannweite   117
special-purpose-Modelle   166
Speichermedien   240
Spezialisten   23
Spiegelreflex-Kleinbildkamera   238
spot sampling   134
Sprache   55–70, 125, 129, 147, 171
–, Erlernen der   57, 83
–, Erwerb der   13, 59
–, Lernen der lokalen   67
Sprachen, verwendete   280
Sprachgebrauch   58
Sprachkenntnisse   56, 59
Sprachkompetenz   26, 59
Sprachlehrer   62
Sprachwissenschaft   56
SPSS   112, 115
Spuren   124
Standard zur Verschriftlichung der Sprache
   63
Standardabweichung   117
Standardisierung   186
Standardmethoden   95
Statistical Package for the Social Sciences
   (SPSS)   112
Statistik   112
–, deskriptive   115
–, univariate   115
Statistikprogramme   115
Steuerlisten   190
Steve's Maze   178
Stichprobe   106
Stichprobenauswahl   134
Streuung, Maße der   116, 117
strukturiertes Interview,

   s. Interview, strukturiertes
Strukturierung des Sprachenlernens   61
Struktur, konnektive   167
Strukturen, kognitive   162
studying up   72, 89
subjektzentrierte Methoden,
   s. Methoden, subjektzentrierte
Suggestivfragen   85
Summer Institute of Linguistics   63
Supervision   40, 71
Symbole   280
systematische Beobachtung   119–141,
   s. a. Beobachtung, systematische
Szenen, kulturelle   73

Tabellenkalkulationsprogramm   191
Tagebuch   87, 279
Tagebuchschreiben   24
Tanznotationen   282
Taxonomie   169, 170
Teamarbeit   203–223, s. a. Teamwork
–, internationale   220
Teamwork   10, 203–223
Technik   87
Techniken der Feldforschung   11
Teilfragen   18
Teilkulturen   73
Teilnahme   33, 37, 38, 41, 42, 43, 44, 121,
   122, 267
– als Mitarbeit   44
–, aktive   34, 48
–, dichte   38, 39, 75
–, Langfristigkeit der   46
-, passive   34
Teilnehmende Beobachtung   33–54,
   s. a. Beobachtung, teilnehmende
Teilnehmer, Rolle der   40
Telefon   291
Teleobjektiv   240
Tendenz, Maße der zentralen   116, 117
Test   178
Test, deduktiv   146
Testverfahren   124
Textaufnahmen   274
Textsorten   62
theme   165
Themenfindung   14
Theoriebildung   12
Tiefe, zeitliche   148
Tiefeninterviews   71

time allocation studies 134, 135
Tonaufnahme 267, 276
Tonband 61
Tondokumente 287, 290
Torres-Strait-Expedition 35
Transdisziplinarität 205
Transkribieren 27, 61
Transkription 63, 86
Trobriand-Inseln 35, 64
Turner, Victor 144, 145

Überblick, fotografischer 227, 232
Überblicksfotografie 233
Übersetzer 83
Übersetzungen 105
Übersetzungskreislauf 105
Übung in Teilnehmender Beobachtung 53
unbewusst 128
Unterschiede, pragmatische 58
–, semantische 58
Untersuchungen, deskriptive 17
–, hypothesenprüfende 17
–, problemorientierte 17
Untersuchungseinheit 14
Untersuchungseinheiten und -kategorien,
    Auswahl der 122
Untersuchungsfeld 50

Validität 196
Variable 101, 114, s. a. Variablen
–, nominale 113, 114, 132
–, numerische 113, 114
–, ordinale 113, 114
Variablen 113, 124, s. a. Variable
Variablen, dichotome 113
Variablen, quantitative 132
Variablen, Typen von 113–114
Veränderung, technische 266
Veränderungen des Feldes 67
verdeckt 27, 74
Verfahren 11
–, nicht-reaktive 121
–, nicht-verbale 176
–, verdeckte 123
Vergleichbarkeit 136
Vergütung 84
Verhalten, nonverbales 226
–, regelwidriges 126
Verhalten von Kindern 125
Verhaltensspuren 119, 124

Verhältnis zwischen Forscher und
    Erforschten 52
Verkehrssprache 13, 56, 61, 83
Verpflichtung, gegenseitige 42
verstehendes Interview,
    s. Interview, verstehendes
Vertrauensverhältnis 147
Verzerrungen 138
Video 249–263
Videogeräte 63
Visualisierungsformen 256
Visuelle Anthropologie 225–227
Visum 20
Vorannahmen 18
Vorbereitungen, praktische 19
Vorentscheidung 17
Vorführung 128
Vorgehen, exploratives 266
–, systematisches 17
Vorgespräche 48
Vorinformationen 130
Vorkenntnis 152
Vorversuch 19

Wahl- oder Marktforschung 110
Wahl von Ort und Thema 14
Wahrnehmungen, selektive 139
Weitwinkelobjektive 239
Werte, quantitative 137
Whiting, Beatrice und John 125, 205
Widersprüche 149
Wiederholungsuntersuchungen 10
Wirklichkeit, filmische 262
–, gefilmte 262
Wissen 164
–, kulturelles 166, 172
Wissenschaftspraxis, dialogische 72
Wissensmodelle 170
Wortbedeutungen 58
Wörterbuch 56, 68
Wortverzeichnis 61
Writing Culture-Debatte 147

Zählen 96, 97
Zambia 145
zeichnen 162
Zeichnungen 153, 178, 282, 284
– anfertigen 256
Zeitbudget-Studien 134, 135, 136
Zensus 107, 184, 185, 186, 188, 193, 195

Zensusdaten 199
Zensuserhebungen   104, 184
Zensusfragebogen   189
Zensusfragen 85
Zensuskategorien   186, 189
Zensuskategorien, Auswahl der   185
Zielsetzung   15
Zivilregister   190

Zufallsprinzip   23, 134
Zufallssample   106
Zufallsstichprobe   104, 107
Zugang zum Feld   89
Zugang, interdisziplinärer   214
Zusammenarbeit, interdisziplinäre   221
–, transnationale   218